이 책의 차례

CONTENTS

조종면허는 어느 때 필요한가 ··· Ⅱ
전국 해양경찰서 담당부서 및 시험대행기관 안내 ··· Ⅲ
조종면허시험 일정 ·· Ⅳ
실기(코스) 채점기준과 합격요령 ··· Ⅴ
    채점기준 세부내용과 합격요령 · Ⅴ
    합격기준과 실격처리 · Ⅶ
동력수상레저기구 조종면허 필기시험 답안지(예) ··· Ⅷ

조종면허시험 응시 및 합격요령 ·········· 1
  조종면허시험 응시요령 · 1
  일반조종면허시험 합격요령 · 4
    1. 필기시험 · 4
    2. 실기시험(코스시험) · 5
  실기시험 단계별 시험관 지시내용 및 응시자 조치사항 · 9
  실기시험 채점표 · 10

조종면허시험 법규과목 요점정리 ········· 11
  법규과목 · 11
    1. 수상레저안전법 · 11
    2. 선박의 입항 및 출항 등에 관한 법률 · 24
    3. 해상교통안전법 · 31
    4. 해양환경관리법 · 50

조종면허시험 법규과목 총정리문제 ······ 59
  법규과목 · 59
    1. 수상레저안전법 · 59
    2. 선박의 입항 및 출항 등에 관한 법률 · 80
    3. 해상교통안전법 · 84
    4. 해양환경관리법 · 95

조종면허시험 수상레저안전 요점정리 ······ 99
  수상레저안전 · 99
    1. 수상레저활동시 안전상식 · 99
    2. 수상환경(조석, 조류, 해류) · 99
    3. 기상학 기초 · 101
    4. 구급법(생존술, 응급처치, 심폐소생술) · 106
    5. 각종 사고시 대처방법 및 예방 · 111
    6. 안전장비 및 인명구조 · 114

조종면허시험 수상레저안전 총정리문제 ····· 115
  수상레저안전 · 115
    1. 수상레저활동시 안전상식 · 115
    2. 수상환경(조석, 조류, 해류) · 116
    3. 기상학 기초 · 119
    4. 구급법(생존술, 응급처치, 심폐소생술) · 124
    5. 각종 사고시 대처방법 및 예방 · 127
    6. 안전장비 및 인명구조 · 131

조종면허시험 운항 및 운용 요점정리 ······ 134
  운항 및 운용 · 134
    1. 운 항 · 134
    2. 운 용 · 141

조종면허시험 운항 및 운용 총정리문제 ····· 150
  운항 및 운용 · 150
    1. 운항의 기초 · 150
    2. 운항계기 및 위치산출 · 150
    3. 해도 및 항로표지 · 153
    4. 선박의 개요 및 모터보트의 운용 · 154
    5. 선박의 설비 · 156
    6. 수상레저기구 조종술 · 157
    7. 각종 신호 · 160

조종면허시험 기관 요점정리 ················ 162
  기 관 · 162
    1. 내연기관 · 162
    2. 추진장치 · 165
    3. 선내외기·선외기의 구성 및 추진장치 · 167
    4. 연료계통 · 168
    5. 윤활계통 · 169
    6. 냉각계통·배기계통 · 170
    7. 전기계통 · 171
    8. 일상 정비 및 관리요령 · 172

조종면허시험 기관 총정리문제 ············· 174
  기 관 · 174
    1. 내연기관 · 174
    2. 추진장치 및 계기 · 176
    3. 연료계통 · 178
    4. 윤활계통 · 178
    5. 배기계통 · 179
    6. 전기계통 · 180
    7. 일상 정비 및 관리요령 · 181

조종면허는 어느 때 필요한가?

동력수상레저기구 조종면허의 종류 및 구분

(1) **일반조종면허**(기출)
① 제1급 조종면허 : 수상레저사업의 종사자, 일반조종면허 시험대행기관의 시험관, 비영리단체의 교육·훈련강사가 취득하여야 하는 면허
② 제2급 조종면허 : 세일링요트를 제외한 모터보트, 수상오토바이(일명 제트스키), 고무보트, 스쿠터, 호버크래프트 등의 레저활동을 즐기기 위해 동력수상레저기구를 조종하려는 사람이 취득하여야 하는 면허

(2) **요트조종면허**(기출)
세일링요트를 조종하려는 사람 또는 요트조종면허 시험대행기관의 시험관이 취득하여야 하는 면허
- 수상레저안전법상 요트조종면허가 필요한 세일링요트 : 주로 풍력에 의하여 추진하는 것 중 보조 추진동력을 갖춘 세일링요트를 말하며, 대양항해가 가능하도록 제작된 크루저급 세일링요트로 보조 추진동력 최대추진기관 출력이 5마력 이상인 것을 말한다.

조종면허로 조종할 수 있는 수상레저기구

① 동력수상레저기구 조종면허는 일반조종면허 1급·2급, 요트면허 공히 추진기관 최대출력이 5마력 이상인 수상레저활동에 이용되는 선박 및 기구 조종에 필요한 면허이다.(기출)
② 따라서 조종 목적이 레저활동인 5마력 이상 선박 및 기구가 적용대상이며, 마력 또는 크기 제한은 규정되어 있지 않다.
③ 다만, 총 톤수가 5톤 이상이거나 여객정원 13명 이상의 선박은 선박직원법에 따라 해기사 면허를 취득하여야 한다(소관부처 : 지방해양수산청).

소형선박면허로 동력수상레저기구 조종가능 여부

① 선박직원법의 규정에 따른 해기사 면허는 총 톤수 5톤 이상 또는 여객정원 13명 이상의 선박을 운항하는데 필요한 면허로서 수상레저안전법 규정에 따른 5마력 이상의 수상레저기구를 조종하는데 필요한 조종면허와는 다르다. 따라서 해기사 면허 소지자도 5마력 이상의 동력수상레저기구를 조종하기 위해서는 해양경찰청장으로부터 조종면허를 받아야 한다.
② 참고로 소형선박조종사 면허 취득자는 일반 2급 조종면허, 요트조종면허 필기시험 면제자에 해당된다(가까운 해양경찰서에서 필기면제 확인 후 실기시험 접수).

무면허로 동력수상레저기구를 조종할 수 있는 경우

1. 추진기관의 최대출력이 5마력 이상인 동력수상레저기구(모터보트, 세일링요트, 수상오토바이, 고무보트, 스쿠터, 호버크래프트 등)를 조종하려면 동력수상레저기구 조종면허를 취득하여야 한다. 따라서 5마력 미만의 동력수상레저기구나 무동력 레저기구는 조종면허가 없어도 조종이 가능하다.

2. 다만, 다음의 경우에는 동력수상레저기구 조종면허가 없는 경우에도 무면허 조종의 예외에 해당되어 동력수상레저기구를 조종할 수 있다.

(1) 제1급 조종면허가 있는 자의 감독 하에 수상레저활동을 하는 경우로서 다음 각 호의 요건을 모두 충족하는 경우를 말한다.
① 제1급 조종면허를 가진 사람이 동시에 감독하는 수상레저기구가 3대 이하인 경우
② 해당 수상레저기구에 다른 수상레저기구를 견인하고 있지 아니한 경우
③ 다음 각 목의 어느 하나에 해당하는 경우
   ㉠ 면허시험을 위하여 수상레저기구를 조종하는 경우
   ㉡ 법 제37조 제1항에 따른 수상레저사업을 등록한 자의 사업장 안에서 탑승정원이 4명 이하인 수상레저기구를 조종하는 경우
   ㉢ 초·중등교육법 제2조 및 고등교육법 제2조에 따른 학교에서 실시하는 교육·훈련을 위하여 수상레저기구를 조종하는 경우
   ㉣ 수상레저활동 관련 단체로서 해양경찰청장이 정하여 고시하는 단체가 실시하는 비영리목적의 교육·훈련을 위하여 수상레저기구를 조종하는 경우

(2) 제1급 조종면허 소지자 또는 요트조정면허 소지자와 함께 탑승하여 조종하는 경우(주취조종 또는 약물복용 상태에서 탑승하는 경우 제외)

> **예시**
> 1. 제1급 조종면허 소지자가 동승하면 수상레저활동 가능지역 어디서든 무면허인 사람이 조종가능함
> 2. 그러나 동승하지 않고 친구가 해변에서 감독만 하는 경우에는 친구가 일반조종면허 1급 소지자라 하더라도 무면허 조종으로 적발대상이 된다(이유는 위 기준 사항 중 (1)의 ③ ㉠㉡㉢㉣항목 중 어느 하나에도 적용되지 않기 때문).
> 3. 그러나 위와 같은 사항이라도 수상레저활동지가 수상레저사업장이라면 무면허 조종에 해당되지 않는다(각 사업장은 비상구조선, 인명구조원을 배치시키므로 사고 발생시 구조가 가능하기 때문).
> 4. 인명구조에 관한 교육과정과 관련하여 수상레저기구를 조종하는 경우 무면허 조종이 가능함

★ 조종면허 재발급

1. 면허증을 분실·훼손 등의 사유로 재발급 받으려는 경우에는 동력수상레저기구 조종면허증 재발급 신청서에 다음 각 호의 서류를 첨부하여 관할 해양경찰서장에게 제출하여야 한다.
   - 면허증(면허증을 분실한 경우는 제외)
   - 사진 1장(가로 : 3.5센티미터, 세로 : 4.5센티미터, 6개월 이내의 정면 상반신)
   - 수상안전교육 수료증(갱신받으려는 경우만 제출한다)
2. 조종면허 분실시 재발급 신청은 본인 또는 대리인이 할 수 있으며 방문 접수시 준비물은 본인 신분증, 반명함판 사진 1매(최근 6개월 이내 촬영한 것)이며, 대리인 접수시에는 재발급 대상자 신분증과 대리 신청하시는 분의 신분증을 동시에 지참하여야 함
3. 재발급 신청방법은 방문 접수(본인 또는 대리인), 인터넷, 민원우편만 가능하다. 면허 재발급 처리기간은 7일 이내로 정해져 있으나 민원인의 편의를 고려하여 최대한 빨리 발급되도록 노력하고 있다.

일반 조종면허시험
전국 해양경찰서 담당부서 및 시험대행기관 안내

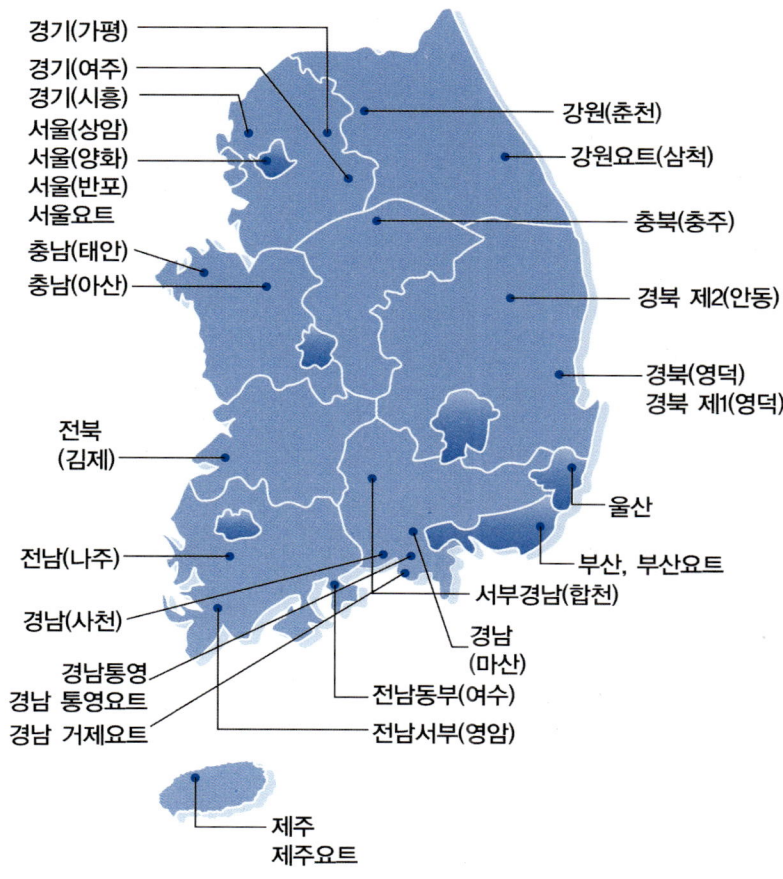

* 응시원서 접수는 전국 해양경찰서 및 시험대행기관에서 할 수 있고, 실기시험 접수는 시험장에 한함(인터넷 접수 : https://imsm.kcg.go.kr)

전국 해양경찰서 담당부서 안내

해당경찰서	담당부서
인천해양경찰서	인천광역시 연수구 옥골로 69 수상레저계 (TEL : 032-650-2551)
태안해양경찰서	충남 태안군 태안읍 동백로 92-13 수상레저계 (TEL : 041-950-2551)
평택해양경찰서	평택시 포승읍 서동대로 437-27 수상레저계 (TEL : 031-8046-2451)
보령해양경찰서	충남 보령시 성주산로 49 수상레저계 (TEL : 041-402-2349)
군산해양경찰서	전라북도 군산시 군산창길 21(금동, 군산해양경찰서) 수상레저계 (TEL : 063-539-2351)
부안해양경찰서	전북 부안군 부안읍 동중2길 15 교통레저계 (TEL : 063-928-2349)
목포해양경찰서	전남 목포시 청호로 231 수상레저계 (TEL : 061-241-2351)
완도해양경찰서	전남 완도군 완도읍 중앙길 93 교통레저계 (TEL : 061-550-2249)
여수해양경찰서	전남 여수시 신월로 648 전남대학교 국동캠퍼스 교양관 2호 수상레저계 (TEL : 061-840-2549)
부산해양경찰서	부산광역시 영도구 해양로 293 수상레저계 (TEL : 051-664-2600)
울산해양경찰서	울산 남구 신선로 20 수상레저계 (TEL : 052-230-2351)
창원해양경찰서	경남 창원시 마산회원구 무역로 145(봉암동) 수상레저계 (TEL : 055-981-2349)
통영해양경찰서	경상남도 통영시 광도면 죽림2로 45 수상레저계 (TEL : 055-647-2351)
사천해양경찰서	경상남도 사천시 용현면 시청1길 59 교통레저계 (TEL : 055-830-2549)
속초해양경찰서	강원도 속초시 동명항길 35 수상레저계 (TEL : 033-634-2351)
동해해양경찰서	강원도 동해시 임항로29 교통레저계 (TEL : 033-741-2351)
포항해양경찰서	경북 포항시 북구 소티재로 151번길 21 교통레저계 (TEL : 054-750-2351)
울진해양경찰서	경상북도 울진군 후포면 후포삼율로 103 교통레저계 (TEL : 054-502-2251)
제주해양경찰서	제주 제주시 임항로 154 수상레저계 (TEL : 064-766-2251)
서귀포해양경찰서	제주 서귀포시 서호남로 11 수상레저계 (TEL : 064-793-2449)

시험대행기관 안내

구 분	내 용
서울 조종면허 시험장	(사)한국수상레저안전협회 서울 마포지부

- 사무실 : 서울 마포구 마포나루길 256 한강공원 난지지구
- 연락처 : T.02)304-5900/F.02)304-5953

서울 양화 조종면허 시험장	서울 양화해양스포츠훈련장

- 사무실 : 서울특별시 영등포구 노들로 235
- 연락처 : T.02)2039-2346/F.02)883-2001

서울 반포 조종면허 시험장	

- 사무실 : 서울특별시 서초구 올림픽대로 2085-18
- 연락처 : T.1522-1477/F.02)2258-9055

서울 요트면허 시험장	(사)한국외양 요트연맹

- 사무실 : 서울 마포구 마포나루길 256 한강공원 난지지구
- 연락처 : T.02)304-5900/F.02)304-5953

경기 가평 조종면허 시험장	(사)한국수상레저안전협회 경기 가평지부

- 사무실 : 경기 가평군 청평면 호반로 162
- 연락처 : T.031)584-5700/F.031)584-9734

경기 시흥 조종면허 시험장	

- 사무실 : 경기 시흥시 거북섬5길 16(거북섬프라자 308호)
- 연락처 : T.031)496-9921/F.031)496-0024

경기 여주 조종면허 시험장	

- 사무실 : 경기 여주시 강변북로 163
- 연락처 : T.031)880-4082/F.031)881-2615

강원 조종면허 시험장	(사)한국수상레저안전협회 강원 춘천지부

- 사무실 : 강원 춘천시 고산배터길 27-6
- 연락처 : T.033)252-9097/F.033)242-9098

강원 요트 조종면허 시험장	강원대학교 삼척캠퍼스 해양관광레저스포츠센터

- 사무실 : 강원 삼척시 근덕면 덕산해변길 104
- 연락처 : T.033)576-0611

충남 조종면허 시험장	(사)한국수상레저안전협회 충남 아산지부

- 사무실 : 충남 아산시 신정호길 15-14
- 연락처 : T.041)541-9423/F.041)541-9425

충남 태안 조종면허 시험장	한서대학교 해양스포츠교육원

- 사무실 : 충남 태안군 남면 곰섬로 314
- 연락처 : T.041)674-8101/F.041)674-8102

충북 조종면허 시험장	(사)한국수상레저안전협회 충북 충주지부

- 사무실 : 충북 충주시 동량면 미라실로 763
- 연락처 : T.043)856-3119/F.043)851-4311

경북 조종면허 시험장	(사)한국수상레저안전협회 경북 영덕지부

- 사무실 : 경북 영덕군 강구면 강영로 33
- 연락처 : T.054)732-8884/F.054)734-1021

경북 요트(영덕) 조종면허 시험장	

- 사무실 : 경북 영덕군 강구면 강영로 33
- 연락처 : T.054)732-8884/F.054)734-1021

경북 안동 조종면허 시험장	(사)한국수상레저안전협회 경북 안동지부

- 사무실 : 경북 안동시 석주로 514
- 연락처 : T.054)821-2020/F.054)823-1215

경북 포항 조종면허 시험장	

- 사무실 : 경북 포항시 남구 희망대로 810
- 연락처 : T.054)270-4492

경남 창원 조종면허 시험장	(사)한국수상레저안전협회 경남 마산지부

- 사무실 : 경남 창원시 마산합포구 진동면 광암회단지길 42
- 연락처 : T.055)271-9977/F.055)271-0041

경남 합천 조종면허 시험장	(사)한국수상레저안전협회 서부경남지회

- 사무실 : 경남 합천군 봉산면 서부로 4270-8
- 연락처 : T.055)933-1973

경남 사천 조종면허 시험장	대한수상안전교육협회

- 사무실 : 경남 사천시 해안관광로 339
- 연락처 : T.055)834-1002/F.055)834-3387

경남 통영 조종면허 시험장	한국해양소년단

- 사무실 : 경남 통영시 평인일주로 478
- 연락처 : T.055)648-8083/F.055)641-7942

경남 거제 요트 조종면허 시험장	

- 사무실 : 경남 거제시 남부면 남부해안로 1035
- 연락처 : T.055)632-2955

경남 통영 요트 조종면허 시험장	통영요트학교

- 사무실 : 경남 통영시 도남로 269-28
- 연락처 : T.055)641-5051

울산 조종면허 시험장	(사)한국수상레저안전협회 울산 남구지부

- 사무실 : 울산시 남구 여천동 50-1
- 연락처 : T.052)258-6115/F.052)261-6115

부산 조종면허 시험장	(사)한국수상레저안전협회 부산 수영만지부

- 사무실 : 부산 수영구 민락수변로 239번길 18
- 연락처 : T.051)742-0367/F.051)747-6279

부산 요트면허 시험장	한국해양대학교 평생교육원

- 사무실 : 부산광역시 영도구 태종로 727 한국해양대학교 평생교육원
- 연락처 : T.051)410-5250

제주 조종면허 시험장	(사)한국수상레저안전협회 제주시지부

- 사무실 : 제주특별자치도 서해안로 45-18
- 연락처 : T.064)743-6232/F.064)743-6231

제주 요트 조종면허 시험장	제주한라대학 산학협력단

- 사무실 : 제주특별자치도 제주시 도두서항길 34
- 연락처 : T.064)743-7536/F.064)743-7538

전북 조종면허 시험장	(사)한국수상레저안전협회 전북 김제지부

- 사무실 : 전북 김제시 만경읍 만경리 100
- 연락처 : T.063)548-7774/F.063)548-7776

전남 여수 조종면허 시험장	(사)한국수상레저안전협회 전남 여수지부

- 사무실 : 전남 여수시 화양면 화양로 1436-29
- 연락처 : T.061)683-6458/F.061)683-6459

전남 영암 조종면허 시험장	

- 사무실 : 전남 영암군 삼호읍 나불외도로 126-45
- 연락처 : T.061)462-0741/F.061)463-0741

전남 나주 조종면허 시험장	대한수상안전교육협회

- 사무실 : 전남 나주시 다도면 나주호로 558-314
- 연락처 : T.061)337-2009/F.0303)3443-4700

전남 요트 조종면허 시험장	목포해양대학교 미래융복합관

- 사무실 : 전남 목포시 해양대학로 91
- 연락처 : T.061)240-7147/F.061)247-0333

2025년도 조종면허시험 일정

종별	시험장	5월	6월	7월	8월	9월	10월	11월	12월
일반 조종 (23)	서울(마포)	9(금), 18(일)	11(수), 22(일)	9(수), 20(일)	10(일), 20(수)	8(월), 27(토)	13(월), 29(수)	9(일), 26(수)	10(수)
	서울(양화)	1(목), 13(화), 24(토)	10(화), 23(월)	1(화), 27(일)	11(월), 26(화)	7(일), 16(화)	1(수), 14(화), 26(일)	3(월), 17(월)	7(일)
	서울(반포)	12(월), 25(일)	3(화), 17(화), 29(일)	8(화), 22(화)	5(화), 19(화)	9(화), 23(화)	11(토), 21(화)	11(화), 25(화)	2(화), 16(화)
	경기(가평)	10(토), 22(목)	7(토), 19(목)	3(목), 17(목), 31(목)	14(목), 28(목)	11(목), 27(토)	2(목), 23(목)	8(토), 20(목)	4(목), 18(목)
	경기(시흥)	6(화), 22(목)	6(금), 19(목)	3(목), 20(일)	3(일), 21(목)	4(목), 18(목)	2(목), 16(목), 30(목)	14(금), 30(일)	14(일), 30(화)
	경기(여주)	15(목), 29(목)	14(토), 26(목)	10(목), 24(목)	14(목), 30(토)	13(토), 25(목)	16(목), 30(목)	8(토), 20(목)	4(목)
	강원(춘천)	13(화), 27(화)	8(일), 24(화)	8(화), 22(화)	5(화), 17(일)	2(화), 16(화), 30(화)	14(화), 26(화)	11(화), 25(화)	9(화), 21(일)
	충남(아산)	11(일), 26(월)	8(일), 18(수), 30(월)	13(일), 28(월)	10(일), 25(월)	7(일), 22(월)	3(금), 20(월)	2(일), 17(월)	1(월), 14(일)
	충남(태안)	19(월)	1(일), 16(월)	6(일), 21(월)	3(일), 18(월), 31(일)	15(월), 28(일)	13(월), 26(일)	10(월), 23(일), 30(일)	15(월)
	충북(충주)	12(월), 25(일)	2(월), 16(월), 29(일)	14(월), 27(일)	11(월), 24(일)	8(월), 21(일)	12(일), 27(월)	9(일), 24(월)	8(월), 21(일)
	경북(영덕)	5(월), 19(월)	2(월), 16(월), 29(일)	14(월), 28(월)	11(월), 24(일)	8(월), 22(일)	13(월), 26(일)	10(월), 24(일)	8(월), 21(일)
	경북(안동)	7(수), 18(일)	4(수), 18(수)	2(수), 16(수), 27(일)	13(수), 27(수)	10(수), 21(일)	15(수), 29(수)	12(수), 23(일)	10(수), 24(수)
	경북(포항)	17(토), 30(금)	13(금), 27(금)	12(토), 25(금)	8(금), 22(금)	5(금), 20(토)	17(금), 24(금)	8(토), 21(금)	5(금), 12(금)
	울산	11(일), 30(금)	13(금), 29(일)	11(금), 20(일), 29(화)	17(일), 29(금)	14(일), 26(금)	17(금), 30(목)	9(일), 28(금)	14(일)
	부산	9(금), 21(수)	12(목), 25(수)	13(일), 30(수)	12(화), 27(수)	14(목), 28(일)	16(목)	5(수), 30(일)	10(수), 28(일)
	경남(사천)	18(일)	15(일)	6(일)	24(일)	14(일)	19(일)	15(토)	7(일)
	경남(창원)	14(수), 28(수)	11(수), 24(화)	9(수), 23(수)	13(수), 30(토)	10(수), 24(수)	15(수), 29(수)	8(토), 19(수)	3(수), 17(수)
	경남(통영)	11(일)	2(월), 29(일)	27(일)	31(일)	21(일)	26(일)	16(일), 30(일)	14(일)
	경남(합천)	4(일), 12(월), 26(월)	9(월), 22(일)	2(수), 16(수)	26(화)	7(일), 22(월)	1(수), 20(월)	2(일), 17(월)	1(월), 21(일)
	전남(여수)	2(금), 18(일)	13(금), 27(금)	–	–	–	–	–	–
	전남(영암)	10(토), 20(화)	10(화), 24(화)	12(토), 22(화)	5(화), 19(화)	13(토), 23(화)	18(토), 28(화)	11(화), 25(화)	9(화), 20(토)
	전남(나주)	8(목), 25(일)	8(일), 26(목)	10(목)	14(목), 28(목)	11(목), 27(토)	16(목), 30(목)	13(목), 23(일)	11(목), 21(일)
	제주	21(수)	21(토)	18(금)	17(일)	16(화)	18(토)	13(목)	–

일반 조종면허시험
실기(코스) 채점기준과 합격요령

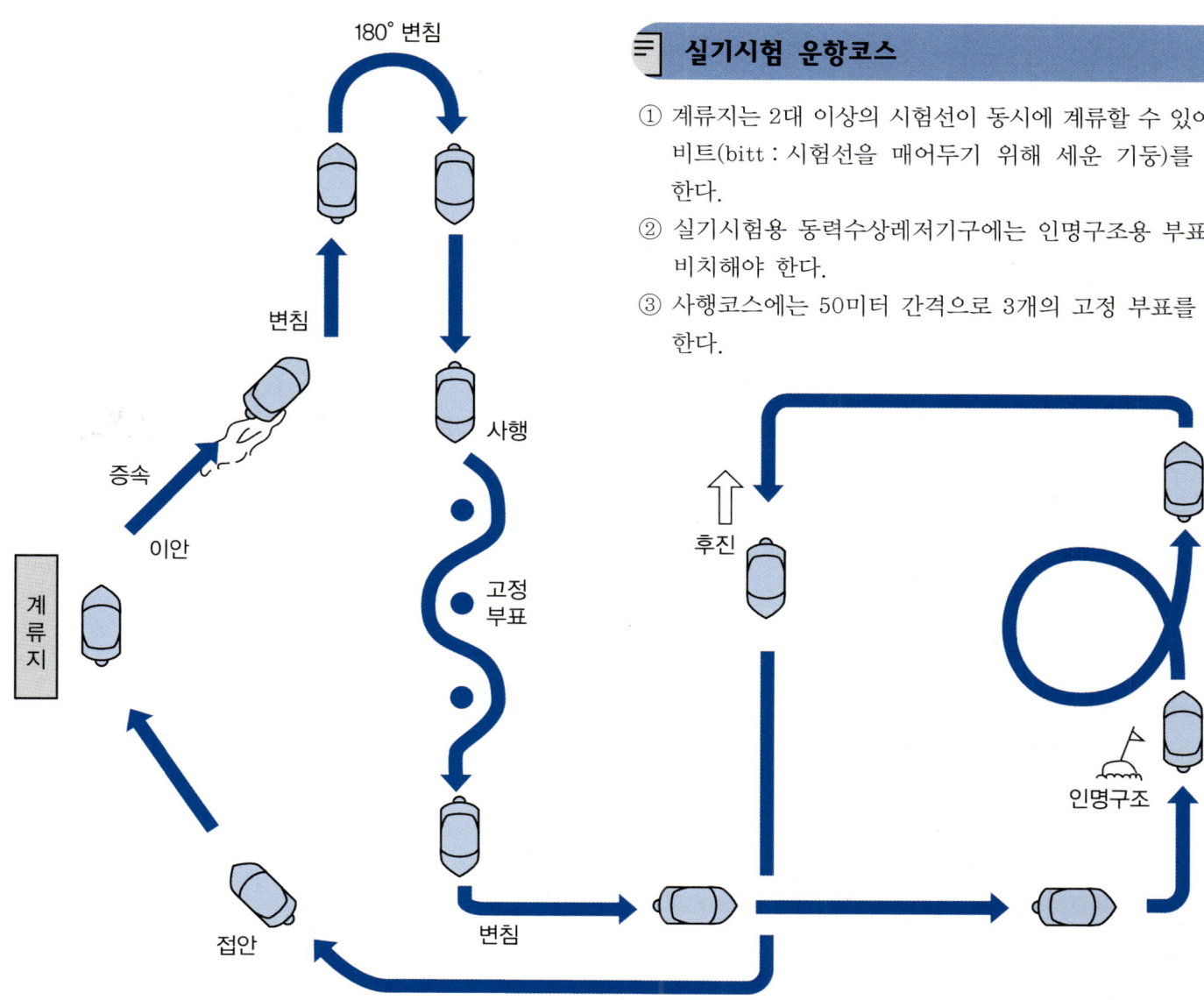

실기시험 운항코스

① 계류지는 2대 이상의 시험선이 동시에 계류할 수 있어야 하며, 비트(bitt : 시험선을 매어두기 위해 세운 기둥)를 설치해야 한다.
② 실기시험용 동력수상레저기구에는 인명구조용 부표를 1개씩 비치해야 한다.
③ 사행코스에는 50미터 간격으로 3개의 고정 부표를 설치해야 한다.

채점기준 세부내용과 합격요령

1 출발 전 점검 및 확인

(1) 출발 전 올바른 구명조끼 착용, 점검사항 등을 점검·확인한다. (총 3점)

① 구명조끼를 착용하지 않았거나 올바르게 착용하지 않은 때 (3점 감점)(기출)
② 출발 전 구명부환, 소화기, 예비노, 엔진, 연료, 배터리, 핸들, 속도전환레버, 계기판, 자동정지줄을 확인(행동 및 말로 표시)하지 않거나 점검사항을 누락한 때(3점 감점)
✔ 신체적 장애 등으로 의사표현이 어려운 경우 말로 표시하지 않을 수 있다.

2 출발

(2) 출발시 속도전환레버를 중립에 두고, 시동이 걸려 있지 않은 상태에서 시동을 건다. (총 2점)

① 속도전환레버를 중립에 두지 않고 시동을 걸면(2점 감점)(기출)
② 엔진의 시동상태에서 시동키를 돌리거나 시동이 걸린 후에도 시동키를 2초 이상 돌린 때(2점 감점)

(3) 이안시 계류줄을 걷고 선체와 다른 물체의 접촉 없이 출발한다. (총 2점)

① 계류줄을 걷지 않고 출발한 때(2점 감점)(기출)
② 출발시 시험선의 선체가 계류장 또는 다른 물체와 부딪치거나 접촉한 때(2점 감점)

(4) 출발지시 후 30초 이내에 출발한다. (총 3점)

① 출발지시 후 30초 이상 출발지연인 때(3점 감점)
② 다른 항목의 세부내용이 원인이 되어 출발하지 못한 경우 (3점 감점, 병행채점)
③ 출발하지 못한 사유가 시험선의 고장 등 조종자의 책임이 아닌 경우(감점 없음)(기출)

(5) 속도전환레버를 천천히 조작하여 무리없이 출발한다. (총 2점)

① 속도전환레버를 급히 조작하거나 급히 출발한 때(탑승자의 신체 일부가 젖혀지거나 엔진 회전소리가 갑자기 높아지는 경우도 포함) (2점 감점)
② 속도전환레버의 조작불량으로 클러치 마찰음이 발생하거나 엔진이 정지된 때(2점 감점)

③ 지시받지 않고 엔진트림 조절스위치를 조작한 때(2점 감점)

(6) 자동정지줄을 착용 후 앞·뒤·왼쪽·오른쪽의 안전상태를 확인하고 탑승자가 앉은 뒤 출발한다.(총 3점)
① 자동정지줄을 착용하지 않고 출발한 때(3점 감점)
② 앞·뒤·왼쪽·오른쪽의 안전상태를 확인하지 않거나(고개를 돌려서 안전상태를 확인하고 말로 이상 없음을 표시하지 않은 경우도 포함) 탑승자가 앉기 전에 출발한 때(3점 감점)

(7) 출발 후 15초 이내 출발침로 ±10° 이내 유지하며 일직선으로 운항한다.(총 3점)
① 출발 후 15초 이내에 지시된 방향 ±10° 이내의 침로를 유지하지 못한 때(3점 감점)
② 출발 후 일직선으로 운항하지 못하고 침로가 ±10° 이상 좌우로 불안정하게 변한 때(3점 감점)

3 변 침

(8) 변침 전 변침방향 안전상태 확인 후 선체의 심한 동요 없이 10노트 이상 15노트 이내의 속력을 유지하며 변침한다.(총 2점)
① 변침 전 변침방향의 안전상태를 미리 확인하고 말로 표시하지 않은 때(2점 감점)
② 변침시 선체의 심한 동요, 급경사가 발생한 때(2점 감점)(기출)
③ 변침시 10노트 이상 15노트 이내의 속력을 유지하지 못한 때(2점 감점)(기출)

(9) 제한시간 내 지시된 침로 ±10° 이내로 변침하고, ±10° 이내로 침로를 유지시킨다.(총 3점)
① 45°·90° 내외 변침은 15초, 180° 내외 변침은 20초 내에 지시된 침로의 ±10° 이내로 변침하지 못한 때(3점 감점)(기출)
② 변침 완료 후 침로가 ±10° 이내에서 10초 이상 유지되지 않은 때(3점 감점)
✓ 변침은 좌·우현을 달리하여 3회 실시하고 변침 범위는 45°·90° 및 180° 내외로 각 1회 실시하며, 나침반으로 변침방위를 평가한다. 각 세부내용에 대해 2회까지 채점할 수 있다.

4 운 항

(10) 핸들을 정면으로 하여 조종자세를 바르게 하고 불필요한 속도전환레버를 반복 조작하지 않으면서 조종한다.(총 2점)
① 핸들을 정면으로 하여 조종하지 않거나 창틀에 팔꿈치를 올려놓고 조종한 때(2점 감점)(기출)
② 시험관의 조종자세 교정지시에 따르지 않은 경우(2점 감점)
③ 한 손으로만 계속 핸들을 조작하거나 특별한 사유 없이 자리에서 일어나 조종한 때(2점 감점)(기출)
④ 특별한 사유 없이 속도를 조절하는 등 불필요하게 속도전환레버를 반복조작한 때(2점 감점)
✓ 신체적 장애 등의 특별한 사유로 이 항목을 적용하기 어려운 경우에는 감점하지 않는다.

(11) 시험관 지시에 따라 15초 이내에 증속 및 활주상태로 전환·유지하고 15노트 이상 25노트 이하 규정 속도로 운항한다.(총 4점)
① 증속 및 활주지시 후 15초 이내에 활주상태가 되지 않은 때(4점 감점)(기출)
② 시험관의 지시가 있을 때까지 활주상태를 유지하지 못한 때(4점 감점)

③ 15노트 이하 또는 25노트 이상으로 운항한 때(저속 또는 과속)(4점 감점)(기출)
✓ 각 세부내용에 대하여 2회까지 채점할 수 있고, 1회 채점시 시정지시 했는데도 시정되지 않거나 다시 기준을 위반하는 경우 2회 채점한다.

5 사 행

(12) 사행할 때 첫 번째 부표(buoy)로부터 시계방향으로 진행한다.(총 3점)
✓ 첫 번째 부표(buoy)로부터 시계방향이 아닌 반대방향으로 진행한 때(3점 감점)(기출)
✓ 반대방향으로 진행하는 경우 아래의 (13)(14)(15)의 항목은 정상적인 사행과 동일하게 적용한다.

(13) 사행할 때 부표로부터 3m 이상 간격을 두고, 첫 번째 부표(buoy) 전방 25m 지점과 세 번째 부표 후방 25m 지점의 양쪽 옆 각 15m 지점을 연결한 수역을 벗어나지 않고 부표를 통과한다.(총 9점)
① 부표로부터 3m 이내로 접근한 때(9점 감점)(기출)
② 사행할 때 첫 번째 부표 전방 25m 지점과 세 번째 부표 후방 25m의 양쪽 옆 각 15m 지점을 연결한 수역을 벗어난 때 또는 부표를 사행하지 않은 때(9점 감점)
✓ 각 세부내용에 대하여 2회까지 채점할 수 있다.

(14) 사행진입시 30m 전방에서 3개의 부표와 일직선 침로를 유지하고 사행 후에도 3개의 부표와 일직선 침로를 유지한다.(총 3점)
① 첫 번째 부표 약 30m 전방에서 3개의 부표와 일직선으로 침로를 유지하지 못한 때(3점 감점)
② 세 번째 부표 사행 후 3개의 부표와 일직선으로 침로를 유지하지 못한 때(3점 감점)

(15) 사행 중 선체가 심한 동요나 쏠림이 없이 완만한 곡선으로 회전이 이루어지도록 핸들을 조작한다.(총 3점)
① 사행 중 핸들조작 미숙으로 선체가 심하게 흔들리거나 선체 후미에 급격한 쏠림이 발생하는 때(3점 감점)
② 사행 중 갑작스런 핸들조작으로 선회가 완만한 곡선으로 회전이 이루어지지 않고 부자연스러운 때(3점 감점)

6 급정지 및 후진

(16) 급정지 지시가 있으면 3초 이내에 속도전환레버를 중립으로 조작한다.(총 4점)
① 급정지 지시 후 3초 이내에 속도전환레버를 중립으로 조작하지 못한 때(4점 감점)(기출)
② 급정지시 후진레버를 사용한 때(4점 감점)

(17) 후진 지시가 있으면 후방의 안전상태를 확인한 후 후진레버를 부드럽게 조작, 후진 중에도 계속 안전상태를 확인하면서 정지지시가 있을 때까지 후진침로가 ±10° 이상 벗어나지 않게 후진한다.(총 2점)
① 후진레버 사용 전 후방의 안전상태를 확인하지 않거나 후진 중 지속적으로 후방의 안전상태를 확인하지 않은 때(2점 감점)
② 후진시 진행침로가 ±10° 이상 벗어난 때(2점 감점)(기출)
③ 후진레버를 급히 조작하거나 급히 후진한 때(탑승자의 신체일부가 한쪽으로 쏠리거나 엔진회전소리가 갑자기 높아지는 경우도 같음)(2점 감점)

✓ 응시자는 시험관의 정지 지시가 있을 때까지 후진하여야 하며, 후진은 후진거리를 감안하여 15초에서 20초 이내로 실시한다.

7 인명구조

(18) 인명구조 고지 후 3초 이내에 5노트 이하로 감속하면서 물에 빠진 사람(부표)의 위치를 확인하고 인명구조 고지 후 5초 이내로 확인된 위치로 방향을 전환, 물에 빠진 사람을 조종석 1m 이내로 접근시킨다.(총 3점)

① 물에 빠진 사람이 있음을 고지한 후 3초 이내에 5노트 이하로 감속하고 물에 빠진 사람의 위치를 확인하지 않은 때(확인 유·무를 말로 표시하지 않은 경우도 같음) (3점 감점)
② 물에 빠진 사람 고지한 후 5초 이내에 물에 빠진 사람이 발생한 방향으로 전환하지 않은 때(3점 감점)
③ 물에 빠진 사람을 조종석 1m 이내로 접근시키지 않은 때 (3점 감점)

(19) 물에 빠진 사람(부표) 방향으로 방향전환 후 물에 빠진 사람으로부터 15m 이내에서 3노트 이하의 속도로 접근하여 선체와 근접했을 때 속도전환레버를 중립으로 한다.(총 3점)

① 물에 빠진 사람 방향으로 방향전환 후 물에 빠진 사람으로부터 15m 이내에서 3노트 이상의 속도로 접근한 때(3점 감점)
② 물에 빠진 사람이 시험선의 선체에 근접하였을 때 속도전환레버를 중립으로 하지 않거나 후진레버를 사용한 때(3점 감점)

(20) 물에 빠진 사람(부표)과 충돌하지 않고 발생고지 후 2분 이내에 구조한다.(총 6점)

① 물에 빠진 사람과 충돌한 때(시험선의 방풍막을 기준으로 선수부에 물에 빠진 사람이 부딪히는 경우)(6점 감점)(기출)
✓ 다만, 바람·조류·파도 등으로 인하여 시험선의 현측에 가볍게 접촉하는 경우는 감점 없음
② 물에 빠진 사람이 있음을 고지한 후 2분 이내에 물에 빠진 사람을 구조하지 못한 때(6점 감점)(기출)
✓ 위 (18)의 ③ 또는 (19)의 ① ②에 해당하는 경우에는 응시자로 하여금 재접근하도록 한다.

8 접 안

(21) 시험관의 접안 위치의 고지 후 계류장으로부터 30m 거리에서는 속도를 5노트 이하로 낮추고, 계류장 접안 위치에서는 속도를 3노트 이하로 낮추고 속도전환레버를 중립에 둔다.(총 3점)

① 계류장으로부터 30m 거리에서 속도를 5노트 이하로 낮추지 않고 접근한 때(3점 감점)(기출)
② 계류장 접안 위치에서 속도를 3노트 이하로 낮추지 않거나 속도전환레버가 중립이 아닌 때(3점 감점)

(22) 접안 위치에서는 시험선과 계류장이 1m 이내의 거리로 평행이 되게 하면서 계류장과 선수 또는 선미가 부딪히지 않도록 접안한다.(총 3점)

① 접안 위치에서 시험선과 계류장이 1m 이내의 거리로 평행이 되지 않은 때(3점 감점)
② 계류장과 선수 또는 선미가 부딪힌 때(3점 감점)
③ 접안 위치에 접안을 하지 못한 때(3점 감점)

합격기준과 실격처리

각 항목별 세부내용의 감점기준에 따라 1회 또는 2회까지 채점하여 100점 만점에 일반조종면허 1급은 80점 이상, 2급은 60점 이상을 득점해야 합격하게 된다(위 채점기준과 채점 세부내용에 있어서 별도의 채점횟수 표시가 없는 것은 1회 채점을 원칙으로 한다). 다만 다음의 경우에는 시험을 중단하고 실격으로 처리한다.

(1) 3회 이상 출발 불가 및 응시자 시험포기 : 3회 이상 출발 지시에도 출발(속도전환레버를 조작하여 계류장을 이탈하는 것)하지 못하거나 응시자가 시험포기의 의사를 밝힌 경우(기출)

(2) 조종능력 부족으로 시험진행 곤란 : 속도전환레버 및 핸들의 조작 미숙 등 조종능력이 현저히 부족한 것으로 인정되는 경우

(3) 현저한 사고위험 : 부표 등과 충돌하는 등 사고를 일으키거나 사고를 일으킬 위험이 현저한 경우(기출)

(4) 음주상태 : 술에 취한 상태(혈중알코올농도 0.03% 이상)이거나 취한 상태는 아니더라도 음주로 인하여 시험을 원활하게 진행하기 어렵다고 인정되는 경우(기출)

(5) 지시·통제 불응 또는 임의 시험진행 : 사고 예방과 시험진행을 위한 시험관의 지시 및 통제에 따르지 않거나 시험관의 지시 없이 2회 이상 임의로 시험을 진행하는 경우(기출)

(6) 중간점수 합격기준 미달 : 이미 감점한 점수의 합계가 합격기준에 미달됨이 명백한 경우(기출)

동력수상레저기구 조종면허 필기시험 답안지(예)

조종면허시험 응시 및 합격요령

조종면허시험 응시요령

1. 응시자격 및 결격

1 조종면허시험의 종류와 응시자격(기출)

1급 일반 조종면허	18세 이상인 자	① 수상레저안전법 제7조 결격사유에 해당하지 않는 사람
2급 일반 조종면허	14세 이상인 자	② 다만, 14세(1급은 18세) 미만이라도 국민체육진흥법 제2조 제11호에 따른 경기단체에서 동력수상레저기구의 선수로 등록된 자는 결격사유에서 제외됨
요트 조종면허		

2 조종면허시험 결격자

다음에 해당하는 사람은 수상레저안전법 제7조(조종면허의 결격사유)에 의해 조종면허를 받을 자격이 없다.

① 응시일 기준 14세 미만(1급 조종면허 18세 미만)인 자. 다만, 제9조 제1항 제1호에 해당하는 자(국민체육진흥법 제2조 제11호에 따른 경기단체에 동력수상레저기구의 선수로 등록된 자)는 제외한다.(기출)
② 치매, 조현병, 조현정동장애, 양극성 정동장애(조울병), 재발성 우울장애, 알코올 중독의 정신질환이 있는 사람으로서 해당 분야의 전문의가 정상적으로 수상레저활동을 할 수 없다고 인정하는 사람(기출)
③ 마약·향정신성의약품 또는 대마 중독자로서 해당 분야의 전문의가 정상적으로 수상레저활동을 할 수 없다고 인정하는 사람(기출)
④ 제17조 제1항에 따라 조종면허가 취소된 날부터 1년이 지나지 아니한 사람(기출)
⑤ 제25조 각 호 외의 부분 본문을 위반하여 조종면허를 받지 아니하고(조종면허의 효력이 정지된 경우를 포함) 동력수상레저기구를 조종한 자로서 그 위반한 날부터 1년(무면허 조종 중 사람을 사상한 후 구호 등 필요한 조치를 하지 아니하고 달아난 자는 그 위반한 날부터 4년)이 지나지 아니한 사람(기출)
⑥ 조종면허시험 중 부정행위로 적발된 경우 2년간 응시 불가(기출)

결격기간	일정기간 조종면허를 받을 수 없는 사람
4년간	• 무면허 조정 중 사람을 사상한 후 구호 등 필요한 조치를 하지 않고 도주한 사람
2년간	• 조종면허시험에서 부정행위를 하여 시험의 중지 또는 무효의 처분을 받은 사람(기출)
1년간	• 조종면허를 받지 않고 동력수상레저기구를 조종한 사람 • 거짓이나 그 밖의 부정한 방법으로 조종면허를 받아 면허가 취소된 사람 • 조종면허 효력정지기간 중 조종을 하다가 면허가 취소된 사람 • 조종면허를 받은 사람이 동력수상레저기구를 이용한 범죄행위로 면허가 취소된 사람 • 주취상태(혈중알코올농도 0.03퍼센트 이상)에서 조종을 하다가 면허가 취소된 자 또는 주취상태에 있다고 인정하여 관계 공무원의 측정 요구에 따르지 아니하여 면허가 취소된 사람 • 2차에 걸쳐 조종 중 고의 또는 과실로 사람을 죽게 한 경우, 사람에게 3주 이상의 치료가 필요하다고 의사가 진단한 상해를 입힌 경우 또는 고의로 다른 사람에게 중대한 재산상의 손해를 입혀 면허가 취소된 사람 • 4차에 걸쳐 조종 중 과실로 다른 사람에게 3주 미만의 치료가 필요하다고 의사가 진단한 상해를 입히거나 다른 사람에게 중대한 재산상 손해를 입혀 면허가 취소된 사람 • 면허증을 다른 사람에게 빌려주어 조종을 하게 함으로써 3회 적발되어 면허가 취소된 사람 • 마약·향정신성의약품, 대마의 영향, 환각물질의 영향, 그 밖에 사유로 인하여 정상적으로 조종하지 못할 염려가 있는 상태에서 조종하다가 2차 위반으로 면허가 취소된 사람 • 그 밖에 법 또는 법에 따른 수상레저활동의 안전과 질서유지를 위한 명령을 4회 위반하여 면허가 취소된 사람

※ 면허시험의 실기시험 시행일을 기준으로 결격사유에 해당하는 사람은 면허시험에 응시할 수 없다.

2. 조종면허 취득절차(응시절차)

1 응시원서 접수(신규접수)

① 동력수상레저기구 조종면허시험에 최초로 응시하고자 할 때 작성하는 경우이다.
② 전국의 해양경찰서, 면허시험장에 방문 또는 인터넷, 우편 접수가 가능하며, 응시일정 중 희망일자 및 장소를 선택할 수 있으나 시험장별 매회 응시인원이 제한되어 있어 선착순으로 접수되며, 공고된 시험일 기준 2개월 전부터 시험공고일 2일 전까지 가능하다.

구 분	내 용	비 고
구비서류	• 응시원서(해양경찰서 소정양식) 1통 • 사진 1매(3.5cm×4.5cm) • 시험면제사유에 해당하는 사람은 해당 증빙서류(해경서 방문접수만 가능) • 주민등록증 또는 국가발행 신분증(여권, 자동차 운전면허증 등)-사진 첨부된 것(미발급자 학생증)	원서접수 후에는 수수료가 반환되지 않음
수수료	4,800원	
대리접수	응시자 신분증, 대리인 신분증 지참 접수가능	
우편접수	응시원서, 본인 신분증 사본 1부, 수수료 4,800원, 회송용 봉투(등기우표 첨부), 연락처 및 응시희망 일시 및 장소를 기재한 후 우체국에서 중형(제4호) 행정봉투 구입하여 등기우편으로 해당 시험장 관할 해양경찰서로 발송	
기 타	최초 응시일로부터 1년 이내 필기시험에 합격하여야 하며, 1년 이내 필기시험에 합격하지 못할 경우 신규 접수해야 함. 원서접수 시 핸드폰 번호 및 이메일 주소를 기입하면, 면허발급현황을 문자메세지 및 이메일을 통해 받을 수 있음	

 주의사항

〈인터넷접수가 불가능한 경우〉
• 접수기간이 아닌 경우(시험 공고일 2개월 전부터 시험 공고일 2일 전까지 접수가능)
• 필기나 실기시험 면제에 해당하는 경우(해양경찰서에서만 접수 가능)
• 같은 종별 중복접수 불가(이미 접수한 경우, 접수된 시험일이 경과하기 전에는 접수 불가

③ 응시원서의 유효기간 : 접수일부터 1년간이다.(기출)

2 필기시험 접수

① 필기시험 신규접수 또는 재접수하는 경우(1년간 재접수 가능)
② 전국의 해양경찰서 – 면허시험장 방문 또는 인터넷이용 – 우편접수가 가능하며, 응시일정 중 희망일자 및 장소를 선택할 수 있으나 선착순으로 접수됨.
③ 필기시험 합격 유효기간 : 합격일부터 1년간이다.(기출)

3 실기시험 접수(면허시험장에 한함)

① 필기시험에 합격한 자 또는 필기시험을 면제받은 자가 실기시험에 응시하거나, 실기시험에 불합격하여 실기시험에 재응시하기 위해 접수하는 경우이다.
② 필기시험에 합격한 날로부터 1년간 재접수가 가능하다.
③ 필기시험 합격 후 시험장에서 바로 접수할 수 있으며, 그렇지 않은 경우에는 인터넷 또는 우편으로 접수가 가능하다. 응시일정 중 희망일자 및 장소를 선택할 수 있으나 선착순으로 접수된다.

구 분	내 용	비 고
구비서류	• 응시표 • 시험면제사유에 해당하는 자는 해당 증빙서류(해양경찰서 방문접수만 가능) • 주민등록증 또는 국가발행 신분증(여권, 자동차 운전면허증 등) – 사진 첨부된 것(미발급자 학생증)	수수료는 시험일 기준 2일 전까지만 반환됨
수수료	64,800원	
대리접수	응시표, 응시자 신분증, 대리인 신분증지참 접수가능	

4 실기시험

① 실기시험 접수시 지정된 응시일자 및 장소(전국 조종면허시험장)에서 실기시험을 실시한다.
② 자세한 내용은 실기시험 안내를 참고 바람
   ✔ 실기시험 합격의 유효기간은 별도 정한 바 없다.(기출)

5 수상안전교육 실시

(1) 수상안전교육 대상 및 기간

① 조종면허를 받으려는 자(응시원서를 접수한 후부터 또는 조종면허시험에 합격한 후에 받음. 최초 면허시험 합격 전의 안전교육의 유효기간은 6개월임)
② 조종면허를 갱신하려는 자(조종면허 갱신기간 이내에)

(2) 구비서류

① 수상안전교육 신청서
② 응시표(신규 취득자) 또는 조종면허증(면허 갱신자)
③ 주민등록증 또는 국가발행 신분증(여권, 자동차 운전면허증 등) 사진 첨부된 것(미발급자 학생증)
④ 수수료 14,400원(인터넷 접수시 별도 수수료 발생)

(3) 수상안전교육 내용·방법 및 시간

① 교육내용(기출)
   ㉠ 수상레저안전 관계법령
   ㉡ 수상레저기구의 사용·관리
   ㉢ 수상상식
   ㉣ 수상구조
② 교육방법 및 시간
   영상교육을 포함하여 3시간으로 하되, 50분 교육 후 10분간 휴식을 취하는 방법으로 실시

(4) 수상안전교육의 면제

① 면허시험 응시원서를 접수한 날 또는 면허증 갱신 기간의 시작일부터 소급하여 6개월 이내에 수상안전교육을 받은 사람
② 면허시험 응시원서를 접수한 날 또는 면허증 갱신 기간의 시작일부터 소급하여 6개월 이내에 「선원법 시행령」 제43조 제1항에 따른 기초안전교육 또는 상급안전교육을 받은 사람
③ 면허시험 면제교육기관에서 실시하는 교육을 이수하여 제2급 조종면허 또는 요트조종면허시험 과목의 전부를 면제받은 사람
④ 면허증 갱신 기간의 마지막 날부터 소급하여 6개월 이내에 면허시험 면제교육기관, 안전교육 위탁기관, 시험대행기관에서 시험·교육 업무에 종사하는 사람이 해양경찰청장이 실시하는 교육(종사자 교육)을 받은 사람

6 면허증 발급신청

① 조종면허시험에 합격한 후 수상안전교육을 받은 자는 동력수상레저기구 조종면허증 발급신청서, 응시표, 수상안전교육 수료증, 사진 1매(3.5cm×4.5cm) 제출
② 조종면허 갱신자는 수상안전교육을 받은 후 동력수상레저기구 조종면허증 갱신 발급신청서, 면허증(분실한 경우에는 사유서), 수상안전교육 수료증, 사진 1매(3.5cm×4.5cm) 제출
③ 재발급 신청자는 동력수상레저기구 조종면허증 재발급신청서, 면허증(분실한 경우 사유서), 사진 1매(3.5cm×4.5cm) 제출

7 면허증 발급

① 조종면허시험 합격자는 동력수상레저기구 면허증을 시험에 합격한 날부터 14일 이내에 발급(기출)
② 갱신 신청자 또는 재발급 신청자는 갱신발급신청서 또는 재발급신청서 작성 후 7일 이내 발급하고 있으나 민원인 편의를 위해 당일~2일 이내 발급, 문자 메시지 및 이메일로 발급내역을 통보해 드리고 있으며, 해양경찰서 방문수령 및 우편수령(본인이 반송우편 제출한 경우)도 가능하다.
   ✔ 면허증의 유효기간은 발급일부터 취소되는 날까지이다.(기출)

8 조종면허시험의 면제(기출)

면제대상자	면제되는 시험
(1) 수상레저안전법 제9조 제1항 제1호에 해당하는 사람 특정 경기 종목에 관한 활동과 사업을 목적으로 설립되고 대한체육회나 대한장애인체육회에 가맹된 법인이나 단체 또는 문화체육관광부장관이 지정하는 프로스포츠 단체에 동력수상레저기구의 선수로 등록된 사람(기출)	제2급 조종면허 실기 요트 조종면허 실기
(2) 법 제9조 제1항 제2호에 해당하는 사람 2년제 대학(대학 및 전문대학에 준하는 각종학교 포함) 이상의 동력수상레저기구 관련 학과를 졸업한 자로서 동력수상레저기구에 관한 과목을 <u>6학점</u> 이상 이수한 사람(기출)	제2급 조종면허 필기 요트 조종면허 필기
(3) 법 제9조 제1항 제3호 또는 제6호에 해당하는 사람 ① 해기사 면허 중 항해사·기관사·운항사·수면비행선박 조종사 또는 소형선박 조종사의 면허를 가진 사람(기출) ② 제1급 조종면허 필기시험에 합격한 후 제2급 조종면허 실기시험으로 변경하여 응시하려는 사람	제2급 조종면허 필기
(4) 법 제9조 제1항 제4호에 해당하는 사람 한국해양소년단연맹 또는 특정 경기 종목에 관한 활동과 사업을 목적으로 설립되고 대한체육회나 대한장애인체육회에 가맹된 법인이나 단체 또는 문화체육관광부장관이 지정하는 프로스포츠 단체에서 동력수상레저기구의 사용 등에 관한 교육·훈련업무에 1년 이상 종사한 사람으로서 해당 단체의 장의 추천을 받은 사람	제2급 조종면허 실기

(5) 법 제9조 제1항 제5호에 해당하는 사람
해양경찰청장이 지정·고시하는 다음 각 호의 기준을 모두 갖춘 기관이나 단체(면허시험 면제교육기관)에서 실시하는 교육을 이수한 사람
① 다음 각 목의 어느 하나에 해당하는 기관이나 단체
  ㉠ 경찰, 해양경찰, 소방 또는 국방 관련 업무의 수행을 위하여 동력수상레저기구와 유사한 수상기구를 운영·관리하는 기관
  ㉡ 「공공기관의 운영에 관한 법률」 제4조에 따른 공공기관 또는 지방자치단체
  ㉢ 「고등교육법」 제2조에 따른 학교 중 동력수상레저기구 관련 교육과정을 운영하는 학교
  ㉣ 그 밖에 수상레저활동 관련 교육기관이나 단체로서 해양경찰청장이 인정하는 기관이나 단체
② 별표 5에 따른 인적기준·장비기준 및 시설기준을 갖춘 기관이나 단체
  * 면허시험 면제교육기관은 제2급 조종면허와 요트조종면허 교육을 위하여 필요한 교육내용을 운영하여야 하고, 인적·장비·시설 등 기준을 갖추어야 한다.
  * 해양경찰청장은 면허시험 면제교육기관이 교육내용을 지키지 아니하거나 지정기준에 미치지 못하게 된 경우 그 지정을 취소하거나 6개월의 범위에서 기간을 정하여 업무를 정지할 수 있다.

(제2급 조종면허 및 요트 조종면허 필기 및 실기)

* 제1급 조종면허에는 면제되는 사항이 없음
* 조종면허 필기시험에 합격한 자는 그 합격일부터 1년 이내에 실시하는 필기시험이 면제된다.

9 면허시험이 면제되는 교육을 실시하는 기관·단체의 인적기준·장비기준 및 시설기준(시행령 제11조 제1항 제2호 관련)

(1) 인적기준

다음 각 목에 해당하는 인력을 둘 것
① 해양경찰청장이 정하여 고시하는 수상레저관련 업무에 5년 이상 종사한 경력이 있는 책임운영자 1명
② 다음의 어느 하나에 해당하는 강사 1명 이상
  ㉠ 제1급 조종면허와 제26조 제1항 제1호에 따른 인명구조요원 자격을 취득한 사람(제2급 조종면허에 대한 교육을 실시하는 경우로 한정)
  ㉡ 요트조종면허와 제26조 제1항 제1호에 따른 인명구조요원 자격을 취득한 사람(요트조종면허에 대한 교육을 실시하는 경우로 한정)
  ㉢ 「고등교육법」 제2조에 따른 학교에서 수상레저분야를 전공하고 졸업한 사람 또는 법령에 따라 이와 같은 수준의 학력이 있다고 인정되는 사람
  ㉣ 「고등교육법」 제2조에 따른 학교 또는 「초·중등교육법」 제2조에 따른 학교에서 수상레저분야를 3년 이상 강의한 경력이 있는 사람
  ㉤ 시험대행기관에서 별표 9 제1호 가목에 따른 책임운영자로 3년 이상 종사한 경력이 있는 사람
③ 다음의 어느 하나에 해당하는 강사 1명 이상
  ㉠ 「선박직원법」 제4조 제2항에 따른 3급 이상의 항해사, 3급 이상의 기관사 또는 3급 이상의 운항사 면허를 취득한 사람
  ㉡ 군·경찰 또는 소방관서에서 수상안전관리 업무를 3년 이상 수행한 경력이 있는 사람
  ㉢ 법령에 따라 설치된 기관 또는 단체에서 수상안전관리 업무를 3년 이상 수행한 경력이 있는 사람
  ㉣ 시험대행기관에서 별표 9 제1호 나목에 따른 시험관으로 5년 이상 종사한 경력이 있는 사람
  ㉤ 면허시험 면제교육기관에서 강사로 5년 이상 종사한 경력이 있는 사람

(2) 장비기준

다음 각 목의 장비를 모두 갖출 것
① 제9조 제4항 및 별표 3에 따른 규격에 적합한 실기시험용 동력수상레저기구 1대 이상
② 비상구조선 1대 이상. 이 경우 비상구조선의 시속은 20노트 이상이며, 승선정원은 4명 이상이어야 한다.
③ 구명조끼 20개 이상
④ 구명부환 5개 이상
⑤ 소화기 3개 이상
⑥ 예비용 노 3개 이상
⑦ 조난신호장비(자기점화등, 신호홍염) 및 구급용 장비(비상의약품, 들것)
⑧ 인명구조교육용 상반신형 마네킹 1개 이상

(3) 시설기준

다음 각 목의 시설을 모두 갖출 것
① 이론교육장 : 면적이 60m² 이상이고, 50명 이상의 인원을 수용할 수 있을 것
② 실기교육장 : 동력수상레저기구의 계류장과 교육생을 위한 대기시설을 갖출 것
③ 행정실 : 면적이 20m² 이상일 것
④ 주차장 : 승용차 10대 이상이 주차할 수 있는 공간일 것
⑤ 그 밖의 편의시설 : 교육생이 이용할 수 있는 휴게실 및 화장실. 이 경우 화장실은 남성용과 여성용으로 구분되어 있을 것

(4) 비고

① 임대차 계약 등을 통해 장비 및 시설의 사용권을 확보하고, 그 사실을 서류로 증명하는 경우에는 그 계약기간 동안 해당 장비 및 시설을 갖춘 것으로 본다.
② 이론교육장 및 실기교육장에는 해당 교육생의 교육 이수 여부 등을 확인할 수 있는 폐쇄회로 텔레비전(CCTV) 등의 장비를 설치해야 한다.

10 제2급 조종면허시험 면제교육기관의 교육내용·교육시간 및 교육방법(시행규칙 제9조 관련)

교육내용	세부 내용	교육시간	교육방법
수상레저 관계 법령	① 「수상레저안전법」 ② 「수상레저기구의 등록 및 검사에 관한 법률」 ③ 「선박의 입항 및 출항 등에 관한 법률」 ④ 「해사안전기본법」 및 「해상교통안전법」 ⑤ 「해양환경관리법」 ⑥ 「항로표지법」	4시간	이론
수상 상식	① 수상 기초(해류, 조류, 조석, 암초, 어망 등) ② 해양기상(기상 개요, 기상 요소, 기상도, 기상예보 등)	4시간	이론
구급 및 응급처치	① 각종 구명장비 및 사용법 ② 수상에서의 생존 요령, 체온손실 응급처치 ③ 인공호흡법 및 심폐소생법	4시간	이론 및 실습
모터보트 개요	① 구조 ② 조종 성능(추진장치와 키의 작용, 정지타력, 선회권, 활주, 트림 등)	4시간	이론
항해 및 기관 (機關)	① 항해 계기, 항로 표시, 해도(종류, 용도, 보는 법, 위치·거리 구하기 등), 항해 방법 ② 추진기관의 종류 및 취급, 연료, 냉각수, 윤활유	4시간	이론 및 실습

조종술 (操縱術)	① 핸들 및 속도전환 레버 등의 조작 요령 ② 출발 전 점검 및 출발 요령 ③ 저속에서의 직진·선회·변침 및 정지 요령 ④ 중속·고속에서의 직진·선회·변침 및 정지 요령 ⑤ 장애물 회피 요령 ⑥ 후진 및 접안 방법 ⑦ 인명구조 요령	16시간	실습

11 면허시험 면제교육기관의 지정 취소 등

(1) 지정 취소 또는 업무 정지

해양경찰청장은 면허시험 면제교육기관이 다음의 어느 하나에 해당하는 경우에는 그 지정을 취소하거나 6개월의 범위에서 기간을 정하여 업무를 정지할 수 있다. 다만, ①에 해당하면 그 지정을 취소하여야 한다.
① 거짓이나 그 밖의 부정한 방법으로 지정을 받은 경우
② 면허시험 면제교육기관이 해양경찰청장에게 교육 이수 결과를 거짓으로 제출하여 교육을 이수하지 아니한 사람에게 면허시험 과목의 전부를 면제하게 한 경우
③ 제2급 조종면허와 요트조종면허 교육을 위하여 필요한 교육내용을 지키지 아니한 경우
④ 지정 기준에 미치지 못하게 된 경우

일반조종면허시험 합격요령

조종면허시험은 필기시험·실기시험으로 구분하여 실시한다.

1 필기시험

1 시험방법

4지 선다형(객관식) 50문항이 출제되며, 시험시간은 50분이다(답안지는 별도 양식 참조).

2 일반조종면허(1급, 2급) 시험과목 및 배점비율

과목	출제 범위	과목별 배점
수상레저안전	① 수상환경(조석 및 해류) ② 기상학 기초(주의보·경보 등의 기상통보 및 일기도 읽기) ③ 구급법(생존술·응급처치 및 심폐소생술) ④ 각종 사고 시 대처방법 ⑤ 안전장비 및 인명구조	20점
수상레저기구 운항 및 운용	① 운항 계기 ② 수상레저기구 조종술 ③ 신호음향 및 조난 ④ 모터보트·견인기구·수상오토바이의 원리 및 운용	20점
기관	① 내연기관 및 추진장치의 구조 ② 기구의 정비 및 취급방법 ③ 기구의 연료유·윤활유·냉각수 계통 관리	10점
법규	①「수상레저안전법」 ②「수상레저기구의 등록 및 검사에 관한 법률」 ③「선박의 입항 및 출항 등에 관한 법률」 ④「해사안전기본법」및「해상교통안전법」 ⑤「해양환경관리법」 ⑥「전파법」	50점

3 필기시험의 합격자결정(기출)

① 1급 일반조종면허 : 100점 만점에 70점 이상 받은 사람
② 2급 일반조종면허 : 100점 만점에 60점 이상 받은 사람
③ 요트조종면허 : 100점 만점에 70점 이상 받은 사람

4 필기시험에 있어서의 유의사항

(1) 유의사항

준비물	응시표, 주민등록증 또는 국가발행 신분증(여권, 자동차 운전면허증 등) – 사진 첨부된 것(미발급자 학생증), 컴퓨터용 수성사인펜
문제지 추첨	응시생 중 2명이 2개 유형 문제지 추첨
주의사항	• 응시표에 기재된 시간 30분 전 입실 완료 • 신분증 소지, 지정좌석 착석, 대리시험 여부 등 확인 • 시험종료 후 문제지는 시험관에게, 답안지는 답안지함에 투입하고 퇴실 • 컴퓨터 채점기에 의해 채점 후 결과를 게시판에 게시
필기시험 결과발표	응시표에 합격 또는 불합격 날인 후 본인에게 재교부 응시자는 본인 응시표 및 합격, 불합격 날인 여부 확인
기 타	필기시험 합격일로부터 1년 이내에 실기시험에 합격하여야 하며, 1년 이내 불합격시 신규접수해야 한다.

(2) PC 이용 필기시험 안내

해양경찰청에서는 종이 필기시험(Paper-based tests)과 병행하여 PC를 이용한 필기시험(Computer-based tests)을 실시하고 있다.
① PC 이용 필기시험이란?
  종이시험 대신 컴퓨터 화면을 통해 시험을 보는 방식을 말한다.
② PC 이용 필기시험 응시방법
  본인이 조종면허시험장에 설치된 컴퓨터로 필기시험을 응시하고자 하는 경우 누구나 가능하며, 연중 공무원 근무시간에 한해 평일 09:00~ 17:00 이내에 시험장에 방문(사진 1매, 신분증, 수수료 4,800원 지참)하여 행정실에서 PC 이용 필기시험 접수 후 즉시 시험에 응시
③ PC 이용 필기시험의 장점
  • 접수 후 빈 자리가 있을 경우 즉시 응시 가능
  • 컴퓨터용 수성사인펜 불필요
  • OMR 카드 답안지 보다 정답수정 용이
  • 시험종료 즉시 결과 확인 가능
  • 컴맹도 응시할 수 있을 만큼 매우 단순
✓ PC 이용 필기 시험과목 및 채점기준은 현행 필기시험과 모두 동일함

5 특별시험

(1) 구술시험 안내

① 구술 필기시험이란?
  동력수상레저기구 조종면허를 취득하고자 하는 자 중 고령 또는 문맹으로 인하여 종이시험이 불가능한 경우, 성우 목소리로 녹음된 CD 및 테이프를 재생하여 시험을 실시한다.
② 구술 필기시험 응시방법
  본인이 고령 또는 문맹으로 인하여 글을 알지 못하는 경우 누구나 응시할 수 있으며, 전국의 해양경찰서 또는 면허시험장에 방문하여 신청한다.
✓ 구술 필기 시험과목 및 채점기준은 현행 필기시험과 모두 동일함

(2) 외국어 필기시험 안내

① 외국어(영어) 필기시험이란?

사회 전반의 세계화 추세에 따라 외국인의 수상레저활동이 증가하고 있어 한글 학습능력이 없는 외국인, 교포 등에게 면허취득 기회를 제공하고자 외국어(영어)로 번역된 문제로 필기시험을 실시한다.

② 외국어(영어) 필기시험 응시방법

당해연도 공고된 시험일정 중 본인이 희망하는 일시 및 장소에 외국어(영어) 필기시험으로 접수(전국의 해양경찰서, 면허시험장에 방문, 인터넷이용, 우편접수 가능)하여 시험에 응시하면 된다.

✔ 외국어 필기 시험과목 및 채점기준은 현행 필기시험과 모두 동일함

6 필기시험 합격요령

(1) 일반조종면허(1급, 2급)

① 과목별 출제문항수 : 일반조종면허의 시험과목은 1. 수상레저안전, 2. 수상레저기구 운항 및 운용, 3. 기관, 4. 법규 등 4과목이지만 공부해야 할 과목 내용으로는 총 18개 분야에 걸쳐 있다. 출제문항수가 총 50문항이고 배점에 의한 과목별 출제문항수는 '수상레저안전'이 10문항, '수상레저기구 운항 및 운용'이 10문항, '기관'이 5문항, '법규'가 25문항이다.

② 공부요령

㉠ 위 ①의 과목별 출제문항을 보면 '법규'가 전체 문항의 절반을 차지하듯 배점이 높다. 가장 낮은 출제문항을 보인 '기관'과목은 10점에 불과하다. 그러나 1급 조종면허의 경우 70점 이상을 득점해야 합격할 수 있으므로 어느 과목이 낮은 출제문항을 보인다고 해서 그 과목을 소홀히 할 수는 없다. 전체 4과목의 철저한 대비가 합격의 관건이 되는 셈이다.

㉡ 반면, 2급 조종면허는 최저 60점을 득해도 합격할 수 있다. 따라서 굳이 전체 과목에 매달리지 않아도 된다. 50점의 배점인 '법규'과목을 기본으로 하고 20점의 배점인 '수상레저안전' 그리고 '수상레저기구 운항 및 운용'과목을 공부한다면 총 90점의 배점 중 70%의 정도를 득점해도 합격할 수 있다는 계산이 나온다. 아니면 50점의 배점인 '법규'와 '수상레저안전' '수상레저기구 운항 및 운용' 2과목 중 1과목을 선택하여 제대로 공부하여도 합격할 수 있다. 이렇듯 배점에 따라 공부할 과목 3개 또는 2개를 정하여 착실히 정리해 간다면 합격은 용이하다. 그러나 면허취득 후 실용에 있어서는 어느 하나 소홀히 할 수 없는 것들이므로 합격 후에도 개인적으로 공부할 필요가 있다.

7 필기시험 답안지 작성시 유의사항

① 필기시험 응시 때에는 신분증(주민등록증이나 운전면허증), 응시번호표, 컴퓨터용 흑색 사인펜 2개 정도를 준비한 후 시험시간보다 30분 일찍 시험장에 도착하여 차분한 마음으로 좌석에서 대기한다.

② 컴퓨터 답안지 작성요령에 대해서는 시험당일 시험감독관의 주의사항에 따라 답안지 작성에 실수가 없도록 한다.

③ 컴퓨터 답안지에는 성명, 수험번호, 문제지 번호를 기재하도록 되어 있으므로 정확히 기재한 후 다시 한번 확인해야 한다.

④ 컴퓨터 답안지에는 컴퓨터용 사인펜으로 면허종별, 문제유형을 표시하도록 되어 있으므로 해당 번호란에 ■표시를 한다. 예를 들어 자기의 수험번호가 0123이라면 천단위 ⓪란에, 백단위 ①란에, 십단위 ②란에, 일단위 ③란에 각각 ■표시를 한다.

⑤ 컴퓨터 답안지 작성시 답안지의 정답란에 ■표시를 한 뒤 수정을 하게 되면 오답 무효처리되므로 일체 수정을 하지 말아야 한다. 그러기 위해서는 정확한 답이라고 생각될 때 표시를 한다.

⑥ 문제의 정답을 모르겠거나 착각을 일으킬만한 문제는 문제지에 표시하여 두고 다음 문제로 넘어가되 답안지의 다음 문번의 순서가 틀리지 않도록 반드시 확인해야 한다. 잘 몰라서 표시해 둔 문제는 시간이 허락되는 한 기억을 더듬어 최종적으로 답안표시를 한다.

> **답안지 작성예시**
> 【1】 다음 중 조종면허를 당연 취소하여야 하는 경우가 아닌 것은?
> 갑. 조종 중 고의 또는 중대한 과실로 사람을 사상한 때
> 을. 거짓이나 그 밖의 부정한 방법으로 조종면허를 받은 때
> 병. 조종면허 효력의 정지기간 중 조종을 한 때
> 정. 술에 취한 상태에서 조종을 한 때
> ※ 문제의 정답이 '갑'이므로 컴퓨터 답안지 문번 1의 '갑'란에 ■표시를 함.

2 실기시험(코스시험)

1 시험방법

① 실기시험은 필기시험 합격자 또는 필기시험 면제자를 대상으로 조종능력 평가를 위한 코스시험이다.

② 실기시험은 규정에 따른 규격에 적합한 실기시험용 수상레저기구를 사용하여 계류지를 출발, 정해진 코스를 운항하도록 하여 그 조종능력을 평가하게 된다(다만, 해양경찰청장은 응시자가 별도로 준비한 수상레저기구가 규정에 따른 규격에 적합할 때는 실기시험에 사용하게 할 수 있다).

③ 실기시험을 실시할 때에는 수상레저기구 1대당 시험관 2명을 탑승시켜야 한다.

▢ 일반조종면허 실기시험에 사용하는 수상레저기구의 규격(기출)

선　체	빗물·햇빛을 차단할 수 있도록 조종석에 지붕이 설치되어 있을 것		
길 이	5m 이상	전 폭	2m 이상
최대출력	100마력 이상	최대속도	30노트 이상(60km/h)
탑승인원	4인승 이상	기 관	제한 없음
부대장비	나침반(지름 10cm 이상) 1개, 속도계(MPH) 1개, 회전속도계(RPM GAUGE) 1개, 예비노, 소화기 및 자동정지줄		

✔ 실기시험에 사용하는 수상레저기구의 기관형식에는 제한이 없다. (기출)

2 실기시험의 합격자결정(기출)

① 1급 일반조정면허 : 100점 만점에 80점 이상 받은 사람
② 2급 일반조정면허 : 100점 만점에 60점 이상 받은 사람
③ 요트조종면허 : 100점 만점에 60점 이상 받은 사람

3 일반조종면허 실기시험의 운항코스

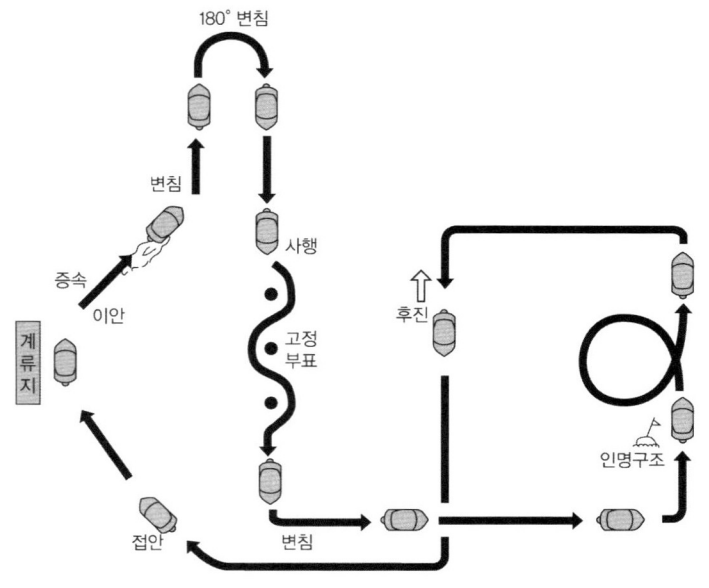

① 계류지는 2대 이상의 시험선이 동시에 계류할 수 있어야 하며, 비트(bitt : 시험선을 매어두기 위해 세운 기둥)를 설치해야 한다.
② 실기시험용 동력수상레저기구에는 인명구조용 부표를 1개씩 비치해야 한다.
③ 사행코스에는 50미터 간격으로 3개의 고정 부표를 설치해야 한다.

4 일반조종면허 실기시험의 채점기준

과제	항목	세부내용	감점	채점방법
1. 출발 전 점검 및 확인	가. 구명조끼 착용불량	구명조끼를 착용하지 않았거나 올바르게 착용하지 않은 경우(구명조끼 착용불량)	3	출발 전 점검 시 구명조끼 착용상태를 기준으로 1회만 채점한다.
	나. 점검 불이행	출발 전 점검사항[구명부환·소화기·예비용 노·엔진·연료·배터리·핸들·속도전환레버·계기판·자동정지줄]을 확인하지 않은 경우(점검사항 누락)	3	(가) 점검사항 중 1가지 이상 확인하지 않은 경우 1회만 채점한다. (나) 확인사항을 행동 및 말로 표시하지 않은 경우에도 확인하지 않은 것으로 채점한다. 다만, 특별한 신체적 장애 등으로 의사표현이 어려운 경우에는 말로 표시하지 않을 수 있다.
2. 출발	가. 시동요령 부족	속도전환레버를 중립에 두지 않고 시동을 걸거나 또는 엔진의 시동상태에서 시동키를 돌리거나 시동이 걸린 후에도 시동키를 2초 이상 돌린 경우(시동불량)	2	세부내용에 대하여 1회만 채점한다.
	나. 이안 불량	(1) 계류줄을 걷지 않고 출발한 경우(계류줄 묶임) (2) 출발 시 시험선의 선체가 계류장 또는 다른 물체와 부딪치거나 접촉한 경우(출발 시 선체접촉)	2	각 세부내용에 대하여 1회만 채점한다.
	다. 출발시간 지연	출발지시 후 30초 이내에 출발하지 못한 경우(30초 이상 출발지연)	3	(가) 세부내용에 대하여 1회만 채점한다. (나) 다른 항목의 세부내용으로 인하여 출발하지 못한 경우에도 적용하며, 병행 채점한다. (다) 출발하지 못한 사유가 시험선 고장 등 조종자의 책임이 아닌 경우는 제외한다.
	라. 속도전환 레버 등 조작 불량	(1) 속도전환레버를 급히 조작하거나 급히 출발한 경우(급조작·급출발) (2) 속도전환레버 조작불량으로 클러치 마찰음이 발생하거나 엔진이 정지된 경우(레버 마찰음 발생 또는 엔진정지) (3) 지시 받지 않고 엔진 트림(trim) 조절스위치를 조작한 경우(트림 스위치 작동)	2	(가) 각 세부내용에 대하여 1회만 채점한다. (나) 탑승자의 신체 일부가 젖혀지거나 엔진의 회전소리가 갑자기 높아지는 경우에도 급출발로 채점한다.
	마. 안전 미확인	(1) 자동정지줄을 착용하지 않고 출발한 경우(자동정지줄 미착용) (2) 앞·뒤·왼쪽·오른쪽의 안전상태를 확인하지 않거나 탑승자가 앉기 전에 출발한 경우(안전 미확인·앉기 전 출발)	3	(가) 각 세부내용에 대하여 1회만 채점한다. (나) 고개를 돌려서 안전상태를 확인하고 말로 이상 없음을 표시하지 않은 경우에도 확인하지 않은 것으로 본다.
	바. 출발침로 유지 불량	(1) 출발 후 15초 이내에 지시된 방향 ±10° 이내의 침로를 유지하지 못한 경우(15초 이내 출발침로 ±10° 이내 유지 불량) (2) 출발 후 일직선으로 운항하지 못하고 침로가 ±10° 이상 좌우로 불안정하게 변한 경우(출발침로 ±10° 이상 불안정)	3	각 세부내용에 대하여 1회만 채점한다.
3. 변침	가. 변침불량	(1) 제한시간 내(45°·90° 내외의 변침은 15초, 180° 내외의 변침은 20초)에 지시된 침로의 ±10° 이내로 변침하지 못한 경우(지시각도 ±10° 초과) (2) 변침 완료 후 침로가 ±10° 이내에서 유지되지 않은 경우(±10° 이내 침로유지 불량)	3	(가) 각 세부내용에 대하여 2회까지 채점할 수 있다. (나) 변침은 좌현·우현을 달리하여 3회 실시하고, 변침 범위는 45°·90° 및 180° 내외로 각 1회 실시해야 하며, 나침반으로 변침방위를 평가한다. (다) 변침 후 10초 이상 침로를 유지하는지 확인해야 한다.

	나. 안전확인 및 선체동요	(1) 변침 전 변침방향의 안전상태를 미리 확인하고 말로 표시하지 않은 경우(변침 전 안전상태) (2) 변침 시 선체의 심한 동요 또는 급경사가 발생한 경우(선체동요) (3) 변침 시 10노트 이상 15노트 이내의 속력을 유지하지 못한 경우(변침속력)	2	각 세부내용에 대하여 2회까지 채점할 수 있다.
4. 운항	가. 조종자세 불량	(1) 핸들을 정면으로 하여 조종하지 않거나 창틀에 팔꿈치를 올려놓고 조종한 경우(핸들 비정면·창틀 팔) (2) 시험관의 조종자세 교정 지시에 따르지 않은 경우(교정 지시 불응) (3) 한 손으로만 계속 핸들을 조작하거나 특별한 사유 없이 자리에서 일어나 조종한 경우(한 손 조종·서서 조종) (4) 특별한 사유 없이 속도를 조절하는 등 불필요하게 속도전환레버를 반복 조작한 경우(불필요한 레버조작)	2	(가) 각 세부내용에 대하여 1회만 채점한다. (나) 신체적 장애 등의 특별한 사유로 이 항목을 적용하기 어려운 경우에는 감점하지 않는다.
	나. 지정속력 유지불량	(1) 증속 및 활주 지시 후 15초 이내에 활주상태가 되지 아니한 경우(활주시간 15초 초과) (2) 시험관의 지시가 있을 때까지 활주상태를 유지하지 못한 경우(활주상태 유지불량) (3) 15노트 이하 또는 25노트 이상으로 운항한 경우(저속 또는 과속)	4	(가) 각 세부내용에 대하여 2회까지 채점할 수 있다. (나) 시험관은 세부내용에 대하여 1회 채점 시 시정 지시를 해야 하며, 시정 지시 후에도 시정하지 않거나 다시 기준을 위반하는 경우 2회 채점한다.
5. 사행	가. 반대방향 진행	첫 번째 부표(buoy)로부터 시계방향으로 진행하지 않고 반대방향으로 진행한 경우(반대방향 진행)	3	(가) 세부내용에 대하여 1회만 채점한다. (나) 반대방향으로 진행하는 경우라도 과제 5.의 다른 항목은 정상적인 사행으로 보고 채점한다.
	나. 통과간격 불량	(1) 부표로부터 3m 이내 접근한 경우(부표 3m 접근) (2) 첫 번째 부표 전방 25m 지점과 세 번째 부표 후방 25m 지점의 양쪽 옆 각 15m 지점을 연결한 수역을 벗어난 경우 또는 부표를 사행하지 않은 경우(15m 초과, 미사행)	9	(가) 각 세부내용에 대하여 2회까지 채점할 수 있다. (나) 부표를 사행하지 않은 경우란 부표를 중심으로 왼쪽 또는 오른쪽으로 반원(타원)형으로 회전하지 않은 경우를 말한다.
	다. 침로이탈	(1) 첫 번째 부표 약 30m 전방에서 3개의 부표와 일직선으로 침로를 유지하지 못한 경우(사행진입 불량) (2) 세 번째 부표 사행 후 3개의 부표와 일직선으로 침로를 유지하지 못한 경우(사행 후 침로불량)	3	각 세부내용에 대하여 1회만 채점한다.
	라. 핸들조작 미숙	(1) 사행 중 핸들조작 미숙으로 선체가 심하게 흔들리거나 선체 후미에 급격한 쏠림이 발생하는 경우(심한 요동·쏠림) (2) 사행 중 갑작스런 핸들조작으로 선회가 부자연스러운 경우(부자연스러운 선회)	3	(가) 각 세부내용에 대하여 1회만 채점한다. (나) "선회가 부자연스러운 경우"란 완만한 곡선으로 회전이 이루어지지 않은 경우를 말한다.
6. 급정지 및 후진	가. 급정지 불량	(1) 급정지 지시 후 3초 이내에 속도전환레버를 중립으로 조작하지 못한 경우(급정지 3초 초과) (2) 급정지 시 후진레버를 사용한 경우(후진레버 사용)	4	각 세부내용에 대하여 1회만 채점한다.
	나. 후진동작 미숙	(1) 후진레버 사용 전 후방의 안전상태를 확인하지 않거나 후진 중 지속적으로 후방의 안전상태를 확인하지 않은 경우(후진방향 미확인) (2) 후진시 진행 침로가 ±10° 이상 벗어난 경우(후진침로 ±10° 이상) (3) 후진레버를 급히 조작하거나 급히 후진한 경우(후진레버 급조작·급후진)	2	(가) 각 세부내용에 대하여 1회만 채점한다. (나) 탑승자의 신체 일부가 후진으로 인하여 한쪽으로 쏠리거나 엔진 회전소리가 갑자기 높아지는 경우, (3)의 세부내용에 따른 "후진레버 급조작·급후진"으로 채점한다. (다) 응시자는 시험관의 정지지시가 있을 경우까지 후진해야 하며, 후진은 후진거리를 고려하여 15초에서 20초 이내로 한다.
7. 인명구조	가. 물에 빠진 사람에의 접근불량	(1) 물에 빠진 사람이 있음을 고지한 후 3초 이내에 5노트 이하로 속도를 줄이고 물에 빠진 사람의 위치를 확인하지 않은 경우(3초 이내 물에 빠진 사람 미확인) (2) 물에 빠진 사람이 있음을 고지한 후 5초 이내에 물에 빠진 사람이 발생한 방향으로 전환하지 않은 경우(5초 이내 물에 빠진 사람 발생방향 미전환) (3) 물에 빠진 사람을 조종석 1m 이내로 접근시키지 않은 경우(조종석 1m 이내 접근불량)	3	(가) 각 세부내용에 대하여 1회만 채점한다. (나) 물에 빠진 사람의 위치 확인시 확인 유무를 말로 표시하지 않은 경우도 미확인으로 채점한다. (다) (3)의 세부내용에 해당하는 경우에는 응시자로 하여금 다시 접근하도록 해야 한다.
	나. 속도조정 불량	(1) 물에 빠진 사람 방향으로 방향 전환 후 물에 빠진 사람으로부터 15m 이내에서 3노트 이상의 속도로 접근한 경우(3노트 이상 접근) (2) 물에 빠진 사람이 시험선의 선체에 근접하였을 경우 속도전환레버를 중립으로 하지 않거나 후진레버를 사용한 경우(미중립, 후진레버 사용)	3	(가) 각 세부내용에 대하여 1회만 채점한다. (나) 각 세부내용에 해당하는 경우에는 응시자로 하여금 다시 접근하도록 해야 한다.
	다. 구조실패	(1) 물에 빠진 사람(부표)과 충돌한 경우(물에 빠진 사람과 충돌) (2) 물에 빠진 사람이 있음을 고지한 후 2분 이내에 물에 빠진 사람을 구조하지 못한 경우(2분 이내 구조실패)	6	(가) 각 세부내용에 대하여 1회만 채점한다. (나) 시험선의 방풍막을 기준으로 선수부에 물에 빠진 사람이 부딪히는 경우에는 충돌로 채점한다. 다만, 바람·조류·파도 등으로 시험선의 현측에 가볍게 접촉하는 경우는 감점하지 않는다.

일반 조종면허시험

8. 접안	가. 접근속도 불량	계류장으로부터 30m의 거리에서 속도를 5노트 이하로 낮추어 접근하지 않은 경우, 계류장 접안 위치에서 속도를 3노트 이하로 낮추지 않거나 속도전환레버가 중립이 아닌 경우(후진을 사용하는 경우를 포함)(접안속도 초과)	3	(가) 세부내용에 대하여 1회만 채점한다. (나) 접안 시 시험관은 정확한 접안위치를 응시자에게 알려줘야 한다.
	나. 접안불량	(1) 접안위치에서 시험선과 계류장이 1m 이내의 거리로 평행이 되지 않은 경우(평행상태 불량) (2) 계류장과 선수 또는 선미가 부딪친 경우(계류장 충돌) (3) 접안위치에 접안을 하지 못한 경우(접안실패)	3	(가) 각 세부내용에 대하여 1회만 채점한다. (나) "선수"란 방풍막을 기준으로 앞쪽 굴곡부를 말한다.
9. 실 격		다음의 어느 하나에 해당하는 경우에는 다음의 구분에 따른 사유로 시험을 중단하고 "실격"으로 처리한다. 가. 3회 이상의 출발지시에도 출발하지 못하거나 응시자가 시험포기의 의사를 밝힌 경우(3회 이상 출발불가 및 응시자 시험포기) 나. 속도전환레버 및 핸들의 조작미숙 등 조종능력이 현저히 부족하다고 인정되는 경우(조종능력부족으로 시험진행 곤란) 다. 부표 등과 충돌하는 등 사고를 일으키거나 사고를 일으킬 위험이 현저한 경우(현저한 사고위험) 라. 술에 취한 상태(혈중알코올농도 0.03% 이상)이거나 취한 상태는 아니더라도 음주로 인하여 시험을 원활하게 진행하기 어렵다고 인정되는 경우(음주상태) 마. 사고 예방과 시험 진행을 위한 시험관의 지시 및 통제에 따르지 않거나 시험관의 지시없이 2회 이상 임의로 시험을 진행하는 경우(지시·통제 불응 또는 임의 시험 진행) 바. 이미 감점한 점수의 합계가 합격기준에 미달됨이 명백한 경우(중간점수 합격기준 미달)		

[비고]
1. 제1호 가목의 채점기준에서 사용되는 용어의 뜻은 다음 각 목과 같다.
   가. "출발"이란 정지된 상태에서 속도전환 레버를 조작하여 전진 또는 후진하는 것을 말한다.
   나. "이안"이란 계류줄을 걷고 계류장에서 이탈하여 출발할 수 있도록 준비하는 행위를 말한다.
   다. "변침"이란 모터보트가 침로를 변경하는 것을 말한다.
   라. "활주"란 모터보트의 속력과 양력(揚力)이 증가되어 선수 및 선미가 수면과 평행 상태가 되는 것을 말한다.
   마. "사행"이란 50m 간격으로 설치된 3개의 고정 부표를 각각 좌우로 방향을 달리(첫 번째 부표는 왼쪽부터 회전)하면서 회전하는 것을 말한다.
   바. "침로"란 모터보트가 진행하는 방향의 나침방위를 말한다.
   사. "접안"이란 시험선을 계류할 수 있도록 접안 위치에 정지시키는 동작을 말한다.
2. 세부 내용란 중 ( )의 내용은 시험관이 채점 과정에서 착오가 없도록 채점표에 구체적으로 표시해야 하는 사항이다.
3. 실기시험 진행 중에 감점 사항을 즉시 알리면 응시자를 불안하게 할 수 있으므로 감점사유가 발생한 때에는 그 내용을 채점표에 표시하고, 실기시험이 끝난 후 응시자가 채점 내용의 확인을 요청하는 경우에 책임운영자 등이 해당 내용을 설명해야 한다.
4. 다음 각 목에 해당하는 항목의 채점기준은 실기시험 모든 과정에 적용된다.
   가. 제1호 가목 2) 라.에 따른 속도전환 레버 등 조작 불량
   나. 제1호 가목 4) 가. 및 나.에 따른 조종자세 불량 및 지정속력유지 불량
5. 제1호 가목 2) 마. (2)에 해당하는 세부 내용[앞·뒤·왼쪽·오른쪽의 안전상태를 확인하지 않거나 탑승자가 앉기 전에 출발한 경우(안전 미확인·앉기 전 출발)]의 채점기준은 동력수상레저기구가 정지한 후 출발하는 모든 경우에 적용된다.
6. 속력은 해당 시험선의 속도계·속력계 또는 RPM게이지를 기준으로 채점하며, RPM을 기준으로 채점할 때에는 출발 전에 응시자에게 기준 RPM을 알려줘야 한다.

5 실기시험의 합격요령

① 실기시험 또한 필기시험처럼 응시일정 중 본인이 희망하는 일자·장소를 선택할 수 있으나 접수 후 장소변경은 불가(예외 있음)하므로 접수시 신중히 선택해야 한다.
② 시험 전 실기시험의 채점기준 및 운항코스를 반드시 숙지하고, 시험관 지시내용에 따른 응시자의 조치사항에 있어서 감점부분이 없도록 연습해야 한다.
③ 응시지역의 조종면허시험장에서 실시하는 연수교육을 시험 전 미리 받아보아 시험장의 여건 및 시험선의 조종특성을 파악하는 것은 합격의 지름길이 될 수 있다.
④ 시험당일은 날씨 등을 고려하여 활동에 편리한 복장과 바닥이 부드러운 신발을 착용하는 것이 좋고 시험시간보다 일찍 도착하여 마음의 여유로움을 갖도록 하는 것이 중요하다.
⑤ 시험당일에는 신분확인을 위한 신분증 및 응시표, 사진 1매(3.5cm×4.5cm)를 꼭 지참해야 한다.
⑥ 시험 중에는 시험관의 지시내용에 큰소리로 복창하되, 확인사항 부분은 행동이나 말로써 반드시 표현해야 한다.

실기시험 단계별 시험관 지시내용 및 응시자 조치사항

순서	시험관 지시내용	응시자 응답요령	응시자 조치사항
1	수험번호 000번 앞으로 나와 준비하십시오.	1. 예, 258번 조종면, 구명조끼 착용하고 준비되었습니다.	• 구명조끼 착용(몸에 밀착되게 착용)
	출항전 점검 및 확인하십시오.	1. 예, 안전점검하겠습니다. 2. 점검결과 이상 없습니다.	• 선내외부 점검(구명튜브·소화기·예비노·엔진·연료·배터리·핸들·속도전환레버·계기판·자동정지줄을 선미쪽부터 한 항목씩 손으로 가리키며 이상 유무 확인)
	조종석에 착석 및 시동하십시오.	1. 예, 착석하여 시동하겠습니다. 2. 자동정지줄 착용, 레버중립 확인 3. 오일게이지, 트림게이지, RPM 이상 없습니다.	• 자동정지줄 손목에 착용 • 레버 중립상태에서 시동 • 각 계기판 확인
2	이안하십시오.	1. 예, 이안하겠습니다. 2. 승선자는 착석하십시오. 3. 전후 좌우 안전합니다. 4. 계류줄을 걷어주시고 보트 후크로 밀어주십시오. 5. 출항하겠습니다.	• 전후 좌우 안전확인 후 계류줄을 선내로 걷기 • 승선자 착석 확인 • 레버 급조작 및 급출발 금지 • 30초 이내 출발 • 저속이안 • 선체가 계류장에 부딪히지 않도록 출발 후 일직선 운항 • 이안시는 이안방향을 주시하며 안전 확인
3	침로 000도 유지하고 증속하여 최저 활주속력 유지하십시오.	1. 예, 침로 OOO도로 증속하겠습니다. 2. OOO도 잡기 완료 3. 활주속력 유지하였습니다.	• 지시된 나침의 침로를 15초 이내로 신속히 유지하면서 서서히 증속을 하여 활주상태 유지(15~25노트) • 조종자세 바르게(두 손으로 핸들을 정면으로 잡고, 레버는 사용시에만 잡음)
4	좌(우)현 45°로 변침하십시오.	1. 예, 좌(우)현 45°로 변침하겠습니다. 2. 좌(우)현 45°변침 방향 이상 없습니다. 3. 좌(우)현 45°변침 완료 (다른 변침명령이 하달되면 1.2.3과 같이 응답한다.)	• 변침 전 변침방향 안전 확인 및 심한 선체 동요, 선체 급경사 되지 않도록 조종 • 15초 이내에 지시각도 ±10° 이내로 변침(180° 이상은 20초 이내) • 변침시 15~20노트 속력 유지 ※ 핸들을 약 90° 정도 돌려 선수가 돌아가 변침 지시각도 약 10°~15° 전에 키 바로상태로 하면 선수는 변침각도 부근에서 핸들을 좌우로 조금씩 조종하면 침로유지가 된다. 180° 변침시에는 시간절약을 위해 핸들을 좀더 돌려도 안전하다.
5	좌(우)현 90°로 변침하십시오.		
6	좌(우)현 180°로 변침하십시오.		
7	변침하여 사행침로 유지하십시오.	1. 예, 변침하여 사행침로 유지하겠습니다.	• 1번 부표 약 30m 전방에서 3개의 부표와 일직선상의 침로 유지
	사행시작 (변침이 종료되고 시험관의 '사행침로 유지' 지시에 의해 사행 부표를 일직선으로 보는 침로로 운항하다가 1번 부표 약 25~30m 전에서 '사행시작' 지시가 떨어짐)	1. 예, 사행 시작하겠습니다. (시계방향 진입, 부표로부터 3~15m 이내 유지, 최저 활주상태 유지) 2. 활주속력 유지, 1번 부표 10m 통과! 3. 활주속력 유지, 2번 부표 10m 통과! 4. 활주속력 유지, 3번 부표 10m 통과! 5. 사행완료!	• 최초 시계방향으로 진입(핸들을 왼쪽으로 약간 돌려서 1번 부표를 우현 약 5m 정도로 통과할 수 있도록 핸들 유지) ※ 1번 부표를 우현으로 통과하면서 핸들을 반대로 돌려 침로를 1번과 2번 부표 중간지점을 통과하도록 유지하고, 중간지점을 통과하면서 다시 왼쪽으로 돌려 2번 부표를 좌현으로 약 5m 정도로 통과하도록 조종. 3번 부표도 1번 부표와 같은 요령으로 통과한 후 원침로를 유지하면 사행이 끝남 • 진입 및 마지막 부표 이탈 후 부표와 일직선상 선위 유지 • 부표로부터 3~15m 이내로 통과 • 심한 동요 발생치 않도록 최저 활주상태 유지 ※ 사행종료 후 원침로 유지는 미리 보아둔 전방의 먼 부표를 향하면 쉽게 원침로 유지
8	급감속하십시오.	1. 예, 급감속하겠습니다.(레버중립 확인)	• 급감속 지시 후 3초 이내 레버조작 후진레버 사용금지
9	후진하십시오.	1. 예, 후진하겠습니다. 2. 전후 좌우 안전합니다. 3. 10m 후진하였습니다.	• 후진레버 사용 전에 선미방향 안전 확인 • 후진레버 과도 사용 및 급조작 금지 • ±10° 이내 침로유지 및 후진거리 15m 이내로
10	정지하십시오.	1. 예, 정지하겠습니다.	• 레버중립 확인
11	증속하여 침로 OOO도 유지하십시오.	1. 예, 급속하여 침로 OOO도 유지하겠습니다. 2. 활주속력 유지하였습니다.	• 15초 이내 활주상태 유지 및 침로유지 • 저속 및 과속 금지 • 조종자세 바르게
12	좌(우)현 익수자 발생	1. 좌(우)현 익수자 발생! 2. 익수자 발견했습니다. 3. 감속하여 접근하겠습니다. (익수자쪽으로 침로변경) 4. 구명튜브를 준비해 주십시오. 5. 기관 정지하고 타력으로 접근하겠습니다. 6. 구명튜브를 던져 주십시오.(보트 후크로 건져 주십시오.)	• 3초 이내로 5노트 이하 감속 및 익수자 위치 확인 • 5초 이내 익수자 현측 방향으로 핸들조작 • 익수자 전방 15m 이내에서 3노트 이내로 접근하여 정지한 후 타력으로 접근(레버중립 확인) • 접근시 익수자를 조종석 우현측 1m 이내로 접근하여 인양할 수 있도록 조종 • 익수자와 선체가 부딪히지 않게 접근
13	인명구조 끝	1. 구조완료 했습니다.	• 제한시간 : 발생고지 후 2분 이내

14	계류장에 접안하 겠습니다. 출발하십시오. (시험관이 접안위치 를 알려줌)	1. 예, 출발하여 접안하겠습니다. (접안위치 확인, 계류장 진입각도 20~30° 유지) 2. 현재 30m 전방, 3노트로 감속하여 접근하겠습니다. 3. 기관 정지하고 타력으로 접근하겠습니다.(침로유지를 위해 핸들을 적절히 사용) 4. 1m 이내 간격 유지! 접안 완료! 5. 계류줄을 던져주십시오. (통상 시험관이 계류줄을 처리)	• 계류장 30m 전방에서 5노트 이하로 접근 • 계류장 접안 위치에서 3노트 이하로 낮추고 레버는 중립 위치 (후진금지) • 접안시 계류장과 선체거리 1m 평행상태 유지 • 선체가 계류장에 부딪히지 않도록 접안
15	수고하셨습니다. 다음 수험자 준비 하십시오.	1. 수고하셨습니다.	

일반조종면허 실기시험 채점표(No 00-00000)   해양경찰청
(OO조종면허시험장)   KOREA COAST GUARD

[면허시험 종류: 일반 (급)조종면허]   [시험선: 제 호]   [시험시간: 20 년 월 일 시 분부터 시 분까지]   (앞쪽)

응시자	평가구분	과제번호	감점점수 / 감점항목	감점행위 9	6	4	3	2
응시번호	조종능력	1	출발전 점검 및 확인(2)				구명조끼 착용불량( ), 점검사항 누락( )	
성명		2	출 발(6)				30초 이상 출발 지연( ), 자동정지줄 미착용( ), 안전 미확인·앉기 전 출발 (①②③), 15초 이내 출발 침로 ±10° 이내 유지 불량 ( ), 출발침로 ±10° 이상 불안정( )	시동 불량( ), 계류줄 묶임( ), 출발 시 선체 접촉, 급조작·급출발( ), 레버 마찰음 발생 또는 엔진 정지( ), 트림스위치 작동( )
		3	변 침(2)				지시 각도 ±10° 초과 (45,90,180) (45,90,180), ±10° 이내 침로유지 불량 (45,90,180) (45,90,180)	변침 전 안전상태 미확인( ) ( ), 선체 동요( )( ), 변침속력 불량( )( )
생년월일		4	운 항(2)			활주시간 15초 초과( )( ), 활주상태 유지 불량( )( ), 저속 또는 과속( )( )		핸들의 비정면·창틀 팔( ), 교정지시 불응( ), 한 손 조종·서서조종( ), 불필요한 레버 조작( )
		5	사 행(4)	부표 3미터 접근(①②③) (①②③) 부표 15미터 초과·미사행 (①②③) (①②③)			반대방향진행( ), 사행진입 불량( ), 사행 후 침로 불량( ), 심한 요동·쏠림( ), 부자연스러운 선회( )	
참관인		6	급정지 및 후진(2)				급정지 3초 초과( ), 후진레버 사용( )	후진방향 미확인( ), 후진침로 ±10° 이상, 후진레버 급조작·급후진
응시번호		7	인명구조(3)			물에 빠진 사람과 충돌( ), 2분 이내 구조실패( )	3초 이내 물에 빠진 사람 미확인( ), 5초 이내 물에 빠진 사람 발생방향 미전환( ), 조종석 1미터 이내 접근 불량( ), 3노트 이상 접근( ), 레버 미중립·후진레버 사용( )	
성명		8	접 안(2)				접안속도 초과( ), 평행상태 불량( ), 계류장 충돌( ), 접안 실패( )	
운항코스			감점 소계	9 × ( ) = ( )	6 × ( ) = ( )	4 × ( ) = ( )	3 × ( ) = ( )	2 × ( ) = ( )
	평가결과			3회 이상 출발 불가( ), 응시자의 시험포기( ), 조종능력 부족으로 시험진행 곤란( ), 현저한 사고위험( ), 음주상태( ), 시험관의 지시·통제 불응 또는 임의 시험 진행( ), 중간점수 합격기준 미달( )				
검인			특 기 사 항					
인			득 점 결 과	100 - ( ) = ( ) 판 정	합 격	불 합 격	실 격	책임운영자 인

위와 같이 일반조종면허 실기시험을 실시하였음을 보고합니다.   시험관 소속 :   성명 :   인

조종면허시험 법규과목 요점정리

법규과목

1. 수상레저안전법

1 수상레저안전법의 목적(기출)
① 수상레저활동의 안전과 질서 확보
② 수상레저사업의 건전한 발전 도모

2 용어의 정의(기출)
① 수상레저활동 : 수상에서 수상레저기구를 사용하여 취미·오락·체육·교육 등을 목적으로 이루지는 활동
② 래프팅 : 무동력수상레저기구를 사용하여 계곡이나 하천에서 노를 저으며 급류 또는 물의 흐름 등을 타는 수상레저활동
③ 수상레저기구 : 수상레저활동에 사용되는 선박이나 기구로서 동력수상레저기구와 무동력수상레저기구로 구분된다.
④ 동력수상레저기구 : 추진기관이 부착되어 있거나 추진기관을 부착하거나 분리하는 것이 수시로 가능한 수상레저기구로서 수상오토바이, 모터보트, 고무보트, 세일링요트(돛과 기관이 설치된 것을 말한다) 등 대통령령으로 정하는 것[수상오토바이, 모터보트, 고무보트, 세일링요트(돛과 기관이 설치된 것), 스쿠터, 공기부양정(호버크라프트), 수륙양용기구, 그 밖에 모터보트부터 수륙양용기구까지의 규정에 따른 수상레저기구와 비슷한 구조·형태·추진기관 또는 운전방식을 가진 것으로서 해양경찰청장이 정하여 고시하는 수상레저기구]를 말한다.
⑤ 무동력수상레저기구 : 동력수상레저기구 외의 수상레저기구로서 대통령령으로 정하는 것[수상스키(케이블 수상스키를 포함), 파라세일, 조정, 카약, 카누, 워터슬레이드, 수상자전거, 서프보드, 노보트, 무동력 요트, 윈드서핑, 웨이크보드(케이블 웨이크보드를 포함), 카이트보드, 공기주입형 고정식 튜브, 플라이보드, 패들보드, 그 밖에 수상스키부터 패들보드까지의 규정에 따른 수상레저기구와 비슷한 구조·형태 또는 운전방식을 가진 것으로서 해양경찰청장이 정하여 고시하는 수상레저기구]을 말한다.
⑥ 수상 : 해수면과 내수면
⑦ 해수면 : 바다의 수류나 수면
⑧ 내수면 : 하천, 댐, 호수, 늪, 저수지, 그 밖에 인공으로 조성된 담수나 기수(汽水)의 수류 또는 수면

3 적용배제(기출)
수상레저안전법은 다음의 경우에는 적용하지 않는다.
① 「유선 및 도선사업법」에 따른 유·도선사업 및 그 사업과 관련된 수상에서의 행위를 하는 경우
② 「체육시설의 설치·이용에 관한 법률」에 따른 체육시설업 및 그 사업과 관련된 수상에서의 행위를 하는 경우
③ 「낚시 관리 및 육성법」에 따른 낚시어선업 및 그 사업과 관련된 수상에서의 행위를 하는 경우

다만, 위의 적용배제에도 불구하고 다른 법률에서 조종면허를 자격요건으로 규정한 경우에는 "면허증 휴대 등 의무(제16조)" "조종면허의 취소·정지(제17조)" 규정을 적용한다.

4 조종면허 대상 동력수상레저기구(기출)
① 조종면허 대상 동력수상레저기구(시행령 제4조 제1항) : 추진기관의 최대 출력이 5마력 이상(3.75킬로와트 이상)인 동력수상레저기구
② 등록 대상 동력수상레저기구(수상레저기구등록법 제3조, 동법 시행령 제3조) : 수상오토바이, 모터보트(총톤수 20톤 이상은 제외), 고무보트[공기를 넣으면 부풀고 공기를 빼면 접어서 운반할 수 있는 형태 또는 추진기관이 30마력(22킬로와트) 미만은 제외], 세일링요트(돛과 기관이 설치된 것을 말한다 / 총톤수 20톤 이상은 제외)
③ 단, 마력 또는 크기 제한은 규정되어 있지 않으나, 총톤수가 5톤 이상이거나 5톤 미만이더라도 여객정원 13인 이상의 선박은 선박직원법에 의한 해기사면허가 필요하므로, 여기서의 조종면허는 총톤수 5톤 미만, 여객정원 13명 미만의 선박에 국한된다고 볼 수 있다.(기출)

5 조종면허의 발급·갱신
(1) 조종면허의 발급대상
① 1급 일반조종면허 : 등록된 수상레저사업의 종사자 및 시험대행기관의 시험관
② 2급 일반조종면허 : 조종면허를 받아야 하는 동력수상레저기구(세일링요트는 제외)를 조종하려는 사람

(2) 면허증의 발급 및 효력
① 조종면허증 발급기관 : 해양경찰청(기출)
② 조종면허시험 합격자 : 합격일로부터 14일 이내 발급(기출)
③ 재발급 및 갱신 신청자 : 재발급 및 갱신 신청일로부터 14일 이내 발급
※ 제출서류 : 면허증(분실한 경우 제외), 사진 1매(3.5cm×4.5cm)
④ 조종면허의 효력 : ㉠ 발급기관이 면허증을 본인이나 그 대리인에게 발급한 때부터 발생(기출). ㉡ 일반조종면허의 경우 2급 조종면허를 취득한 자가 1급 조종면허를 취득한 때에는 2급 조종면허의 효력은 상실된다.

(3) 면허증의 갱신
① 최초의 면허증 갱신기간 : 면허증 발급일부터 기산하여 7년이 되는 날부터 6개월 이내(기출)
② 그 외의 면허증 갱신기간 : 직전의 면허증 갱신기간이 시작되는 날부터 기산하여 7년이 되는 날부터 6개월 이내
③ 면허증 갱신 발급 : 갱신신청한 날부터 14일 이내 발급
※ 제출서류 : 면허증, 사진 1매(3.5cm×4.5cm), 수상안전교육수료증
④ 면허증 미갱신시의 정지 및 효력 : 면허증을 갱신받지 아니한 경우에는 갱신기간이 만료한 다음 날부터 조종면허의 효력은 정지된다. 다만, 조종면허의 효력이 정지된 후 면허증을 갱신한 경우에는 갱신한 날부터 조종면허의 효력이 다시 발생한다.

(4) 면허증의 사전 갱신·갱신 연기

① 다음의 어느 하나에 해당하는 사유로 인하여 그 기간 이내에 면허증을 갱신할 수 없는 경우에는 갱신을 미리 하거나 연기할 수 있다.
  ㉠ 군 복무 중(의무소방원 또는 의무경찰대원으로 전환복무 중인 경우를 포함)이거나 대체복무요원으로 복무 중인 경우(기출)
  ㉡ 국외에 체류 중인 경우(기출)
  ㉢ 재해 또는 재난을 당한 경우(기출)
  ㉣ 질병에 걸리거나 부상을 입어 움직일 수 없는 경우(기출)
  ㉤ 법령에 따라 신체의 자유를 구속당한 경우(기출)
  ㉥ 그 밖에 사회통념상 부득이하다고 인정할 만한 사유가 있는 경우(기출)

② 신청서에 그 사유를 증명할 수 있는 서류를 첨부하여 해양경찰청장에게 제출해야 한다.
  ㉠ 사전갱신 : 면허증 갱신 기간의 시작일 전날까지
  ㉡ 면허증 갱신 기간의 마지막 날까지

③ 해양경찰청장은 신청이 타당하다고 인정될 때에는 면허증을 미리 갱신하여 발급하거나 면허증의 갱신을 연기할 수 있다.

④ 면허증의 갱신이 연기된 사람은 그 사유가 없어진 날부터 3개월 이내에 면허증을 갱신해야 한다(기출)

6 조종면허증의 휴대·제시의무(기출)

① 동력수상레저기구를 조종하는 자는 ㉠ 면허증 휴대의무, ㉡ 관계공무원의 면허증 제시요구에 응해야 할 의무가 있다.

② 관계공무원(경찰공무원, 시·군·구의 소속공무원 중 수상레저 안전업무에 종사하는 자, 한강사업본부의 공무원)은 면허증 제시 요구시 그 권한을 표시하는 증표를 지니고 이를 관계인에게 내보여야 한다.

③ 면허증을 다른 사람에게 빌려주거나 이를 알선하는 행위를 하여서는 아니 된다.

7 조종면허의 취소·효력정지의 세부 기준
(시행규칙 제18조 제1항 관련)

위반사항			행정처분기준			
			1차 위반	2차 위반	3차 위반	4차 이상 위반
㉠ 거짓이나 그 밖의 부정한 방법으로 조종면허를 받은 경우			면허 취소			
㉡ 조종면허 효력정지 기간에 조종을 한 경우			면허 취소			
㉢ 조종면허를 받은 사람이 동력수상 레저기구를 사용하여 다음에 해당하는 범죄행위를 한 경우	1)「국가보안법」제4조부터 제9조까지 및 제12조 제1항을 위반한 범죄행위		면허 취소			
	2)「형법」등을 위반한 다음의 어느 하나에 해당하는 범죄행위	가) 살인·사체유기 또는 방화 나) 강도·강간 또는 강제추행 다) 약취·유인 또는 감금 라) 상습절도(철취한 물건을 운반한 경우로 한정)	면허 취소			
㉣ 법 제7조 제1항 제2호 또는 제3호에 따라 조종면허를 받을 수 없는 사람에 해당된 경우			면허 취소			
㉤ 법 제7조 제1항에 따라 조종면허를 받을 수 없는 사람이 조종면허를 받은 경우			면허 취소			
㉥ 법 제27조 제1항 또는 제2항을 위반하여 술에 취한 상태에서 조종을 하거나 술에 취한 상태라고 인정할 만한 상당한 이유가 있음에도 불구하고 관계 공무원의 측정에 따르지 않은 경우			면허 취소			
ⓐ 조종 중 고의 또는 과실로 사람을 죽게 하거나 다른 사람의 재산에 중대한 손해를 입힌 경우	1) 고의 또는 과실로 사람을 죽게 한 경우, 사람에게 3주 이상의 치료가 필요하다고 의사가 진단한 상해를 입힌 경우 또는 고의로 다른 사람에게 중대한 재산상 손해를 입힌 경우	효력 정지 6개월	면허 취소	
	2) 과실로 사람에게 3주 미만의 치료가 필요하다고 의사가 진단한 상해를 입히거나 다른 사람에게 중대한 재산상 손해를 입힌 경우	경고	효력 정지 2개월	효력 정지 6개월	면허 취소
ⓑ 면허증을 다른 사람에게 빌려주어 조종하게 한 경우		효력 정지 3개월	면허 취소		
ⓒ 법 제28조를 위반하여 약물의 영향으로 인하여 정상적으로 조종하지 못할 염려가 있는 상태에서 동력수상레저기구를 조종한 경우		효력 정지 6개월	면허 취소		
ⓓ 그 밖에 이 법 또는 이 법에 따른 수상레저활동의 안전과 질서 유지를 위한 명령을 위반한 경우		경고	효력 정지 2개월	효력 정지 6개월	면허 취소

 위 ㉠㉡㉣㉤ 위반사항은 조종면허가 당연 취소되는 경우이다.(기출)

• 비 고 •

가. 위반행위가 둘 이상인 경우로서 그에 해당하는 각각의 처분기준이 다른 경우에는 그 중 무거운 처분기준에 따르고, 둘 이상의 처분기준이 모두 조종면허의 효력정지인 경우에는 각 처분기준을 합산한 기간을 넘지 않는 범위에서 무거운 처분기준에 그 처분기준의 2분의 1 범위에서 가중한다.
나. 위반행위의 횟수에 따른 행정처분 기준은 최근 1년간 같은 위반행위로 행정처분을 받은 경우에 적용한다. 이 경우 기간의 계산은 위반행위에 대하여 행정처분을 받은 날과 그 처분 후 다시 같은 위반행위를 하여 적발된 날을 기준으로 한다.
다. 나목에 따라 가중된 행정처분을 하는 경우 가중처분의 적용 차수는 그 위반행위 전 처분차수(나목에 따른 기간 내에 행정처분이 둘 이상 있었던 경우에는 높은 차수를 말한다)의 다음 차수로 한다.
라. 처분권자는 다음의 어느 하나에 해당하는 경우에는 제2호의 개별기준에 따른 효력정지 기간의 2분의 1 범위에서 그 기간을 줄일 수 있다.
  1) 위반행위가 사소한 부주의나 오류로 인한 것으로 인정되는 경우
  2) 위반행위자가 위반행위를 바로 정정하거나 시정하여 법 위반상태를 해소한 경우
  3) 그 밖에 위반행위의 내용·정도·동기 및 결과 등을 고려하여 효력정지 기간을 줄일 필요가 있다고 인정되는 경우
마. 법 제5조 제2항에 따른 일반조종면허와 요트조종면허를 모두 소지한 사람이 조종면허의 취소 또는 효력정지처분을 받은 경우에는 위반행위 시 사용한 동력수상레저기구의 조종 또는 운항에 필요한 조종면허에 대해서만 취소하거나 효력정지처분을 해야 한다.

8 조종면허의 취소·효력정지 처분의 통지 및 조종면허의 반납

(1) 조종면허의 취소·효력정지 처분의 통지

해양경찰서장은 조종면허의 취소 또는 효력정지 처분을 통지할 때에는 동력수상레저기구 조종면허 취소·정지·경고처분 통지서로 한다.

(2) 조종면허의 취소·효력정지 처분의 공고

면허증 소지자의 주소·거소 또는 그 밖에 통지할 장소를 통상적인 방법으로 확인할 수 없거나 통지서를 송달할 수 없는 경우에는 면허시험 응시원서에 기재된 주소지를 관할하는 해양경찰서의 게시판 또는 인터넷 홈페이지나 수상레저종합정보시스템에 14일간 공고함으로써 그 통지를 대신할 수 있다.

(3) 조종면허증의 반납

조종면허가 취소되거나 그 효력이 정지된 사람은 조정면허가 취소되거나 그 효력이 정지된 날부터 7일 이내에 해양경찰청장에게 면허증을 반납해야 한다.(기출)

9 수상안전교육과 그 면제

(1) 수상안전교육 대상자 및 교육시기(기출)
① 조종면허를 받으려는 사람 : 면허시험 응시원서를 접수한 후부터(3시간 교육)
② 조종면허를 갱신하려는 사람 : 갱신기간 이내(2시간 교육)(기출)

(2) 최초 면허시험 합격 전의 안전교육 : 유효기간은 6개월

(3) 수상안전교육의 면제자
① 면허시험 응시원서를 접수한 날 또는 면허증 갱신 기간의 시작일부터 소급하여 6개월 이내에 다음 어느 하나에 해당하는 교육을 받은 사람
  ㉠ 수상안전교육
  ㉡ 「선원법 시행령」에 따른 기초안전교육 또는 상급안전교육
② 제2급 조종면허 또는 요트조종면허시험 과목의 전부를 면제받은 사람
③ 면허증 갱신 기간의 마지막 날부터 소급하여 6개월 이내에 종사자 교육을 받은 사람

(4) 수상안전교육의 내용(기출)
① 수상레저안전 관계 법령
② 수상레저기구의 사용·관리
③ 수상상식
④ 수상구조

10 수상안전교육의 위탁

(1) 해양경찰청장은 안전교육에 관한 사무의 전부 또는 일부를 기관이나 단체에 위탁하여 실시할 수 있다.

(2) 안전교육 위탁기관의 인적기준·시설기준 및 장비기준(시행령 별표7)

항 목	기 준
인적기준	해양경찰청장이 정하여 고시하는 수상레저관련 업무에 3년 이상 종사한 경력이 있는 강사 2명 이상을 둘 것
시설 및 장비기준	다음 각 목의 시설 및 장비를 모두 갖출 것 ㉠ 교육장 : 면적이 50제곱미터 이상일 것 ㉡ 행정실 : 면적이 10제곱미터 이상일 것 ㉢ 화장실 : 남성용과 여성용으로 구분되어 있을 것 ㉣ 주차장 : 승용차 10대 이상이 주차할 수 있는 공간일 것 ㉤ 마이크, 컴퓨터, 빔 프로젝트 또는 스크린 등 시청각 교육을 위한 장비

비고 : 임대차 계약 등을 통해 시설 및 장비의 사용권을 확보하고, 그 사실을 서류로 증명하는 경우에는 그 계약기간 동안 해당 시설 및 장비를 갖춘 것으로 본다.

(3) 안전교육 위탁기관의 지정취소

해양경찰청장은 안전교육 위탁기관이 다음 각 호의 어느 하나에 해당하는 경우에는 그 지정을 취소하거나 6개월의 범위에서 기간을 정하여 업무를 정지할 수 있다. 다만, ①에 해당하면 그 지정을 취소하여야 한다.
① 거짓이나 그 밖의 부정한 방법으로 지정을 받은 경우
② 거짓이나 그 밖의 부정한 방법으로 안전교육수료증을 발급한 경우
③ 지정기준에 미치지 못하게 된 경우

(4) 안전교육 위탁기관 지정서의 반납

안전교육 위탁기관의 지정이 취소된 자는 지정서를 해양경찰청장에게 반납해야 한다.

11 면허시험 업무의 대행

(1) 해양경찰청장은 면허시험 실시에 관한 업무의 전부 또는 일부를 기관이나 단체로 하여금 대행하게 할 수 있다.

(2) 시험대행기관의 시험장별 인적기준·장비기준 및 시설기준(시행령 별표9)
① 인적기준
  ㉠ 해양경찰청장이 정하여 고시하는 수상레저관련 업무에 5년 이상 종사한 경력이 있는 책임운영자 1명
  ㉡ 다음의 어느 하나에 해당하는 시험관 4명 이상
    ⓐ 제1급 조종면허와 인명구조요원 자격을 취득한 사람 (일반조종면허시험을 대행하는 경우로 한정한다)
    ⓑ 요트조종면허와 인명구조요원 자격을 취득한 사람 (요트조종면허시험을 대행하는 경우로 한정한다)
② 장비기준 : 다음 장비를 모두 갖출 것
  ㉠ 규격에 적합한 실기시험용 동력수상레저기구 3대 이상. 다만, 요트조종면허 실기시험용 세일링요트의 경우에는 2대 이상을 갖춰야 한다.
  ㉡ 비상구조선 1대 이상. 이 경우 비상구조선의 시속은 20노트 이상이며, 승선정원은 4명 이상이어야 한다.
  ㉢ 구명조끼 20개 이상
  ㉣ 구명부환 5개 이상
  ㉤ 소화기 3개 이상
  ㉥ 예비용 노 3개 이상
  ㉦ 조난신호장비(자기점화등, 신호홍염) 및 구급용 장비(비상의약품, 들것)
  ㉧ 인명구조교육용 상반신형 마네킹 1개 이상
③ 시설기준 : 다음 각 목의 시설을 모두 갖출 것
  ㉠ 안전교육장 : 면적이 60m² 이상이고, 50명 이상의 인원을 수용할 수 있을 것
  ㉡ 실기시험장 : 다음의 기준을 모두 갖출 것
    ⓐ 실기시험의 운항코스와 유사한 모양 및 구조를 갖춘 운항코스를 갖출 것
    ⓑ 동력수상레저기구의 계류장과 교육생을 위한 대기시설을 갖출 것
  ㉢ 행정실 : 면적이 20m² 이상일 것
  ㉣ 감독실 : 면적이 10m² 이상일 것
  ㉤ 주차장 : 승용차 10대 이상이 주차할 수 있는 공간일 것
  ㉥ 그 밖의 편의시설 : 응시자가 이용할 수 있는 휴게실 및 화장실. 이 경우 화장실은 남성용과 여성용으로 구분되어 있을 것

(3) 시험대행기관의 지정취소·업무정지

다음에 해당하는 경우에는 그 지정을 취소하거나 6개월의 범위에서 그 업무를 정지할 수 있다. 다만, ① 또는 ②에 해당하면 그 지정을 취소하여야 한다.
① 거짓이나 그 밖의 부정한 방법으로 지정을 받은 경우
② 시험대행기관의 장, 책임운영자 또는 종사자가 면허시험에 관하여 부정행위를 한 경우(지시 또는 묵인한 경우를 포함한다)
③ 지정기준에 미치지 못하게 된 경우
④ 이 법 또는 이 법에 따른 면허시험 대행업무를 적정하게 수행하지 못할 사유가 발생한 경우

(4) 시험대행기관 지정서의 반납

시험대행기관의 지정이 취소된 자는 지정서를 해양경찰청장에게 반납해야 한다.

(5) 시험대행기관에 대한 감독 등

① 시험대행기관은 면허시험을 대행한 실적을 매 반기 종료일부터 14일 이내에 해양경찰청장에게 제출해야 한다. 이 경우 수상레저종합정보시스템을 통하여 해당 실적을 제출할 수 있다.
② 해양경찰청장은 시험대행기관의 대행업무 실적에 관한 확인 또는 감독을 위하여 시험대행기관에 필요한 자료의 제출을 요청할 수 있다.

(6) 종사자에 대한 교육

① 교육대상 : 면허시험 면제교육기관의 강사(책임운영자 포함), 안전교육 위탁기관의 강사, 시험대행기관의 시험관(책임운영자 포함)
② 시험의 종류
  ㉠ 정기교육(면허시험 면제교육기관의 강사, 시험대행기관의 시험관 : 21시간 이상, 안전교육 위탁기관의 강사 : 8시간 이상)
  ㉡ 수시교육(필요한 경우 8시간 이하)
③ 교육이수자 인정 : 정기교육을 받은 사람으로서 100점 만점에 60점 이상 받은 사람

12 수상레저활동자의 안전준수의무

(1) 안전준수의무의 종류(기출)

㉠ 안전장비 착용의무, ㉡ 운항규칙 준수의무, ㉢ 원거리 수상레저활동의 신고의무, ㉣ 사고의 신고의무, ㉤ 무면허조종금지 의무, ㉥ 야간 수상레저활동 금지의무, ㉦ 주취 중 조종금지의무, ㉧ 약물복용상태에서의 조종금지의무, ㉨ 정원초과금지 의무, ㉩ 인명안전의무

(2) 안전장비의 착용

① 안전장비에 관하여 특별한 지시를 하지 않는 경우
  ㉠ 구명조끼[서프보드 또는 패들보드를 사용한 수상레저활동의 경우에는 보드 리쉬(board leash : 서프보드 또는 패들보드와 발목을 연결하여 주는 장비)]를 착용(기출)
  ㉡ 워터슬레이드를 사용한 수상레저활동 또는 래프팅을 할 때에는 구명조끼와 함께 안전모를 착용(기출)
② 안전장비에 관하여 특별히 종류를 지시할 때 : 해양경찰서장 또는 시장·군수·구청장은 수상레저활동의 형태, 수상레저기구의 종류 및 날씨 등을 고려, 수상레저활동자가 착용해야 하는 구명조끼·구명복·안전모 등 인명안전장비의 종류를 정하여 지시할 수 있다(특별히 종류를 지시할 때는 수상레저활동자가 보기 쉬운 장소에 게시).

(3) 운항방법 및 기구의 속도 등에 관한 준수사항(시행령 별표11)

① 운항방법에 관한 사항
  ㉠ 주위의 상황 및 다른 수상레저기구등과의 충돌위험을 충분히 판단할 수 있도록 시각·청각과 그 밖에 당시의 상황에 적합하게 이용할 수 있는 모든 수단을 이용하여 항상 적절한 경계를 해야 한다.(기출)
  ㉡ 다른 수상레저기구등과 정면으로 충돌할 위험이 있을 때에는 음성신호·수신호 등 적절한 방법으로 상대에게 이를 알리고 우현(뱃머리를 향하여 오른쪽에 있는 뱃전)쪽으로 진로를 피해야 한다.(기출)
  ㉢ 다른 수상레저기구등의 진로를 횡단하는 경우에 충돌의 위험이 있을 때에는 다른 수상레저기구등을 오른쪽에 두고 있는 수상레저기구가 진로를 피해야 한다.(기출)
  ㉣ 다른 수상레저기구등과 같은 방향으로 운항하는 경우에는 2m 이내로 근접하여 운항해서는 안 된다.(기출)
  ㉤ 다른 수상레저기구등을 앞지르기하려는 경우에는 앞지르기당하는 수상레저기구등을 완전히 앞지르기하거나 그 수상레저기구등에서 충분히 멀어질 때까지 그 수상레저기구등의 진로를 방해해서는 안 된다.
  ㉥ 다른 사람 또는 다른 수상레저기구등의 안전을 위협하거나 수상레저기구의 소음기를 임의로 제거하거나 굉음을 발생시켜 놀라게 하는 행위를 해서는 안 된다.

② 수상레저기구의 속도 등에 관한 사항
  ㉠ 다이빙대·계류장 및 교량으로부터 20m 이내의 구역이나 해양경찰서장 또는 시장·군수·구청장이 지정하는 위험구역에서는 10노트 이하의 속력으로 운항해야 하며, 해양경찰서장 또는 시장·군수·구청장이 별도로 정한 운항지침을 따라야 한다.
  ㉡ 다음의 어느 하나에 해당하는 곳으로부터 150m 이내의 구역에서는 인위적으로 파도를 발생시키는 특수장치가 설치된 동력수상레저기구를 운항해서는 안 된다. 다만, 동력수상레저기구에 설치된 특수장치를 이용하여 인위적으로 파도를 발생시키지 않고 5노트 이하의 속력으로 운항하는 경우에는 그렇지 않다.
    ⓐ 계류장
    ⓑ 공기주입형 고정식 튜브 등 수상에 띄우는 수상레저기구 및 설비가 설치된 곳

(4) 운항구역

등록대상 동력수상레저기구를 이용할 때에는 지정된 운항구역만을 운항해야 한다. 다만, 다음 각 호의 어느 하나에 해당하는 경우에는 그렇지 않다.
① 운항구역을 평수구역(平水區域)으로 지정받은 동력수상레저기구를 사용하여 평수구역의 끝단 및 가까운 육지 또는 섬으로부터 10해리[해양수산부령으로 정하는 기관(機關)을 사용하는 동력수상레저기구의 경우는 5해리로 한다] 이내의 연해구역(沿海區域)을 운항하는 경우
② 평수구역으로 지정받은 동력수상레저기구를 사용하여 운항구역을 연해구역 이상으로 지정받은 동력수상레저기구와 500m 이내의 거리에서 동시에 운항하기 위하여 관할 해양경찰서장에게 해양수산부령으로 정하는 운항신고서를 제출한 경우

(5) 기상에 따른 수상레저활동의 제한

누구든지 수상레저활동을 하려는 구역이 다음 어느 하나에 해당하는 경우에는 수상레저활동을 하여서는 아니 된다. 다만, 파도 또는 바람만을 이용하는 수상레저기구의 특성을 고려하여 대통령령으로 정하는 경우에는 그러하지 아니하다.
① 태풍·풍랑·폭풍해일·호우·대설·강풍과 관련된 주의보 이상의 기상특보가 발효된 경우
② 안개 등으로 가시거리가 0.5km 이내로 제한되는 경우

(6) 원거리 수상레저활동의 신고

① 원거리 : 출발항으로부터 10해리 이상 떨어진 곳(기출)
② 신고기관 : 해양경찰관서 또는 경찰관서(기출), (신고서 제출은 인터넷, 팩스, 전자문서 제출 가능)
③ 신고내용
  ㉠ 신고인(성명, 주소, 생년월일, 전화번호 등)
  ㉡ 수상레저기구 제원(종류, 기구명, 총톤수, 재질, 정원, 활동인원)
  ㉢ 출항일시, 출항장소, 주 활동지
  ㉣ 입항예정 일시·장소
  ㉤ 동승자(성명, 생년월일, 전화번호)

(7) 사고의 신고

① 수상레저기구에 동승한 사람이 사고로 사망·실종 또는 중상을 입은 경우(기출), 충돌, 좌초 또는 그 밖에 수상레저기구의 안전운항에 영향을 미치거나 미칠 우려가 있는 사고가 발생하였을 경우
② 신고방법 : 전화, 팩스, 휴대전화 문자메시지 등의 방법
③ 신고기관 : 해양경찰관서, 경찰관서 또는 소방관서(기출)
④ 신고사항 : ㉠ 사고 발생 일시 및 장소, ㉡ 사고가 발생한 수상레저기구의 종류, ㉢ 사고자 및 조종자의 인적사항, ㉣ 피해상황 및 조치상황(기출)

(8) 무면허조종의 금지

누구든지 동력수상레저기구를 조종면허 없이(면허가 정지된 경우 포함) 조종해서는 안 된다. 다만, 다음에 해당하는 경우 무면허조종이 허용된다.

> **★ 무면허조종이 허용되는 경우**(기출)
> ① 1급 조종면허가 있는 자의 감독하에 수상레저활동을 하는 경우로서 다음의 요건을 모두 충족하는 경우
>   ㉠ 동시 감독하는 수상레저기구가 3대 이하인 경우(기출)
>   ㉡ 해당 수상레저기구에 다른 수상레저기구를 견인하고 있지 않은 경우
>   ㉢ 다음의 어느 하나에 해당하는 경우 : i) 수상레저사업의 등록을 한 자의 사업장 안에서 탑승정원이 4명 이하인 수상레저기구의 조종(수상레저사업자 또는 그 종사자가 이용객을 탑승시켜 조정하는 경우는 제외), ii) 면허시험을 위한 수상레저기구의 조종, iii) 학교에서 실시하는 교육·훈련과 관련한 수상레저기구의 조종, iv) 수상레저활동 관련단체 중 해양경찰청장이 고시한 단체가 실시하는 비영리목적의 교육·훈련과 관련한 수상레저기구의 조종
> ② 1급 조종면허 소지자와 함께 탑승하여 조종하는 경우(다만, 해당 면허소지자가 술에 취한 상태 또는 약물복용상태에서의 조종인 경우는 제외)

> **★ 외국인에 대한 조종면허의 특례**
> 수상레저활동을 하려는 외국인이 국내에서 개최되는 국제경기대회에 참가하여 수상레저기구를 조종하는 경우에는 조종면허의 취득, 무면허조종의 금지 규정을 적용하지 아니한다.
> ① 수상레저기구의 종류 : 영 제2조 제2항에 따른 동력수상레저기구(모터보트, 세일링요트, 수상오토바이, 고무보트, 스쿠터, 호버크래프트)
> ② 조종기간 : 국제경기대회 개최일 10일 전부터 국제경기대회 종료 후 10일까지
> ③ 조종지역 : 국내 수역
> ④ 국제경기대회 종류 및 규모: 2개국 이상이 참여하는 국제경기대회

(9) 야간 수상레저활동의 금지(기출)

① 해진 후 30분부터 해뜨기 전 30분까지는 수상레저활동 금지(다만, 해양수산부령으로 정한 야간 운항장비를 갖춘 경우는 예외)
  ✓ 야간 운항장비 : ㉠ 항해등, ㉡ 나침반, ㉢ 야간 조난신호장비, ㉣ 통신기기, ㉤ 전등, ㉥ 구명부환, ㉦ 소화기, ㉧ 자기점화등, ㉨ 위성항법장치, ㉩ 등(燈)이 부착된 구명조끼(기출)

다만, 내수면의 경우 관할 시장·군수·구청장이 수면의 넓이, 물의 세기 및 깊이 등을 고려하여 야간 운항을 하는 데에 위험성이 없다고 인정할 때에는 위 ㉡, ㉥~㉨까지의 운항장비 중 일부를 갖추지 아니하게 할 수 있다. 야간 운항장비의 일부를 갖추지 아니할 수 있게 한 경우에는 수상레저활동자가 보기 쉬운 장소에 그 사실을 공고하여야 한다.

② 해양경찰서장이나 시장·군수·구청장은 필요하다고 인정하면 일정한 구역에 대하여 수상레저활동시간을 조정할 수 있다. 이 경우 해가 진 후 30분부터 24시까지의 범위에서 조정(수상레저활동자가 보기 쉬운 장소에 그 사실을 공고)(기출)
  ✓ 야간운항장비 없이 수상레저활동을 할 수 있는 시간은 해뜨기 전 30분부터 해진 후 30분까지이다.(기출)

(10) 주취 중 조종금지

① 술에 취한 상태의 기준인 혈중알코올농도 0.03퍼센트 이상의 상태에서 조종해서는 안 된다.(기출)
② 관계공무원(경찰공무원, 시·군·구 소속공무원 중 수상레저안전업무에 종사하는 사람)은 수상레저기구를 조종한 사람이 술에 취했다고 인정할 만한 상당한 이유가 있는 경우에는 술에 취하였는지를 측정할 수 있다. 이 경우 수상레저기구를 조종한 사람은 측정에 따라야 한다.(기출)
③ 주취단속시 관계공무원(근무복 착용의 경찰공무원은 제외)은 그 권한을 표시하는 증표를 제시해야 한다.(기출)
④ 술에 취하였는지 여부를 측정한 결과에 불복하는 사람에 대해서는 본인의 동의를 받아 혈액채취 등의 방법으로 다시 측정할 수 있다.

(11) 약물복용 등의 상태에서의 조종금지

누구든지 마약·향정신성의약품·대마의 영향, 환각물질의 영향, 그 밖의 사유로 인해 정상적으로 조종하지 못할 우려가 있는 상태에서 동력수상레저기구를 조종해서는 안 된다.(기출)

(12) 정원초과 금지

① 누구든지 수상레저기구의 안전검사에 따라 결정되는 정원을 초과하여 사람을 태우고 운항해서는 안 된다.(기출)
② 등록대상 동력수상레저기구가 아닌 수상레저기구의 정원은 해당 수상레저기구의 좌석수 또는 형태 등을 고려하여 해양경찰청장이 정하여 고시하는 기준에 따라 산출한다.
③ 정원을 산출할 때에는 수난구호나 그 밖의 부득이한 사유로 인하여 승선한 인원은 정원으로 보지 않는다.(기출)

13 안전관리

(1) 수상레저활동 금지구역의 지정 및 시정명령 등

① 해양경찰서장 또는 시장·군수·구청장은 수상레저활동의 안전을 위하여 필요하다고 인정하면 수상레저활동 금지구역(수상레저기구별 수상레저활동 금지구역을 포함)을 지정할 수 있다.(기출)
② 또, 안전을 위하여 ㉠ 수상레저기구의 탑승인원의 제한 또는 조종자의 교체, ㉡ 수상레저활동의 일시정지, ㉢ 수상레저기구의 개선 및 교체를 명할 수 있다.(기출)

(2) 일시정지 및 확인

① 관계공무원은 수상레저기구를 타고 있는 사람이 수상레저안전법 또는 명령을 위반하였다고 인정하는 경우에는 수상레저기구를 멈추게 하고 이를 확인하거나 면허증 또는 신분증 제시를 요구할 수 있다.(기출)

② 관계공무원은 면허증 등의 제시를 요구하는 경우에는 그 권한을 표시하는 증표를 지니고 이를 관계인에게 내보여야 한다.(기출)

(3) 관계 행정기관의 협조
① 해양경찰청장, 지방해양경찰청장, 해양경찰서장, 시·도지사 또는 시장·군수·구청장은 수상레저활동의 안전을 위하여 필요하다고 인정하면 관계 행정기관의 장에게 협조를 요청할 수 있다. 이 경우 협조 요청을 받은 관계 행정기관의 장은 특별한 사유가 없으면 그 요청에 따라야 한다.
② 시·도지사 또는 시장·군수·구청장은 관할 내수면에서의 수상레저활동의 효율적인 안전관리를 위하여 필요하다고 인정하면 해양경찰청장, 지방해양경찰청장 또는 해양경찰서장에게 관계 경찰공무원을 파견하거나 일정 구역의 수상레저활동에 관한 안전관리 업무를 담당하여 줄 것을 요청할 수 있다. 이 경우 요청을 받은 해양경찰청장, 지방해양경찰청장 또는 해양경찰서장은 특별한 사유가 없으면 그 요청에 따라야 한다.

(4) 수상레저활동안전협의회의 운영
① 성격 : 수상레저활동의 효율적인 안전관리를 위한 협조체제를 마련하기 위하여 해당 지역을 관할하는 관계 행정기관 및 단체 등의 대표자로 구성(기출)
② 위원 : 위원장 1명을 포함한 17명 이내
③ 위원장 : 해당 지방자치단체의 부시장 또는 부지사(기출)
④ 위원 : 수상레저안전업무를 담당하는 소속 공무원, 수상레저안전 관련 업무를 수행하는 관계 행정기관의 소속 공무원 및 수상레저안전 분야에 관한 학식과 경험을 갖춘 민간위원으로 구성할 것

(5) 한국수상레저안전협회의 설립 등
① 목적 : ㉠ 수상레저활동 안전관리에 대한 연구·개발, 홍보 및 교육훈련 등 해양경찰청장 등의 행정기관이 위탁하는 업무의 수행, ㉡ 수상레저산업의 건전한 발전 및 수상레저 관련 종사자의 안전관리 업무능력 향상을 위함
② 협회의 사업수행 내용
㉠ 수상레저안전 및 수상레저산업의 진흥을 위한 연구사업
㉡ 조종면허시험관리시스템 및 수상레저기구등록시스템 개발을 위한 연구사업
㉢ 조종면허시험, 수상레저기구 등록·안전검사·안전점검의 대행
㉣ 수상레저사업자 및 수상레저활동자 등에 대한 인명구조교육, 수상안전교육 및 관련 장비·교재의 개발
㉤ 국가 또는 지방자치단체가 위탁하는 업무
㉥ 해양경찰청장이 필요하다고 인정하는 사업

14 동력수상레저기구의 등록 및 변경

(1) 등록 대상 및 기간 : 수상레저활동에 이용하거나 이용하려는 다음의 동력수상레저기구(기출)(선박법에 따라 등록된 선박은 제외)를 소유한 날부터 1개월 이내에 등록신청을 하여야 한다.
① 수상오토바이
② 총톤수 20톤 미만의 모터보트
③ 추진기관 30마력 이상의 고무보트(공기를 넣으면 부풀고, 접어서 운반할 수 있는 것은 제외)
④ 세일링요트(총톤수 20톤 미만)

(2) 등록신청서류(등록신청서에 다음의 서류를 첨부)
① 동력수상레저기구 또는 추진기관의 양도증명서, 제조증명서, 수입신고필증, 매매계약서 등 등록의 원인을 증명하는 서류
② 동력수상레저기구를 공동으로 소유하고 있는 경우 공동소유자의 대표자 및 공동소유자별 지분비율이 기재된 서류
③ 등록의 원인에 대하여 제3자의 동의 또는 승낙이 필요한 경우에는 동의 또는 승낙을 받은 사실을 증명하는 서류(등록신청서에 제3자가 동의하거나 승낙한 뜻을 적고 서명하거나 날인한 경우는 제외)
④ 안전검사증 사본(수상레저종합정보시스템으로 확인이 가능한 경우는 제외)
⑤ 보험이나 공제에 가입한 사실을 증명하는 서류
⑥ 등록하려는 동력수상레저기구의 앞면·뒷면 및 왼쪽면·오른쪽면의 사진 각 1장

(3) 등록신청기관 : 주소지를 관할하는 시장·군수·구청장(특별자치시장 및 특별자치도지사, 한강 관리 관장 기관의 장 포함)

(4) 등록신청의 거부
① 등록신청 사항에 거짓이 있는 경우
② 동력수상레저기구의 구조, 설비 및 장치가 신규검사기준에 맞지 아니한 경우

(5) 등록원부에의 등록
① 시장·군수·구청장은 등록신청을 받으면 신청자를 동력수상레저기구 등록원부에 소유자로 등록하여야 한다.
② 등록원부를 열람하거나 등록원부의 사본을 발급받으려는 자는 시장·군수·구청장에게 열람 또는 발급을 신청하여야 한다.

(6) 등록증·등록번호판의 발급 등
① 시장·군수·구청장은 소유자에게 동력수상레저기구 등록증과 등록번호판을 발급하여야 한다.
② 동력수상레저기구의 소유자는 등록증 또는 등록번호판이 없어지거나, 알아보기 곤란하게 된 경우에는 시장·군수·구청장에게 신고하고 다시 발급받을 수 있다.

(7) 변경등록(시장·군수·구청장에게 신청)
① 변경등록사유
㉠ 매매·증여·상속 등으로 인한 소유권의 변경
㉡ 소유자의 성명(법인인 경우 법인명) 또는 주민등록번호(법인인 경우 법인등록번호)의 변경
㉢ 동력수상레저기구 명칭의 변경
㉣ 임시검사의 실시 사유에 해당하는 정원, 운항구역, 구조, 설비 또는 장치의 변경
㉤ 용도의 변경
㉥ 그 밖에 동력수상레저기구의 등록 사항 중 해양경찰청장이 정하여 고시하는 사항의 변경
② 변경등록의 신청과 기한 : 소유자나 점유자는 그 변경이 발생한 날부터 30일 이내에 시장·군수·구청장에게 변경등록을 신청해야 한다.
③ 변경등록 신청서류(등록사항 변경신청서에 다음 서류를 첨부)
㉠ 변경내용을 증명할 수 있는 서류
㉡ 등록증

ⓒ 안전검사증 사본(수상레저종합정보시스템으로 확인이 가능한 경우는 제외)
ⓓ 보험이나 공제에 가입한 사실을 증명하는 서류
④ 변경된 등록증의 발급
시장·군수·구청장은 변경등록 신청이 적합하다고 인정되는 경우에는 변경신청서가 제출된 날부터 3일 이내에 그 변경사항을 반영하여 등록증을 새로 발급하거나 제출된 등록증에 그 변경사항을 적어 발급해야 한다.

(8) 말소등록(시장·군수·구청장에게 신청)
① 말소등록사유(기출)
㉠ 동력수상레저기구가 멸실되거나 수상사고 등으로 본래의 기능을 상실한 경우
㉡ 동력수상레저기구의 존재 여부가 3개월간 분명하지 아니한 경우
㉢ 총톤수·추진기관의 변경 등 해양수산부령으로 정하는 사유로 동력수상레저기구에서 제외된 경우
㉣ 동력수상레저기구를 수출하는 경우
㉤ 수상레저활동 외의 목적으로 사용하게 된 경우
② 말소등록 신청서류(말소등록 신청서에 다음 서류를 첨부)
㉠ 등록증
㉡ 수상사고 등의 발생 사실을 증명할 수 있는 서류로서 해양경찰관서 또는 경찰관서에서 발급하는 서류(동력수상레저기구가 멸실되거나 수상사고가 발생한 경우만 해당)
㉢ 동력수상레저기구의 도난 사실 등을 증명할 수 있는 서류로서 해양경찰관서 또는 경찰관서에서 발급하는 서류(동력수상레저기구가 분실되거나 도난당한 경우만 해당)
㉣ 동력수상레저기구의 사용 폐지 또는 수상레저활동 목적 외의 사용을 증명할 수 있는 서류(동력수상레저기구가 분실되거나 도난당한 경우는 제외)
㉤ 동력수상레저기구 등록에 대한 제3자의 승낙서나 그에 대항할 수 있는 판결의 정본 또는 등본(해당 등록과 이해관계가 있는 제3자가 있는 경우만 해당)
㉥ 적용제외 또는 무동력수상레저기구에 해당함을 증명할 수 있는 서류
㉦ 수출신고필증 등 동력수상레저기구의 수출사실을 증명할 수 있는 서류
③ 시장·군수·구청장의 직권말소(기출)
㉠ 소유자가 말소등록 신청을 하지 아니하는 경우에는 관할 시장·군수·구청장은 1개월 이내의 기간을 정하여 소유자에게 해당 동력수상레저기구의 말소등록을 신청할 것을 최고하고, 그 기간 이내에 말소등록 신청을 하지 아니하면 직권으로 그 동력수상레저기구의 등록을 말소할 수 있다.
㉡ 직권으로 동력수상레저기구의 등록을 말소할 때에는 그 사유를 이해관계자에게 통지해야 하고, 직권으로 말소등록을 한 시장·군수·구청장은 해당 동력수상레저기구의 소유자에게 그 사실을 통지해야 한다.

┌─ 통지의 예외(기출) ─┐
1. 동력수상레저기구의 소유자와 이해관계자가 말소등록에 동의한 경우
2. 동력수상레저기구가 멸실되거나 수상사고 등으로 본래의 기능을 상실한 경우

④ 등록의 반납 : 등록된 동력수상레저기구의 말소등록을 신청하는 경우에는 등록증을 반납해야 한다. 직권말소의 통지를 받은 소유자는 사고·천재지변 등의 부득이한 사유가 있는 경우를 제외하고는 지체 없이 등록증을 반납해야 한다.

(9) 보험가입
① 의무가입 : 등록대상 동력수상레저기구의 소유자는 동력수상레저기구의 사용으로 다른 사람이 사망하거나 부상한 경우에 피해자에 대한 보상을 위하여 소유한 날부터 1개월 이내에 보험이나 공제(이하 "보험등"이라 한다)에 가입해야 한다.
② 보험등 가입기간과 가입금액
㉠ 가입기간 : 동력수상레저기구의 등록기간 동안 계속하여 가입할 것(기출)
㉡ 가입금액 : 「자동차손해배상 보장법 시행령」 제3조 제1항에 따른 금액 이상(기출)

(10) 등록번호판의 부착
① 동력수상레저기구 소유자는 등록번호판 2개를 동력수상레저기구의 옆면과 뒷면에 견고하게 부착해야 한다(미부착시 30만원 과태료).(기출) 다만 기구 구조의 특성상 뒷면에 부착하기 곤란한 경우에는 다른 면에 부착할 수 있다.
② 등록번호판의 재질·규격
㉠ 번호판의 재질
ⓐ 강화플라스틱 또는 알루미늄 재질 등의 선체 : 투명 PC원단(숫자 및 문자는 실크 인쇄)
ⓑ 고무재질의 선체 : 반사 원단(숫자 및 문자는 실크 인쇄)
ⓒ 그 밖의 제작조건
• 수상레저기구의 명칭과 일련번호 사이의 상단에 지름 20밀리미터인 원형모양으로 위조 방지용 홀로그램을 도안하여 넣어야 한다.
• 부착하기 쉽도록 뒷면에 내구성이 강한 특수 접착제를 발라야 한다.
㉡ 등록번호판의 두께
ⓐ 강화플라스틱 또는 알루미늄 재질 등의 선체 부착용 : 0.3밀리미터
ⓑ 고무재질의 선체 부착용 : 0.2밀리미터
㉢ 등록번호판의 등록번호는 동력수상레저기구의 명칭(종류)과 등록순서에 따른 일련번호를 문자(영문)와 숫자로 표시하며, 그 문자 및 숫자의 배열과 등록번호판의 규격은 다음과 같다.

MB-00-0001

㉣ 색상
ⓐ 바탕 : 옅은 회색
ⓑ 문자(영문) 및 숫자 : 검은색

15 안전검사 및 그 대행

(1) 안전검사의 종류
① 신규검사 : 최초 등록을 하려는 경우 하는 검사(기출)
② 정기검사 : 등록 후 5년마다 정기적으로 하는 검사(단, 수상레저사업에 이용되는 동력수상레저기구는 1년마다 검사를 받아야 함)(기출)

③ 임시검사 : 동력수상레저기구의 구조나 장치, 정원 또는 운항구역을 변경한 경우에 하는 검사(정원의 변경은 최대승선정원의 범위 내로 한정)(기출)

(2) 안전검사의 대상 및 실시 시기 등

① 국내에서 건조되는 경우로서 다음 어느 하나에 해당하는 모터보트 또는 세일링요트 : 건조에 착수한 때
  ㉠ 총톤수가 5톤 이상인 모터보트 또는 세일링요트
  ㉡ 운항구역이 연해구역(沿海區域) 이상인 모터보트 또는 세일링요트
  ㉢ 승선정원이 13명 이상인 모터보트 또는 세일링요트

② 다음 어느 하나에 해당하는 동력수상레저기구 : 건조가 완료된 이후부터 등록을 하기 전까지
  ㉠ ①에 해당하지 않는 모터보트 또는 세일링요트(「선박안전법」 또는 「어선법」에 따른 검사를 받아오던 선박 또는 어선을 모터보트 또는 세일링요트로 사용하려는 경우를 포함)
  ㉡ 수상오토바이 또는 고무보트
  ㉢ 외국에서 수입된 동력수상레저기구로서 등록해야 하는 동력수상레저기구

(3) 안전검사기간

정기검사를 받아야 하는 기간은 검사유효기간 만료일 전후 각각 30일 이내의 기간(이하 "검사기간")으로 하며, 해당 검사기간 내에 정기검사에 합격한 경우에는 검사유효기간 만료일에 정기검사를 받은 것으로 본다. 다만, 동력수상레저기구 소유자가 요청하는 경우에는 검사유효기간 만료일 전 30일이 되기 전에 정기검사를 받을 수 있다.

(4) 안전검사의 유효기간 기산(起算)

① 최초로 신규검사에 합격한 경우 : 안전검사증을 발급받은 날
② 검사기간 내에 정기검사에 합격한 경우 : 종전 안전검사증 유효기간 만료일의 다음 날
③ 검사기간이 아닌 때에 정기검사에 합격한 경우 : 안전검사증을 발급받은 날

(5) 안전검사 신청서류(첨부서류)

① 검사대상 장비 명세서
② 구분에 따른 도면(다음 어느 하나에 해당하는 모터보트 또는 세일링요트만 해당한다) 3부
  ㉠ 총톤수가 5톤 이상인 모터보트 또는 세일링요트
  ㉡ 운항구역이 연해구역 이상인 모터보트 또는 세일링요트
  ㉢ 승선정원이 13명 이상인 모터보트 또는 세일링요트
③ 복원성에 관한 자료(승선정원이 13명 이상인 모터보트·세일링요트 또는 고무보트만 해당한다)
④ 무선국 허가증 또는 무선국 검사증명서(무선설비 또는 위치발신장치가 설치된 경우만 해당한다)

(6) 안전검사 방법

① 신청서류를 제출받은 해양경찰청장 또는 검사대행자는 서류 내용이 성능·안전기준 및 법 안전기준에 적합한지를 확인해야 한다.
② 해양경찰청장 또는 검사대행자는 확인 결과 성능·안전기준 등에 적합하다고 인정될 때에는 해당 서류에 적합성 확인 표시를 해야 한다.
③ 해양경찰청장 또는 검사대행자는 동력수상레저기구 중 모터보트 및 세일링요트에 대해서는 총톤수를 측정해야 하며, 그 측정기준은 「선박법」 제3조 및 「선박톤수의 측정에 관한 규칙」에서 정하는 바에 따른다.

(7) 안전검사의 면제

① 시험운항허가를 받아 운항하는 경우
② 안전검사를 실시하는 경우로서 다음 어느 하나에 해당하는 경우
  ㉠ 안전검사를 신청한 후 입거(入渠), 상가(上架) 또는 거선(擧船 : 선박을 들어 올려놓음)의 목적으로 국내항 간을 운항하는 경우
  ㉡ 안전검사를 받는 기간 중에 시운전을 목적으로 운항하는 경우

(8) 안전검사증안전검사필증의 발급 및 재발급의 신청

① 해양경찰청장 또는 검사대행자(이하 "해양경찰청장등")는 안전검사에 합격한 동력수상레저기구의 소유자에게 안전검사증 및 안전검사필증을 발급하여야 한다.
② 동력수상레저기구의 소유자는 안전검사증 또는 안전검사필증이 없어지거나, 알아보기 곤란하게 된 경우에는 해양경찰청장등에게 신고하고 다시 발급받을 수 있다.

(9) 안전검사 업무의 대행

① 안전검사 대행기관의 지정 : 해양경찰청장
② 안전검사 대행기관의 지정조건
  ㉠ 기술인력 기준 : 자격 있는 안전검사원을 3명 이상 둘 것(기출)

> ★ **자격있는 안전검사원**(기출)
> ⓐ 전문대학 이상의 학교에서 기관(機關)·기계 또는 조선·항해 관련 학과를 졸업하거나 법령에 따라 이와 같은 수준의 학력을 갖춘 후 선박검사 관련 업무에 3년 이상 종사한 경력이 있는 사람, ⓑ 동력수상레저기구 조종면허(제1급 조종면허 또는 요트조종면허로 한정) 및 3급 기관사 이상의 면허를 취득한 후 선박의 기관 운용 및 정비 관련 업무에 3년 이상 종사한 경력이 있는 사람, ⓒ 「선박안전법」에 따른 선박검사관 또는 선박검사원의 자격요건에 해당하는 자격이 있는 사람, ⓓ 7급 이상의 국가공무원 또는 지방공무원으로서 수상레저기구 안전검사 업무 또는 선박건조 관련 업무에 5년 이상 종사한 경력이 있는 사람

㉡ 시설기준 : 다음 시설을 모두 갖출 것

구분	세부 기준
가. 기본시설	1) 민원실과 검사행정실을 합산한 면적이 30m² 이상일 것 2) 상담실과 문서고를 합산한 면적이 15m² 이상일 것
나. 부대시설	1) 주차장 : 승용차 10대 이상이 주차할 수 있는 공간일 것 2) 화장실 : 남성용과 여성용으로 구분되어 있을 것

㉢ 장비기준 : 다음 장비를 모두 갖출 것

구분	장비 종류
가. 주요 장비	1) 추진기관(선외기) 검사장치 2) 선체 두께 측정장비 3) 길이 측정기 4) 경사도 측정장비
나. 일반장비	1) 마이크로미터 2) 절연저항측정기 3) 버니어캘리퍼스(Vernier Calipers) 4) 반사경 5) 청음기(聽音機) 6) 회전 측정기

7) 온도 측정기
8) 디지털카메라
9) 테스트 해머(Test Hammer)
10) 두께 측정용 게이지
11) 틈새 게이지
12) 속도측정장치(GPS, DGPS 등)

③ **안전검사 대행기관 지정신청서류**(기출)
  ㉠ 기술인력·시설 및 장비 기준을 갖추었음을 증명하는 서류
  ㉡ 사업계획서(조직도, 기술인력 현황 및 안전검사 관련 업무의 수행 실적 등을 포함)
  ㉢ 자체 안전검사업무 규정(기술인력의 관리 및 안전검사의 절차 등 안전검사업무의 수행에 필요한 사항을 포함)

④ **검사대행자의 보고 및 관계공무원의 관리·감독**
  ㉠ 검사대행자는 동력수상레저기구의 안전검사에 관한 업무를 대행한 실적을 매 반기 종료일부터 14일 이내에 해양경찰청장에게 보고해야 한다.
  ㉡ 해양경찰청장은 검사대행자가 보고한 사항에 대하여 그 내용을 확인하고, 이 법 또는 이 법에 따른 명령을 위반한 사실이 발견되면 필요한 조치를 할 수 있다.
  ㉢ 해양경찰청장은 검사대행자의 대행업무 실적에 관한 확인 또는 감독을 위하여 필요한 자료의 제출을 검사대행자에게 요청할 수 있다.

⑤ **검사대행자의 지정취소·업무의 정지**
  해양경찰청장은 검사대행자가 다음 어느 하나에 해당하는 경우 그 지정을 취소하거나 6개월의 범위에서 기간을 정하여 업무의 전부 또는 일부의 정지를 명할 수 있다. 다만, ㉠에 해당하면 그 지정을 취소하여야 한다.
  ㉠ 거짓이나 그 밖의 부정한 방법으로 지정을 받은 경우
  ㉡ 고의 또는 중대한 과실로 사실과 다르게 안전검사를 한 경우
  ㉢ 검사 관련 기술인력·시설·장비 등의 기준에 미치지 못하게 된 경우
  ㉣ 업무와 관련하여 부정한 금품을 수수하거나 그 밖의 부정한 행위를 한 경우
  ㉤ 이 법 또는 이 법에 따른 명령을 위반한 경우

⑥ **안전검사대행자 지정서의 반납**
  검사대행자 지정이 취소된 자는 지정서를 해양경찰청장에게 반납해야 한다.

16 수상레저사업

(1) **수상레저사업 내용**(기출)
  ① 수상레저기구를 빌려주는 사업
  ② 수상레저활동을 하는 사람을 수상레저기구에 태우는 사업

(2) **수상레저사업의 등록**(기출) – 하천이나 공유수면의 점용 또는 사용허가 등에 관한 사항의 등록
  ① 영업구역이 해수면인 경우 : 해당 지역 관할 해양경찰서장에게 등록
  ② 영업구역이 내수면인 경우 : 해당 지역 관할 시장·군수·구청장에게 등록(기출)
  ③ 영업구역이 둘 이상의 해양경찰서장 또는 시장·군수·구청장의 관할 지역에 걸쳐 있는 경우 : 수상레저사업에 사용되는 수상레저기구를 주로 매어두는 장소를 관할하는 해양경찰서장 또는 시장·군수·구청장에게 등록(기출)

(3) **수상레저사업 등록기준**
  ① 수상레저활동을 하는 사람을 수상레저기구에 태우는 사업

영업구역		수상레저사업장의 규모, 수상레저기구의 종류 및 수상레저사업 종사자 인원 등을 고려할 때 수상레저활동의 안전 및 질서를 확보할 수 있다고 인정되는 구역일 것
시설기준		수상레저기구의 계류장·탑승장·매표소·화장실 및 수상레저활동을 하는 사람을 위한 대기시설을 갖출 것
인력기준		수상레저사업자와 그 종사자 중에서 1명 이상은 다음의 구분에 따른 면허를 소지할 것. 이 경우 ㉠에 따른 조종면허를 갖추고 수상레저사업장에 종사하는 사람은 해당 수상레저사업장에 종사하는 기간 동안 다른 수상레저사업장 등에 종사해서는 안 된다. ㉠ 동력수상레저기구를 사용하여 수상레저사업을 하는 경우 : 1급 조종면허 ㉡ 무동력수상레저기구(래프팅용 수상레저기구는 제외한다)만을 사용하여 수상레저사업을 하는 경우 : 2급 이상의 조종면허 ㉢ 세일링요트만을 사용하여 수상레저사업을 하는 경우 : 요트조종면허
수상레저기구	공통기준	㉠ 점프대의 높이는 수면으로부터 5m 이내일 것 ㉡ 에어매트(점프대 아래에 설치하는 공기주입형 고정식 튜브를 말한다. 이하 같다) 주변의 수심은 2미터 이상이어야 하고, 수면으로 떨어지는 사람이 장애물에 부딪히지 않도록 에어매트의 앞쪽으로 5미터 이상, 양옆으로 3m 이상의 공간을 확보하며, 부표 등을 설치하여 해당 공간을 표시할 것 ㉢ 에어매트는 움직이지 않도록 로프 등으로 고정하고, 로프 등은 에어매트 밑으로 설치할 것 ㉣ 점프대에서 뛰는 사람의 안전을 위해 점프대와 에어매트는 2m 이상 겹쳐서 설치할 것 ㉤ 선착장 정면부 등 다른 수상레저기구의 운항에 방해되는 장소에 설치하지 않을 것
수상레저기구	공기주입형 고정식 튜브 – 블롭점프	㉠ 점프대의 높이는 수면으로부터 5m 이내일 것 ㉡ 에어매트(점프대 아래에 설치하는 공기주입형 고정식 튜브를 말한다. 이하 같다) 주변의 수심은 2미터 이상이어야 하고, 수면으로 떨어지는 사람이 장애물에 부딪히지 않도록 에어매트의 앞쪽으로 5미터 이상, 양옆으로 3m 이상의 공간을 확보하며, 부표 등을 설치하여 해당 공간을 표시할 것 ㉢ 에어매트는 움직이지 않도록 로프 등으로 고정하고, 로프 등은 에어매트 밑으로 설치할 것 ㉣ 점프대에서 뛰는 사람의 안전을 위해 점프대와 에어매트는 2m 이상 겹쳐서 설치할 것 ㉤ 선착장 정면부 등 다른 수상레저기구의 운항에 방해되는 장소에 설치하지 않을 것
수상레저기구	워터파크	㉠ 워터파크의 높이는 수면으로부터 8m 이내일 것 ㉡ 워터파크 주변의 수심은 1m 이상일 것 ㉢ 워터파크 주변에는 물에 빠진 사람을 신속하게 구조하기 위하여 폰툰(Pontoon) 등 도보이동을 위한 설비를 설치하고, 워터파크와 도보이동을 위한 설비 사이의 거리는 1m 이상일 것 ㉣ 선착장 정면부 등 다른 수상레저기구의 운항을 방해할 수 있는 장소에 설치하지 않을 것
인명구조용 장비 등	구명조끼	㉠ 「전기용품 및 생활용품 안전관리법」에 따른 안전기준이나 해양수산부장관이 정하여 고시하는 선박 또는 어선의 구명설비기준에 적합한 제품일 것 ㉡ 수상레저기구 탑승정원의 110% 이상에 해당하는 수의 구명조끼를 갖추고, 그 탑승정원의 10%는 소아용으로 갖출 것
인명구조용 장비 등	안전모	㉠ 안전모는 다음의 기준을 모두 갖출 것 • 충격 흡수기능이 있을 것 • 충격으로 쉽게 벗어지지 않도록 고정시킬 수 있을 것 • 인체에 상처를 주지 않는 구조일 것 • 상하좌우로 충분한 시야를 확보할 수 있도록 할 것 • 청력에 현저한 장애가 발생하지 않도록 할 것

	ㄴ 워터슬레이드 또는 공기주입형 고정식 튜브를 사용하거나 래프팅을 하는 경우에는 탑승정원의 110% 이상에 해당하는 수의 안전모를 갖추고, 그 탑승정원의 10%는 소아용으로 갖출 것
구명부환	ㄱ 탑승정원이 4명 이상인 수상레저기구(수상오토바이 및 워터슬레이드는 제외한다)에는 그 탑승정원의 30%에 해당하는 수(소수점 이하는 반올림한다) 이상의 구명부환을 갖출 것. 이 경우 무동력수상레저기구에는 구명부환을 대체하여 스로 백(throw bag : 구명 조구 로프 가방)을 갖출 수 있다. ㄴ ㄱ의 후단에 따른 스로 백에 딸린 구명줄은 지름 6mm 이상, 길이 20m 이상일 것
구명줄	탑승정원이 13명 이상인 수상레저기구에는 지름이 10밀리미터 이상, 길이가 30m 이상인 구명줄을 1개 이상 갖출 것
예비용 노 또는 상앗대	ㄱ 노 또는 상앗대가 있는 수상레저기구는 노 또는 상앗대 수의 10% 이상에 해당하는 수의 예비용 노 또는 상앗대를 갖출 것 ㄴ 탑승정원이 4명 이상인 동력수상레저기구(수상오토바이는 제외한다)에는 2개 이상의 예비용 노를 갖출 것
통신장비	영업구역이 2해리 이상인 경우에는 수상레저기구에 해당 사업장 또는 가까운 무선국과 연락할 수 있는 통신장비를 갖출 것
소화기	ㄱ 탑승 정원이 13명 이상인 동력수상레저기구에는 선실, 조타실(操舵室) 및 기관실에 각 1개 이상의 소화기를 갖출 것 ㄴ 탑승 정원이 4명 이상인 동력수상레저기구(수상오토바이는 제외한다)에는 1개 이상의 소화기를 갖출 것
비상구조선	ㄱ 수상레저기구(래프팅에 사용되는 수상레저기구와 수상스키, 파라세일, 워터슬레이드 등 견인되는 수상레저기구는 제외한다)의 수에 따라 다음의 구분에 따른 비상구조선을 갖출 것. 다만, 케이블 수상스키 또는 케이블 웨이크보드 등 케이블을 사용하는 수상레저기구만을 갖춘 수상레저사업장의 경우에는 다른 수상레저기구가 없더라도 반드시 1대 이상의 비상구조선을 갖춰야 한다. • 수상레저기구가 30대 이하인 경우 : 1대 이상 • 수상레저기구가 31대 이상 50대 이하인 경우 : 2대 이상 • 수상레저기구가 51대 이상인 경우 : 50대를 초과하는 50대마다 1대씩 더한 수 이상 ㄴ 비상구조선은 수상레저사업자가 해당 수상레저사업에 사용되는 수상레저기구 중에서 지정하여 사용하고, 아래 표에서 정하는 규격의 깃발을 비상구조선에 부착할 것 • 깃발의 크기 : 가로 50cm 이상 및 세로 40cm 이상 • 깃발의 색상 : 주황색(RGB 254,97,0) • 깃발의 재질 : 폴리에스테르 방수원단 또는 이와 유사한 재질 • 깃대의 높이 : 120cm 이상 • 글자(구조선)의 크기 및 색상 : 높이 8cm 이상 및 흰색 ㄷ 탑승정원이 3명 이상이고 속도가 20노트 이상이어야 하며 다음의 장비를 모두 갖출 것 • 망원경 1개 이상
	• 구명부환 또는 레스큐 튜브 2개 이상 • 호루라기 1개 이상 • 30m 이상의 구명줄 ㄹ 비상구조선은 사업장 구역의 순시(巡視)와 사고 발생 시 인명구조를 위하여 사용해야 하며, 영업 중에는 항상 사용할 수 있도록 할 것. 다만, 「수상레저기구의 등록 및 검사에 관한 법률 시행령」에 따른 평수구역, 연해구역, 근해구역 또는 원양구역을 운항구역으로 하는 모터보트 또는 세일링요트를 사용하는 수상레저사업자가 그 모터보트 또는 세일링요트의 수만큼 해당 수상레저기구에 비상구조선을 적재한 경우는 제외한다. ㅁ 해양경찰서장 또는 시장·군수·구청장이 시설기준 중 수상레저기구의 계류장을 갖추지 않아도 된다고 인정하는 경우에는 비상구조선을 빨리 사용할 수 있도록 수면과 가까운 장소에 비상구조선을 둘 것
인명구조요원 또는 래프팅가이드	ㄱ 비상구조선의 수에 해당하는 인명구조요원을 배치하고 래프팅의 경우에는 래프팅기구의 수에 해당하는 래프팅가이드를 배치할 것. 다만, 승선정원이 4명 이하인 래프팅기구의 경우에는 시장·군수·구청장이 정하는 수의 래프팅가이드를 배치하고, 워터파크의 경우에는 면적이 660m² 를 초과할 때마다 1명의 인명구조요원을 추가로 배치해야 한다. ㄴ 공기주입형 고정식 튜브가 있는 경우에는 비상구조선의 수에 따라 두는 인명구조요원 외에 각 기구마다 별도의 인명구조요원을 배치할 것 ㄷ 인명구조요원 및 래프팅가이드 자격을 갖추고 수상레저사업장에 종사하는 사람은 해당 수상레저사업장에 종사하는 기간 동안 다른 수상레저사업장 등에 종사하지 않을 것

② 수상레저기구를 빌려주는 사업

항 목	내 용
시설기준	수상레저기구를 보관할 수 있는 장소를 갖출 것
수상레저기구	안전점검을 받은 수상레저기구일 것

(4) 사업등록의 유효기간 등

① 수상레저사업의 등록 유효기간은 **10년**으로 하되, 10년 미만으로 영업하려는 경우에는 해당 영업기간을 등록 유효기간으로 한다.

② 해양경찰서장 또는 시장·군수·구청장은 등록의 유효기간 종료일 1개월 전까지 해당 수상레저사업자에게 수상레저사업 등록의 갱신절차와 갱신신청기간을 미리 알려야 한다.

③ 수상레저사업의 등록을 갱신하려는 자는 해당 수상레저사업 등록의 유효기간이 끝나는 날의 5일 전까지 수상레저사업 등록갱신 신청서에 다음 서류를 첨부하여 관할 해양경찰서장 또는 시장·군수·구청장에게 제출해야 한다.
   ㄱ 수상레저사업 등록증
   ㄴ 수상레저사업 등록 신청 시 제출한 서류에 변경 사항이 있을 경우 변경된 서류

④ 해양경찰서장 또는 시장·군수·구청장은 등록갱신 신청이 적합하다고 인정될 때에는 수상레저사업의 등록을 갱신하고, 신청인에게 수상레저사업 등록증을 다시 발급해야 한다.

(5) 수상레저사업 등록의 결격사유(기출)

① 미성년자, 피성년후견인, 피한정후견인

② 이 법을 위반하여 징역 이상의 실형(實刑)을 선고받고 그 집행이 끝나거나 집행이 면제된 날부터 2년이 지나지 아니한 사람

③ 이 법을 위반하여 징역 이상의 형의 집행유예를 선고받고 그 유예기간 중에 있는 사람
④ 제48조에 따라 등록이 취소(①에 해당하여 등록이 취소된 경우는 제외한다)된 날부터 2년이 지나지 아니한 자

(6) 수상레저사업의 등록서류(기출)
① 영업구역에 관한 도면
② 시설기준 명세서
③ 수상레저사업자와 종사자의 명단 및 해당 면허증 사본(면허증 사본의 경우 수상레저종합정보시스템으로 확인이 가능한 경우는 제외한다)
④ 수상레저기구 및 인명구조용 장비 명세서
⑤ 인명구조요원 또는 래프팅가이드의 명단과 해당 자격증 사본
⑥ 공유수면등의 점용 또는 사용 등에 관한 허가서 사본
* 서프보드·윈드서핑·카이트보드 또는 패들보드를 수상레저활동을 하는 사람에게 빌려주는 수상레저사업(빌린 사람이 빌린 수상레저기구를 직접 가져가거나 이동시키는 경우로 한정한다)을 경영하려는 자는 수상레저사업 등록 신청서에 ⅰ) 시설기준 명세서, ⅱ) 수상레저기구 명세서를 첨부하여 관할 해양경찰서장 또는 시장·군수·구청장에게 제출해야 한다.

(7) 수상레저사업의 변경등록
① 등록사항에 변경이 있을 때 : 해양경찰서장 또는 시장·군수·구청장에게 신청
② 변경등록서류 : 변경등록 신청서에 ⅰ) 수상레저사업등록증, ⅱ) 변경내용을 증명할 수 있는 서류를 첨부해야 한다.

(8) 수상레저사업자의 보험등 가입
① 수상레저사업자는 그 종사자와 이용자의 피해보전을 위해 다음 기준에 따라 보험 또는 공제(이하 "보험등"이라 한다)에 가입해야 한다.(기출)
 ㉠ 가입기간 : 수상레저사업자의 사업기간 동안 계속하여 가입할 것
 ㉡ 피보험자 또는 피공제자 : 수상레저사업에 종사하는 사람이나 수상레저기구 이용자를 피보험자나 피공제자로 할 것
 ㉢ 가입금액 : 「자동차손해배상 보장법 시행령」 제3조 제1항에 따른 금액 이상
② 보험등의 가입여부 정보 제공 : 수상레저사업자는 그가 가입한 보험등의 가입기간, 가입한 보험 등의 피보험자 또는 피제공자, 보험 등의 가입금액 등에 관한 사항을 사업장 안의 잘 보이는 장소에 게시하여야 한다.

(9) 휴업·폐업 또는 재개업 신고(기출)
① 수상레저사업자가 휴업하거나 폐업을 하려는 경우에는 수상레저사업 휴업·폐업·재개업 신고서에 수상레저사업자 등록증을 첨부하여 휴업하거나 폐업하기 3일 전(재개업은 7일 전)까지 해양경찰서장 또는 시장·군수·구청장에게 제출해야 한다(다만, 재해나 그 밖의 부득이한 사유가 있는 경우에는 휴업 또는 폐업을 하는 날까지 제출).
② 휴업이나 폐업 또는 재개업의 신고를 받은 해양경찰서장 또는 시장·군수·구청장은 수상레저사업장 소재지의 관할 세무서에 휴업이나 폐업 또는 재개업 사실을 통보하여야 한다.

(10) 이용요금의 신고
탑승료·대여료 등 이용요금을 신고하거나 변경 신고하려는 자는 이용요금 신고·변경신고서를 해양경찰서장 또는 시장·군수·구청장에게 제출한 후 사업장 안의 잘 보이는 장소에 게시하여야 한다.

(11) 수상레저기구 및 시설의 안전점검
① 안전점검 실시권자 : 해양경찰서장 또는 시장·군수·구청장(기출)
② 관계공무원의 안전점검 : 수상레저기구와 선착장 등 수상레저시설에 대하여 실시
③ 안전점검의 대상(기출)
 ㉠ 수상레저기구의 안전성(안전검사의 대상이 되는 동력수상레저기구는 제외)
 ㉡ 수상레저사업의 사업장에 설치된 시설·장비 등이 등록기준에 적합한지 여부
 ㉢ 수상레저사업자와 그 종사자의 조치 의무
 ㉣ 인명구조요원이나 래프팅가이드의 자격 및 배치기준 준수 의무
 ㉤ 수상레저사업자와 그 종사자의 행위제한 등의 준수 의무
④ 정비 및 원상복구 등 명령
 ㉠ 안전점검 결과 해양경찰서장 또는 시장·군수·구청장은 정비 또는 원상복구를 정비 및 원상복구명령서에 의해 명할 수 있다. 이 경우 정비 또는 원상복구에 필요한 기간을 정하여 해당 수상레저기구의 사용정지를 함께 명할 수 있다(수상레저사업자는 원상복구명령이행계획서를 해당 기관에 제출해야 함).(기출)
 ㉡ 해양경찰서장 또는 시장·군수·구청장은 수상레저기구의 사용정지를 명령할 때 사용정지명령서로 하고, 사용정지 대상인 수상레저기구의 앞면·뒷면·왼쪽면 또는 오른쪽면의 잘 보이는 곳에 수상레저기구 사용정지표 2개를 붙여야 한다.
 ㉢ 수상레저기구 사용정지 명령을 받은 수상레저사업자는 수상레저기구 사용정지표를 훼손하거나 그 부착 위치를 변경해서는 안 되며, 정비 및 원상복구 명령을 이행하기 전까지는 이를 임의로 제거해서는 안 된다.

(12) 사업자의 안전점검 등 조치
① 안전조치사항 : 수상레저사업자와 그 종사자는 다음의 수상레저활동의 조치를 해야 한다.(기출)
 ㉠ 수상레저기구와 시설의 안전점검
 ㉡ 영업구역의 기상·수상 상태의 확인
 ㉢ 영업구역에서 사고가 발생하는 경우 구호조치 및 해양경찰관서·경찰관서·소방관서 등 관계 행정기관에 통보
 ㉣ 이용자에 대한 안전장비 착용조치 및 탑승 전 안전교육
 ㉤ 사업장 내 인명구조요원이나 래프팅가이드의 배치 또는 탑승
 ㉥ 비상구조선(수상레저사업장과 그 영업구역의 순시 및 인명구조를 위하여 사용되는 동력수상레저기구)의 배치
② 영업구역 안에서의 행위금지 사항 : 수상레저사업자와 그 종사자는 영업구역에서 다음 행위를 하여서는 아니 된다.
 ㉠ 14세 미만인 사람(보호자를 동반하지 아니한 사람으로 한정), 술에 취한 사람 또는 정신질환자를 수상레저기구에 태우거나 이들에게 수상레저기구를 빌려 주는 행위

ⓛ 수상레저기구의 정원을 초과하여 태우는 행위
ⓒ 수상레저기구 안에서 술을 판매·제공하거나 수상레저기구 이용자가 수상레저기구 안으로 이를 반입하도록 하는 행위
ⓔ 영업구역을 벗어나 영업을 하는 행위
ⓜ 수상레저활동시간 외에 영업을 하는 행위
ⓗ 대통령령으로 정하는 폭발물·인화물질 등의 위험물을 이용자가 타고 있는 수상레저기구로 반입·운송하는 행위
ⓢ 안전검사를 받지 아니한 동력수상레저기구를 영업에 사용하는 행위
ⓞ 비상구조선을 그 목적과 다르게 사용하는 행위

(13) 인명구조요원·래프팅가이드의 자격기준 등

① 인명구조요원 : 다음 어느 하나에 해당하는 사람
  ㉠ 지정기준을 갖춘 기관이나 단체 중 해양경찰청장이 교육기관으로 지정하는 기관이나 단체(이하 "교육기관")가 운영하는 인명구조 교육과정을 이수한 후 인명구조요원 자격을 취득한 사람
  ㉡ 수상구조사
② 래프팅가이드 : 교육기관이 운영하는 인명구조 교육과정을 이수한 후 래프팅가이드 자격을 취득한 사람
③ 인명구조요원은 해당 수상레저사업의 영업구역에 배치해야 한다.
④ 래프팅가이드는 영업 중인 래프팅기구마다 1명 이상 탑승하여 영업구역의 안전 상태와 탑승객의 안전을 확인해야 한다. 다만, 다음 요건을 모두 갖춘 경우에는 래프팅가이드가 다른 래프팅기구에 탑승하여 근접운항하면서 영업구역의 안전 상태와 탑승객의 안전을 확인하게 할 수 있다.
  ㉠ 운항수역을 관할하는 시장·군수·구청장이 해당 사업장과 영업구역의 물의 깊이, 유속(流速), 운항거리, 급류의 세기 등을 고려하여 위험방지에 지장이 없다고 인정하는 경우
  ㉡ 래프팅기구의 승선정원이 4명 이하인 경우
⑤ 래프팅가이드 1명이 근접운항하면서 운항할 수 있는 래프팅기구의 수는 운항수역을 관할하는 시장·군수·구청장이 2대부터 5대까지의 범위에서 정해야 한다.

(14) 영업의 제한(기출)

해양경찰서장 또는 시장·군수·구청장은 다음 각 호의 어느 하나에 해당하는 경우에는 수상레저사업자에게 영업구역이나 시간의 제한 또는 영업의 일시정지를 명할 수 있다. 다만, ③부터 ⑤까지에 해당하는 경우에는 이용자의 신체가 직접 수면에 닿는 수상레저기구 등 대통령령으로 정하는 수상레저기구(서프보드, 수상스키 또는 패러세일 등)를 이용한 영업행위에 대해서만 이를 명할 수 있다.
① 기상·수상 상태가 악화된 경우
② 수상사고가 발생한 경우
③ 유류·화학물질 등의 유출 또는 녹조·적조 등의 발생으로 수질이 오염된 경우
④ 부유물질 등 장애물이 발생한 경우
⑤ 사람의 신체나 생명에 피해를 줄 수 있는 유해생물이 발생한 경우
⑥ 그 밖에 대통령령으로 정하는 사유가 발생한 경우

(15) 수상레저사업의 등록취소 등

해양경찰서장 또는 시장·군수·구청장은 수상레저사업자가 다음 각 호의 어느 하나에 해당하는 경우에는 해양수산부령으로 정하는 바에 따라 수상레저사업의 등록을 취소하거나 3개월의 범위에서 영업의 전부 또는 일부의 정지를 명할 수 있다. 다만, ①부터 ③까지에 해당하면 수상레저사업의 등록을 취소하여야 한다.
① 거짓이나 그 밖의 부정한 방법으로 등록을 한 경우(취소)
② 등록결격사유 중 어느 하나에 해당하게 된 경우(취소)
③ 공유수면의 점용 또는 사용 허가기간 만료 이후에도 사업을 계속하는 경우(취소)
④ 수상레저사업자 또는 그 종사자의 고의 또는 과실로 사람을 사상한 경우
⑤ 수상레저사업자가 「수상레저기구의 등록 및 검사에 관한 법률」을 위반한 수상레저기구를 수상레저사업에 이용한 경우
⑥ 변경등록을 하지 아니한 경우
⑦ 제42조부터 제46조까지(이용요금 신고·게시, 안전점검, 안전점검 등 조치, 준수사항, 영업의 제한 등), 제49조 제2항(보험가입), 제50조(보험 가입정보 제공)의 규정 또는 명령을 위반한 경우

17 보 칙

(1) 권한의 위임

해양경찰청장은 지방해양경찰청장이나 해양경찰서장에게 다음 구분에 따른 권한을 위임한다.
① 지방해양경찰청장 : 수상레저안전관리 시행계획의 수립·시행에 필요한 지도·감독
② 해양경찰서장 : 다음 권한
  ㉠ 면허증의 갱신
  ㉡ 면허증의 발급 및 재발급
  ㉢ 조종면허의 취소 및 효력 정지

(2) 청문의 실시

① 해양경찰청장은 다음에 해당하는 처분을 하려면 청문을 하여야 한다.
  ㉠ 면허시험 면제교육기관의 지정취소, 업무정지 또는 과징금 부과
  ㉡ 안전교육 위탁기관의 지정취소, 업무정지 또는 과징금 부과
  ㉢ 시험대행기관의 지정취소, 업무정지 또는 과징금 부과
② 해양경찰서장 또는 시장·군수·구청장은 수상레저사업의 등록을 취소하려면 청문을 하여야 한다.

(3) 벌칙 적용에 있어서의 공무원의제

㉠ 면허시험 면제교육기관, ㉡ 안전교육 위탁기관, ㉢ 시험대행기관, ㉣ 위탁받은 업무에 종사하는 보험회사등 또는 보험협회 등의 임직원은 공무상 비밀의 누설죄(§127) 및 형법의 수뢰죄·사전수뢰죄(§129), 제3자 뇌물제공죄(§130), 수뢰후 부정처사죄·사후수뢰죄(§131), 알선수뢰죄(§132)를 적용할 때에는 공무원으로 본다.

(4) 수수료의 결정

① 안전교육 위탁기관 및 시험대행기관이 수수료를 결정하려는 경우에는 이해관계인의 의견을 수렴할 수 있도록 해

당 기관의 인터넷 홈페이지에 20일간 그 내용을 게시해야 한다. 다만, 긴급하다고 인정되는 경우에는 해당 기관의 인터넷 홈페이지에 그 사유를 밝히고 10일간 게시할 수 있다.

② 안전교육 위탁기관 및 시험대행기관은 수수료의 요율 또는 금액을 수렴된 의견을 고려하여 실비(實費)의 범위에서 정해야 하며, 수수료의 요율 또는 금액을 결정했을 때에는 해양경찰청장에게 서면으로 승인신청을 해야 한다.

(5) 수수료의 납부기관(관할청 및 기관)(기출)

① 해양경찰청장 또는 시장·군수·구청장에게 수수료를 내야 하는 경우
  ㉠ 면허시험에 응시하려는 사람
  ㉡ 안전교육을 받으려는 사람
  ㉢ 면허증의 발급, 재발급, 갱신을 신청하려는 사람
  ㉣ 수상레저사업의 등록·변경등록 및 휴업·폐업 또는 재개업의 신고 등을 신청하려는 자

② 안전교육 위탁기관 및 시험대행기관이 정하는 수수료를 해당 대행기관 등에 내야 하는 경우
  ㉠ 안전교육을 위탁하여 실시하는 경우
  ㉡ 시험대행기관이 면허시험 업무를 대행하는 경우

18 벌 칙

(1) 형사처벌(징역·벌금형)

① 1년 이하의 징역 또는 1천만원 이하의 벌금(기출)
  - 면허증을 빌리거나 빌려주거나 이를 알선한 자
  - 조종면허를 받지 아니하고 동력수상레저기구를 조종한 사람
  - 술에 취한 상태에서 동력수상레저기구를 조종한 사람
  - 술에 취한 상태라고 인정할 만한 상당한 이유가 있는데도 관계공무원의 측정에 따르지 아니한 사람
  - 약물복용 등으로 인하여 정상적으로 조종하지 못할 우려가 있는 상태에서 동력수상레저기구를 조종한 사람
  - 등록 또는 변경등록을 하지 아니하고 수상레저사업을 한 자
  - 수상레저사업 등록취소 후 또는 영업정지기간에 영업을 한 수상레저사업자

② 6개월 이하의 징역 또는 500만원 이하의 벌금(기출)
  - 정비·원상복구의 명령을 위반한 수상레저사업자
  - 안전을 위하여 필요한 조치를 하지 아니하거나 금지된 행위를 한 수상레저사업자와 그 종사자
  - 영업구역이나 시간의 제한 또는 영업의 일시정지 명령을 위반한 수상레저사업자

(2) 과태료

① 부과권자
  ㉠ 해수면의 경우 : 해양경찰청장, 지방해양경찰청장 또는 해양경찰서장
  ㉡ 내수면의 경우 : 시장·군수·구청장(서울시 한강의 경우 한강관리에 관한 업무를 관장하는 기관의 장)

② 과태료의 부과·징수, 재판 및 집행 등의 절차에 관한 사항은 「질서위반행위규제법」을 따른다.

(3) 과태료의 일반 부과기준

① 위반행위의 횟수에 따른 과태료 부과 기준은 최근 1년간 같은 위반행위로 과태료를 부과받은 경우에 적용한다. 이 경우 기간의 계산은 위반행위에 대하여 과태료 부과처분을 받은 날과 그 처분 후 다시 같은 위반행위를 하여 적발된 날을 기준으로 한다.

② ①에 따라 가중된 부과처분을 하는 경우 가중처분의 적용 차수는 그 위반행위 전 부과처분 차수(①에 따른 기간 내에 과태료 부과처분이 둘 이상 있었던 경우에는 높은 차수를 말한다)의 다음 차수로 한다.

③ 부과권자는 다음의 어느 하나에 해당하는 경우에는 과태료 금액의 2분의 1의 범위에서 그 금액을 감경할 수 있다. 다만, 과태료를 체납하고 있는 위반행위자에 대해서는 그렇지 않다.
  ㉠ 위반행위가 사소한 부주의나 오류로 인한 것으로 인정되는 경우
  ㉡ 위반행위자의 법 위반상태를 시정하거나 해소하기 위한 노력이 인정되는 경우
  ㉢ 그 밖에 위반행위의 정도, 위반행위의 동기와 결과 등을 고려하여 줄일 필요가 있다고 인정되는 경우

④ 부과권자는 다음의 어느 하나에 해당하는 경우에는 과태료 금액의 2분의 1의 범위에서 늘려 부과할 수 있다. 다만, 늘려 부과하는 경우에도 법 제64조 제1항(100만원 이하) 및 제2항(50만원 이하)에 따른 과태료의 상한을 넘을 수 없다.
  ㉠ 위반의 내용·정도가 중대하여 이용자 등에게 미치는 피해가 크다고 인정되는 경우
  ㉡ 법 위반상태의 기간이 6개월 이상인 경우
  ㉢ 그 밖에 위반행위의 정도, 위반행위의 동기와 결과 등을 고려하여 늘릴 필요가 있다고 인정되는 경우

(4) 위반행위에 따른 과태료 개별 부과기준(기출)

① 과태료 100만원 부과사유(기출)
  - 면허시험 면제교육기관, 안전교육 위탁기관, 시험대행기관에서 시험·교육 업무에 종사하는 사람이 교육을 받지 않은 경우(§19① 위반)
  - 수상레저사업자가 재개업의 신고를 하지 않은 경우(§41② 위반)
  - 수상레저사업자 또는 그 종사자가 등록 대상이 아닌 수상레저기구 운영 사업자 등의 준수사항을 위반한 경우(§45 위반)
  - 수상레저사업자가 서류나 자료를 제출하지 않거나 거짓의 서류 또는 자료를 제출한 경우(§47 위반)
  - 수상레저사업자가 보험등에 가입하지 않은 경우(§45② 위반)

② 과태료 60만원 부과사유(기출)
  - 수상레저활동 시간 외에 수상레저활동을 한 경우(§26 위반)
  - 정원을 초과하여 사람을 태우고 수상레저기구를 조종한 경우(§29 위반)
  - 수상레저활동 금지구역에서 수상레저활동을 한 경우(§30② 위반)
  - 수상레저사업자가 신고한 이용요금 외의 금품을 받거나 신고사항을 게시하지 않은 경우(§42 위반)

③ 과태료 50만원 부과사유(기출)
  - 3회 이상 운항규칙을 준수하지 않은 경우(§21 위반)

- 3회 이상 기상에 따른 수상레저활동이 제한되는 구역에서 수상레저활동을 한 경우(§22 위반)
- 3회 이상 시정명령을 이행하지 않은 경우(§31 위반)
- 수상레저사업자가 정당한 사유 없이 보험등의 가입 여부에 관한 정보를 알리지 않거나 거짓의 정보를 알린 경우(§50 위반)
- 동력수상레저기구를 취득한 날부터 1개월 이내에 등록신청을 하지 않은 경우
- 등록번호판을 부착하지 않은 동력수상레저기구를 운항한 경우
- 수상레저사업자가 정당한 사유 없이 동력수상레저기구의 안전검사를 받지 않은 경우

④ 과태료 30만원 부과사유(기출)
- 2회 운항규칙을 준수하지 않은 경우(§21 위반)
- 2회 기상에 따른 수상레저활동이 제한되는 구역에서 수상레저활동을 한 경우(§22 위반)
- 2회 시정명령을 이행하지 않은 경우(§31 위반)
- 동력수상레저기구의 소유자가 등록번호판을 부착하지 않은 경우

⑤ 과태료 20만원 부과사유(기출)
- 조종면허 취소·정지 후 면허증을 반납하지 않은 경우(§17② 위반)
- 1회 운항규칙을 준수하지 않은 경우(§21 위반)
- 1회 기상에 따른 수상레저활동이 제한되는 구역에서 수상레저활동을 한 경우(§22 위반)
- 원거리 수상레저활동 신고를 하지 않은 경우(§23① 위반)
- 등록 대상이 아닌 수상레저기구로 출발항으로부터 10해리 이상 떨어진 곳에서 수상레저활동을 한 경우(§23② 위반)
- 사고의 신고를 하지 않은 경우(§24① 위반)
- 1회 시정명령을 이행하지 않은 경우(§31 위반)
- 일시정지나 면허증·신분증의 제시명령을 거부한 경우(§32 위반)
- 동력수상레저기구의 말소등록의 최고를 받고 그 기간 이내에 이를 이행하지 않은 경우

⑥ 과태료 10만원 부과사유(기출)
- 인명안전장비를 착용하지 않은 경우(§20 위반)
- 수상레저사업자가 휴업 또는 폐업의 신고를 하지 않은 경우(§41① 위반)

⑦ 과태료 5만원 부과사유
- 정당한 사유없이 동력수상레저기구의 안전검사를 받지 않은 위반기간이 10일 이하인 경우[위반일수가 10일을 초과하는 경우 : 위반일수×1만원. 다만 30만원 초과 금지]

⑧ 과태료 1만원 부과사유
- 등록대상 동력수상레저기구의 소유자가 보험등에 가입하지 않은 위반기간이 10일 이하인 경우(§49① 위반)[위반일수가 10일을 초과하는 경우 : 위반일수×1만원. 다만 30만원 초과 금지]
- 동력수상레저기구 변경등록을 하지 않은 위반기간이 10일 이하인 경우[위반일수가 10일을 초과하는 경우 : 위반일수×1만원. 다만 30만원 초과 금지]

2 선박의 입항 및 출항 등에 관한 법률(약칭 : 선박입출항법)

1 선박입출항법의 목적과 권한의 위임

① 목적 : 무역항의 수상구역 등에서 선박의 입항·출항에 대한 지원과 선박운항의 안전 및 질서 유지에 필요한 사항을 규정함을 목적으로 한다.(기출)
② 권한의 위임 : 해양수산부장관의 권한 또는 해양경찰청장의 권한은 대통령령으로 정하는 바에 따라 그 일부를 그 소속기관의 장, 시·도지사에게 위임할 수 있다.

2 용어의 정의

① 무역항 : 「항만법」에 따른 항만
② 무역항의 수상구역등 : 무역항의 수상구역과 「항만법」의 수역시설 중 수상구역 밖의 수역시설로서 관리청이 지정·고시한 것
③ 관리청 : 무역항의 수상구역등에서 선박의 입항 및 출항 등에 관한 행정업무를 수행하는 다음의 구분에 따른 행정관청을 말한다.
  ㉠ 「항만법」에 따른 국가관리무역항 : 해양수산부장관
  ㉡ 「항만법」에 따른 지방관리무역항 : 특별시장·광역시장·도지사 또는 특별자치도지사(이하 "시·도지사"라 한다)
④ 선박 : 「선박법」에 따른 선박
⑤ 예선(曳船) : 「선박안전법」에 따른 예인선(曳引船) 중 무역항에 출입하거나 이동하는 선박을 끌어당기거나 밀어서 이안(離岸)·접안(接岸)·계류(繫留)를 보조하는 선박
⑥ 우선피항선(優先避航船) : 주로 무역항의 수상구역에서 운항하는 선박으로서 다른 선박의 진로를 피하여야 하는 다음 각 목의 선박
  ㉠ 부선(艀船)[압항부선(押航艀船)은 제외]
  ㉡ 주로 노와 삿대로 운전하는 선박
  ㉢ 예선
  ㉣ 항만운송관련사업을 등록한 자가 소유한 선박
  ㉤ 해양환경관리업을 등록한 자가 소유한 선박 또는 해양폐기물관리업을 등록한 자가 소유한 선박(폐기물해양배출업으로 등록한 선박은 제외한다)
  ㉥ ㉠부터 ㉤까지의 규정에 해당하지 아니하는 총톤수 20톤 미만의 선박
⑦ 정박 : 선박이 해상에서 닻을 바다 밑바닥에 내려 놓고 운항을 정지하는 것(기출)
⑧ 정박지 : 선박이 정박할 수 있는 장소
⑨ 정류 : 선박이 해상에서 일시적으로 운항을 정지하는 것
⑩ 계류 : 선박을 다른 시설에 붙들어 매어 놓는 것
⑪ 계선(繫船) : 선박이 운항을 중지하고 장기간 정박하거나 계류하는 것
⑫ 항로 : 선박의 출입 통로로 이용하기 위하여 지정·고시한 수로
⑬ 위험물 : 화재·폭발 등의 위험이 있거나 인체 또는 해양환경에 해를 끼치는 물질로서 해양수산부령으로 정하는 것. 다만, 선박의 항행 또는 인명의 안전을 유지하기 위하여 해당 선박에서 사용하는 위험물은 제외('위험물 선박운송 및 저장규칙'에 따른 위험물 및 산적액체위험물).
⑭ 위험물취급자 : 위험물 운송선박의 선장 및 항만에서 위험물을 취급하는 사람

3 입항·출항

(1) 출입신고

① 신고기관 : 관리청에 신고. 다만, 전시·사변이나 그에 준하는 국가비상사태 또는 국가안전보장에 필요한 경우에는 관리청의 허가를 받아야 한다(위반시 1년 이하의 징역 또는 1천만원 이하의 벌금).

② 신고대상 선박 : 무역항의 수상구역등에 출입하려는 선박(위반시 500만원 이하의 벌금)

③ 출입신고 면제 선박(기출)
  ㉠ 총톤수 5톤 미만의 선박
  ㉡ 해양사고구조에 사용되는 선박
  ㉢ 수상레저기구 중 국내항 간을 운항하는 모터보트 및 동력요트
  ㉣ 「어선안전조업 및 어선원의 안전·보건 증진 등에 관한 법률」제8조에 따른 출입항 신고 대상이 되는 어선
  ㉤ 그 밖에 공공목적이나 항만 운영의 효율성을 위하여 해양수산부령으로 정하는 선박
  ✓ 해양수산부령으로 정하는 선박이란 ㉠ 관공선, 군함, 해양경찰함정 등 공공의 목적으로 운영하는 선박, ㉡ 도선선(導船船), 예선(曳船) 등 선박의 출입을 지원하는 선박, ㉢ 연안수역을 항행하는 정기여객선(「해운법」에 따라 내항 정기 여객운송사업에 종사하는 선박)으로서 경유항(經由港)에 출입하는 선박, ㉣ 피난을 위하여 긴급히 출항하여야 하는 선박, ㉤ 그 밖에 항만운영을 위하여 지방해양수산청장이나 시·도지사가 필요하다고 인정하여 출입 신고를 면제한 선박을 말한다.

(2) 내항·외항 선박의 출입신고

① 내항어선의 출입신고 : 신고 생략(해양수산부령으로 정하는 바에 따름)

② 연안수역을 항행하는 정기여객선 : 경유항에서의 출입신고를 생략

③ 내항선박·외항선박 : 무역항의 수상구역 등의 안으로 입항하는 경우에는 입항 전에, 무역항의 수상구역 등의 밖으로 출항하려는 경우에는 출항 전에 내(외)항선 출입신고서를 관리청에 제출하여야 한다.

(3) 입항 및 출항신고에 갈음하는 경우

① 무역항을 출항한 선박이 피난·수리 그 밖의 사유로 출항 후 12시간 이내에 귀항하는 경우, 그 사실을 적어 서면 또는 전자적 방법으로 관리청에 제출

② 선박이 해양사고를 피하기 위한 경우나 그 밖의 부득이한 사유로 무역항의 수상구역등의 안으로 입항하거나 무역항의 수상구역등의 밖으로 출항하려는 경우에는 그 사실을 적어 서면 또는 전자적 방법으로 관리청에 제출

(5) 출입허가를 받아야 할 선박 및 출입허가의 신청

① 출입허가를 받아야 할 선박
  ㉠ 외국 국적의 선박으로서 무역항을 출항한 후 바로 다음 기항 예정지가 북한인 선박
  ㉡ 외국 국적의 선박으로서 북한을 기항한 후 1년 이내에 무역항에 최초로 입항하는 선박
  ㉢ 「국제항해선박 및 항만시설의 보안에 관한 법률」에 따른 행위를 한 외국인 선원이 승무하였던 국제항해선박으로서 해양수산부장관이 국가안전보장을 위하여 무역항 출입에 특별한 관리가 필요하다고 인정하는 선박
  ㉣ 전시·사변이나 이에 준하는 국가비상사태 또는 국가안전보장에 필요한 경우로서 관계 중앙행정기관의 장이나 「국제항해선박 및 항만시설의 보안에 관한 법률」에 따른 국가보안기관의 장이 무역항 출입에 특별한 관리가 필요하다고 인정하는 선박

② 출입허가의 신청
  ㉠ 출입허가를 받으려는 선박의 선장은 해양수산부령으로 정하는 바에 따라 출입 허가 신청서를 입항하거나 출항하기 전에 관리청에 제출하여야 한다.
  ㉡ 출입 허가 신청서에는 승무원 명부 및 승객 명부를 첨부하여야 한다.
  ㉢ 「남북교류협력에 관한 법률」에 따라 통일부장관의 승인을 받아 남한과 북한 사이를 항행하는 선박은 승무원 명부 및 승객 명부 외에 발급받은 수송장비 운행의 승인을 받은 서류를 첨부하여야 한다.
  ㉣ 관리청이 출입 허가를 하려는 경우에는 관계 국가보안기관의 장 및 출입국관리사무소장과 미리 협의하여야 하고, 출입 허가를 신청한 선박의 출입 허가 신청서 내용의 사실 여부를 확인하기 위하여 필요한 경우 관계 국가보안기관의 장과 협조하여 관계 공무원으로 하여금 해당 선박에 승선하여 항행 관련 사항을 확인하게 할 수 있다. 다만, ㉢에 따른 선박은 제외한다.

4 정박지의 사용 등

(1) 무역항의 수상구역등에서의 정박

① 정박구역 안의 정박 : 선박의 종류·톤수·흘수 또는 적재물의 종류에 따라 관리청이 지정·고시한 정박구역 또는 정박지에 정박하여야 한다(위반시 500만원 이하의 벌금). 정박구역 안에 정박하려는 선박은 정박지지정신청서(항만시설 사용허가신청서로 갈음한다)를 제출하여 정박지의 지정을 받아야 한다(우선피항선은 제외).(기출)

② 정박구역 안에 정박지를 지정할 수 없는 경우 : 정박구역 밖의 일정한 장소를 정박지로 지정할 수 있다.

③ 예외(정박지가 아닌 곳의 정박) : 해양사고를 피하기 위한 경우, 그 밖의 부득이한 사유가 있는 경우(정박구역 또는 정박지가 아닌 곳에 정박한 선박의 선장은 즉시 그 사실을 관리청에 신고해야 한다. 1회 위반 60만원, 2회 위반 80만원, 3회 위반 100만원 과태료)(기출)

④ 위험물 운송선박의 정박 : 관리청이 지정한 장소가 아닌 곳에 정박·정류해서는 안 된다(위반시 1년 이하의 징역 또는 1천만원 이하의 벌금).

⑤ 우선피항선의 정박 : 다른 선박의 항행에 방해가 될 우려가 있는 장소에 정박하거나 정류해서는 안 된다(1회 위반 60만원, 2회 위반 80만원, 3회 위반 100만원 과태료).

⑥ 선박을 수리하려는 경우 : 총톤수 20톤 이상의 선박을 위험구역 밖에서 불꽃이나 열이 발생하는 용접 등의 방법으로 수리하려는 경우에 그 선박의 선장은 그 선박을 관리청이 지정한 장소에 정박하거나 계류하여야 한다(500만원 이하의 벌금).

(2) 정박·정류의 제한 및 이동명령(기출)

① 선박은 무역항의 수상구역등에서 다음의 장소에는 함부로 정박 또는 정류하지 못한다(위반시 500만원 이하의 벌금).
  ㉠ 부두·잔교·안벽·계선부표·돌핀 및 선거의 부근 수역

ⓒ 하천·운하 그 밖의 좁은 수로와 계류장 입구의 부근 수역
　② 예 외
　　　㉠ 해양사고를 피하기 위한 경우
　　　㉡ 선박의 고장이나 그 밖의 사유로 선박을 조종할 수 없는 경우
　　　㉢ 인명을 구조하거나 급박한 위험이 있는 선박을 구조하는 경우
　　　㉣ 허가를 받은 공사 또는 작업에 사용하는 경우
　③ **이동명령** : 관리청은 ㉠ 무역항을 효율적으로 운영하기 위하여 필요하다고 판단되는 경우, ㉡ 전시·사변이나 그에 준하는 국가비상사태 또는 국가안전보장에 있어서 필요하다고 판단되는 경우에는 무역항의 수상구역등에 있는 선박에 대하여 관리청이 정하는 장소로 이동할 것을 명할 수 있다(500만원 이하의 벌금).
　④ **피항명령** : 관리청은 「재난 및 안전관리 기본법」에 따른 자연재난이 발생하거나 발생할 우려가 있는 경우 무역항의 수상구역등에 있는 선박에 대하여 다른 구역으로 피항할 것을 선박소유자 또는 선장에게 명할 수 있다(500만원 이하의 벌금).

(3) 정박 선박의 안전조치
　① 무역항의 수상구역등에 정박하는 선박은 지체 없이 예비용 닻을 내릴 수 있도록 닻 고정장치를 해제하고, 동력선은 즉시 운항할 수 있도록 기관의 상태를 유지하는 등 안전에 필요한 조치를 하여야 한다.
　② 관리청은 정박하는 선박의 안전을 위하여 필요하다고 인정하는 경우에는 무역항의 수상구역등에 정박하는 선박에 대하여 정박 장소 또는 방법을 변경할 것을 명할 수 있다(500만원 이하의 벌금).

5 선박의 수리·계선과 신고 및 허가

(1) 관리청의 허가를 받아야 하는 경우(위반시 1년 이하의 징역 또는 1천만원 이하의 벌금)
　① 무역항의 수상구역등에서 위험물을 저장·운송하는 선박과 위험물을 하역한 후에도 인화성 물질 또는 폭발성 가스가 남아 있어 화재 또는 폭발의 위험이 있는 선박(위험물운송선박)을 불꽃이나 열이 발생하는 용접 등의 방법으로 수리하려는 경우
　② 총톤수 20톤 이상의 선박(위험물운송선박은 제외)을 기관실, 연료탱크, 그 밖에 해양수산부령으로 정하는 선박 내 위험구역에서 수리작업을 하는 경우

> **참고**
> 선박 내 위험구역(시행규칙 §21③) : 윤활유 탱크, 코퍼댐, 공소, 축전지실, 페인트 창고, 가연성 액체 보관창고, 폐위된 차량구역(기출)

(2) 관리청에 신고해야 하는 경우(위반시 100만원 과태료)
　① 총톤수 20톤 이상의 선박을 위험구역 밖에서 불꽃이나 열이 발생하는 용접 등의 방법으로 수리하려는 경우
　② 총톤수 20톤 이상의 선박을 무역항의 수상구역등에 계선하려는 경우(기출)

(3) 선박수리 허가의 신청 등
　① 선박수리 허가를 받으려는 선장 또는 선박수리를 신고하려는 선장은 선박수리 허가신청서·신고서에 작업계획서(취급장비 명세 포함), 해당 작업에 필요한 작업자의 자격증 사본 1부(수리 대상 선박의 선원이 작업자인 경우는 제외)를 첨부하여 지방해양수산청장 또는 시·도지사에게 제출하여야 한다.
　② 선박을 계선(繫船)하려는 자는 선박계선 신고서를 지방해양수산청장 또는 시·도지사에게 제출하여야 한다.

(4) 수리·계선 중인 선박의 안전유지 명령(위반시 500만원 이하의 벌금)
　관리청은 수리 또는 계선 중인 선박의 안전을 위하여 필요하다고 인정하는 경우에는 그 선박의 소유자나 임차인에게 안전유지에 필요한 인원의 선원을 승선(乘船)시킬 것을 명할 수 있다.

6 항행 및 항로 안의 정박

(1) 항로에 따른 항행
　선박은 무역항의 수상구역등에 출입하거나 통과하는 경우에는 관리청이 지정·고시한 항로를 따라 항행해야 한다(우선피항선은 제외).(기출) 다만, 해양사고를 피하기 위한 경우나 부득이한 사유가 있는 경우에는 예외(위반시 500만원 이하의 벌금)

(2) 항로에서의 정박 등 금지
　① 항로에 선박을 정박 또는 정류시키거나 예인되는 선박 또는 부유물을 항로에 내버려두어서는 안 된다(위반시 500만원 이하의 벌금).
　② 항로에서의 정박이 허용되는 경우(기출)
　　　㉠ 해양사고를 피하기 위한 경우, ㉡ 선박의 고장이나 그 밖의 사유로 선박을 조종할 수 없는 경우, ㉢ 인명을 구조하거나 급박한 위험이 있는 선박을 구조하는 경우, ㉣ 관리청의 허가를 받은 공사 또는 작업에 사용하는 경우
　③ 위 ② 중 ㉠, ㉡, ㉢에 해당하는 사유로 선박을 항로에 정박시키거나 정류시키려는 경우에는 그 사실을 관리청에 신고해야 한다(위반시 300만원 이하의 과태료).
　④ 이 경우 ②㉡에 해당하는 선박의 선장은 「해상교통안전법」 제92조 제1항에 따른 조종불능선 표시를 하여야 한다.

7 항 법

(1) 무역항의 수상구역등에서의 항법(모든 선박의 경우, 위반시 300만원 이하의 벌금)
　① 항로 밖에서 항로에 들어오거나 항로에서 항로 밖으로 나가는 선박은 항로를 항행하는 다른 선박의 진로를 피하여 항행해야 한다.
　② 항로에서 다른 선박과 나란히 항행하지 못한다.(기출)
　③ 항로에서 다른 선박과 마주칠 우려가 있는 경우에는 오른쪽으로 항행해야 한다.(기출)
　④ 항로에서 다른 선박을 추월하여서는 아니 된다.(기출) 다만, 추월하려는 선박을 눈으로 볼 수 있고 안전하게 추월할 수 있다고 판단되는 경우에는 「해상교통안전법」 제74조 제5항 및 같은 법 제78조에 따른 방법으로 추월할 수 있다.

> **참고**
> 「해상교통안전법」 제74조 제5항 및 같은 법 제78조
> 제74조 ⑤ 앞지르기하는 배는 좁은 수로등에서 앞지르기당하는 선박이 앞지르기하는 배를 안전하게 통과시키기 위한 동작을 취하지 아니하면 앞지르기할 수 없는 경우에는 기적신호를 하여 앞지르기하겠다는 의사를 나타내야 한다. 이 경우 앞지르기당하는 선박은 그 의도에 동의하면 기적신호를 하여 그 의사를 표현하고, 앞지르기하는 배를 안전하게 통과시키

기 위한 동작을 취하여야 한다.

제78조 ① 앞지르기하는 배는 다른 규정에도 불구하고 앞지르기당하고 있는 선박을 완전히 앞지르기하거나 그 선박에서 충분히 멀어질 때까지 그 선박의 진로를 피하여야 한다.
② 다른 선박의 양쪽 현의 정횡(正橫)으로부터 22.5도를 넘는 뒤쪽[밤에는 다른 선박의 선미등(船尾燈)만을 볼 수 있고 어느 쪽의 현등(舷燈)도 볼 수 없는 위치를 말한다]에서 그 선박을 앞지르는 선박은 앞지르기하는 배로 보고 필요한 조치를 취하여야 한다.
③ 선박은 스스로 다른 선박을 앞지르기하고 있는지 분명하지 아니한 경우에는 앞지르기하는 배로 보고 필요한 조치를 취하여야 한다.
④ 앞지르기하는 경우 2척의 선박 사이의 방위가 어떻게 변경되더라도 앞지르기하는 선박은 앞지르기가 완전히 끝날 때까지 앞지르기당하는 선박의 진로를 피하여야 한다.

⑤ 항로를 항행하는 위험물운송선박(급유선은 제외) 또는 흘수제약선의 진로를 방해해서는 안 된다.(기출)
⑥ 범선(帆船)은 항로에서 지그재그로 항행하여서는 아니 된다.

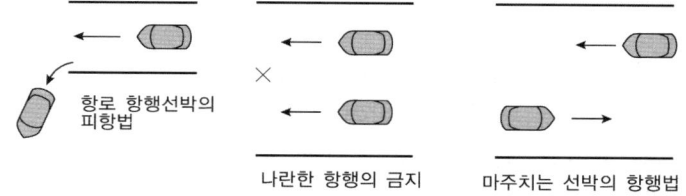

(2) **별도의 항법 등의 고시**
관리청은 선박교통의 안전을 위하여 특히 필요하다고 인정하는 경우에는 따로 항로에서의 항법 등에 관한 사항을 고시할 수 있고, 이 경우 선박은 이에 따라 항행해야 한다(1차 위반 70만원, 2차 위반 100만원, 3차 위반 150만원 과태료).

(3) **부두등 부근에서의 항행**
선박이 무역항의 수상구역등에서 해안으로 길게 뻗어 나온 육지 부분, 부두, 방파제 등 인공시설물의 튀어나온 부분 또는 정박 중인 선박을 오른쪽 뱃전(우현)에 두고 항행할 때에는 부두등에 접근하여 항행하고, 부두등을 왼쪽 뱃전(좌현)에 두고 항행할 때에는 멀리 떨어져서 항행하여야 한다(1차 위반 90만, 2차 위반 120만, 3차 위반 180만원 과태료).

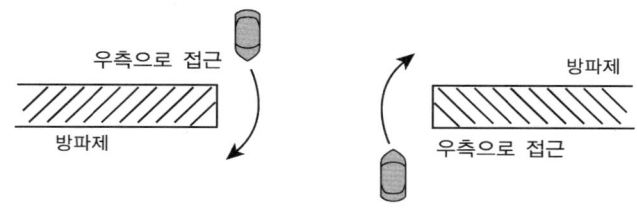

(4) **속력 등의 제한**(1차 위반 70만원, 2차 위반 100만원, 3차 위반 150만원 과태료)
① 무역항의 수상구역등이나 무역항의 수상구역 부근을 항행하는 선박 : 다른 선박에 위험을 미치지 아니할 정도의 속력으로 항행해야 한다.(기출)
② 무역항의 수상구역등에서 범선의 항행 : 돛을 줄이거나 예인선이 범선을 끌고 가게 하여야 한다.(기출)
③ 선박이 고속항행할 경우 : 해양경찰청장은 선박이 빠른 속도로 항행하여 다른 선박의 안전 운항에 지장을 초래할 우려가 있다고 인정하는 무역항의 수상구역등에 대하여는 관리청에 무역항의 수상구역등에서의 선박 항행 최고속력을 지정할 것을 요청할 수 있다. 요청을 받은 관리청은 특별한 사유가 없으면 선박 항행 최고속력을 지정·고시하여야 하고 선박은 고시된 항행 최고속력의 범위에서 항행하여야 한다.

(5) **대피 및 진로방해 금지**
① 무역항의 수상구역등에 입항하는 선박이 방파제 입구 등에서 출항하는 선박과 마주칠 우려가 있는 경우에는 방파제 밖에서 출항하는 선박의 진로를 피하여야 한다(1차 위반 70만원, 2차 위반 100만원, 3차 위반 150만원 과태료).
② 우선피항선 등의 진로방해 금지 의무(1차 위반 70만원, 2차 위반 100만원, 3차 위반 150만원 과태료)
  ㉠ 우선피항선은 무역항의 수상구역등이나 무역항의 수상구역 부근에서 다른 선박의 진로를 방해해서는 안 된다.(기출)
  ㉡ 공사 등의 허가를 받은 선박과 선박경기 등의 행사를 허가받은 선박은 무역항의 수상구역등에서 다른 선박의 진로를 방해해서는 안 된다.

(6) **항행 선박간의 거리**(1차 위반 70만원, 2차 위반 100만원, 3차 위반 150만원 과태료)
무역항의 수상구역등에서 2척 이상의 선박이 항행할 때에는 서로 충돌을 예방할 수 있는 상당한 거리를 유지해야 한다.(기출)

(7) **무역항의 수상구역등에서 예인선의 항법**(1차 위반 70만원, 2차 위반 100만원, 3차 위반 150만원 과태료)
① 예인선의 선수로부터 피예인선의 선미까지의 길이는 200미터를 초과하지 아니할 것(다만, 다른 선박의 출입을 보조하는 경우는 예외).(기출)
② 한꺼번에 3척 이상을 피예인선으로 끌지 아니할 것(기출)
③ 지방해양수산청장 또는 시·도지사는 무역항의 특수성 등을 고려하여 특히 필요한 경우에는 항법을 조정할 수 있고, 이 경우 그 사실을 고시해야 한다.

8 예 선

(1) **예선 사용의무**
① 관리청은 항만시설을 보호하고 선박의 안전을 확보하기 위하여 일정 규모 이상의 선박에 대하여 예선을 사용하도록 하여야 한다.
② 관리청은 예선사용기준을 정하여 고시할 수 있다.

(2) **예선업의 등록 등**
① 무역항에서 예선업을 하려는 관리청에 등록하여야 한다. 등록한 사항 중 해양수산부령으로 정하는 사항을 변경하려는 경우에도 또한 같다.
② 등록기준 : 예선업의 등록 또는 변경등록은 무역항별로 하되, 다음의 기준을 충족하여야 한다.
  ㉠ 예선은 자기소유예선[국적취득조건부 나용선(裸傭船) 또는 리스예선 포함]으로서 해양수산부령으로 정하는 무역항별 예선보유기준에 따른 마력[예항력(曳航力)]과 척수가 적합할 것
  ㉡ 예선추진기형은 전(全)방향추진기형일 것
  ㉢ 예선에 소화설비 등 해양수산부령으로 정하는 시설을 갖출 것
  ㉣ 예선의 선령(船齡)이 해양수산부령으로 정하는 기준에 적합하되, 등록 또는 변경등록 당시 해당 예선의 선령이 12년 이하일 것(다만, 관리청이 예선 수요가 적어 사업의 수익성이 낮다고 인정하는 무역항에 등록 또는 변경등록하는 선박의 경우와 해양환경공단이 해양오염방제에 대비·대응하기 위하여 예선을 배치하고자 변경등록하는 경우는 예외)

③ 2개 이상의 무역항에 대하여 하나의 예선업으로 등록할 수 있는 경우
  ㉠ 1개의 무역항에 출입하는 선박의 수가 적은 경우
  ㉡ 2개 이상의 무역항이 인접한 경우
④ 관리청은 예선업무를 안정적으로 수행하기 위하여 필요하다고 인정하는 경우 예선업이 등록된 무역항의 예선이 아닌 다른 무역항에 등록된 예선을 이용하게 할 수 있다.

(3) 예선업의 등록 제한
① 원유, 제철원료, 액화가스류 또는 발전용 석탄의 화주(貨主)
② 「해운법」에 따른 외항 정기 화물운송사업자와 외항 부정기 화물운송사업자
③ 조선사업자
④ 위의 어느 하나에 해당하는 자가 사실상 소유하거나 지배하는 법인(관계법인) 및 그와 특수한 관계에 있는 자(특수관계인)
⑤ 등록이 취소된 후 2년이 지나지 아니한 자

(4) 예선의 수급조절
해양수산부장관은 예선의 수급조절을 위하여 필요한 경우 다음의 사항을 반영한 예선 수급계획을 수립할 수 있다. 이 경우 제30조에 따른 예선운영협의회의 의견을 청취하여야 한다.
① 예선업 경기(景氣)의 동향과 전망
② 항만별 예선업의 여건 및 운영 실태
③ 항만별·마력별 예선 수급 상황
④ 그 밖에 대통령령으로 정하는 사항으로서 예선 수급계획 수립에 필요한 사항

(5) 예선업자에 대한 서비스평가
해양수산부장관은 예선서비스의 향상을 위하여 예선업자에 대하여 예선운영의 안전성 및 이용자의 만족도를 평가("서비스평가")할 수 있다.

(6) 등록의 취소 등
관리청은 예선업자가 다음의 어느 하나에 해당하는 경우에는 그 등록을 취소하거나 6개월 이내의 기간을 정하여 사업정지를 명할 수 있다. 다만, ①부터 ③까지의 어느 하나에 해당하는 경우에는 그 등록을 취소하여야 한다.
① 거짓이나 그 밖의 부정한 방법으로 등록 또는 변경등록한 경우
② 등록 기준을 충족하지 못하게 된 경우
③ 등록제한사유의 어느 하나에 해당하게 된 경우
④ 등록 또는 변경등록 조건을 위반하는 경우
⑤ 정당한 사유 없이 예선의 사용 요청을 거절하거나 예항력 검사를 받지 아니한 경우
⑥ 예선을 공동으로 배정하는 경우
⑦ 개선명령을 이행하지 아니한 경우

(7) 과징금 처분
관리청은 예선업자가 사업을 정지시켜야 하는 경우로서 사업을 정지시키면 예선사용기준에 맞게 사용할 예선이 없는 경우에는 사업정지 처분을 대신하여 1천만원 이하의 과징금을 부과할 수 있다.

(8) 권리와 의무의 승계
다음의 어느 하나에 해당하는 자는 예선업자의 권리와 의무를 승계한다.

① 예선업자가 사망한 경우 그 상속인
② 예선업자가 사업을 양도한 경우 그 양수인
③ 법인인 예선업자가 다른 법인과 합병한 경우 합병 후 존속하는 법인이나 합병으로 설립되는 법인

(9) 예선업자의 준수사항
① 예선업자는 다음의 경우를 제외하고는 예선의 사용 요청을 거절하여서는 아니 된다.
  ㉠ 다른 법령에 따라 선박의 운항이 제한된 경우
  ㉡ 천재지변이나 그 밖의 불가항력적인 사유로 예선업무를 수행하기가 매우 어려운 경우
  ㉢ 예선운영협의회에서 정하는 정당한 사유가 있는 경우
② 예선업자는 등록 또는 변경등록 각 예선이 등록 또는 변경등록 당시의 예항력을 유지할 수 있도록 관리하고, 해양수산부령으로 정하는 바에 따라 예선이 적정한 예항력을 가지고 있는지 확인하기 위하여 해양수산부장관이 실시하는 검사를 받아야 한다. 해양수산부장관은 검사방법을 정하여 고시할 수 있다.

(10) 예선의 배정 방법
예선의 사용 요청을 받은 예선업자는 단독으로 예선을 배정하여야 한다. 다만, 예선의 공동 활용 등을 위하여 필요한 경우로서 예선업자가 예선 사용자 등에게 예선 공동 배정의 방법·내용을 미리 공표한 경우에는 예선업자 간 공동으로 예선을 배정할 수 있다.

(11) 예선운영협의회
관리청은 예선을 원활하게 운영하기 위하여 예선업을 대표하는 자, 예선 사용자를 대표하는 자 및 해운항만전문가가 참여하는 예선운영협의회를 설치·운영하게 할 수 있다.

(12) 예선업의 적용 제외
조선소에서 건조·수리 또는 시험 운항할 목적으로 선박 등을 이동시키거나 운항을 보조하기 위하여 보유·관리하는 예선에 대하여는 예선업에 관한 이 법의 규정을 적용하지 아니한다.

9 위험물

(1) 위험물 반입의 신고(1차 위반 100만원, 2차 위반 150만원, 3차 위반 200만원 과태료)
① 위험물을 무역항의 수상구역등으로 들여오려는 자는 해양수산부령으로 정하는 바에 따라 관리청에 신고하여야 한다.
② 관리청은 신고를 받았을 때에는 무역항 및 무역항의 수상구역등의 안전, 오염방지 및 저장능력을 고려하여 해양수산부령으로 정하는 바에 따라 들여올 수 있는 위험물의 종류 및 수량을 제한하거나 안전에 필요한 조치를 할 것을 명할 수 있다(500만원 이하의 벌금).
③ 위험물을 무역항의 수상구역등으로 들여오려는 자는 반입 24시간 전에 위험물 반입신고서, 위험물 일람표, 화물적부도를 지방해양수산청장 또는 시·도지사에게 제출해야 한다. 다만, 위험물을 육상으로 반입하는 경우에는 무역항의 육상구역으로 위험물을 들여오기 전까지, 전(前) 출항지부터 반입항까지의 운항 시간이 24시간 이내이고 해상으로 위험물을 반입하는 경우에는 무역항의 수상구역등으로 위험물을 들여오기 전까지 위험물 반입신고서 등을 제출할 수 있다.

④ 신고서를 제출받은 지방해양수산청장 또는 시·도지사는 위험물 반입신고서의 확인란에 날인하여 신고인에게 발급하여야 한다.

(2) 위험물 반입의 제한
지방해양수산청장 또는 시·도지사는 다음의 어느 하나에 해당하는 위험물에 대해서는 그 반입을 제한할 수 있다(위험물 선박운송 및 저장규칙 제3조 참조).
① 화약류(가목, 나목, 다목)
② 독물류(나목)
③ 방사성 물질

(3) 위험물의 하역 및 그 제한
① 무역항의 수상구역등에서 위험물을 하역하려는 자는 대통령령으로 정하는 바에 따라 자체안전관리계획을 수립하여 관리청의 승인을 받아야 한다(위반시 500만원 이하의 벌금). 관리청은 무역항의 안전을 위하여 필요하다고 인정할 때에는 자체안전관리계획을 변경할 것을 명할 수 있다(위반시 500만원 이하의 벌금).
② 관리청은 기상 악화 등 불가피한 사유로 무역항의 수상구역등에서 위험물을 하역하는 것이 부적당하다고 인정하는 경우에는 승인을 받은 자에 대하여 해양수산부령으로 정하는 바에 따라 그 하역을 금지 또는 중지하게 하거나 무역항의 수상구역등 외의 장소를 지정하여 하역하게 할 수 있다(위반시 500만원 이하의 벌금). 무역항의 수상구역등이 아닌 장소로서 해양수산부령으로 정하는 장소에서 위험물을 하역하려는 자는 무역항의 수상구역등에 있는 자로 본다.
③ 지방해양수산청장 또는 시·도지사가 위험물의 하역을 금지 또는 중지하게 하거나 무역항의 수상구역등 외의 장소를 지정하여 하역하게 하는 경우에는 그 사유 등을 명시하여 서면으로 통보하여야 한다. 다만, 긴급한 경우에는 구두로 통보할 수 있다.

(4) 위험물 취급 시의 안전조치
① 위험물취급자는 다음에 따른 안전에 필요한 조치를 하여야 한다. 관리청은 안전조치를 하지 아니한 위험물취급자에게 시설·인원·장비 등의 보강 또는 개선을 명할 수 있다(위반시 1년 이하의 징역 또는 1천만원 이하의 벌금).
　㉠ 위험물 안전관리자의 확보 및 배치(다만, 위험물 안전관리자를 보유한 안전관리 전문업체로 하여금 안전관리 업무를 대행하게 한 경우에는 예외)
　㉡ 해양수산부령으로 정하는 위험물 운송선박의 부두 이안·접안 시 위험물 안전관리자의 현장 배치
　㉢ 위험물의 특성에 맞는 소화장비의 비치
　㉣ 위험표지 및 출입통제시설의 설치
　㉤ 선박과 육상 간의 통신수단 확보
　㉥ 작업자에 대한 안전교육과 그 밖에 해양수산부령으로 정하는 안전에 필요한 조치
② 위험물 안전관리자는 해양수산부령으로 정하는 바에 따라 안전관리에 관한 교육을 받아야 하고, 위험물취급자는 위험물 안전관리자를 고용한 때에는 그 해당자에게 안전관리에 관한 교육을 받게 하며, 위험물취급자는 교육에 드는 경비를 부담하여야 한다.
③ 해양수산부령으로 정하는 위험물을 운송하는 총톤수 5만톤 이상의 선박이 접안하는 돌핀 계류시설의 운영자는 해당 선박이 안전하게 접안하여 하역할 수 있도록 해양수산부령으로 정하는 안전장비를 갖추어야 한다.

🔟 수로의 보전

(1) 폐기물의 투기금지 등
① 누구든지 무역항의 수상구역등이나 무역항의 수상구역 밖 10km 이내의 수면에 선박의 안전운항을 해칠 우려가 있는 흙·돌·나무·어구 등 폐기물을 버려서는 안 된다.(기출) (위반시 1년 이하의 징역 또는 1,000만원 이하의 벌금)
② 무역항의 수상구역등이나 무역항의 수상구역의 부근에서 석탄·돌·벽돌 등 흩어지기 쉬운 물건을 하역하는 자는 수면에 떨어지는 것을 방지하기 위한 필요한 조치를 하여야 한다(위반시 500만원 이하의 벌금).
③ 관리청은 무역항의 수상구역등이나 무역항의 수상구역 10km 이내의 수면에 폐기물을 버리거나 흩어지기 쉬운 물건을 수면에 떨어뜨린 자에게 그 폐기물 또는 물건을 제거할 것을 명할 수 있다(위반시 1년 이하의 징역 또는 1천만원 이하의 벌금).

(2) 해양사고 등 조치
① 위험예방 표지의 설치 : 무역항의 수상구역등이나 무역항의 수상구역 부근에서 해양사고·화재 등의 재난으로 인하여 다른 선박의 항행이나 무역항의 안전을 해칠 우려가 있는 조난선의 선장은 즉시 항로표지를 설치하는 등 필요한 조치를 해야 한다(위반시 150만원 과태료).
② 위험예방 조치 요청 : 조난선의 선장이 위험예방을 위하여 필요한 조치를 할 수 없을 때는 해양수산부장관에게 필요한 조치를 요청할 수 있다. 필요한 조치를 지방해양수산청장 또는 시·도지사에게 요청하는 경우에는 위험예방조치요청서를 제출하거나 긴급한 경우 구두요청을 할 수 있다. 이 경우 위험 예방조치 비용은 선박 소유자 또는 임차인이 부담한다.

(3) 장애물의 제거
① 관리청은 무역항의 수상구역등이나 무역항의 수상구역 부근에서 선박의 항행을 방해하거나 방해할 우려가 있는 물건을 발견한 경우에는 그 장애물 등의 소유자 또는 점유자에게 그 제거를 명할 수 있다(위반시 150만원 과태료).
② 관리청은 장애물의 소유자 또는 점유자가 제거 명령을 이행하지 아니하는 경우에는 「행정대집행법」에 따라 대집행(代執行)을 할 수 있다.
③ 관리청은 다음의 어느 하나에 해당하는 경우로서 대집행 절차에 따르면 그 목적을 달성하기 곤란한 경우에는 그 절차를 거치지 아니하고 장애물을 제거하는 등 필요한 조치를 할 수 있다.
　㉠ 장애물의 소유자 또는 점유자를 알 수 없는 경우
　㉡ 수역시설을 반복적, 상습적으로 불법 점용하는 경우
　㉢ 그 밖에 선박의 항행을 방해하거나 방해할 우려가 있어 신속하게 장애물을 제거하여야 할 필요가 있는 경우

(4) 공사 등의 허가
① 무역항의 수상구역등이나 무역항의 수상구역 부근에서 대통령령으로 정하는 공사 또는 작업을 하려는 자는 해양수

산부령으로 정하는 바에 따라 관리청의 허가를 받아야 한다(위반시 300만원 이하의 벌금).
② 관리청이 공사등의 허가를 할 때에는 선박교통의 안전과 화물의 보전 및 무역항의 안전에 필요한 조치를 명할 수 있다(위반시 300만원 이하의 벌금).

(5) 선박경기 등 행사의 허가

무역항의 수상구역등에서 선박경기 등 대통령령으로 정하는 행사를 하려는 자는 해양수산부령으로 정하는 바에 따라 관리청의 허가를 받아야 한다(위반시 300만원 이하의 벌금).

(6) 부유물에 대한 허가

무역항의 수상구역등에서 목재 등 선박교통의 안전에 장애가 되는 부유물에 대하여 다음 각 호의 어느 하나에 해당하는 행위를 하려는 자는 해양수산부령으로 정하는 바에 따라 관리청의 허가를 받아야 한다(위반시 500만원 이하의 벌금).
① 부유물을 수상(水上)에 띄워 놓으려는 자
② 부유물을 선박 등 다른 시설에 붙들어 매거나 운반하려는 자

(7) 어로의 제한

누구든지 무역항의 수상구역등에서 선박교통에 방해가 될 우려가 있는 장소 또는 항로에서는 어로(漁撈)(어구 등의 설치를 포함한다)를 하여서는 아니 된다(위반시 300만원 이하의 벌금).

11 불빛 및 신호

(1) 불빛의 제한

① 누구든지 무역항의 수상구역등이나 무역항의 수상구역 부근에서 선박교통에 방해가 될 우려가 있는 강력한 불빛을 사용하여서는 아니 된다.
② 관리청은 강력한 불빛을 사용하고 있는 자에게 그 빛을 줄이거나 가리개를 씌우도록 명할 수 있다(위반시 300만원 이하의 벌금).

(2) 기적 등의 제한

① 선박은 무역항의 수상구역등에서 특별한 사유 없이 기적(汽笛)이나 사이렌을 울려서는 아니 된다(1차 위반 60만원, 2차 위반 80만원, 3차 위반 100만원 과태료).
② 다만, 무역항의 수상구역등에서 기적이나 사이렌을 갖춘 선박에 화재가 발생한 경우 그 선박은 화재를 알리는 경보[기적이나 장음(4~5초 계속되는 울림)의 사이렌으로 적당한 간격으로 5회]를 울려야 한다(1차 위반 60만원, 2차 위반 80만원, 3차 위반 100만원 과태료).

12 보 칙

(1) 출항의 중지

관리청은 선박이 선박입출항법 또는 선박입출항법에 따른 명령을 위반한 경우에는 그 선박의 출항을 중지시킬 수 있다(위반시 1년 이하의 징역 또는 1천만원 이하의 벌금).

(2) 검사·확인 등

① 관리청은 선박입출항법을 위반한 자가 있다고 인정되는 경우 그 선박의 소유자·선장이나 그 밖의 관계인에게 출석 또는 진술을 하게 하거나 관계 서류의 제출 또는 보고를 요구할 수 있으며, 관계 공무원으로 하여금 그 선박이나 사무실·사업장, 그 밖에 필요한 장소에 출입하여 장부·

서류 또는 그 밖의 물건을 검사하거나 확인하게 할 수 있다(거부 방해시 1차 위반 100만원, 2차 위반 150만원, 3차 위반 200만원 과태료).
② 선박에 출입하여 관계 서류 등을 검사·확인하는 공무원은 그 권한을 표시하는 증표를 지니고 관계인에게 보여주어야 한다.

(3) 개선명령

① 관리청은 선박입출항법 제48조 제1항에 따른 검사 또는 확인 결과 무역항의 수상구역등에서 선박의 안전 및 질서유지를 위하여 필요하다고 인정하는 경우에는 그 선박의 소유자·선장이나 그 밖의 관계인에게 다음의 사항에 관하여 개선명령을 할 수 있다(위반시 300만원 이하의 벌금).
㉠ 시설의 보강 및 대체(代替)
㉡ 공사 또는 작업의 중지
㉢ 인원의 보강
㉣ 장애물의 제거
㉤ 선박의 이동
㉥ 선박 척수의 제한
㉦ 그 밖에 해양수산부령으로 정하는 사항
② 관리청은 예선업자 등이 다른 예선업자의 사업이나 다른 예선 사용자의 예선사용을 부당하게 방해하는 등 대통령령으로 정하는 사유로 인하여 예선업의 건전한 발전을 저해하거나 예선 사용자의 권익을 침해한 사실이 있다고 인정되는 경우에는 해당 예선업자 등에 대하여 사업 내용의 변경 또는 예선운영 방법 등에 관하여 개선명령을 할 수 있다.

(4) 항만운영정보시스템의 사용 등

해양수산부장관은 이 법에 따른 입항·출항 선박의 정보관리 및 민원사무의 처리 등을 위하여 항만운영정보시스템을 구축·운영할 수 있다.

(5) 청 문

해양수산부장관 또는 시·도지사는 다음의 어느 하나에 해당하는 처분을 하려는 경우에는 청문을 하여야 한다.
① 예선업 등록의 취소
② 지정교육기관 지정의 취소
③ 중계망사업자 지정의 취소

(6) 권한의 위임·위탁

① 이 법에 따른 해양수산부장관의 권한 또는 해양경찰청장의 권한은 대통령령으로 정하는 바에 따라 그 일부를 그 소속기관의 장, 시·도지사에게 위임할 수 있다.
② 이 법에 따른 관리청의 권한은 대통령령으로 정하는 바에 따라 그 일부를 해양경찰청장에게 위임 또는 위탁할 수 있다.
③ 관리청의 제4조 제2항에 따른 신고의 수리 권한은 대통령령으로 정하는 바에 따라 「항만공사법」에 따른 항만공사에 위탁할 수 있다.

13 벌칙 - 과태료 부과기준(별표 2 ; 시행령 제23조 관련)

(1) 일반기준

① 위반행위의 횟수에 따른 과태료의 가중된 부과기준은 최근 1년간 같은 위반행위로 과태료 부과처분을 받은 경우에

적용한다. 이 경우 기간의 계산은 위반행위에 대하여 과태료 부과처분을 받은 날과 그 처분 후 다시 같은 위반행위를 하여 적발된 날을 기준으로 한다.

② ①에 따라 가중된 부과처분을 하는 경우 가중처분의 적용 차수는 그 위반행위 전 부과처분 차수(①에 따른 기간 내에 과태료 부과처분이 둘 이상 있었던 경우에는 높은 차수를 말한다)의 다음 차수로 한다.

③ 부과권자는 다음의 어느 하나에 해당하는 경우에는 개별기준에 따른 과태료 금액의 2분의 1 범위에서 그 금액을 감경할 수 있다. 다만, 과태료를 체납하고 있는 위반행위자의 경우에는 그러하지 아니하다.

㉠ 위반행위가 사소한 부주의나 오류로 인한 것으로 인정되는 경우
㉡ 법 위반상태를 시정하거나 해소하기 위한 위반행위자의 노력이 인정되는 경우
㉢ 그 밖에 위반행위의 정도, 위반행위의 동기와 결과 등을 고려하여 감경할 필요가 있다고 인정되는 경우

(2) 개별기준

(단위 : 만원)

위반행위	과태료 1회 위반	2회 위반	3회 이상 위반
가. 법 제5조 제3항을 위반하여 우선피항선을 정박하거나 정류한 경우	60	80	100
나. 법 제5조 제4항에 따른 신고를 하지 않은 경우	60	80	100
다. 법 제6조 제4항에 따른 정박선박의 안전에 필요한 조치를 하지 않은 경우	60	80	100
라. 법 제7조 제1항에 따른 계선 신고를 하지 않은 경우	100		
마. 법 제7조 제3항에 따른 지정장소에 계선하지 않은 경우	100		
바. 법 제11조 제2항에 따른 신고 및 표시를 하지 않은 경우	150		
사. 법 제12조 제2항에 따른 항법 등에 관한 고시를 위반하여 항행한 경우	70	100	150
아. 법 제13조에 따른 항법을 위반하여 항행한 경우	70	100	150
자. 법 제14조에 따른 항법을 위반하여 항행한 경우	90	120	180
차. 법 제15조 제1항을 위반하여 예인선을 항행한 경우	70	100	150
카. 법 제15조 제2항을 위반하여 범선을 항행한 경우	70	100	150
타. 법 제16조를 위반하여 다른 선박의 진로를 방해한 경우	70	100	150
파. 법 제17조 제1항 및 제3항에 따른 속력 제한을 위반하여 항행한 경우	70	100	150
하. 법 제18조를 위반하여 다른 선박과의 상당한 거리를 유지하지 않고 선박을 항행한 경우	70	100	150
거. 삭제 〈2020. 6. 2.〉			
너. 삭제 〈2020. 6. 2.〉			
더. 법 제24조 제1항에 따른 예선업의 변경등록을 거짓이나 그 밖의 부정한 방법으로 한 경우	150	200	250
러. 법 제24조 제1항에 따른 예선업의 변경등록을 하지 않고 예선업을 한 경우	150	200	250
머. 법 제32조 제1항에 따른 위험물의 반입 신고를 하지 않은 경우. 다만, 법 제32조 제4항 각 호에 해당하는 자에게 위험물을 통지받지 못하거나 거짓으로 통지받은 경우는 제외한다.	100	150	200
버. 법 제32조 제4항을 위반하여 위험물을 통지하지 않거나 거짓으로 통지한 경우	100	150	200
서. 법 제35조 제3항을 위반하여 위험물 안전관리에 관한 교육을 받게 하지 않은 경우	150	200	250
어. 법 제37조 제3항에 따른 수리 신고를 하지 않은 경우	100		
저. 법 제39조 제1항에 따른 표지의 설치 등 필요한 조치를 하지 않은 경우	150		
처. 법 제40조 제1항에 따른 장애물 제거 명령을 이행하지 않은 경우	150		
커. 법 제45조 제1항을 위반하여 강력한 불빛을 사용한 경우	60	80	100
터. 법 제46조 제1항을 위반하여 기적이나 사이렌을 울린 경우	60	80	100
퍼. 법 제46조 제2항을 위반하여 화재경보를 울리지 않은 경우	60	80	100
허. 법 제48조 제1항에 따른 출석·진술이나 서류제출·보고를 하지 않거나 거짓으로 서류제출·보고한 경우 또는 관계 공무원의 출입을 거부하거나 방해한 경우	100	150	200

3 해상교통안전법

1 해상교통안전법의 목적

① 수역 안전관리, 해상교통 안전관리, 선박·사업장의 안전관리 및 선박의 항법 등 선박의 안전운항을 위한 안전관리체계에 관한 사항을 규정함으로써 ② 선박항행과 관련된 모든 위험과 장해를 제거하고 해사안전 증진과 ③ 선박의 원활한 교통에 이바지함

2 용어의 정의

① 해사안전관리 : 「해사안전기본법」 제3조 제1호에 따른 안전관리
② 선박 : 「해사안전기본법」 제3조 제2호에 따른 선박
③ 대한민국선박 : 「선박법」 제2조 각 호에 따른 선박
④ 위험화물운반선 : 선체의 한 부분인 화물창(貨物倉)이나 선체에 고정된 탱크 등에 위험물을 싣고 운반하는 선박(동법 시행규칙 제2조 위험물의 범위 참조)
⑤ 거대선 : 길이 200미터 이상의 선박(기출)
⑥ 고속여객선 : 시속 15노트 이상으로 항행하는 여객선
⑦ 동력선 : 기관을 사용하여 추진하는 선박. 다만, 돛을 설치한 선박이라도 주로 기관을 사용하여 추진하는 경우에는 동력선으로 본다.(기출)
⑧ 범선 : 돛을 사용하여 추진하는 선박. 다만, 기관을 설치한 선박이라도 주로 돛을 사용하여 추진하는 경우에는 범선으로 본다.(기출)
⑨ 어로에 종사하고 있는 선박 : 그물, 낚싯줄, 트롤망, 그 밖에 조종성능을 제한하는 어구(漁具)를 사용하여 어로(漁撈) 작업을 하고 있는 선박(기출)
⑩ 조종불능선 : 선박의 조종성능을 제한하는 고장이나 그 밖의 사유로 조종을 할 수 없게 되어 다른 선박의 진로를 피할 수 없는 선박
⑪ 조종제한선 : 다음 ㉠~㉥의 작업과 그 밖에 선박의 조종성능을 제한하는 작업에 종사하고 있어 다른 선박의 진로를 피할 수 없는 선박(기출)
  ㉠ 항로표지, 해저전선 또는 해저파이프라인의 부설·보수·인양 작업
  ㉡ 준설(浚渫)·측량 또는 수중 작업

ⓒ 항행 중 보급, 사람 또는 화물의 이송 작업
　　ⓓ 항공기의 발착(發着)작업
　　ⓔ 기뢰(機雷)제거작업
　　ⓕ 진로에서 벗어날 수 있는 능력에 제한을 많이 받는 예인(曳引)작업
⑫ **흘수제약선**(吃水制約船) : 가항(可航)수역의 수심 및 폭과 선박의 흘수와의 관계에 비추어 볼 때 그 진로에서 벗어날 수 있는 능력이 매우 저하되어 있는 동력선
⑬ **해양시설** : 「해사안전기본법」 제3조 제3호에 따른 시설
⑭ **해상교통안전진단** : 해상교통안전에 영향을 미치는 다음의 "안전진단대상사업"으로 발생할 수 있는 항행안전 위험 요인을 전문적으로 조사·측정하고 평가하는 것
　　㉠ 항로 또는 정박지의 지정·고시 또는 변경
　　㉡ 선박의 통항을 금지하거나 제한하는 수역(水域)의 설정 또는 변경
　　㉢ 수역에 설치되는 교량·터널·케이블 등 시설물의 건설·부설 또는 보수
　　㉣ 항만 또는 부두의 개발·재개발
　　㉤ 그 밖에 해상교통안전에 현저한 영향을 미치는 사업으로서 해상여객운송사업 또는 해상화물운송사업의 어느 하나에 해당하는 사업으로서 최고 속력이 시속 60노트 이상인 선박을 사용하는 사업
⑮ **항행장애물** : 선박으로부터 수역에 떨어진 물건, 침몰·좌초된 선박 또는 침몰·좌초되고 있는 선박, 침몰·좌초가 임박한 선박 또는 침몰·좌초가 충분히 예견되는 선박, 그러한 선박에 있는 물건, 침몰·좌초된 선박으로부터 분리된 선박의 일부분 등 선박항행에 장애가 되는 물건
⑯ **통항로** : 선박의 항행안전을 확보하기 위하여 한쪽 방향으로만 항행할 수 있도록 되어 있는 일정한 범위의 수역(기출)
⑰ **제한된 시계** : 안개·연기·눈·비·모래바람 및 그 밖에 이와 비슷한 사유로 시계(視界)가 제한되어 있는 상태(기출)
⑱ **항로지정제도** : 선박이 통항하는 항로, 속력 및 그 밖에 선박 운항에 관한 사항을 지정하는 제도
⑲ **항행 중** : 선박이 다음의 어느 하나에 해당하지 아니하는 상태(기출)
　　㉠ 정박(碇泊)
　　㉡ 항만의 안벽(岸壁) 등 계류시설에 매어 놓은 상태(계선부표나 정박하고 있는 선박에 매어 놓은 경우를 포함)
　　㉢ 얹혀 있는 상태
⑳ **길이** : 선체에 고정된 돌출물을 포함하여 선수(船首)의 끝단부터 선미(船尾)의 끝단 사이의 최대 수평거리
㉑ **폭** : 선박 길이의 횡방향 외판의 외면으로부터 반대쪽 외판의 외면 사이의 최대 수평거리
㉒ **통항분리제도** : 선박의 충돌을 방지하기 위하여 통항로를 설정하거나 그 밖의 적절한 방법으로 한쪽 방향으로만 항행할 수 있도록 항로를 분리하는 제도
㉓ **분리선 또는 분리대** : 서로 다른 방향으로 진행하는 통항로를 나누는 선 또는 일정한 폭의 수역
㉔ **연안통항대** : 통항분리수역의 육지 쪽 경계선과 해안 사이의 수역
㉕ **예인선열**(曳引船列) : 선박이 다른 선박을 끌거나 밀어 항행할 때의 선단(船團) 전체
㉖ **대수속력**(對水速力) : 선박의 물에 대한 속력으로서 자기 선박 또는 다른 선박의 추진장치의 작용이나 그로 인한 선박의 타력(惰力)에 의하여 생기는 것

3 적용범위

(1) 해상교통안전법은 다음의 어느 하나에 해당하는 선박과 해양시설에 대하여 적용한다.
　① 대한민국의 영해 또는 내수(해상 항행선박이 항행을 계속할 수 없는 하천·호소·늪 등은 제외)에 있는 선박이나(기출) 해양시설. 다만, 외국선박 중 ㉠ 대한민국의 항과 항 사이만을 항행하는 선박, ㉡ 국적의 취득을 조건으로 하여 선체용선으로 차용한 선박에 대하여는 대통령령(시행령 제2조)으로 정하는 바에 따라 이 법의 일부만을 적용한다.

> **참고**
> **외국선박에 대한 적용범위**
> • 선박의 안전관리체제 수립(법 §46 ②③)
> • 안전관리체제에 대한 인증심사(법 §49)
> • 선박안전관리증서 등의 발급 등(법 §51)
> • 인증심사에 대한 이의신청(법 §52)
> * 단, 국적의 취득을 조건으로 하여 선체용선으로 차용한 선박(법 제3조 제1항 제1호 나목)의 경우 그 선박의 소속 국가 또는 소속 국가가 인정하는 인증기관이 발급한 인증심사증서를 갖춘 선박에 대해서는 그렇지 않다.

　② 대한민국의 영해 및 내수를 제외한 해역에 있는 대한민국 선박(기출)
　③ 대한민국의 배타적경제수역에서 항행장애물을 발생시킨 선박
　④ 대한민국의 배타적경제수역 또는 대륙붕에 있는 해양시설

(2) 이 법 또는 이 법에 따른 명령 중 선박소유자에 관한 규정은 선박을 공유하는 경우로서 선박관리인을 임명하였을 때에는 그 선박관리인에게 적용하고, 선박을 임차하였을 때에는 그 선박임차인에게 적용하며, 선장에 관한 규정은 선장을 대신하여 그 직무를 수행하는 자에게도 적용한다.(기출)

(3) 이 법 또는 이 법에 따른 명령 중 해양시설의 소유자에 관한 규정은 해양시설의 임차인에게 적용한다.

4 권한 등의 위임·위탁(법 제109조)

① 이 법에 따른 해양수산부장관 또는 해양경찰청장의 권한은 대통령령으로 정하는 바에 따라 그 일부를 그 소속 기관의 장 또는 지방자치단체의 장에게 위임할 수 있다(시행령 제28조 참조).
② 이 법에 따른 해양수산부장관의 권한은 대통령령으로 정하는 바에 따라 그 일부를 해양경찰청장 또는 그 소속 기관의 장에게 위임할 수 있다.
③ 해양수산부장관은 이 법에 따른 업무의 일부를 대통령령으로 정하는 바에 따라 관련 전문기관 또는 단체에 위탁할 수 있다.

5 해양시설의 보호수역 설정 및 관리

(1) 보호수역의 설정
① **보호수역의 설정** : 해양수산부장관은 해양시설 부근 해역에서 선박의 안전항행과 해양시설의 보호를 위한 보호수역을 설정할 수 있다. 보호수역을 설정하는 경우에는 해당 보호수역의 위치 및 범위를 고시하고 해도(海圖)에 표시해

야 한다. 보호수역을 변경하거나 폐지하는 경우에도 또한 같다.
② 보호수역의 범위 : 해양시설 부근 해역의 선박교통량 및 「해양법에 관한 국제연합 협약」에 따른 국제적인 기준을 고려하여 정한다.

(2) 보호수역의 입역허가 및 통지
① 보호수역의 입역허가
  ㉠ 누구든지 보호수역에 입역(入域)하기 위하여는 해양수산부장관의 허가를 받아야 하며(위반시 1년 이하의 징역 또는 1천만원 이하의 벌금), 해양수산부장관은 해양시설의 안전 확보에 지장이 없다고 인정하거나 공익상 필요하다고 인정하는 경우 보호수역의 입역을 허가할 수 있다. 이 경우 입역허가에 필요한 조건을 붙일 수 있다.
  ㉡ 보호수역 입역허가를 받으려는 자는 보호수역 입역허가 신청서를 관할 지방해양수산청장에게 제출하여야 한다. 지방해양수산청장은 입역허가 신청이 적합하다고 인정하는 경우에는 그 기간을 정하여 입역을 허가해야 한다.
② 허가를 받지 아니하고 보호수역에의 입역 : 다음의 어느 하나에 해당하면 해양수산부장관의 허가를 받지 아니하고 보호수역에 입역할 수 있다.
  ㉠ 선박의 고장이나 그 밖의 사유로 선박 조종이 불가능한 경우
  ㉡ 해양사고를 피하기 위하여 부득이한 사유가 있는 경우
  ㉢ 인명을 구조하거나 또는 급박한 위험이 있는 선박을 구조하는 경우
  ㉣ 관계 행정기관의 장이 해상에서 안전 확보를 위한 업무를 하는 경우
  ㉤ 해양시설을 운영하거나 관리하는 기관이 그 해양시설의 보호수역에 들어가려고 하는 경우
③ 보호수역 입역통지
  ㉠ 보호수역에 입역한 자는 지체 없이 그 입역 사유를 관할 지방해양수산청장에게 통지하여야 한다.
  ㉡ 허가를 받고 보호수역에 입역한 자는 그 입역 사유가 해소된 경우에는 관할 지방해양수산청장에게 통지한 후 지체 없이 보호수역으로부터 나와야 한다.

6 교통안전특정해역 등의 설정 및 관리
(1) 교통안전특정해역의 설정 등
① 교통안전특정해역 설정 : 해양수산부장관은 다음의 어느 하나에 해당하는 해역으로서 대형 해양사고가 발생할 우려가 있는 교통안전특정해역을 설정할 수 있다.
  ㉠ 해상교통량이 아주 많은 해역
  ㉡ 거대선, 위험화물운반선, 고속여객선 등의 통항이 잦은 해역
② 교통안전특정해역에서의 항로지정제도 : 해양수산부장관은 관계 행정기관의 장의 의견을 들어 교통안전특정해역 안에서의 항로지정제도를 시행할 수 있다. 교통안전특정 해역에서의 항로지정제도는 다음 구분에 따라 시행한다.
  ㉠ 교통안전특정해역 지정항로의 범위(시행규칙 별표 2 참조)
  ㉡ 교통안전특정해역 지정항로에서의 속력(시행규칙 별표 3 참조). 다만, 해양사고를 피하거나 인명이나 선박을 구조하기 위하여 부득이한 경우는 제외한다.
  ㉢ 교통안전특정해역 지정항로에서의 항법(시행규칙 별표 4 참조)
  ㉣ 항로지정제도를 위반한 경우의 과태료 : 1회 위반 90만원, 2회 위반 150만원, 3회 위반 300만원
③ 교통안전특정해역의 범위 : 대통령령으로 정한다(시행령 별표 1 참조).
④ 지정항로 외 교통안전특정해역 항행이 가능한 경우 : 다음의 어느 하나에 해당하는 경우에는 지정항로를 이용하지 아니하고 교통안전특정해역을 항행할 수 있다. 이 경우 해당 지정항로를 이용하고 있는 다른 선박의 안전한 통항을 방해해서는 안 된다.
  ㉠ 해양경비·해양오염방제 및 항로표지의 설치 등을 위하여 긴급히 항행할 필요가 있는 경우
  ㉡ 해양사고를 피하거나 인명 또는 선박을 구조하기 위하여 부득이한 경우
  ㉢ 교통안전특정해역과 접속된 항구에 입출항하지 않는 경우

(2) 교통안전특정해역 항해시 거대선 등의 운항사항 통보
해양경찰서장은 거대선, 위험화물운반선, 고속여객선, 그 밖에 해양수산부령으로 정하는 선박(흘수제약선, 수면비행선박, 선박 또는 물체를 끌거나 미는 선박 중 그 예인선열의 길이가 200미터 이상인 경우에 해당하는 선박)이 교통안전특정해역을 항행하려는 경우 항행안전을 확보하기 위하여 필요하다고 인정하면 선장이나 선박소유자에게 다음 사항을 명할 수 있다.
① 통항시각의 변경
② 항로의 변경
③ 제한된 시계의 경우 선박의 항행 제한
④ 속력의 제한
⑤ 안내선의 사용
⑥ 해양수산부령으로 정하는 사항
✓ **항행안전확보조치가 필요한 선박** : ㉠ 흘수제약선, ㉡ 수면비행선박, ㉢ 선박 또는 물체를 끌거나 미는 선박 중 그 예인선열의 길이가 200미터 이상인 경우에 해당하는 선박

(3) 교통안전특정해역에서의 어업의 제한 등
① 교통안전특정해역에서 어로 작업에 종사하는 선박은 항로지정제도에 따라 그 교통안전특정해역을 항행하는 다른 선박의 통항에 지장을 주어서는 아니 된다(1회 위반 90만원, 2회 위반 150만원, 3회 위반 300만원 과태료).
② 교통안전특정해역에서는 어망 또는 그 밖에 선박의 통항에 영향을 주는 어구 등을 설치하거나 양식업을 하여서는 아니 된다(위반시 1년 이하의 징역 또는 1천만원 이하의 벌금).
③ 교통안전특정해역으로 정하여지기 전에 그 해역에서 면허를 받은 어업권·양식업권을 행사하는 경우에는 해당 어업면허 또는 양식업 면허의 유효기간이 끝나는 날까지 위 ②를 적용하지 아니한다.
④ 특별자치도지사·시장·군수·구청장이 교통안전특정해역에서 어업면허, 양식업 면허, 어업허가 또는 양식업 허가(면허 또는 허가의 유효기간 연장을 포함)하려는 경우에는 미리 해양경찰청장과 협의하여야 한다.

(4) 교통안전특정해역에서의 공사 또는 작업
① 허가가 필요한 경우 : ㉠ 해저전선이나 해저파이프라인의 부설, 준설, 측량, ㉡ 침몰선 인양작업, ㉢ 그 밖에 선박의

항행에 지장을 줄 우려가 있는 공사나 작업
* 예외(허가 불필요) : 관계 법령에 따라 국가가 시행하는 항로표지 설치, 수로 측량 등 해사안전에 관한 업무의 경우

> **참고**
> 해사안전에 관한 업무의 범위
> - 항로표지의 설치·관리 또는 해양수산부장관의 허가를 받은 항로표지의 설치
> - 조난된 선박등의 구난작업 신고를 한 구난작업
> - 해양관측 및 기본수로측량
> - 해양수산부장관이 해상교통 및 해사안전 등 공익상 필요하다고 인정하여 지정·고시하는 업무

② 허가권자 : 해양경찰청장(허가를 하면 그 사실을 해양수산부장관에게 보고)

③ 공사 또는 작업의 허가신청 : 공사 또는 작업의 허가를 받으려는 자는 공사·작업허가 신청서를 공사 또는 작업 시작 30일 전까지 관할 해양경찰청장에게 제출하여야 한다. 다만, 긴급한 공사 또는 작업의 경우에는 해당 공사 또는 작업 시작 전까지 제출할 수 있다.(기출)

④ 허가의 취소 및 정지
해양경찰청장은 공사 또는 작업의 허가를 받은 자가 다음의 어느 하나에 해당하면 그 허가를 취소하거나 6개월의 범위에서 공사나 작업의 전부 또는 일부의 정지를 명할 수 있다.
㉠ 반드시 허가를 취소해야 하는 경우
 • 거짓이나 그 밖의 부정한 방법으로 공사 또는 작업의 허가를 받은 경우
 • 정지명령을 위반하여 정지기간 중에 공사 또는 작업을 계속한 경우
㉡ 6개월의 범위에서 공사나 작업의 전부 또는 일부의 정지를 명하는 경우
 • 공사나 작업이 부진하여 이를 계속할 능력이 없다고 인정되는 경우
 • 허가를 할 때 붙인 허가조건 또는 허가사항을 위반한 경우

⑤ 원상복구의무 : 허가를 받은 자는 해당 허가기간이 끝나거나 허가가 취소되었을 때에는 해당 구조물을 제거하고 원래 상태로 복구하여야 한다.

7 유조선통항금지해역의 설정 및 관리

(1) 유조선의 통항제한
① 유조선의 유조선통항금지해역에서의 항행금지 : 다음의 어느 하나에 해당하는 석유 또는 유해액체물질을 운송하는 선박(이하 "유조선"이라 한다)의 선장이나 항해당직을 수행하는 항해사는 유조선의 안전운항을 확보하고 해양사고로 인한 해양오염을 방지하기 위하여 유조선의 통항을 금지한 해역(이하 "유조선통항금지해역"이라 한다)에서 항행하여서는 아니 된다.
㉠ 원유, 중유, 경유 또는 이에 준하는 탄화수소유, 가짜석유제품, 석유대체연료 중 원유·중유·경유에 준하는 것으로 기름 1천 500킬로리터 이상을 화물로 싣고 운반하는 선박
㉡ 유해액체물질을 1천 500톤 이상 싣고 운반하는 선박

> **참고**
> 원유 등에 준하는 기름 : 법 제11조 제1항 제1호에서 "해양수산부령으로 정하는 기름"이란 한국산업표준에서 석유제품 증류시험방법에 따라 시험하는 경우에 섭씨 266도 이하에서는 그 부피의 50퍼센트를 초과하는 양이 유출되지 아니하는 탄화수소유, 가짜석유제품 및 석유대체연료를 말한다.

② 유조선통항금지해역의 범위 : 대통령령으로 정한다(시행령 별표 2 참조).

③ 유조선이 유조선통항금지해역에서 항행할 수 있는 경우
㉠ 기상상황의 악화로 선박의 안전에 현저한 위험이 발생할 우려가 있는 경우
㉡ 인명이나 선박을 구조하여야 하는 경우
㉢ 응급환자가 생긴 경우
㉣ 항만을 입항·출항하는 경우(이 경우 유조선은 출입해역의 기상 및 수심, 그 밖의 해상상황 등 항행여건을 충분히 헤아려 유조선통항금지해역의 바깥쪽 해역에서부터 항구까지의 거리가 가장 가까운 항로를 이용하여 입항·출항하여야 한다)

(2) 시운전금지해역의 설정
누구든지 충돌 등 해양사고를 방지하기 위하여 시운전(조선소 등에서 선박을 건조·개조·수리 후 인도 전까지 또는 건조·개조·수리 중 시험운전하는 것)을 금지한 해역("시운전금지해역")에서 길이 100미터 이상의 선박에 대하여 해양수산부령으로 정하는 시운전을 하여서는 아니 된다.

8 해상 교통 안전관리

(1) 해상교통안전진단
① 해상교통안전진단의 실시
㉠ 해양수산부장관은 안전진단대상사업을 하려는 자(이하 "사업자"라 한다)에게 해양수산부령으로 정하는 안전진단기준에 따른 해상교통안전진단을 실시하도록 하여야 한다.
㉡ 안전진단서의 제출 : 사업자는 안전진단대상사업에 대하여 「항만법」, 「공유수면 관리 및 매립에 관한 법률」 및 「선박의 입항 및 출항 등에 관한 법률」 등 해양의 이용 또는 보존과 관련된 관계법령에 따른 허가·인가·승인·신고 등을 받으려는 경우 실시한 해상교통안전진단의 결과(안전진단서)를 허가등의 권한을 가진 행정기관(이하 "처분기관"이라 한다)의 장에게 제출하여야 한다(거짓 작성 제출시 1년 이하의 징역 또는 1천만원 이하의 벌금).
㉢ 안전진단서 제출이 면제되는 사업 등 : 사업자는 안전진단대상사업이 다음의 어느 하나에 해당하여 안전진단서 제출이 필요하지 아니하다고 판단하는 경우 해당 사업의 목적, 내용, 안전진단서 제출이 필요하지 아니한 사유 등이 포함된 의견서를 해양수산부장관에게 제출하여야 한다.
 • 선박통항안전, 재난대비 또는 복구를 위하여 긴급히 시행하여야 하는 사업
 • 선박의 통항에 미치는 영향이 적은 사업으로 해양수산부장관이 정하여 고시하는 사업

② 안전진단대상사업의 허가등의 절차
㉠ 안전진단서를 제출받은 처분기관은 허가등을 하기 전에 사업자로부터 이를 제출받은 날부터 10일 이내에 해양수산부장관에게 제출

ⓛ 해양수산부장관은 처분기관으로부터 안전진단서를 제출받은 날부터 45일 이내에 안전진단서를 검토한 후 해양수산부령으로 정하는 바에 따라 그 검토의견을 처분기관에 통보(이 경우 안전진단서의 서류를 보완하거나 관계기관과의 협의에 걸리는 기간은 통보기간에 불산입)
ⓒ 처분기관은 해양수산부장관으로부터 검토의견을 통보받은 날부터 10일 이내에 이를 사업자에게 통보
ⓔ 처분기관은 이의신청이 없는 검토의견 또는 검토결과를 반영하여 허가등을 하여야 하며, 허가등을 하였을 때에는 해양수산부장관에게 통보

③ 검토의견에 대한 이의신청
㉠ 검토의견에 이의가 있는 사업자는 처분기관을 경유하여 해양수산부장관에게 이의신청을 할 수 있다. 이 경우 사업자는 검토의견을 통보받은 날부터 30일 이내에 처분기관에 이의신청서를 제출하여야 한다(다만, 천재지변 등 부득이한 사정이 있을 때에는 그 기간을 제출기간에 불산입).
㉡ 처분기관은 이의신청서를 제출받은 경우에는 그 제출받은 날부터 10일 이내에 해양수산부장관에게 해당 서류를 송부하여야 한다.
㉢ 해양수산부장관은 이의신청 내용의 타당성을 검토하여 그 검토결과를 20일 이내에 처분기관을 거쳐 이의신청을 한 자에게 통보하여야 한다(다만, 천재지변 등 부득이한 사정이 있을 때에는 10일의 범위에서 통보기간을 연장).

④ 처분기관의 허가등의 취소 및 사업중지명령
㉠ 처분기관은 사업자가 이의신청이 없는 검토의견 또는 검토결과대로 이행하지 아니한 사실이 확인된 경우에는 서면으로 이행 시한을 명시하여 이행할 것을 명하여야 한다.
㉡ 처분기관은 사업자가 명령을 이행하지 아니하여 해상교통안전에 중대한 영향을 미칠 것으로 판단될 경우에는 그 사업의 전부 또는 일부에 대하여 사업중지명령을 하여야 한다(위반시 5년 이하의 징역 또는 5천만원 이하의 벌금).
㉢ 해양수산부장관은 처분기관이 규정에 따른 절차를 거치지 아니하고 허가등을 하였을 때에는 그 허가등의 취소, 사업의 중지, 인공구조물의 철거, 운영정지 및 원상 회복 등 필요한 조치를 취할 것을 그 처분기관에 요청할 수 있다.
요청을 받은 처분기관 또는 사업자는 특별한 사유가 없으면 그 요청에 따라야 한다.

(2) 해상교통안전진단의 대행
① 사업자나 해양수산부장관에게 협의를 요청하여야 하는 국가기관의 장 또는 지방자치단체의 장은 등록한 안전진단대행업자로 하여금 해상교통안전진단을 대행하게 할 수 있다.
② **안전진단대행업자의 등록** : 해상교통안전진단을 대행하려는 자는 기술인력·장비 등 자격을 갖추어 해양수산부장관에게 등록하여야 한다. 등록한 사항을 변경하려는 경우에도 또한 같다.
③ 안전진단대행업자의 등록 취소 등
㉠ 반드시 등록을 취소해야 하는 경우
• 안전진단기준을 따르지 아니하거나, 해상교통안전진단업무를 수행하지 아니하고 거짓으로 안전진단서를 작성한 경우
• 거짓이나 그 밖의 부정한 방법으로 등록하거나 변경등록을 한 경우
• 해양수산부령으로 정한 자격을 갖추지 못하게 된 경우(안전진단대행업자의 등록기준 : 시행규칙 별표 9 참조)
• 법인의 대표자가 안전진단대행업자의 결격사유 어느 하나에 해당하게 된 경우. 다만, 법인의 대표자가 결격사유 중 어느 하나에 해당하게 된 날부터 6개월이 되는 날까지 시정한 경우에는 그 등록을 취소하지 아니한다.
• 영업정지 명령을 위반하여 정지기간 중에 해상교통안전진단 대행업무를 계속한 경우
• 다른 안전진단대행업자로 하여금 해상교통안전진단을 하게 한 경우
㉡ 6개월 이내의 기간을 정하여 영업의 정지를 명할 수 있는 경우
• 기술인력 또는 장비의 보유현황의 변경등록을 하지 아니한 경우
• 권리·의무에 대한 승계신고를 하지 아니한 경우
• 사업의 휴업 또는 폐업 신고를 하지 아니한 경우
• 제60조 제1항 제1호에 따른 출석 또는 진술을 거부·방해하거나 기피한 경우
• 제60조 제1항 제2호에 따른 출입·검사·확인·조사 또는 점검을 거부·방해하거나 기피한 경우
• 제60조 제1항 제3호에 따른 서류제출 또는 보고를 하지 아니하거나 거짓으로 서류제출 또는 업무보고를 한 경우
④ **등록취소 또는 영업정지의 처분 사실의 통지** : 등록취소 또는 영업정지의 처분을 받은 안전진단대행업자는 그 사실을 등록취소 또는 영업정지 처분을 받은 날부터 10일 이내에 해상교통안전진단을 의뢰한 자에게 통지하여야 한다.
⑤ **해상교통안전진단의 대행에 관한 계약의 해지** : 해상교통안전진단을 의뢰한 자는 특별한 사유가 있는 경우를 제외하고는 그 안전진단대행업자로부터 통지를 받거나 등록취소 또는 영업정지의 처분이 있었던 사실을 안 날부터 30일 이내에만 그 해상교통안전진단의 대행에 관한 계약을 해지할 수 있다.
⑥ **사업의 휴업 또는 폐업의 신고** : 안전진단대행업자로 등록한 자는 그 사업을 휴업하거나 폐업하려면 해양수산부령으로 정하는 바에 따라 해양수산부장관(신고서를 지방해양수산청장에게 제출)에게 신고하여야 한다.

(3) **항행장애물의 처리**
① 항행장애물의 보고 등
㉠ 다음의 어느 하나에 해당하는 항행장애물을 발생시킨 선박의 선장, 선박소유자 또는 선박운항자(이하 "항행장애물제거책임자"라 한다)는 해양수산부장관에게 지체 없이 그 항행장애물의 위치와 위험성 등을 보고하여야 한다.
• 떠다니거나 침몰하여 다른 선박의 안전운항 및 해상교통질서에 지장을 주는 항행장애물
• 항만의 수역, 어항의 수역, 하천의 수역(이하 "수역등"이라 한다)에 있는 시설 및 다른 선박 등과 접촉할 위험이 있는 항행장애물

ⓒ 대한민국선박이 외국의 배타적 경제수역에서 항행장애물을 발생시켰을 경우 항행장애물제거책임자는 그 해역을 관할하는 외국 정부에 지체 없이 보고하여야 한다.
ⓒ 보고를 받은 해양수산부장관은 항행장애물 주변을 항행하는 선박과 인접 국가의 정부에 항행장애물의 위치와 내용 등을 알려야 한다.

② 항행장애물의 표시 등(1회 위반 90만원, 2회 위반 150만원, 3회 위반 300만원 과태료)
㉠ 항행장애물제거책임자는 항행장애물이 다른 선박의 항행안전을 저해할 우려가 있는 경우에는 지체 없이 항행장애물에 위험성을 나타내는 표시를 하거나 다른 선박에게 알리기 위한 조치를 하여야 한다. 다만, 항행장애물 중 침몰·좌초된 선박에 대하여는 그 선박의 소유자는 지체 없이 침몰하거나 좌초한 선박을 표시하기 위한 항로표지[침선표지(沈船標識)]를 설치·관리하고 그 설치 사실을 해양수산부장관에게 신고하여야 한다(항로표지법 §14).
㉡ 해양수산부장관은 항행장애물제거책임자가 ㉠에 따른 표시나 조치를 하지 아니하는 경우 항행장애물제거책임자에게 그 표시나 조치를 하도록 명할 수 있다.
㉢ 항행장애물제거책임자가 ㉡에 따른 명령을 이행하지 아니하거나 시급히 표시하지 아니하면 선박의 항행안전에 위해를 미칠 우려가 큰 경우 해양수산부장관은 직접 항행장애물에 표시할 수 있다.

③ 항행장애물의 위험성 결정
㉠ 해양수산부장관은 항행장애물이 선박의 항행안전이나 해양환경에 중대한 영향을 끼치는지를 고려하여 항행장애물의 위험성을 결정하여야 한다.
㉡ 항행장애물의 위험성 결정에 필요한 사항
• 항행장애물의 크기·형태 및 구조
• 항행장애물의 상태 및 손상의 형태
• 항행장애물에 적재된 화물의 성질·양과 연료유 및 윤활유를 포함한 기름의 종류·양
• 침몰된 항행장애물의 경우에는 그 침몰된 상태(음파 및 자기적 측정 결과 등에 따른 상태를 포함한다)
• 해당 수역의 수심 및 해저의 지형
• 해당 수역의 조차·조류·해류 및 기상 등 수로조사 결과
• 해당 수역의 주변 해양시설과의 근접도
• 선박의 국제항해에 이용되는 통항대 또는 설정된 통항로와의 근접도
• 선박 통항의 밀도 및 빈도
• 선박 통항의 방법
• 항만시설의 안전성
• 국제해사기구에서 지정한 특별민감해역 또는 「1982년 해양법에 관한 국제연합협약」에 따른 특별규제조치가 적용되는 수역

④ 항행장애물 제거
㉠ 항행장애물제거책임자는 항행장애물을 제거하여야 한다. 항행장애물을 제거하지 아니하는 때에는 해양수산부장관은 그 항행장애물제거책임자에게 항행장애물을 제거하도록 명할 수 있다. 지방해양수산청장 또는 시·도지사는 항행장애물저거를 명하는 경우에는 그 제거기한을 정해야 한다.
㉡ 항행장애물제거책임자가 ㉠에 따른 명령을 이행하지 아니하거나 항행장애물이 위험성이 있다고 결정된 경우 해양수산부장관이 직접 항행장애물을 제거할 수 있다.
㉢ 지방해양수산청장 또는 시·도지사는 항행장애물이 제거된 경우에는 주변 수역을 항행하는 선박과 인접한 국가에 대하여 그 제거 내용을 알려야 한다.

⑤ 비용징수 등 : 항행장애물제거책임자의 부담으로 하되, 항행장애물제거책임자를 알 수 없는 경우에는 그 항행장애물 또는 항행장애물을 발생시킨 선박을 처분하여 비용에 충당할 수 있다.

⑥ 국내항의 입항·출항 등 거부 : 해양수산부장관은 선박소유자에게 비용 지급을 보증하는 서류의 제출 요구에 응하지 아니하는 선박에 대하여는 국내항의 입항·출항을 거부하거나 국내계류시설의 사용을 허가하지 아니할 수 있다.

9 항해 안전관리

(1) 항로의 지정 등
① 선박의 항행안전에 필요한 사항의 고시
㉠ 해양수산부장관은 선박이 통항하는 수역의 지형·조류, 그 밖에 자연적 조건 또는 선박 교통량 등으로 해양사고가 일어날 우려가 있다고 인정하면 관계 행정기관의 장의 의견을 들어 그 수역의 범위, 선박의 항로 및 속력 등 선박의 항행안전에 필요한 사항을 고시할 수 있다.
㉡ 항로의 고시 등 : 지방해양수산청장은 선박의 항행안전에 필요한 다음의 사항을 고시할 수 있다.
• 선박의 항로·속력 또는 항법
• 선박의 교통량
• 수역의 범위
• 기상여건
• 해상교통 및 선박의 항행안전을 위하여 지방해양수산청장이 필요하다고 인정하는 사항
㉢ 지방해양수산청장이 고시한 수역 안을 통항하는 선박은 해당 고시에 따른 항로·항법 및 속력 등을 따라야 한다.
② 악천후·해양사고 선박을 위한 수역의 지정 : 해양수산부장관은 태풍 등 악천후를 피하려는 선박이나 해양사고 등으로 자유롭게 조종되지 아니하는 선박을 위한 수역 등을 지정·운영할 수 있다.

(2) 외국선박의 통항
① 외국선박의 내수 통항허가
㉠ 외국선박은 해양수산부장관의 허가를 받지 아니하고는 대한민국의 내수에서 통항할 수 없다.
㉡ 지방해양수산청장은 허가신청을 받은 경우에는 내수 통항이 필요한 사유 및 해상교통안전에 미치는 영향 등을 종합적으로 고려하여 허가 여부를 결정한 후 그 결과를 통보하여야 한다.
㉢ 지방해양수산청장은 허가를 하는 경우에는 해상교통안전의 확보에 필요한 조건을 붙일 수 있다.
② 예외 : 직선기선에 따라 내수에 포함된 해역에서는 정박·정류·계류 또는 배회함이 없이 계속적이고 신속하게 통항할 수 있다. 다만, 다음 경우에는 그러하지 아니하다.
㉠ 불가항력이나 조난으로 인하여 필요한 경우
㉡ 위험하거나 조난상태에 있는 인명·선박·항공기를 구조하기 위한 경우

ⓒ 대한민국 항만에의 입항 등 해양수산부령으로 정하는 경우(법 §31②3호)

> **참고**
> 법 제31조 제2항 제3호에서 "해양수산부령으로 정하는 경우"란 다음 어느 하나에 해당하는 경우를 말한다(시행규칙 §28).
> 1. 「선박의 입항 및 출항 등에 관한 법률」 제4조에 따른 허가를 받거나 신고를 하고 무역항의 수상구역등에 출입하기 위하여 대기하는 경우
> 2. 「선박법」 제6조 단서에 따라 불개항장에서의 기항 허가를 받고 대기하는 경우

(3) 특정선박에 대한 안전조치
① 대한민국의 영해 또는 내수를 통항하는 외국선박 중 다음의 선박(이하 "특정선박"이라 한다)은 「해상에서의 인명안전을 위한 국제협약」 등 관련 국제협약에서 정하는 문서를 휴대하거나 특별예방조치(해상에서의 인명안전을 위한 국제협약에서 정한 안전조치)를 준수하여야 한다.
　㉠ 핵추진선박
　㉡ 핵물질 등 위험화물운반선
② 해양수산부장관은 특정선박에 의한 해양오염 방지, 경감 및 통제를 위하여 필요하면 통항로를 지정하는 등 안전조치를 명할 수 있다.

(4) 항로 등의 보전
① 항로에서의 금지행위 : 누구든지 항로에서 다음의 어느 하나에 해당하는 행위를 하여서는 아니 된다.
　㉠ 선박의 방치
　㉡ 어망 등 어구의 설치나 투기
② 해양경찰서장은 위 ①을 위반한 자에게 방치된 선박의 이동·인양 또는 어망 등 어구의 제거를 명할 수 있다(위반시 1년 이하의 징역 또는 1천만원 이하의 벌금).
③ 해상교통장애행위의 금지 : 누구든지 항만의 수역 또는 어항의 수역 중 해상안전 및 해상교통 여건 등을 고려하여 해양경찰서장이 정하여 고시하는 수역(이하 "수역등"이라 한다)에서는 해상교통의 안전에 장애가 되는 스킨다이빙, 스쿠버다이빙, 윈드서핑 등 대통령령으로 정하는 행위를 하여서는 아니 된다.(기출) (300만원 이하 과태료) 다만, 해상교통안전에 장애가 되지 아니한다고 인정되어 해양경찰서장의 허가를 받은 경우와 신고한 체육시설업과 관련된 해상에서 행위를 하는 경우에는 그러하지 아니하다.

> **참고**
> 대통령령으로 정하는 해상교통장애행위(기출) : 스킨다이빙, 스쿠버다이빙, 윈드서핑 등 대통령령으로 정하는 행위(다음의 어느 하나에 해당하는 행위)
> 1. 수상레저활동
> 2. 수중레저활동
> 3. 마리나선박을 이용한 유람, 스포츠 또는 여가 행위
> 4. 유선사업에 사용되는 선박을 이용한 고기잡이, 관광 또는 그 밖의 유락 행위

④ 해양레저활동의 허가
　㉠ 해양레저활동에 따른 허가를 받으려는 사람은 구명설비 등 안전에 필요한 장비를 갖추고 관할 해양경찰서장에게 허가신청서를 제출하여야 한다.(기출)
　㉡ 해양경찰서장은 허가신청을 받은 경우에는 해상교통안전에의 장애 발생 가능 여부 및 해상교통 여건을 종합적으로 고려하여 허가 여부를 결정하여야 한다.
　㉢ 허가를 받은 사람은 해양레저행위를 하려면 그 허가서를 지녀야 하며, 해양경찰청 소속 공무원이 허가서 제시를 요구하면 이를 제시해야 한다.
　㉣ 허가서 제시를 요구하는 공무원은 그 권한을 표시하는 증표를 관계인에게 내보여야 한다.
⑤ 허가취소와 시정명령 : 해양경찰서장은 해양레저활동의 허가를 받은 사람이 다음의 어느 하나에 해당하면 그 허가를 취소하거나 해상교통안전에 장애가 되지 아니하도록 시정할 것을 명할 수 있다.
　㉠ 항로나 정박지 등 해상교통 여건이 달라진 경우
　㉡ 허가 조건을 위반한 경우
　㉢ 거짓이나 그 밖의 부정한 방법으로 허가를 받은 경우 (허가취소 사유임)
⑥ 수역등 및 항로의 안전 확보
　㉠ 누구든지 수역등 또는 수역등의 밖으로부터 10킬로미터 이내의 수역에서 선박 등을 이용하여 수역등이나 항로를 점거하거나 차단하는 행위를 함으로써 선박 통항을 방해하여서는 아니 된다.(기출)
　㉡ 해양경찰서장은 ㉠을 위반하여 선박 통항을 방해한 자 또는 방해할 우려가 있는 자에게 일정한 시간 내에 스스로 해산할 것을 요청하고, 이에 따르지 아니하면 해산을 명할 수 있다. 해산명령을 받은 자는 지체 없이 물러가야 한다.

(5) 선박 출항통제(위반시 300만원 이하의 벌금)
해양수산부장관은 해상에 대하여 기상특보가 발표되거나 제한된 시계 등으로 선박의 안전운항에 지장을 줄 우려가 있다고 판단할 경우에는 선박소유자나 선장에게 선박의 출항통제를 명할 수 있다.

■ 선박출항통제의 기준 및 절차(시행규칙 제33조 관련)(기출) ■

① 국제항해에 종사하지 않는 여객선 및 여객용 수면비행선박
　㉠ 적용선박 : 「해운법」 제2조 제1호의2에 따른 여객선 중 국제항해에 종사하지 않는 여객선 및 여객용 수면비행선박(이하 "내항여객선"이라 한다)
　㉡ 출항통제권자 : 해양경찰서장
　㉢ 기상상태별 출항통제선박 및 통제절차

기상상태	출항통제선박	통제절차
풍랑·폭풍해일 주의보	1) 「선박안전법 시행령」 제2조 제1항 제3호 가목에 따른 평수구역(이하 "평수구역"이라 한다) 밖을 운항하는 내항여객선. 다만, 「기상법 시행령」 제9조 제1항에 따른 해상예보구역 중 앞바다(이하 이 표에서 "앞바다"라고 한다)에서 운항하는 내항여객선과 총톤수 2,000톤 이상 내항여객선에 대해서는 운항항로의 해상상태가 「해운법」 제21조에 따른 운항관리규정의 출항정지조건·운항정지조건(이하 "출항정지조건등"이라 한다)	가) 「해운법」 제22조 제2항에 따른 운항관리자(이하 이 표에서 "운항관리자"라 한다)는 풍랑·폭풍해일주의보 발효 시 기상상황을 종합분석(다음 기항지 도착예정시간 내에 출항정지조건등에 해당하는 기상특보·예보의 발표 여부를 포함하여야 한다)할 것 나) 운항관리자는 해당 내항여객선의 출항정지조건등을 확인하고 선장의 의견을 들을 것 다) 운항관리자는 앞바다에서 운항하는 내항여객선 및 총톤수 2,000톤 이상 내항여객선에 대하여 종합분석된 해상상태가 출항정지조건등에는 해당하지 않아 출항을 허용하려는 경우에는 출항통제권자에게 보고할 것

		한다)에 해당하지 않는 내항여객선에 한정하여 출항을 허용할 수 있다.	라) 출항통제권자는 해상상태 및 운항관리자의 보고 등을 고려하여 해당 내항여객선의 출항 여부를 결정할 것
		2) 평수구역 안에서 운항하는 내항여객선. 다만, 운항항로의 해상상태가 해당 내항여객선의 출항정지조건등에 해당하여 안전운항에 위험이 있다고 판단될 경우에만 운항을 통제할 수 있다.	가) 운항관리자는 평수구역 안에서 운항하는 내항여객선이 출항통제선박에 해당된다고 판단되는 경우에는 출항통제권자에게 보고할 것 나) 출항통제권자는 해상상태 및 운항관리자의 보고 등을 고려하여 해당 내항여객선의 출항 여부를 결정할 것
풍랑·폭풍해일 경보, 태풍 주의보·경보		모든 내항여객선	출항통제권자는 해당 기상특보가 발효되면 해당 내항여객선의 출항을 통제해야 한다.
제한된 시계	시정 1킬로미터 이내	모든 내항여객선(여객용 수면비행선박은 제외한다)	출항통제권자는 시계제한 시 해당 내항여객선의 출항을 통제해야 한다.
	시정 11킬로미터 이내	여객용 수면비행선박	

※ 비고
1. 기상특보의 발표 기준은 「기상법 시행령」 제8조에 따른다.
2. "여객용 수면비행선박"이란 「해운법」 제3조 제1호 또는 제2호의 내항 정기여객운송사업 또는 내항 부정기 여객운송사업에 종사하는 「선박법」 제1조의2 제1항 제1호에 따른 수면비행선박을 말한다.
3. "총톤수"란 선박국적증서 또는 선적증서에 기재된 톤수를 말한다.

② 내항여객선 외의 선박
  ㉠ 적용선박 : 내항여객선을 제외한 선박. 다만, 다음의 어느 하나에 해당하는 선박에 대해서는 적용하지 않는다.
    1) 「수상레저안전법」에 따른 수상레저기구
    2) 「낚시 관리 및 육성법」에 따른 낚시어선
    3) 「유선 및 도선 사업법」에 따른 유·도선
    4) 「어선안전조업 및 어선원의 안전·보건 증진 등에 관한 법률」에 따른 어선
  ㉡ 출항통제권자 : 지방해양수산청장
  ㉢ 기상상태별 출항통제선박 및 통제절차

기상상태		출항통제선박	통제절차
풍랑·폭풍해일 주의보		1) 평수구역 밖을 운항하는 선박 중 총톤수 250톤 미만으로서 길이 35미터 미만의 국제항해에 종사하지 않는 선박 2) 국제항해에 종사하는 예부선 결합선박 3) 수면비행선박(여객용 수면비행선박은 제외한다)	출항통제권자는 해당 기상특보가 발효되거나 시계제한 시 출항신고 선박의 총톤수·길이·항행구역 등을 확인하여 통제대상 여부를 판단한 후 해당 선박의 출항을 통제해야 한다.
풍랑·폭풍해일 경보		1) 총톤수 1,000톤 미만으로서 길이 63미터 미만의 국제항해에 종사하지 않는 선박 2) 국제항해에 종사하는 예부선 결합선박	
태풍주의보 및 경보		1) 총톤수 7,000톤 미만의 국제항해에 종사하지 않는 선박 2) 국제항해에 종사하는 예부선 결합선박	
제한된 시계	시정 0.5킬로미터 이내	1) 화물을 적재한 유조선·가스운반선 또는 화학제품운반선[향도선(嚮導船)을 활용하는 경우는 제외한다] 2) 레이더 및 초단파 무선전화(VHF) 통신설비를 갖추지 않은 선박	
	시정 11킬로미터 이내	수면비행선박(여객용 수면비행선박은 제외한다)	

※ 비고
1. 출항통제권자는 선박의 안전운항 확보, 항만의 효율적 운영 또는 재난·안전관리 등을 위하여 필요하다고 인정하는 경우에는 출항통제를 완화하거나 적용하지 않을 수 있다.
2. "총톤수" 및 "길이"란 선박국적증서 또는 선적증서에 기재된 톤수 및 길이를 말한다. 이 경우 예부선 결합선박[추진기관이 설치되어 있는 선박에 결합하여 운항하는 압항부선(押航艀船)은 제외한다]은 예선톤수만을 말한다.

(6) 순찰 및 정선
  ① 순찰 : 해양경찰서장은 선박 통항의 안전과 질서를 유지하기 위하여 소속 경찰공무원에게 수역등·항로 또는 보호수역을 순찰하게 하여야 한다.
  ② 정선 등 : 해양경찰서장은 이 법 또는 이 법에 따른 명령을 위반하였거나 위반한 혐의가 있는 사람이 승선하고 있는 선박에 대하여 정선(停船)하거나 회항(回航)할 것을 명할 수 있다(위반시 1년 이하의 징역 또는 1천만원 이하의 벌금).
  ③ 정선명령·회항명령의 고지 : 정선명령이나 회항명령은 음성·음향·수기(手旗)·발광(發光)·기류신호(깃발신호)·무선통신 등 해당 선박에서 항해당직을 수행하고 있는 사람이 알 수 있는 방법으로 해야 한다.

(7) 술에 취한 상태에서의 조타기 조작 등 금지(기출)
  ① 술에 취한 상태에 있는 사람은 운항을 하기 위하여 「선박직원법」 제2조 제1호에 따른 선박[총톤수 5톤 미만의 선박과 같은 호 나목 및 다목에 해당하는 외국선박 및 시운전선박(국내 조선소에서 건조 또는 개조하여 진수 후 인도 전까지 시운전하는 선박을 말한다)을 포함한다]의 조타기(操舵機)를 조작하거나 조작할 것을 지시하는 행위 또는 「도선법」 제2조 제1호에 따른 도선(이하 "도선"이라 한다)을 하여서는 아니 된다.
    * 선박직원법 제2조 제1호에 따라 적용되는 선박 : 위 예외를 제외한 한국의 모든 선박(㉑ 낚시어선업을 하기 위하여 신고된 어선, 영업구역을 바다로 하여 면허를 받거나 신고된 유선·도선, 수면비행선박, 부선과 계류된 선박 중 총톤수 500톤 미만의 선박도 포함함)
    ✓ 1. 혈중알코올농도가 0.2퍼센트 이상인 사람은 2년 이상 5년 이하의 징역이나 2천만원 이상 3천만원 이하의 벌금
    2. 혈중알코올농도가 0.08퍼센트 이상 0.2퍼센트 미만인 사람은 1년 이상 2년 이하의 징역이나 1천만원 이상 2천만원 이하의 벌금
    3. 혈중알코올농도가 0.03퍼센트 이상 0.08퍼센트 미만인 사람은 1년 이하의 징역이나 1천만원 이하의 벌금
  ② 술에 취하였는지 여부 측정
    ㉠ 측정 요구자 : 해양경찰청 소속 경찰공무원
    ㉡ 측정 대상자 : 운항을 하기 위하여 조타기를 조작하거나 조작할 것을 지시하는 사람(운항자) 및 도선을 하는 사람(도선사)
    ㉢ 술에 취하였는지 여부 측정 대상
      • 다른 선박의 안전운항을 해치거나 해칠 우려가 있는 등 해상교통의 안전과 위험방지를 위하여 필요하다고 인정되는 경우
      • 술에 취한 상태에서 조타기를 조작하거나 조작할 것을 지시하였거나 도선을 하였다고 인정할 만한 충분한 이유가 있는 경우
      • 해양사고가 발생한 경우(반드시 측정해야 함)

③ 술에 취하였는지를 측정한 결과에 불복하는 사람에 대하여는 해당 운항자 또는 도선사의 동의를 받아 **혈액채취** 등의 방법으로 다시 측정할 수 있다.

④ 술에 취한 상태의 기준 : 술에 취한 상태의 기준은 혈중알코올농도 0.03퍼센트 이상으로 한다.(기출)

(8) 약물복용 등의 상태에서 조타기 조작 등 금지

약물(마약류)·환각물질(「화학물질관리법」 제22조 제1항에 따른 환각물질)의 영향으로 인하여 정상적으로 다음의 행위를 하지 못할 우려가 있는 상태에서는 해당 행위를 하여서는 아니 된다.

① 「선박직원법」 제2조 제1호에 따른 선박의 조타기를 조작하거나 조작할 것을 지시하는 행위

② 「선박직원법」 제2조 제1호에 따른 선박의 도선

  ✔ 적용되는 선박의 종류는 "술에 취한 상태에서 조타기 조작 등 금지"에서와 동일함

(9) 위험방지를 위한 조치

해양경찰서장은 운항자 또는 도선사가 술에 **취한 상태** 및 약물복용 등의 상태에서 조타기 조작 등 금지를 위반한 경우에는 그 운항자 또는 도선사가 정상적으로 조타기를 조작하거나 조작할 것을 지시할 수 있는 상태가 될 때까지 조타기 조작 또는 조작 지시를 하지 못하게 명령하거나 도선을 하지 못하게 명령하는 등 필요한 조치를 취할 수 있다.

(10) 해기사면허의 취소·정지 요청

해양경찰청장은 해기사면허를 받은 자가 다음의 어느 하나에 해당하는 경우 해양수산부장관에게 해당 해기사면허를 취소하거나 1년의 범위에서 해기사면허의 효력을 정지할 것을 요청할 수 있다.

㉠ 술에 취한 상태에서 운항을 하기 위하여 조타기를 조작하거나 그 조작을 지시한 경우

㉡ 술에 취한 상태에서 조타기를 조작하거나 조작할 것을 지시하였다고 인정할 만한 상당한 이유가 있음에도 불구하고 해양경찰청 소속 경찰공무원의 측정요구에 따르지 아니한 경우

㉢ 약물·환각물질의 영향으로 인하여 정상적으로 조타기를 조작하거나 그 조작을 지시하지 못할 우려가 있는 상태에서 조타기를 조작하거나 그 조작을 지시한 경우

(11) 해양사고가 일어난 경우의 조치

① 해양사고의 신고 : 선장이나 선박소유자는 해양사고가 일어나 선박이 위험하게 되거나 다른 선박의 항행안전에 위험을 줄 우려가 있는 경우에는 위험을 방지하기 위하여 신속하게 필요한 조치를 취하고, 해양사고의 발생 사실과 조치 사실을 지체 없이 해양경찰서장이나 **지방해양수산청장**에게 신고하여야 한다. 다만, 외국에서 발생한 해양사고의 경우에는 선적항 소재지의 관할관청에 신고하여야 한다.

  ✔ 신고를 하지 않거나 게을리했거나 거짓으로 신고한 경우 1회 위반 과태료 90만원, 2회 위반 과태료 150만원, 3회 위반 과태료 300만원

② 해양사고의 통보 : 지방해양수산청장은 신고를 받으면 지체 없이 그 사실을 해양경찰서장에게 통보하여야 한다.

③ 필요한 조치 명령 : 해양경찰서장은 선장이나 선박소유자가 ①에 따라 신고한 조치 사실을 적절한 수단을 사용하여 확인하고, 조치를 취하지 아니하였거나 취한 조치가 적당하지 아니하다고 인정하는 경우에는 그 선박의 선장이나 선박소유자에게 해양사고를 신속하게 수습하고 해상교통의 안전을 확보하기 위하여 필요한 조치를 취할 것을 명하여야 한다.

④ 선박의 이동·항행 등 제한 : 해양경찰서장은 해양사고가 일어나 선박이 위험하게 되거나 다른 선박의 항행안전에 위험을 줄 우려가 있는 경우 필요하면 구역을 정하여 다른 선박에 대하여 선박의 이동·항행 제한 또는 조업중지를 명할 수 있다.

⑤ 해양사고신고 절차

  ㉠ 해양사고의 발생일시 및 발생장소
  ㉡ 선박의 명세
  ㉢ 사고개요 및 피해상황
  ㉣ 조치사항
  ㉤ 그 밖에 해양사고의 처리 및 항행안전을 위하여 해양수산부장관이 필요하다고 인정하는 사항

  * 선장 또는 선박소유자는 신고절차에 따른 신고 후에 해당 해양사고에 대하여 추가로 조치한 사항이 있는 경우에는 지체 없이 관할관청에 알려야 한다.

(12) 항행보조시설의 설치와 관리

① 선박의 항행안전에 필요한 항행보조시설 : 항로표지·신호·조명에 관련된 시설 등

② 항로표지의 설치수역(기출) : ㉠ 선박교통량이 아주 많은 수역, ㉡ 항행상 위험한 수역

③ 항행보조시설의 설치·관리·운영의 주체 : 해양수산부장관 (기출)

④ 항로표지 설치의 요청 : 해양경찰청장, 지방자치단체의 장 또는 운항자는 항로표지를 설치할 필요가 있다고 인정하면 해양수산부장관에게 그 설치를 요청할 수 있다.

> **참고**
> 항로표지법상에 따른 항로표지 : 등광(燈光)·형상(形象)·색채·음향·전파 등을 수단으로 선박의 위치·방향 및 장애물의 위치 등을 알려주는 항행보조시설로서 광파(光波)표지, 형상표지, 음파표지, 전파표지 및 특수신호표지 등 해양수산부령으로 정하는 것을 말한다.

10 선박 및 사업장의 안전관리

(1) 선박의 안전관리체제

① 선장의 권한 : 누구든지 선박의 안전을 위한 선장의 전문적인 판단을 방해하거나 간섭하여서는 아니 된다.

② 선박의 안전관리체제 수립 등

  ㉠ 해양수산부장관은 다음 ㉡에 따른 선박을 운항하는 선박소유자가 그 선박과 사업장에 대하여 선박의 안전운항 등을 위한 안전관리체제(시행규칙 §33 별표 11 참조)를 수립하고 시행하는 데 필요한 시책을 강구하여야 한다.

  ㉡ 선박소유자가 안전관리체제를 수립·시행해야 할 선박 (해저자원을 채취·탐사 또는 발굴하는 작업에 종사하는 이동식 해상구조물을 포함)

    * 다만, 「해운법」에 따른 운항관리규정을 작성하여 해양수산부장관으로부터 심사를 받고 시행하는 경우에는 안전관리체제를 수립하여 시행하는 것으로 본다.

    • 해상여객운송사업에 종사하는 선박
    • 해상화물운송사업에 종사하는 선박으로서 총톤수 500톤 이상의 선박[기선(機船)과 밀착된 상태로 결합된 부선(艀船)을 포함한다]

- 국제항해에 종사하는 총톤수 500톤 이상의 어획물운반선과 이동식 해상구조물
- 수면비행선박
- 해상화물운송사업에 종사하는 선박으로서 총톤수 100톤 이상 500톤 미만의 유류·가스류 및 화학제품류를 운송하는 선박(기선과 밀착된 상태로 결합된 부선을 포함한다)
- 평수(平水)구역 밖을 운항하는 선박으로서 다음의 어느 하나에 해당하는 부선이나 구조물을 끌거나 미는 선박
  - 총톤수가 2천톤 이상이거나 길이가 100미터 이상인 부선
  - 길이가 100미터 이상인 구조물
  - 밀리거나 끌리는 각각의 부선의 총톤수의 합이 2천톤 이상인 2척 이상의 부선
  - 밀리거나 끌리는 각각의 구조물의 길이의 합이 100미터 이상인 2개 이상의 구조물
  - 밀리거나 끌리는 부선이나 구조물의 길이의 합이 100미터 이상인 부선과 구조물
- 국제항해에 종사하는 총톤수 500톤 이상의 준설선(浚渫船)

③ 안전관리대행업자에게의 위탁 : 안전관리체제를 수립·시행하여야 하는 선박소유자는 안전관리대행업자에게 이를 위탁할 수 있다. 이 경우 선박소유자는 그 사실을 10일 이내에 해양수산부장관에게 알려야 한다.

④ 안전관리체제에 포함되어야 할 사항
- 해상에서의 안전과 환경보호에 관한 기본방침
- 선박소유자의 책임과 권한에 관한 사항
- 안전관리책임자와 안전관리자의 임무에 관한 사항
- 선장의 책임과 권한에 관한 사항
- 인력의 배치와 운영에 관한 사항
- 선상운용계획의 수립에 관한 사항
- 선박충돌사고 등 발생시 비상대책의 수립에 관한 사항
- 사고, 위험 상황 및 안전관리체제의 결함에 관한 보고와 분석에 관한 사항
- 선박의 정비에 관한 사항
- 안전관리체제와 관련된 지침서 등 문서 및 자료 관리에 관한 사항
- 안전관리체제에 대한 선박소유자의 확인·검토 및 평가에 관한 사항

⑤ 안전관리체제를 수립·시행하여야 하는 선박소유자는 안전관리체제의 시행을 위하여 **안전관리책임자와 안전관리자를 두어야 한다.**

(2) 인증심사
① 선박소유자는 안전관리체제를 수립·시행하여야 하는 선박이나 사업장에 대하여 인증심사 구분에 따라 해양수산부장관으로부터 안전관리체제에 대한 인증심사를 받아야 한다.
② 인증심사의 구분
㉠ 최초인증심사 : 안전관리체제의 수립·시행에 관한 사항을 확인하기 위하여 처음으로 하는 심사
㉡ 갱신인증심사 : 선박안전관리증서 또는 안전관리적합증서의 유효기간이 만료되기 전에 해양수산부령으로 정하는 시기에 행하는 심사
㉢ 중간인증심사 : 최초인증심사와 갱신인증심사 사이 또는 갱신인증심사와 갱신인증심사 사이에 해양수산부령으로 정하는 시기에 행하는 심사
  - 사업장의 경우 : 안전관리적합증서의 유효기간 개시일부터 매 1년이 되는 날 전후 각각 3개월 이내
  - 선박의 경우 : 선박안전관리증서의 유효기간 개시일부터 2년 6개월이 되는 날 전후 6개월 이내. 다만, 선박소유자의 요청이 있는 경우에는 유효기간 개시일부터 매 1년이 되는 날 전후 각각 3개월 이내
㉣ 임시인증심사 : 최초인증심사를 받기 전에 임시로 선박을 운항하기 위하여 다음의 어느 하나에 대하여 하는 심사
  - 새로운 종류의 선박을 추가하거나 신설한 사업장
  - 개조 등으로 선종이 변경되거나 신규로 도입한 선박
㉤ 수시인증심사 : ㉠부터 ㉣까지의 인증심사 외에 선박의 해양사고 및 외국항에서의 항행정지 예방 등을 위하여 선박 또는 사업장에 대하여 하는 심사. 수시인증심사를 하려는 경우에는 선박소유자, 안전관리대행업자, 그 밖의 이해관계인에게 심사목적 및 심사시기 등을 서면으로 알려야 한다.
  - 사업장이나 선박에 대한 점검 결과 선박의 안전 확보를 위하여 필요하다고 인정하는 경우
  - 지도·감독 결과 해양사고를 방지하고 해사안전관리 업무를 효율적으로 수행하기 위하여 필요하다고 인정하는 경우
  - 해양사고가 발생한 경우로서 해당 선박의 안전 확보를 위하여 필요하다고 인정하는 경우

③ 인증심사의 신청 : 인증심사 신청서에 다음 구분에 따른 서류를 첨부하여 지방해양수산청장 또는 인증심사대행기관에 제출하여야 한다.
㉠ 공통 제출서류
- 해상여객운송사업 면허증 사본
- 해상화물운송사업 등록증 사본
- 그 밖에 안전관리체제를 수립·시행해야 하는 선박임을 증명하는 서류
㉡ 개별 제출서류
- 최초인증심사를 신청하는 경우
  - 사업장 : 안전관리체제 관련 서류 목록, 사업개요·조직 및 보유선박 현황에 관한 서류 및 임시안전관리적합증서 사본
  - 선박 : 안전관리적합증서 사본
- 갱신인증심사 또는 중간인증심사를 신청하는 경우
  - 사업장 : 안전관리적합증서 사본
  - 선박 : 안전관리적합증서 사본 및 선박안전관리증서 사본
- 임시인증심사를 신청하는 경우
  - 사업장 : 회사 조직도 및 부서별 업무개요에 관한 서류 및 안전관리적합증서 사본
  - 새로운 종류의 선박을 추가하는 경우에 해당 선박 : 새로 추가된 선박을 반영한 임시안전관리적합증서 사본
  - 같은 종류의 선박을 도입하는 경우에 해당 선박 : 기존의 안전관리적합증서 사본

④ 인증심사의 방법 등
  ㉠ 인증심사의 방법은 별표 14와 같다.
  ㉡ 선박소유자는 인증심사를 받을 때에는 다음 각 호의 구분에 따른 사람을 인증심사에 참여하도록 하거나 직접 해당 인증심사(사업장에 대한 인증심사의 경우만 해당한다)에 참여해야 한다. 이 경우 선박소유자는 특별한 사유가 없는 한 인증심사에 필요한 협조를 해야 한다.
    • 사업장에 대한 인증심사의 경우 : 선박소유자의 직무를 대행하는 사람
    • 선박에 대한 인증심사의 경우 : 인증심사의 항목에 따라 선장·기관장 또는 그 직무를 대행하는 직원

⑤ 인증심사에 합격하지 아니한 선박의 항행 : 선박소유자는 인증심사에 합격하지 아니한 선박을 항행에 사용하여서는 아니 된다. 다만, 천재지변 등으로 인하여 인증심사를 받을 수 없다고 인정되는 등 해양수산부령으로 정하는 경우에는 그러하지 아니하다. 여기서 "해양수산부령으로 정하는 경우"란(시운전의 경우 수면비행선박은 제외)
  • 「선박안전법」 규정에 따른 선박의 검사를 받기 위하여 해당 항만 또는 인근해역에서 시운전을 하는 경우
  • 「선박안전법」에 따른 선박의 형식승인을 얻기 위하여 해당 항만 또는 인근해역에서 시운전을 하는 경우
  • 국제항해에 종사하지 아니하는 선박의 수리를 위하여 국제항해를 왕복하는 경우. 이 경우 왕복 횟수는 1회로 한정한다.
  • 외국에서 선박을 구입하여 국내로 국제항해를 하는 경우
  • 천재지변 등 해양수산부장관이 정하여 고시하는 불가피한 사유로 인하여 인증심사를 받을 수 없는 경우

⑥ 인증심사 업무의 대행 등
  ㉠ 해양수산부장관은 인증심사, 선박안전관리증서 등의 발급 업무를 해양수산부장관이 지정하는 인증심사대행기관(이하 "정부대행기관"이라 한다)이 대행하게 할 수 있다. 이 경우 해양수산부장관은 정부대행기관과 협정을 체결하여야 한다.
  ㉡ 해양수산부장관은 정부대행기관이 다음의 어느 하나에 해당하면 그 지정을 취소하거나 6개월의 범위에서 업무의 전부나 일부를 정지할 것을 명할 수 있다.
    • 거짓이나 그 밖의 부정한 방법으로 지정을 받은 경우 (취소)
    • 정부대행기관의 지정기준을 충족하지 못하게 된 경우
    • 인증심사에 관한 업무를 수행할 능력이 없다고 인정된 경우(취소)
    • 수수료의 승인 또는 변경승인을 받지 아니하고 수수료를 징수한 경우
    • 대행업무에 관한 보고를 하지 아니한 경우
    • 업무정지명령을 위반하여 정지기간 중에 대행업무를 계속한 경우(취소)

⑦ 선박안전관리증서 등의 발급 등
  ㉠ 해양수산부장관은 최초인증심사나 갱신인증심사에 합격하면 그 선박에 대하여는 선박안전관리증서를 내주고, 그 사업장에 대하여는 안전관리적합증서를 내주어야 한다.
  ㉡ 해양수산부장관은 임시인증심사에 합격하면 그 선박에 대하여는 임시선박안전관리증서를 내주고, 그 사업장에 대하여는 임시안전관리적합증서를 내주어야 한다.
  ㉢ 선박안전관리증서와 안전관리적합증서의 유효기간은 각각 5년으로 하고, 임시안전관리적합증서의 유효기간은 1년, 임시선박안전관리증서의 유효기간은 6개월로 한다.
  ㉣ 선박안전관리증서는 5개월의 범위에서, 임시선박안전관리증서는 6개월의 범위에서 유효기간을 연장할 수 있다.
  ㉤ 해양수산부장관은 선박소유자가 중간인증심사 또는 수시인증심사에 합격하지 못하면 그 인증심사에 합격할 때까지 안전관리적합증서 또는 선박안전관리증서의 효력을 정지하여야 한다.
  ㉥ 안전관리적합증서의 효력이 정지된 경우에는 해당 사업장에 속한 모든 선박의 선박안전관리증서의 효력도 정지된다.

⑧ 인증심사에 대한 이의신청 등
  ㉠ 인증심사에 불복하는 자는 심사결과를 통지받은 날부터 30일 이내에 그 사유를 적어 해양수산부장관이 정하는 바에 따라 이의신청을 할 수 있다.
  ㉡ 위에 규정한 사항 외에 이의신청에 관한 사항은 「행정기본법」 제36조에 따른다.

(3) 선박 점검 및 사업장 안전관리
① 외국선박 통제
  ㉠ 통제대상 선박 : 대한민국의 영해에 있는 외국선박 중 대한민국의 항만에 입항하였거나 입항할 예정인 선박
  ㉡ 확인할 사항 : 안전관리체제, 선박의 구조·시설, 선원의 선박운항지식 등이 해사 안전에 관한 국제협약의 기준에 맞는지를 확인
  ㉢ 외국선박 통제의 시행 : 지방해양수산청장은 외국선박을 확인하려는 경우에는 소속 공무원으로 하여금 직접 승선하여 확인하게 할 수 있다.
  ㉣ 항행정지를 명하는 등 필요한 조치를 해야 하는 경우 : 외국선박의 안전관리체제, 선박의 구조·시설, 선원의 선박운항지식 등이 국제협약의 기준에 미치지 못하는 경우로서
    • 해당 선박의 크기·종류·상태 및 항행기간을 고려할 때 항행을 계속하는 것이 인명이나 재산에 위험을 불러일으킬 수 있는 경우
    • 해양환경 보전에 장해를 미칠 우려가 있다고 인정되는 경우
  ㉤ 필요한 조치를 하려는 경우 : 해당 선박의 선장에게 외국선박 통제점검보고서를 발급(이의신청에 대한 안내문 포함)
  ㉥ 항행정지를 명한 경우 : 지방해양수산청장은 항행정지를 명한 경우에는 팩스 및 전자우편 등의 방법으로 해당 선박이 등록된 국가의 정부 또는 영사에게 그 정지사실을 알려야 한다.
  ㉦ 조치의 해제 : 위험과 장해가 없어졌다고 인정할 때에 지체 없이 해제

② 선박 점검 등
  ㉠ 점검대상 선박 : 대한민국선박이 외국 정부의 선박통제에 따라 항행정지 처분을 받은 경우
  ㉡ 점검내용 : 그 선박의 사업장에 대하여 안전관리체제의 적합성 여부를 점검하거나 그 선박이 국내항에 입항할 경우 관련되는 선박의 안전관리체제, 선박의 구조·시설, 선원의 선박운항지식 등에 대하여 점검한다.
  ㉢ 특별점검 : 해양수산부장관은 외국 정부의 선박통제에 따른 항행정지를 예방하기 위한 조치가 필요하다고 인정하는 경우 관련되는 선박에 대하여 특별점검을 할 수 있다.
  ㉣ 해양수산부장관은 특별점검의 결과 선박의 안전 확보를 위하여 필요하다고 인정하면 그 선박의 소유자 또는 해당 사업장에 대하여 시정·보완 또는 항행정지를 명할 수 있다. 시정·보완 또는 항행정지를 명하는 경우에는 점검보고서를 발급하여야 한다(이의신청에 대한 안내문 포함).

③ 해사안전관리에 대한 해사안전감독관의 지도·감독
  ㉠ 해양수산부장관은 해양사고가 발생할 우려가 있거나 해사안전관리의 적정한 시행 여부를 확인하기 위하여 필요한 경우 등 해양수산부령으로 정하는 경우에는 해사안전감독관으로 하여금 정기 또는 수시로 다음의 조치를 하게 할 수 있다.
    * 다만, 「수상레저안전법」에 따른 수상레저기구와 선착장 등 수상레저시설, 「유선 및 도선 사업법」에 따른 유·도선, 유·도선장에 대해서는 제외
    • 선장, 선박소유자, 안전진단대행업자, 안전관리대행업자, 그 밖의 관계인에게 출석 또는 진술을 하게 하는 것
    • 선박이나 사업장에 출입하여 관계 서류를 검사하게 하거나 선박이나 사업장의 해사안전관리 상태를 확인·조사 또는 점검하게 하는 것
    • 선장, 선박소유자, 안전진단대행업자, 안전관리대행업자, 그 밖의 관계인에게 관계 서류를 제출하게 하거나 그 밖에 해사안전관리에 관한 업무를 보고하게 하는 것

> **참고**
> **해양수산부령으로 정하는 경우(시행규칙 제60조)**
> 1. 중대한 해양사고가 발생한 경우로서 유사한 사고의 발생을 예방하기 위하여 필요한 경우
> 2. 안전진단서가 안전진단기준 또는 안전진단서 작성기준에 현저히 미달한 경우
> 3. 안전관리체제의 수립 및 시행에 중대한 결함이나 부적합사항이 발생한 경우
> 4. 선박 또는 사업장의 해사안전관리 상태에 대하여 종사자 또는 도선사 등 관계인의 결함 신고가 있는 경우
> 5. 외국정부로부터 선박안전에 관한 결함사항의 통보가 있어 선박의 점검이 필요한 경우
> 6. 선장, 선박소유자, 안전진단대행업자, 안전관리대행업자나 그 밖의 관계인이 법·영이나 이 규칙을 위반하여 법 제60조 제1항 각 호의 조치가 필요한 경우
> 7. 그 밖에 해양사고가 발생할 우려가 있거나 해사안전관리의 적정한 시행 여부를 확인하기 위하여 필요한 경우

  ㉡ 위 ㉠에 따른 지도·감독 업무를 수행하기 위하여 해양수산부에 해사안전감독관을 둔다. 다만, 해양수산부장관의 지도·감독 권한의 일부를 위임하는 경우에는 그 권한을 위임받은 기관의 장이 소속된 기관에 해사안전감독관을 둔다.
  ㉢ 지도·감독을 실시하려는 해사안전감독관은 지도·감독 실시일 7일 전까지 지도·감독의 목적, 내용, 날짜 및 시간 등을 서면으로 해당 지도·감독의 대상이 되는 자에게 알려야 한다. 다만, 긴급한 경우 또는 사전에 지도·감독의 실시를 알리면 증거 인멸 등으로 해당 지도·감독의 목적을 달성할 수 없다고 인정되는 경우에는 그러하지 아니할 수 있다.
  ㉣ 지도·감독을 실시하는 해사안전감독관은 그 권한을 표시하는 증표를 지니고 이를 관계인에게 내보여야 한다.
  ㉤ 지도·감독을 실시한 해사안전감독관은 그 결과를 서면으로 해당 지도·감독의 대상이 되는 자에게 알려야 한다.

④ 개선명령
  ㉠ 해양수산부장관은 지도·감독 결과 필요하다고 인정하거나 해양사고의 발생빈도와 경중 등을 고려하여 필요하다고 인정할 때에는 그 선박의 선장, 선박소유자, 안전관리대행업자, 그 밖의 관계인에게 다음의 조치를 명할 수 있다.
    ⓐ 선박 시설의 보완이나 대체
    ⓑ 소속 직원의 근무시간 등 근무 환경의 개선
    ⓒ 소속 임직원에 대한 교육·훈련의 실시
    ⓓ 그 밖에 해사안전관리에 관한 업무의 개선
  ㉡ 해양수산부장관은 ⓐ에 따른 조치를 명할 경우에는 선박 시설을 보완하거나 대체하는 것을 마칠 때까지 해당 선박의 항행정지를 함께 명할 수 있다.

⑤ 이의신청
  ㉠ 제57조 제2항에 따른 항행정지명령 또는 제58조 제3항에 따른 시정·보완 명령, 항행정지명령에 불복하는 선박소유자는 명령을 받은 날부터 90일 이내에 그 불복 사유를 적어 해양수산부장관에게 이의신청을 할 수 있다. 이의신청을 하려는 자는 해당 불복 사유 및 이를 증명하는 서류를 해양수산부장관에게 제출하여야 한다.
  ㉡ ㉠에 따라 이의신청을 받은 해양수산부장관은 이의신청에 대하여 검토한 결과를 60일 이내에 신청인에게 통보하여야 한다. 다만, 부득이한 사정이 있을 때에는 30일 이내의 범위에서 통보시한을 연장할 수 있다.
  ㉢ 해양수산부장관은 ㉠에 따른 이의신청이 타당하다고 인정되는 경우에는 즉시 해당 항행정지명령 또는 시정·보완 명령을 취소해야 한다.
  ㉣ 위에 규정한 사항 외에 이의신청에 관한 사항은 「행정기본법」 제36조에 따른다.

11 모든 시계 상태에서의 선박의 항법

(1) 경계 : 주위의 상황 및 다른 선박과 충돌할 수 있는 위험성을 충분히 파악할 수 있도록 시각·청각 및 당시의 상황에 맞게 이용할 수 있는 모든 수단을 이용하여 항상 적절한 경계를 하여야 한다.
  ✓ 1회 위반 300만원, 2회 위반 500만원, 3회 위반 1,000만원 과태료

> **참고**(기출)
> 경계에 사용되는 기구로는 레이더, 쌍안경, 무전기, VHF 등이 사용된다.

(2) 안전한 속력 : 충돌을 피하기 위한 적절하고 효과적인 동작과 멈출 수 있는 안전한 속력의 항행(1회 위반 300만원, 2회 위반 500만원, 3회 위반 1,000만원 과태료)

(3) 안전한 속력을 결정하기 위한 고려사항(레이더를 사용하고 있지 않은 선박의 경우는 ①~⑥을 고려)(기출)

① 시계의 상태
② 해상교통량의 밀도
③ 선박의 정지거리·선회성능, 그 밖의 조종성능
④ 야간의 경우에는 항해에 지장을 주는 불빛의 유무
⑤ 바람·해면 및 조류의 상태와 항해장애물의 근접상태
⑥ 선박의 흘수와 수심과의 관계
⑦ 레이더의 특성 및 성능
⑧ 해면상태·기상, 그 밖의 장애요인이 레이더 탐지에 미치는 영향
⑨ 레이더로 탐지한 선박의 수·위치 및 동향

(4) 충돌위험성의 판단요령

① **레이더를 이용한 체계적인 관측** : 레이더를 설치한 선박은 레이더를 이용하여 장거리 주사, 탐지된 물체에 대한 작도, 체계적인 관측이 필요
② **불충분한 정보에 의한 판단금지** : 불충분한 레이더 정보, 그 밖에 불충분한 정보에 의존한 충돌위험성 여부 판단 금지(기출)
③ **나침방위에 의한 충돌위험성 판단**
  ㉠ 접근하여 오는 다른 선박의 나침방위에 뚜렷한 변화가 없으면 충돌위험성이 있다고 보고 필요한 조치 필요(기출)
  ㉡ 접근하여 오는 다른 선박의 나침방위에 뚜렷한 변화가 있더라도 거대선 또는 예인작업에 종사하고 있는 선박에 접근하거나 가까이 있는 다른 선박에 가깝게 접근하는 때에는 충돌위험성이 있다고 보고 필요한 조치 필요

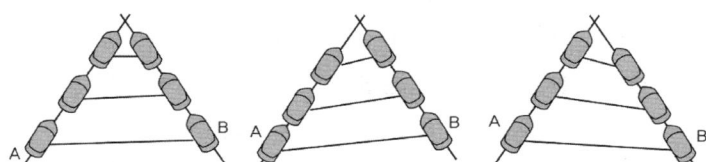

충돌위험성이 있는 경우 / 충돌위험성이 없는 경우 / 충돌위험성이 없는 경우
(A선은 유지선, B선은 피항선) (A선은 B선의 선미를 통과) (A선은 B선의 선수를 통과)

✔ 충돌위험성이 있는 상태(기출) : ㉠ 마주치는 상태 ㉡ 횡단 상태 ㉢ 추월 상태 ㉣ 근접한 상태 ㉤ 의심스러울 때

(5) 충돌을 피하기 위한 동작(기출) (1회 위반 300만원, 2회 위반 500만원, 3회 위반 1,000만원 과태료)

① 항법에 따라 다른 선박과의 충돌을 피하기 위한 동작을 취할 것
② 될 수 있으면 충분한 시간적 여유를 두고 적극적으로 조치하여 선박을 적절하게 운용하는 관행에 따를 것
③ 침로나 속력을 변경할 때는 다른 선박이 그 변경을 쉽게 알아볼 수 있도록 충분히 크게 변경할 것(소폭·연속 변경은 금물)
④ 넓은 수역에서는 적절한 시기에 상대 선박이 알 수 있도록 큰 각도로 침로를 변경할 것(30° 이상)
⑤ 다른 선박과의 안전거리를 두고 통과할 수 있도록 동작을 취하되 우현쪽으로 피항할 것(이 경우 다른 선박이 완전히 통과할 때까지 동작의 효과를 주의깊게 확인해야 함)
⑥ 충돌을 피하거나 상황을 판단하기 위한 시간적 여유를 얻기 위해 속력을 줄이거나 기관을 정지시키거나 후진하여 선박의 진행을 완전히 멈출 것
⑦ 충돌위험이 급박한 경우 전진타력을 완전히 제거할 것

(6) 다른 선박의 통항이나 통항의 안전을 방해해서는 안 되는 선박의 준수사항

① 다른 선박이 안전하게 지나갈 수 있는 여유 수역이 충분히 확보될 수 있도록 조기에 동작을 취할 것
② 다른 선박에 접근하여 충돌할 위험이 생긴 경우에는 그 책임을 면할 수 없으며, 피항동작을 취할 때에는 선박의 항법에서 요구하는 동작에 대하여 충분히 고려할 것
  * 통항할 때에 다른 선박의 방해를 받지 아니하도록 되어 있는 선박은 다른 선박과 서로 접근하여 충돌할 위험이 생긴 경우 선박의 항법의 규정에 따라야 한다.

(7) 좁은 수로 등에 있어서의 항행(1회 위반 90만원, 2회 위반 150만원, 3회 위반 300만원 과태료)

① **수로의 우측 끝쪽에서 항행** : 좁은 수로나 항로(좁은 수로 등이라 함)를 따라 항행하는 선박은 가급적 좁은 수로 등의 오른편 끝쪽에서 항행하여야 한다(다만, 통행분리방식이 적용되는 수역 또는 해양수산부장관이 특별히 지정한 수역에서는 예외). (기출)
② **소형 선박 및 범선의 좁은 수로의 다른 선박 통항방해 금지** : 길이 20m 미만의 선박이나 범선은 좁은 수로(수로의 폭 : 2마일) 등의 안쪽에서만 항행할 수 있는 다른 선박의 통항을 방해해서는 안 된다.(기출)
③ **어로에 종사하고 있는 선박의 좁은 수로의 다른 선박 통항방해 금지** : 어로에 종사하고 있는 선박은 좁은 수로등의 안쪽에서 항행하고 있는 다른 선박의 통항을 방해하여서는 안 된다.
④ **통항을 방해하는 경우 횡단금지** : 좁은 수로 등의 안쪽에서만 항행할 수 있는 다른 선박의 통항을 방해하게 되는 경우에는 좁은 수로 등을 횡단해서는 안 된다.
⑤ **앞지르기하는 배의 기적신호와 앞지르기당하는 배의 응답신호** : 앞지르기 하는 배는 좁은 수로등에서 앞지르기당하는 선박이 앞지르기 하는 배를 안전하게 통과시키기 위한 동작을 취하지 않으면 앞지르기할 수 없는 경우에 기적신호를 하여 앞지르기 하겠다는 의사를 나타내야 한다(우현쪽 앞지르기신호 : 장음 2회·단음 1회, 좌현쪽 앞지르기신호 : 장음 2회·단음 2회).(기출) 이 경우 앞지르기당하는 선박은 그 의도에 동의하면 기적신호(장음 1회·단음 1회, 장음 1회·단음 1회)를 하여 그 의사를 표현하고, 앞지르기하는 배를 통과시키기 위한 동작을 취해야 한다.(기출)
⑥ **만곡부 및 장애물로 인해 다른 선박을 볼 수 없을 경우의 음향신호** : 선박이 좁은 수로 등의 굽은 부분이나 항로에 있는 장애물 때문에 다른 선박을 볼 수 없는 수역에 접근하는 경우에는 특히 주의하여 항행하여야 한다(장음 1회의 신호를 울려야 하며, 반대쪽으로부터 접근해오는 선박도 같은 신호로 응답)
⑥ **정박금지** : 선박은 좁은 수로 등에서 정박(정박 중인 선박에 매어 있는 것을 포함)해서는 안 된다.(기출)

> 참고
> 〈예외로 정박할 수 있는 경우〉
> ㉠ 해양사고를 피할 때, ㉡ 조난선의 구조, ㉢ 인명구조

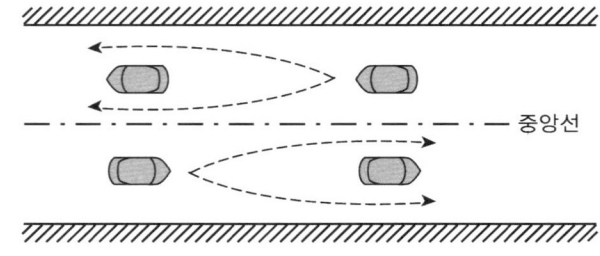

〈좁은 수로 등에 있어서의 추월방법〉

(8) **통항분리수역에서의 항법**(통항분리제도)
　① 통항분리수역
　　㉠ 국제해사기구가 채택하여 통항분리제도가 적용되는 수역
　　㉡ 해상교통량이 아주 많아 충돌사고 발생의 위험성이 있어 통항분리제도를 적용할 필요성이 있어 해양수산부령으로 정하는 수역
　② 통항분리수역에서의 항법(1회 위반 90만원, 2회 위반 150만원, 3회 위반 300만원 과태료)
　　㉠ 통항로 안에서는 정해진 진행방향으로 항행하고, 분리선·분리대에서 떨어져서 항행할 것(기출)
　　㉡ 통항로의 출입구를 통하여 출입하는 것이 원칙. 통항로 옆쪽으로 출입하는 경우 작은 각도로 출입할 것(기출)
　　㉢ 통항로에서는 횡단금지. 부득이한 경우 통항로와 선수 방향이 직각에 가까운 각도로 횡단할 것
　　㉣ 연안통항대에 인접한 통항분리수역의 통항로를 안전하게 통과할 수 있는 경우에는 연안통항대를 따라 항행금지. 다만 다음 선박의 경우에는 예외이다.

> ★ **연안통항대를 따라 항행할 수 있는 선박**(기출)
> ㉠ 길이 20m 미만의 선박, ㉡ 범선, ㉢ 어로에 종사하고 있는 선박, ㉣ 인접한 항구로 입항·출항하는 선박, ㉤ 연안통항대 안에 있는 해양시설 또는 도선사의 승하선 장소에 출입하는 선박, ㉥ 급박한 위험을 피하기 위한 선박

　　㉤ 분리대에 들어가거나 분리선의 횡단금지. 다만 다음의 선박의 경우는 예외이다.(기출)
　　　• 예외 : • 통항로를 횡단하거나 통항로에 출입하는 선박
　　　　　　• 급박한 위험을 피하기 위한 선박
　　　　　　• 어로에 종사하고 있는 선박
　　㉥ 통항분리수역에서 어로종사의 선박 및 길이 20m 미만의 선박이나 범선은 통항로를 따라 항행하는 다른 선박의 항해를 방해해서는 안 된다.
　　㉦ 통항분리수역과 그 출입구 부근에서는 주의하여 항행하여야 하고 정박금지(예외 : 해양사고를 피하거나 인명 또는 선박의 구조시)
　　㉧ 통항분리수역 안에서 해저전선의 부설·보수 및 인양작업을 하거나 항행안전을 유지하기 위한 작업 중이어서 조종능력이 제한되고 있는 선박은 그 작업을 하는데 필요한 범위에서 위 ㉠~㉧의 사항을 적용하지 않는다.(기출)

12 선박이 서로 시계 안에 있을 때의 항법

(1) **충돌위험 있는 두 범선의 항행방법**(기출) (1회 위반 90만원, 2회 위반 150만원, 3회 위반 300만원 과태료)
　① 각 범선이 다른 쪽 현에 바람을 받고 있는 경우, 좌현에 바람을 맞고 있는 범선이 다른 범선의 진로를 피해야 한다.
　② 두 범선이 서로 같은 현에 바람을 받고 있는 경우, 바람이 불어오는 쪽의 범선이 바람이 불어가는 쪽의 범선의 진로를 피해야 한다.
　③ 좌현에 바람을 받고 있는 범선은 바람이 불어오는 쪽에 있는 다른 범선을 본 경우로서 그 범선이 바람을 좌우 어느 쪽에 받고 있는지 확인할 수 없는 때에는 그 범선의 진로를 피해야 한다.

> **참고**
> 여기서 바람이 불어오는 쪽이란, 종범선에서는 주범을 펴고 있는 쪽의 반대쪽을 말하고, 횡범선에서는 최대의 종범을 펴고 있는 쪽의 반대쪽을 말하며, 바람이 불어가는 쪽이란 바람이 불어오는 쪽의 반대쪽을 말한다.

(2) **앞지르기**
　① 앞지르기하는 배의 정의(기출)
　　㉠ 다른 선박의 양쪽 현의 정횡으로부터 22.5도를 넘는 뒤쪽에서 그 선박을 앞지르는 선박
　　㉡ 밤에는 다른 선박의 선미등만을 볼 수 있고, 어느 쪽의 현등도 볼 수 없는 위치에서 그 선박을 앞지르는 선박
　　㉢ 앞지르기 하고 있는지 분명하지 않은 경우 앞지르기하는 배로 간주
　② 앞지르기하는 배의 항법(기출)(1회 위반 300만원, 2회 위반 500만원, 3회 위반 1,000만원 과태료)
　　㉠ 앞지르기 하는 배는 앞지르기당하고 있는 선박을 완전히 앞지르기하거나 그 선박에서 충분히 멀어질 때까지 그 선박의 진로를 피해야 한다.
　　㉡ 앞지르기 하는 경우 2척의 선박 사이의 방위가 어떻게 변경되더라도 앞지르기 하는 배는 앞지르기가 완전히 끝날 때까지 앞지르기당하는 선박의 진로를 피해야 한다.

(3) **2척의 동력선이 마주치는 상태의 항법**
　① 마주치는 상태의 선박
　　㉠ 2척의 동력선이 마주치거나 거의 마주치게 되어 충돌의 위험이 있을 때이다.
　　㉡ 다른 선박을 선수 방향에서 볼 수 있는 경우로서 낮에는 2척의 선박의 마스트가 선수에서 선미까지 거의 일직선이 되는 경우이다.(기출)
　　㉢ 다른 선박을 선수 방향에서 볼 수 있는 경우로서 밤에는 2개의 마스트등을 일직선으로 또는 거의 일직선으로 볼 수 있거나 양쪽 현등(양현등)을 볼 수 있는 경우이다.(기출)
　② 항법(1회 위반 300만원, 2회 위반 500만원, 3회 위반 1,000만원 과태료)
　　㉠ 2척의 동력선이 마주치거나 거의 마주치게 되어 충돌의 위험이 있을 때에는 각 동력선은 서로 다른 선박의 좌현 쪽을 지나갈 수 있도록 침로를 우현 쪽으로 변경하여야 한다.
　　㉡ 선박은 마주치는 상태에 있는지가 분명하지 아니한 경우에는 마주치는 상태에 있다고 보고 필요한 조치를 취하여야 한다.
　③ 조종신호 : 단음 1회

(4) 횡단하는 상태의 항법

① 횡단하는 상태의 선박
  ㉠ 동력선에 한하여 적용된다.
  ㉡ 2척의 동력선이 상대의 진로를 횡단하는 경우이다.
② 항법(1회 위반 300만원, 2회 위반 500만원, 3회 위반 1,000만원 과태료)
  ㉠ 충돌위험이 있을 때에는 다른 선박을 우현 쪽에 두고 있는 선박(횡단선)이 그 다른 선박(유지선)의 진로를 피해야 한다(횡단선의 피항의무).(기출)
  ㉡ 이 경우 다른 선박의 진로를 피해야 하는 선박(횡단선)은 부득이한 경우 외에는 그 다른 선박의 선수방향을 횡단해서는 안 된다.
  ㉢ 횡단 상태가 둔각일 때는 우현 변침, 단음 1회
  ㉣ 횡단 상태가 예각일 때는 좌현 변침, 단음 2회

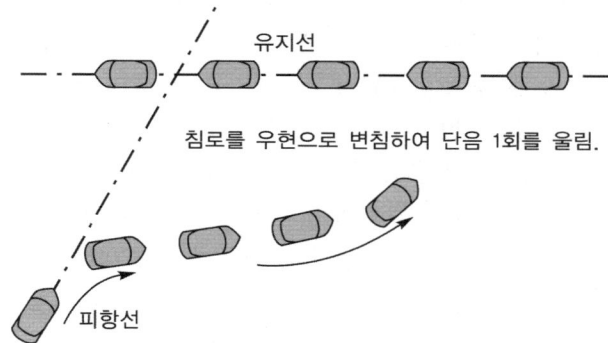

침로를 우현으로 변침하여 단음 1회를 울림.

(5) 피항선과 유지선의 동작

① **피항선의 동작**(1회 위반 90만원, 2회 위반 150만원, 3회 위반 300만원 과태료)
  다른 선박의 진로를 피하여야 하는 선박(피항선)은 미리 동작을 크게 취하여 다른 선박(유지선)으로부터 충분히 멀리 떨어져야 한다.
② **유지선의 동작**(1회 위반 90만원, 2회 위반 150만원, 3회 위반 300만원 과태료)
  ㉠ 2척의 선박 중 1척의 선박이 다른 선박의 진로를 피하여야 할 경우 다른 선박(유지선)은 그 침로와 속력을 그대로 유지해야 한다.
  ㉡ 유지선은 피항선이 적절한 조치를 취하고 있지 않다고 판단되면 스스로의 조종만으로 피항선과 충돌하지 않도록 조치를 취할 수 있고, 이 경우 유지선은 자기 선박의 좌현 쪽에 있는 선박을 향하여 침로를 왼쪽으로 변경해서는 안 된다.
  ㉢ 유지선은 피항선과 매우 가깝게 접근하여 해당 피항선의 동작만으로는 충돌을 피할 수 없다고 판단하는 경우에는 위 ㉠에도 불구하고 충돌을 피하기 위하여 충분한 협력을 하여야 한다.
  ㉣ 위 ㉡㉢의 경우 피항선에게 진로를 피해야 할 의무를 면제하지 아니한다.

(6) 선박 사이의 책무 (1회 위반 90만원, 2회 위반 150만원, 3회 위반 300만원 과태료)

① 항행 중인 동력선은 ㉠ 조종불능선 ㉡ 조종제한선 ㉢ 어로에 종사하고 있는 선박 ㉣ 범선의 진로를 피해야 한다.
② 항행 중인 범선은 ㉠ 조종불능선 ㉡ 조종제한선 ㉢ 어로에 종사하고 있는 선박의 진로를 피해야 한다.(기출)
③ 어로에 종사하고 있는 항행중인 선박은 ㉠ 조종불능선 ㉡ 조종제한선의 진로를 피해야 한다.(기출)
④ 조종불능선이나 조종제한선이 아닌 선박은 부득이하다고 인정되는 경우 외에는 등화나 형상물을 표시하고 있는 흘수제약선의 통항을 방해해서는 안 된다.
⑤ 수상항공기 및 수면비행선박은 모든 선박으로부터 충분히 떨어져서 선박의 통항을 방해하지 아니하도록 하되, 수면비행선박이 수면에서 항행하는 때에는 동력선의 항법에 따라야 한다.
⑥ 결국 조종성능이 좋은 선박이 그 보다 어려운 선박을 피항해야 하므로 그 순서는 다음과 같다(기출)
  ✔ 수상항공기(수면비행선박) > 동력선 > 범선 > 항해중인 어로종사선 > 흘수제약선 > 조종제한선(조종불능선)

13 제한된 시계에서 선박의 항법 (1회 위반 300만원, 2회 위반 500만원, 3회 위반 1,000만원 과태료)

(1) 시계가 제한된 수역 또는 선박이 서로 시계 안에 있지 아니한 경우

① 시계가 제한된 그 당시의 사정과 조건에 적합한 안전한 속력으로 항행(기출)
② 동력선은 기관을 즉시 조작할 수 있도록 준비
③ 레이더만으로 다른 선박이 있는 것을 탐지한 선박은 해당 선박과 얼마나 가까이 있는지 또는 충돌할 위험이 있는지를 판단하여야 한다. 이 경우 해당 선박과 매우 가까이 있거나 그 선박과 충돌할 위험이 있다고 판단한 경우에는 충분한 시간적 여유를 두고 피항동작을 취하여야 한다.

(2) 피항동작이 침로를 변경하는 것만으로 이루어질 경우

① 다른 선박이 자기 선박의 양쪽 현의 정횡 앞쪽에 있는 경우, 좌현 쪽으로 침로를 변경해서는 안 된다(앞지르기당하고 있는 선박의 경우는 제외).(기출)
② 자기 선박의 양쪽 현의 정횡 또는 그곳으로부터 뒤쪽에 있는 선박의 방향으로 침로를 변경해서는 안 된다.(기출)

(3) 충돌 위험성의 판단기준

① 자기 선박의 양쪽 현의 정횡 앞쪽의 다른 선박에서 무중신호를 들은 경우
② 자기 선박의 양쪽 현의 정횡 앞쪽의 다른 선박과 매우 근접상태로 피할 수 없는 경우
  ✔ 다른 선박의 무중신호를 들었을 때는 침로유지 및 최소속력으로 감속한다.(기출)

(4) 충돌 위험성이 있는 경우 취할 조치

① 모든 선박은 침로를 유지할 수 있는 최소한의 속도로 감속
② 필요하면 자기 선박의 진행을 완전히 멈춤.
③ 충돌위험이 사라질 때까지 주의 항행

14 특수한 상황에서의 선박의 항법

① 선박, 선장, 선박소유자 또는 해원(海員)은 다른 선박과의 충돌 위험 등 모든 특수한 상황(관계 선박의 성능의 한계에 따른 사정을 포함)에 합당한 주의를 하여야 한다.
② 특수한 상황 등에서의 위험을 피하기 위하여 해상교통안전법에서 정한 항법을 따르지 아니할 수 있다.
③ 선박, 선장, 선박소유자 또는 해원은 해상교통안전법의 규정을 태만히 이행하거나 일반적인 선원에게 요구되는 통상적인 주의나 특수한 상황에 요구되는 주의를 게을리 함으로써 발생한 결과에 대하여는 면책되지 아니한다.

15 등화 및 형상물(등화 및 형상물 표시방법 1회 위반 90만원, 2회 위반 150만원, 3회 위반 300만원 과태료)

(1) 적용
① 모든 날씨에 적용
② 법정 등화의 표시시각 : 선박은 해지는 시각부터 해뜨는 시각까지 등화를 표시. 단, 제한된 시계에서는 해뜨는 시각부터 해지는 시각까지(주간) 등화를 표시(기출)
③ 법정 형상물의 표시시각 : 낮 동안에는 형상물을 표시(기출)

(2) 법정 등화 외 표시할 수 있는 등화(기출)
① 법에서 정하는 등화로 오인되지 아니할 등화
② 법에서 정하는 등화의 가시도나 그 특성의 식별을 방해하지 아니하는 등화
③ 법에서 정하는 등화의 적절한 경계를 방해하지 아니하는 등화

(3) 선박의 등화의 종류
① 마스트등 : 선수와 선미의 중심선상에 설치되어 225도에 걸치는 수평의 호(弧)를 비추되, 그 불빛이 정선수 방향으로부터 양쪽 현의 정횡으로부터 뒤쪽 22.5도까지 비출 수 있는 흰색 등(기출)
② 현등 : 정선수 방향에서 양쪽 현으로 각각 112.5에 걸치는 수평의 호를 비추는 등화로서 그 불빛이 정선수 방향에서 좌현 정횡으로부터 뒤쪽 22.5도까지 비출 수 있도록 좌현에 설치된 붉은색 등과 그 불빛이 정선수 방향에서 우현 정횡으로부터 뒤쪽 22.5도까지 비출 수 있도록 우현에 설치된 녹색 등(기출)
③ 선미등 : 135도에 걸치는 수평의 호를 비추는 흰색 등으로서 그 불빛이 정선미 방향으로부터 양쪽 현의 67.5도까지 비출 수 있도록 선미 부분 가까이에 설치된 등
④ 예선등 : 선미등과 같은 특성을 가진 황색 등
⑤ 전주등 : 360도에 걸치는 수평의 호를 비추는 등화
⑥ 섬광등 : 360도에 걸치는 수평의 호를 비추는 등화로서 일정한 간격으로 1분에 120회 이상 섬광을 발하는 등
⑦ 양색등 : 선수와 선미의 중심선상에 설치된 붉은색과 녹색의 두 부분으로 된 등화로서 그 붉은색과 녹색 부분이 각 현등의 붉은색 등 및 녹색 등과 같은 특성을 가진 등
⑧ 삼색등 : 선수와 선미의 중심선상에 설치된 붉은색·녹색·흰색으로 구성된 등으로서 그 붉은색·녹색·흰색의 부분이 각각 현등의 붉은색 등과 녹색 등 및 선미등과 같은 특성을 가진 등

(4) 등화의 가시거리 및 형상물의 종류
① 등화의 가시거리

길이 \ 종류	마스트정부등	현등	선미등	예선등	전주등
50m 이상	6해리 이상	3해리 이상	3해리 이상	3해리 이상	3해리 이상
12~50m	5해리(20m 미만 3해리) 이상	2해리 이상	2해리 이상	2해리 이상	2해리 이상
12m 미만	2해리 이상	1해리 이상	2해리 이상	2해리 이상	2해리 이상

② 형상물의 종류

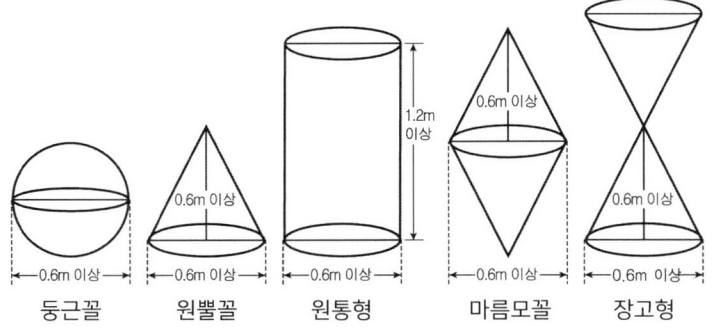

둥근꼴 원뿔꼴 원통형 마름모꼴 장고형

③ 형상물의 색 : 흑색(기출)

(5) 항행중인 동력선의 등화
① 길이 50m 이상의 동력선
  ㉠ 마스트등 : 앞쪽 1개, 뒤쪽 1개(앞쪽보다 4.5m 이상 높은 위치)
  ㉡ 현등 1쌍(좌·우현)
  ㉢ 선미등 1개
② 길이 50m 미만의 동력선(기출)
  ㉠ 마스트등 : 앞쪽 1개(뒤쪽 마스트등은 임의)
  ㉡ 현등 1쌍(좌·우현)
  ㉢ 선미등 1개
③ 길이 20m 미만의 동력선(기출)
  ㉠ 마스트등 : 앞쪽 1개(뒤쪽 마스트등은 임의)
  ㉡ 현등 1쌍 또는 양색등
  ㉢ 선미등 1개
④ 공기부양선(수중익선, 호버크래프트) : 수면에 떠있는 상태로 항행중인 선박(기출)
  ㉠ 공기부양선의 길이에 따라 길이 50m 이상, 50m 미만, 20m 미만의 동력선에 준하여 등화를 표시
  ㉡ 황색의 섬광등 1개(사방을 비추는 등화)
⑤ 길이 12m 미만의 동력선(기출)
  ㉠ 흰색 전주등 1개(마스트등도 가능)
  ㉡ 현등 1쌍(좌·우현)
✔ 길이 12m 미만의 동력선에서 마스트등이나 흰색 전주등을 선수와 선미의 중심선상에 표시하는 것이 불가능할 경우 중심선상을 벗어난 위치에 표시 가능. 이 경우 현등 1쌍은 이를 1개의 등화로 결합하여 선수와 선미의 중심선상 또는 가까운 위치에 표시하되, 그 표시를 할 수 없을 경우에는 마스트등이나 흰색 전주등이 표시된 선으로부터 가까운 위치에 표시해야 한다.(기출)
⑥ 길이 7m 미만이고 최대속력 7노트 미만의 동력선(기출)
  ㉠ 흰색 전주등 1개
  ㉡ 현등 1쌍(가능한 경우에 한해서)
⑦ 수면비행선박이 비행하는 경우
  ㉠ 마스트등 : 앞쪽 1개, 뒤쪽 1개(앞쪽보다 4.5m 이상 높은 위치)
  ㉡ 현등 1쌍(좌·우현)
  ㉢ 선미등 1개
  ㉣ 사방을 비출 수 있는 고광도 홍색 섬광등 1개

> **참고**
> **등화의 수직 배치 및 간격**
> ㉠ 길이 20m 이상인 동력선
>   • 앞부분 마스트정부등 또는 하나의 마스트정부등만 표시할 경우 선체상 6m 이상의 높이에 표시(선체상 높이는 최상층 전통 갑판상의 높이)

- 두 개의 마스트정부등을 달아야 할 경우 뒷부분 마스트정부등을 앞부분 마스트정부등보다 최소한 4.5m 이상의 높이에 달아야 한다.
ⓒ 길이 12m 이상 20m 미만인 동력선
- 마스트정부등은 현연상 2.5m 이상의 높이에 표시하여야 한다.
ⓒ 길이 12m 미만인 동력선
- 현연상 2.5m 미만인 높이에 최상부 등화를 달 수 있다.
- 현등 및 선미등에 부가하여 마스트정부등 또는 전주등을 표시할 때는 현등보다 1m 이상의 높이에 표시되어야 한다.
ⓔ 동일 수직선상에 2개 또는 3개의 등화를 표시하는 경우
- 길이 20m 이상 선박 : 등화는 2m 이상 간격, 가장 낮은 등은 선체상 4m 이상의 높이에 달아야 한다.
- 길이 20m 미만 선박 : 등화는 1m 이상 간격, 현연상 2m 이상의 높이에 달아야 한다.

(6) 항행중인 범선의 등화 및 형상물
① 길이 20m 이상의 범선(기출)
  ㉠ 현등 1쌍
  ㉡ 선미등 1개
  ㉢ 전주등 2개(추가하여 임의표시 가능)
  ✓ 전주등 2개는 마스트의 꼭대기나 그 부근에 수직선의 위·아래에 표시할 수 있다. 이 경우 위쪽은 붉은색 등화, 아래쪽은 녹색 등화이어야 한다(삼색등과 함께 표시해서는 안 됨).(기출)
② 길이 20m 미만의 범선 : 삼색등 1개(마스트 꼭대기나 그 부근)
  ✓ 위 ①의 등화 표시가 원칙이나 대신하여 하나의 삼색등으로 표시할 수 있다.(기출)
③ 길이 7m 미만의 범선 및 노도선 : 흰색 휴대용 전등이나 점화된 등(기출)
  ✓ 위 ① ②의 등화 표시가 원칙이나 흰색 휴대용 전등으로 표시할 수 있다.
④ 기관을 사용하여 진행하고 있는 범선 : 위 ① ②의 등화 외에 주간에는 원뿔꼴 형상물 1개(배 앞쪽에 형상물의 꼭지점이 아래로 향하도록 표시)(기출)

(7) 어선의 등화 및 형상물
① 적용 어선 : 항행 여부와 관계 없이 트롤망어로에 종사하고 있는 어선
② 트롤 어선(항망 또는 그 밖의 어구를 수중에서 끄는 어로작업 어선)
  ㉠ 전주등 2개(수직선 위쪽은 녹색, 아래쪽은 흰색 전주등 각 1개)
  ㉡ 마스트등 1개(길이 50m 이상의 어선만 표시, 마스트등은 녹색 전주등보다 뒤쪽의 높은 위치에 표시)
  ㉢ 대수속력이 있는 경우 : 덧붙여 현등 1쌍과 선미등 1개
  ㉣ 주간 형상물 : 장고형 형상물(2개의 원뿔을 그 꼭대기에서 위아래로 결합한 형상물) 1개
    ✓ 길이 20m 미만 어선은 바구니 1개(기출)
③ 트롤망어로종사 이외의 어선
  ㉠ 전주등 2개(수직선 위쪽은 붉은색, 아래쪽은 흰색 전주등 각 1개)
  ㉡ 현등 1쌍(대수속력이 있는 경우)
  ㉢ 선미등 1개(대수속력이 있는 경우)
  ㉣ 주간 형상물 : 장고형 형상물 1개(길이 20m 미만 어선은 바구니 1개)
  ㉤ 수평거리로 150m가 넘는 어구를 선박 밖으로 내고 있을 때
    - 야간 : 어구방향 쪽으로 흰색 전주등 1개
    - 주간 : 원뿔꼴 형상물 1개(꼭지점을 위로 표시)

④ 어로에 종사하고 있는 선박(트롤망어로, 선망어로)의 추가 신호
  ㉠ 외끌이 경우
    - 투망하고 있을 때 : 수직선상에 흰색 등 2개
    - 어망을 끌어 올리고 있을 때 : 수직선상에 흰색 등, 붉은색 등
    - 장애물에 걸렸을 때 : 수직선상에 붉은색 등 2개
  ㉡ 쌍끌이 경우 : 외끌이 등화 표시에 추가 탐조등 1개
  ㉢ 선망어선 : 황색 섬광등 2개(1초마다 상·하 번갈아 점멸)
⑤ 어로에 종사하고 있지 않은 선박
  ㉠ 위 ① ② ③의 등화나 형상물을 표시해서는 안 된다.
  ㉡ 다만, 그 선박과 같은 길이의 선박이 표시하여야 할 등화나 형상물만을 표시해야 한다.

(8) 항행중인 예인선(예인선, 피예인선)의 등화 및 형상물
① 동력선이 다른 선박이나 물체를 끌고 있는 경우
  ㉠ 예인선열의 길이가 200m 이하인 경우
    - 앞쪽의 마스트등을 대신하여 수직선상에 마스트등 2개
    - 현등 1쌍
    - 선미등 1개
    - 예선등 1개(선미등의 위쪽에 수직선 위에)
  ㉡ 예인선열의 길이가 200m 초과하는 경우
    - 앞쪽의 마스트등을 대신하여 수직선상에 마스트등 3개
    - 현등 1쌍
    - 선미등 1개
    - 예선등 1개(선미등의 위쪽에 수직선 위에)
    - 주간 형상물 : 마름모꼴 형상물 1개(가장 잘 보이는 곳에)
② 다른 선박을 밀거나 옆에 붙여서 끌고 있는 동력선의 경우
  ㉠ 예인선열의 길이가 200m 이하인 경우
    - 앞쪽의 마스트등을 대신하여 수직선상에 마스트등 2개
    - 현등 1쌍
    - 선미등 1개
  ㉡ 예인선열의 길이가 200m 초과하는 경우
    - 마스트등 2개
    - 현등 1쌍
    - 선미등 1개
    - 주간 형상물 : 마름모꼴 형상물 1개(가장 잘 보이는 곳에)
③ 피예인선(끌려가고 있는 선박이나 물체)
  ㉠ 현등 1쌍
  ㉡ 선미등 1개
  ㉢ 주간 형상물 : 예인선열의 길이가 200m 초과하는 경우 마름모꼴 형상물 1개(가장 잘 보이는 곳에)
  ㉣ 끌려가고 있는 선박이나 물체에 위의 등화나 형상물을 표시할 수 없는 경우에는 그 선박이나 물체를 조명하여 그 존재를 나타낼 수 있도록 해야 한다.
④ 2척 이상의 선박이 한 무리가 되어 밀려가거나 옆에 붙어서 끌려갈 경우(이를 1척의 선박으로 봄)
  ㉠ 앞쪽으로 밀려가고 있는 선박의 앞쪽 끝에 현등 1쌍
  ㉡ 옆에 붙어서 끌려가고 있는 선박은 선미등 1개와 그의 앞쪽 끝에 현등 1쌍

⑤ 일부가 물에 잠겨 잘 보이지 아니하는 상태에서 끌려가고 있는 선박이나 물체 또는 끌려가고 있는 선박이나 물체의 혼합체의 경우
  ㉠ 폭 25미터 미만이면 앞쪽 끝과 뒤쪽 끝 또는 그 부근에 흰색 전주등 각 1개
  ㉡ 폭 25미터 이상이면 ㉠에 따른 등화에 덧붙여 그 폭의 양쪽 끝이나 그 부근에 흰색 전주등 각 1개
  ㉢ 길이가 100미터를 초과하면 위 ㉠과 ㉡에 따른 등화 사이의 거리가 100미터를 넘지 아니하도록 하는 흰색 전주등을 함께 표시
  ㉣ 끌려가고 있는 맨 뒤쪽의 선박이나 물체의 뒤쪽 끝 또는 그 부근에 마름모꼴의 형상물 1개. 이 경우 예인선열의 길이가 200미터를 초과할 때에는 가장 잘 볼 수 있는 앞쪽 끝 부분에 마름모꼴의 형상물 1개를 함께 표시
  ㉤ 끌려가고 있는 선박이나 물체에 위 등화나 형상물을 표시할 수 없는 경우에는 그 선박이나 물체를 조명하여 그 존재를 나타낼 수 있도록 해야 한다.
⑥ 통상적으로 예인작업에 종사하지 아니한 선박이 조난당한 선박이나 구조가 필요한 다른 선박을 끌고 있는 경우 : 위 ① 또는 ②에 따른 등화를 표시할 수 없을 때에는 그 등화들을 표시하지 아니할 수 있다. 이 경우 끌고 있는 선박과 끌려가고 있는 선박 사이의 관계를 표시하기 위하여 끄는 데에 사용되는 줄을 탐조등으로 비추는 등 제101조(주의환기신호)에 따른 가능한 모든 조치를 취하여야 한다.
⑦ 밀고 있는 선박과 밀려가고 있는 선박이 단단하게 연결되어 하나의 복합체를 이룬 경우 : 이를 1척의 동력선으로 보고 항행중인 동력선의 등화표시를 해야 한다.

(9) 조종불능선의 등화 및 형상물
① 붉은색 전주등 2개(가장 잘 보이는 곳에 수직으로)
② 대수속력이 있는 경우 : 덧붙여 현등 1쌍과 선미등 1개
③ 주간 형상물 : 둥근꼴 형상물 2개

(10) 조종제한선의 등화 및 형상물
① 기뢰제거작업에 종사하고 있지 않는 선박
  ㉠ 수직으로 위쪽과 아래쪽에는 붉은색 전주등, 가운데는 흰색 전주등 각 1개(가장 잘 보이는 곳에)
  ㉡ 대수속력이 있는 경우 : ㉠에 따른 등화에 덧붙여 마스트등 1개, 현등 1쌍 및 선미등 1개
  ㉢ 주간 형상물 : 수직으로 위쪽과 아래쪽에는 둥근꼴, 가운데에는 마름모꼴의 형상물 각 1개(가장 잘 보이는 곳에)
  ㉣ 정박 중일 때 : ㉠과 ㉢에 따른 등화나 형상물에 덧붙여 제95조(정박하고 있는 선박)에 따른 등화나 형상물
② 동력선이 진로로부터 이탈능력을 매우 제한받는 예인작업에 종사하고 있는 경우
  ㉠ 동력선이 다른 선박을 끌고 있을 때의 등화나 형상물
  ㉡ 덧붙여 앞쪽에 표시하는 마스트등을 대신하여 같은 수직선 위로 마스트등 2개
③ 준설이나 수중작업에 종사하고 있는 선박이 조종능력을 제한받고 있는 경우
  ㉠ 위 ①에 따른 등화나 형상물을 표시
  ㉡ 장애물이 있는 경우 : ㉠에 덧붙여 다음의 등화나 형상물을 표시
    • 장애물이 있는 쪽을 가리키는 뱃전에 수직으로 붉은색 전주등 2개나 둥근꼴의 형상물 2개
    • 다른 선박이 통과할 수 있는 쪽을 가리키는 뱃전에 수직으로 녹색 전주등 2개나 마름모꼴의 형상물 2개
    • 정박 중인 때에는 정박선에 얹혀 있는 선박에 따른 등화나 형상물 대신 ㉠과 ㉡에 따른 등화나 형상물
④ 잠수작업에 종사하고 있는 선박 : 그 크기로 인하여 위 ③에 따른 등화와 형상물을 표시할 수 없으면
  ㉠ 수직으로 위쪽과 아래쪽에는 붉은색 전주등, 가운데에는 흰색 전주등 각 1개(가장 잘 보이는 곳에)
  ㉡ 국제해사기구가 정한 국제신호서 에이(A) 기(旗)의 모사판(模寫版)을 1미터 이상의 높이로 하여 사방에서 볼 수 있도록 표시
⑤ 기뢰제거작업에 종사하고 있는 선박 : 해당 선박에서 1천미터 이내로 다른 선박이 접근하면 위험하다는 경고로서
  ㉠ 동력선에 관한 등화
  ㉡ 정박하고 있는 선박의 등화나 형상물
  ㉢ 덧붙여 녹색의 전주등 3개 또는 둥근꼴의 형상물 3개를 표시(이들 등화나 형상물 중에서 하나는 앞쪽 마스트의 꼭대기 부근에 표시하고, 다른 2개는 앞쪽 마스트의 가름대의 양쪽 끝에 1개씩 표시)
⑥ 길이 12미터 미만의 선박 : 잠수작업에 종사하고 있는 경우 외에는 조종불능선·조종제한선에 따른 등화와 형상물을 표시하지 아니할 수 있다.

(11) 흘수제약선의 등화 및 형상물
① 항행중인 동력선의 등화에
② 덧붙여 붉은색 전주등 3개(수직으로 위쪽·가운데·아래쪽)
③ 주간 형상물 : 원통형 형상물 1개

(12) 도선선의 등화 및 형상물
① 전주등 2개(마스트의 꼭대기나 그 부근에 위쪽은 흰색, 아래쪽은 붉은색)
② 항행중일 때 : 전주등 2개에 현등 1쌍과 선미등 1개 추가
③ 주간 : H기 게양
④ 도선업무를 하지 않을 때 : 그 선박과 같은 길이의 선박이 표시하여야 할 등화나 형상물
⑤ 정박중일 때 : 전주등 2개에 덧붙여 정박하고 있는 같은 길이의 선박의 등화나 형상물

(13) 정박선과 얹혀 있는 선박의 등화 및 형상물
① 길이 50m 이상의 정박선
  ㉠ 선수쪽 : 흰색 전주등 1개
  ㉡ 선미쪽 : 흰색 전주등 1개(선수쪽보다 낮은 위치에)
  ㉢ 작업등(길이 100m 이상의 선박만 해당, 갑판 조명용)
  ㉣ 주간 형상물 : 선박의 길이에 관계 없이 둥근꼴 형상물 1개(선수쪽)(기출)
② 길이 50m 미만의 정박선 : 선수쪽 흰색 전주등 1개(기출)
③ 길이 7m 미만의 정박선 : 좁은 수로 등 정박지 안 또는 그 부근 또는 다른 선박이 통상적으로 항행하는 수역이 아닌 장소에 정박하거나 얹혀 있는 경우에는 위 ① 또는 ②의 등화나 형상물을 표시하지 않아도 됨.(기출)
④ 얹혀 있는 선박
  ㉠ 위 ①이나 ②의 등화를 표시
  ㉡ 덧붙여 수직으로 붉은색 전주등 2개
  ㉢ 주간 형상물 : 둥근꼴 형상물 3개(수직으로)
  ㉣ 길이 12m 미만의 선박이 얹혀 있는 경우 : 등화나 형상물은 표시하지 않아도 됨.(기출)

(14) 수상항공기 및 수면비행선박의 등화 및 형상물

규정된 특성을 가진 등화와 형상물을 표시할 수 없거나 규정된 위치에 표시할 수 없는 경우 그 특성과 위치에 관하여 될 수 있으면 규정한 것과 비슷한 등화나 형상물을 표시하여야 한다.

(15) 등화 및 형상물의 설치와 표시에 관한 특례

선박의 구조나 그 운항의 성질상 등화나 형상물을 설치 또는 표시할 수 없거나 표시할 필요가 없는 선박에 대하여는 등화 및 형상물의 설치와 표시에 관한 특례를 정할 수 있다 (선박안전법 제26조에 따른 선박시설기준에 따라 등화의 설치가 면제된 선박, 어선법 제3조에 따른 기준에 따라 등화나 형상물의 설치 또는 표시가 면제된 선박의 경우).

16 음향신호와 발광신호

(1) 기적의 종류

"기적"이란 다음의 구분에 따라 단음과 장음을 발할 수 있는 음향신호장치를 말한다.

① 단음 : 1초 정도 계속되는 고동소리
② 장음 : 4초부터 6초까지의 시간 동안 계속되는 고동소리

(2) 음향신호설비(기출) (1회 위반 90만원, 2회 위반 150만원, 3회 위반 300만원 과태료)

① 길이 12m 미만의 선박 : 기적과 호종 대신 다른 유효한 음향신호기구
② 길이 12m 이상 20m 미만의 선박 : 기적 1개
③ 길이 20m 이상의 선박 : 기적과 호종 각 1개
④ 길이 100m 이상의 선박 : 기적, 호종, 징
  ✓ 호종과 징은 각각 그것과 음색이 같고 여기서 규정한 신호를 수동으로 행할 수 있는 다른 설비로 대체할 수 있다.

(3) 조종신호와 경고신호 (1회 위반 90만원, 2회 위반 150만원, 3회 위반 300만원 과태료)

① 항행중인 동력선이 서로 상대의 시계 안에 있는 경우
  ㉠ 침로를 오른쪽으로 변경하는 경우 : 단음 1회 기적신호 (보충적으로 섬광 1회 적절히 반복)(기출)
  ㉡ 침로를 왼쪽으로 변경하는 경우 : 단음 2회 기적신호(보충적으로 섬광 2회 적절히 반복)(기출)
  ㉢ 후진하고 있는 경우 : 단음 3회(보충적으로 섬광 3회 적절히 반복)(기출)

> **참고**(기출)
> • 섬광의 지속시간 및 간격 : 섬광과 섬광 사이의 간격은 1초 정도. 반복되는 신호 사이의 간격은 10초 이상으로 한다.
> • 발광신호에 사용되는 등화 : 5해리 거리에서 볼 수 있는 흰색 전주등

② 선박이 좁은 수로 등에서 서로 상대의 시계 안에 있는 경우
  ㉠ 다른 선박의 우현 쪽으로 앞지르기하려는 경우 : 장음 2회, 단음 1회 순서로 기적신호
  ㉡ 다른 선박의 좌현 쪽으로 앞지르기하려는 경우 : 장음 2회, 단음 2회 순서로 기적신호
  ㉢ 앞지르기당하는 선박이 다른 선박의 앞지르기에 동의할 경우 : 장음 1회, 단음 1회의 순서로 2회 반복 기적신호

③ 상대의 시계 안에 있는 선박이 접근하고 있으나 상대 선박의 의도·동작이 분명하지 않은 경우(의문신호) : 그 사실을 안 선박이 재빨리 단음 5회 이상의 기적신호(보충적으로 짧고 빠르게 섬광 5회 이상 발광신호)(기출)

④ 좁은 수로 등의 굽은 부분이나 장애물 때문에 다른 선박을 볼 수 없는 수역에 접근하는 경우 : 장음 1회 기적신호(그 기적소리를 들은 상대방도 장음 1회 기적신호로 응답해야 함)(기출)

⑤ 100m 이상 거리를 두고 둘 이상의 기적을 갖추고 있는 선박은 조종신호 및 경고신호를 울릴 때에는 그 중 하나만을 사용해야 함(기출)

(4) 제한된 시계에서의 음향신호 (1회 위반 90만원, 2회 위반 150만원, 3회 위반 300만원 과태료)

① 항해중인 동력선
  ㉠ 대수속력이 있는 경우 : 장음 1회 기적신호(2분을 넘지 않는 간격으로 반복)(기출)
  ㉡ 대수속력이 없는 경우(정지시) : 2초 간격의 장음 2회 기적신호(2분을 넘지 않는 간격으로 반복)(기출)

② 조종불능·제한선, 예인선 등 : 조종불능선, 조종제한선(작업중 포함), 흘수제약선, 범선, 어로작업 선박(정박 포함), 다른 선박을 끌고 있거나 밀고 있는 선박의 경우 장음 1회에 이어 단음 2회를 2분을 넘지 않는 간격으로 3회의 기적신호(기출)

③ 끌려가고 있는 선박에 승무원이 있을 경우(2척 이상이 끌려가고 있는 경우에는 제일 뒤쪽의 선박) : 장음 1회에 이어 단음 3회 기적신호(2분을 넘지 않는 간격으로 연속적으로). 이 경우 신호는 끌고 있는 선박이 행하는 신호 직후에 울려야 한다.

④ 정박중인 선박
  ㉠ 1분을 넘지 않는 간격으로 5초 정도 째빨리 호종을 울릴 것. 다만 정박하여 어로작업을 하고 있거나 작업 중인 조종제한선은 위의 ②에 따른 신호를 울려야 한다.
  ㉡ 길이 100m 이상의 선박은 선수쪽에서 5초 정도 호종을 울리되, 울린 직후 선미쪽에서 5초 정도 징을 울려야 한다.
  ㉢ 접근하여 오는 선박에 대하여 자기 선박의 위치와 충돌 가능성을 경고할 필요가 있을 경우에는 ㉡에 덧붙여 연속하여 단음 1회, 장음 1회, 단음 1회 기적을 울릴 수 있다.

⑤ 얹혀 있는 길이 100m 미만의 선박 : 1분을 넘지 않는 간격으로 재빨리 호종을 5초 정도 울림과 동시에 그 직전과 직후에 호종을 각각 3회 똑똑히 울릴 것. 이 경우 그 선박은 이에 덧붙여 적절한 기적신호를 울릴 수 있다.

⑥ 얹혀 있는 길이 100m 이상의 선박 : 앞쪽(선수쪽)에서 1분을 넘지 않는 간격으로 재빨리 호종을 5초 정도 울림과 동시에 그 직전과 직후에 호종을 각각 3회 똑똑히 울리고 뒤쪽(선미쪽)에서는 그 호종의 마지막 울림 직후에 재빨리 징을 5초 정도 울릴 것. 이 경우 덧붙여 알맞은 기적신호를 할 수 있다.

⑦ 길이 12m 미만인 선박 : 위 ①~⑥까지의 신호를 하지 않을 수 있으나, 2분을 넘지 않는 간격으로 다른 유효한 음향신호를 해야 한다.

⑧ 길이 12m 이상 20m 미만인 선박 : 위 ④⑤⑥의 신호를 하지 않을 수 있으나 2분을 넘지 않는 간격으로 다른 유효한 음향신호를 해야 한다.

⑨ 밀고 있는 선박과 밀려가고 있는 선박 : 단단하게 연결되어 하나의 복합체를 이룬 경우 1척의 동력선으로 보고 ①에서 ⑧까지의 신호를 적용한다.

⑩ 도선선이 도선업무를 하고 있는 경우
위 ① 및 ④의 신호에 덧붙여 단음 4회로 식별신호를 할 수 있다.

(5) 선박 화재시 음향신호
장음(4~6초간) 5회 기적 또는 사이렌을 울린다.(기출)

> **참고**
> ㉠ 신호음(기적)의 기본주파수 : 70~700Hz 범위 내
> - 길이 200m 이상의 선박 : 70~200HZ(143dB 음압수준)
> - 길이 75m 이상 200m 미만의 선박 : 130~250HZ(138dB 음압구조)
> - 길이 75m 미만의 선박 : 250~700HZ(130dB 음압수준)
> - 길이 20m 이상의 선박 : 180~700HZ(120dB 음압수준)
> - 길이 20m 미만의 선박 : 180~2100HZ(111dB 음압수준)
>
> ㉡ 호종 또는 동라(징)의 신호 강도
> - 발음장치로부터 1m 거리에서 110dB 이상의 음압수준을 나타내어야 한다.

(6) 주의환기신호 (1회 위반 90만원, 2회 위반 150만원, 3회 위반 300만원 과태료)
① 해상교통안전법에서 규정하고 있지 않은 방법의 발광신호 또는 음향신호일 것
② 위험이 있는 방향에 탐조등을 비출 것
③ 발광신호나 탐조등은 항행보조시설로 오인되지 않아야 한다.
④ 스트로보등이나 그 밖의 강력한 빛이 점멸하거나 회전하는 등화를 사용해서는 안 된다.

17 조난신호(국제해사기구가 정하는 신호에 의함) (1회 위반 90만원, 2회 위반 150만원, 3회 위반 300만원 과태료)
다음 신호는 함께 또는 단독으로 사용되어서 조난 및 구원의 필요를 알리는 신호이다.
① 무선전신 또는 기타의 신호방법에 의한 모올스부호 … ---… (SOS)의 신호
② 무선전화에 의한 '메이데이'라는 말의 신호(기출)
③ 국제기류신호에 의한 NC의 조난신호(기출)
④ 약 1분간의 간격으로 행하는 1회의 발포 기타 폭발에 의한 신호(기출)
⑤ 무중신호장치에 의한 연속음향신호
⑥ 짧은 시간 간격으로 1회에 1개씩 발사되어 별 모양의 붉은 불꽃을 발하는 로켓 또는 유탄에 의한 신호
⑦ 상방 또는 하방에 구 또는 이와 유사한 것 1개를 붙인 4각형 기(旗)로 된 신호(기출)
⑧ 선상에서의 발연(타르통, 기름통 등의 연소로 생기는)신호(기출)
⑨ 낙하산이 달린 적색의 염화 로켓 또는 적색의 수동 염화에 의한 신호(기출)
⑩ 오렌지색의 연기를 발하는 발연신호(기출)
⑪ 좌우로 벌린 팔을 천천히 반복하여 올렸다 내렸다 하는 신호(기출)
⑫ 무선전신 경보신호, 무선전화 경보신호
⑬ 비상위치지시를 하는 레디오비이콘에서 발사하는 신호
⑭ 구명정의 레이더 자동응답장치를 포함하여 무선통신장치에 의하여 송신된 인정된 신호

4 해양환경관리법

1 해양환경관리법의 목적(기출)
① 선박, 해양시설, 해양공간 등 해양오염물질을 발생시키는 발생원을 관리함
② 기름 및 유해액체물질 등 해양오염물질의 배출을 규제함
③ 해양오염을 예방, 개선, 대응, 복원하여 국민의 건강과 재산을 보호하는 데 이바지함

2 용어의 정의
① 해양환경 : 「해양환경 보전 및 활용에 관한 법률」제2조 제1호에 따른 해양환경을 말한다.
  ☑ 해양에 서식하는 생물체와 이를 둘러싸고 있는 해양수(海洋水), 해양지(海洋地), 해양대기(海洋大氣) 등 비생물적 환경 및 해양에서의 인간의 행동양식을 포함하는 것으로서 해양의 자연 및 생활상태를 말한다.
② 해양오염 : 「해양환경 보전 및 활용에 관한 법률」제2조 제3호에 따른 해양오염을 말한다.
  ☑ 해양에 유입되거나 해양에서 발생되는 물질 또는 에너지로 인하여 해양환경에 해로운 결과를 미치거나 미칠 우려가 있는 상태를 말한다.
③ 배출 : 오염물질 등을 유출·투기하거나 오염물질 등이 누출·용출되는 것을 말한다. 다만, 해양오염의 감경·방지 또는 제거를 위한 학술목적의 조사·연구의 실시로 인한 유출·투기 또는 누출·용출을 제외한다.
④ 폐기물 : 해양에 배출되는 경우 그 상태로는 쓸 수 없게 되는 물질로서 해양환경에 해로운 결과를 미치거나 미칠 우려가 있는 물질(아래의 ⑤, ⑦, ⑧에 해당하는 물질을 제외)
  ☑ 해양폐기물에는 ㉠ 육상에서 발생한 폐기물, ㉡ 선박에서 발생하는 폐기물, ㉢ 해양시설 또는 해양공간에서 발생하는 폐기물로 구분할 수 있는데, 기름·유해액체물질, 포장유해물질은 제외된다. 해양폐기물은 해역, 처리기준 및 처리방법에 의해 해양에 배출이 허용되는 폐기물이다.(기출)
⑤ 기름 : 원유 및 석유제품(석유가스를 제외)과 이들을 함유하고 있는 액체상태의 유성혼합물 및 폐유를 말한다.(기출)
  ☑ 해양오염방지 국제협약에서의 '기름'에는 원유, 중유, 석유가스는 포함되지만, 유성혼합물은 포함되지 않는다.(기출)
⑥ 선박평형수 : 선박의 중심을 잡기 위하여 선박에 싣는 물을 말한다.
⑦ 유해액체물질 : 해양환경에 해로운 결과를 미치거나 미칠 우려가 있는 액체물질(기름을 제외)과 그 물질이 함유된 혼합 액체물질로서 해양수산부령이 정하는 것
⑧ 포장유해물질 : 포장된 형태로 선박에 의하여 운송되는 유해물질 중 해양에 배출되는 경우 해양환경에 해로운 결과를 미치거나 미칠 우려가 있는 물질로서 해양수산부령이 정하는 것
⑨ 유해방오도료 : 생물체의 부착을 제한·방지하기 위하여 선박 또는 해양시설 등에 사용하는 도료(방호도료라 한다) 중 유기주석 성분 등 생물체의 파괴작용을 하는 성분이 포함된 것으로서 해양수산부령이 정하는 것
⑩ 잔류성오염물질 : 해양에 유입되어 생물체에 농축되는 경우 장기간 지속적으로 급성·만성의 독성 또는 발암성을 야기하는 화학물질로서 해양수산부령으로 정하는 것
⑪ 오염물질 : 해양에 유입 또는 해양으로 배출되어 해양환경에 해로운 결과를 미치거나 미칠 우려가 있는 폐기물·기름·유해액체물질 및 포장유해물질
⑫ 오존층파괴물질 : 「오존층 보호 등을 위한 특정물질의 관리에 관한 법률」제2조 제1호에 해당하는 물질
⑬ 대기오염물질 : 오존층파괴물질, 휘발성유기화합물 및 「대기환경보전법」제2조 제1호의 대기오염물질

⑭ 배출규제해역 : 선박운항에 따른 대기오염 및 이로 인한 육상과 해상에 미치는 악영향을 방지하기 위하여 선박으로부터 해양수산부령으로 정하는 대기오염물질의 배출을 특별히 규제하는 조치가 필요한 해역
⑮ 휘발성유기화합물 : 탄화수소류 중 기름 및 유해액체물질로서 「대기환경보전법」 제2조 제10호에 해당하는 물질
⑯ 선박 : 수상 또는 수중에서 항해용으로 사용하거나 사용될 수 있는 것(선외기를 장착한 것을 포함) 및 해양수산부령이 정하는 고정식·부유식 시추선 및 플랫폼을 말한다.
⑰ 해양시설 : 해역(「항만법」 제2조 제1호의 규정에 따른 항만을 포함)의 안 또는 해역과 육지 사이에 연속하여 설치·배치하거나 투입되는 시설 또는 구조물로서 해양수산부령이 정하는 것
⑱ 선저폐수 : 선박의 밑바닥에 고인 액상유성혼합물(기출)
⑲ 항만관리청 : 「항만법」 제20조의 관리청, 「어촌·어항법」 제35조의 어항관리청 및 「항만공사법」에 따른 항만공사
⑳ 해역관리청 : 「해양환경 보전 및 활용에 관한 법률」 제2조 제8호에 따른 해역관리청을 말한다.
- ⓐ 「영해 및 접속수역법」에 따른 영해, 내수 및 대통령령으로 정하는 해역은 해당 광역시장·도지사 및 특별자치도지사(이하 "시·도지사"라 한다), ⓑ 「배타적 경제수역 및 대륙붕에 관한 법률」 제2조에 따른 배타적 경제수역, 대통령령으로 정하는 해역 및 항만 안의 해역은 해양수산부장관
㉑ 선박에너지효율 : 선박이 화물운송과 관련하여 사용한 에너지량을 이산화탄소 발생비율로 나타낸 것
㉒ 선박에너지효율설계지수 : 선박의 건조 또는 개조 단계에서 사전적으로 계산된 선박의 에너지효율을 나타내는 지표로, 선박이 1톤의 화물을 1해리 운송할 때 배출할 것으로 예상되는 이산화탄소량을 해양수산부장관이 정하여 고시하는 방법에 따라 계산한 지표
㉓ 선박에너지효율지수 : 현존하는 선박의 운항단계에서 사전적으로 계산된 선박의 에너지효율을 나타내는 지표로, 선박이 1톤의 화물을 1해리 운송할 때 배출할 것으로 예상되는 이산화탄소량을 해양수산부장관이 정하여 고시하는 방법에 따라 계산한 지표
㉔ 선박운항탄소집약도지수 : 사후적으로 계산된 선박의 연간 에너지효율을 나타내는 지표로, 선박이 1톤의 화물을 1해리 운송할 때 배출한 이산화탄소량을 해양수산부장관이 정하여 고시하는 방법에 따라 매년 계산한 지표

3 적용범위

① 해양환경관리법은 다음의 해역·수역·구역 및 선박·해양시설 등에서의 해양환경관리에 관하여 적용한다.(기출) 다만, 방사성물질과 관련한 해양환경관리 및 해양오염방지에 대하여는 「원자력안전법」이 정하는 바에 따른다.
- ㉠ 「영해 및 접속수역법」에 따른 영해 및 대통령령이 정하는 해역
- ㉡ 「배타적 경제수역법 및 대륙붕에 관한 법률」 제2조에 따른 배타적 경제수역
- ㉢ 제15조의 규정에 따른 환경관리해역
- ㉣ 「해저광물자원 개발법」 제3조의 규정에 따라 지정된 해저광구
  - 위 ㉠에서 "**대통령령이 정하는 해역**"의 범위
    1. 「영해 및 접속수역법」 제3조에 따른 내수
    2. 「해양법에 관한 국제연합협약」에 따라 대한민국이 해양환경의 보전에 관한 관할권을 갖는 해역

> **참고**
> 1. 대한민국의 영해 : 기선으로부터 그 바깥쪽 12해리의 선까지 이르는 수역
> 2. 접속수역 : 기선으로부터 측정하여 그 바깥쪽 24해리의 선까지 이르는 수역에서 영해를 제외한 수역
> 3. 배타적 경제수역 : 해양법에 관한 국제연합협약에서 규정된 수역으로서, 기선으로부터 그 바깥쪽 200해리의 선까지 이르는 수역 중 대한민국의 영해를 제외한 수역으로 해양환경의 보호 및 보전에 관한 관할권을 갖는 해역
> 4. 환경관리해역 : 해양수산부장관이 해양환경의 보전·관리를 위하여 필요하다고 인정되는 경우 중앙행정기관의 장 및 관할 시·도지사 등과 협의하에 지정한 환경보전해역 및 특별관리해역
> 5. 내수 : 영해의 폭을 측정하기 위한 기선으로부터 육지 쪽에 있는 수역
> 6. 해저광구 : 해저광물자원 개발법에서 규정한 해저광구

② 위 ①의 각 해역·수역·구역 밖에서 선박법의 규정에 따른 대한민국 선박에 의하여 행하여진 해양오염방지에 관하여는 이 법을 적용한다.
③ 대한민국 선박 외의 선박(외국선박)이 위 ①의 각 해역·수역·구역 안에서 항해 또는 정박하고 있는 경우에 이 법을 적용한다(다만, 국제항해에 종사하는 외국선박은 일부 적용되지 않는 규정 있음).
- '방사성물질'과 관련해서는 원자력법이 적용되고 해양환경관리법이 적용되지 않는다.(기출) 선박에 있어서는 비상용·인명구조용 선박 및 군함·해양경찰청 함정 등 방위·치안목적의 공용선박에 있어서는 해양환경관리법상 적용되지 않는 경우가 있다.(기출)

4 국제협약과의 관계

① 해양환경 및 해양오염과 관련하여 국제적으로 발효된 국제협약에서 정하는 기준과 해양환경관리법에서 규정하는 내용이 다른 때에는 국제협약의 효력을 우선시한다.
② 다만, 해양환경관리법의 규정내용이 국제협약의 기준보다 강화된 기준을 포함하는 때는 해양환경관리법이 우선한다.

5 환경관리해역의 지정·관리

해양환경의 보전·관리를 위하여 해양수산부장관이 환경보전해역 및 특별관리해역을 지정·관리(관계 중앙행정기관의 장 및 관할 시·도지사 등과 미리 협의 필요)

① 환경보전해역(해양오염에 직접 영향을 미치는 육지 포함) : 해양환경 및 생태계가 양호한 해역 중 해양환경기준의 유지를 위하여 지속적인 관리가 필요한 해역
② 특별관리해역(해양오염에 직접 영향을 미치는 육지 포함)
 ㉠ 해양환경기준의 유지가 곤란한 해역
 ㉡ 해양환경 및 생태계의 보전에 현저한 장애가 있거나 장애가 발생할 우려가 있는 해역
③ 환경관리해역의 해제·변경 : 해양수산부장관은 환경관리해역의 지정 목적이 달성되었거나 지정 목적이 상실된 경우 또는 당초 지정 목적의 달성을 위하여 지정범위를 확대하거나 축소하는 등의 조정이 필요한 경우 환경관리해역의 전부 또는 일부의 지정을 해제하거나 지정범위를 변경하여 고시(이 경우 대상 구역을 관할하는 시·도지사와 미리 협의)
④ 해양환경관리해역의 지정, 해제 또는 변경 시 고려사항
 ㉠ 해양환경측정망 조사 결과
 ㉡ 잔류성오염물질 조사 결과

ⓒ 국가해양생태계종합조사 결과
ⓓ 국가 및 지방자치단체에서 3년 이상 지속적으로 시행한 해양환경 및 생태계 관련 조사 결과

⑤ **환경보전해역의 관리** : 환경보전해역의 해양환경 상태 및 오염원을 측정·조사한 결과 해양환경기준을 초과하게 되어 국민의 건강이나 생물의 생육에 심각한 피해를 가져올 우려가 있다고 인정되는 경우에는 그 환경보전해역 안에서 대통령령이 정하는 시설의 설치 또는 변경을 제한할 수 있다. 여기서 "대통령령이 정하는 시설"이란

ⓐ 1일 폐수배출량이 2천 세제곱미터 이상인 시설(다만, 해당 시설에서 배출하는 폐수를 공공폐수처리시설 및 공공하수처리시설로 유입시키거나 그 해당 지역에 적용되는 법령에 따른 방류수 수질기준 이하로 처리하는 시설은 제외)
ⓑ 신축·개축·증축 또는 변경하는 경우 관리청의 허가를 받아야 하는 부두·방파제·교량·수문 또는 건축물

⑥ **특별관리해역의 관리** : 특별관리해역의 해양환경 상태 및 오염원을 측정·조사한 결과 해양환경기준을 초과하게 되어 국민의 건강이나 생물의 생육에 심각한 피해를 가져올 우려가 있다고 인정되는 경우에는 다음에 해당하는 조치를 할 수 있다.

ⓐ 특별관리해역 안에서의 시설의 설치 또는 변경의 제한
ⓑ 특별관리해역 안에 소재하는 사업장에서 배출되는 오염물질의 총량규제

여기서 "설치 또는 변경이 제한되는 시설"이란
- 1일 폐수배출량이 1천 세제곱미터 이상인 시설(다만, 해당 시설에서 배출하는 폐수를 공공폐수처리시설 및 공공하수처리시설로 유입시키거나 그 해당 지역에 적용되는 법령에 따른 방류수 수질기준 이하로 처리하는 시설은 제외)
- 신축·개축·증축 또는 변경하는 경우 관리청의 허가를 받아야 하는 부두·방파제·교량·수문 또는 건축물
- 면허어업을 위한 시설
- 면허 양식업을 위한 시설

⑦ **오염물질 총량규제 실시해역** : 오염물질의 총량규제를 하려는 경우 관계 중앙행정기관의 장 및 시·도지사와 협의하여 지정하는 해역으로 한다.

⑧ **오염물질 총량규제 항목 등**

ⓐ 오염물질의 총량규제 항목은 다음 각 호의 항목 중에서 해양수산부장관이 해양환경기준, 해역의 이용현황 및 수질상태 등을 종합적으로 고려하여 오염물질 총량규제 실시해역의 관할 시·도지사와 협의하여 결정한다.
- 화학적 산소요구량
- 질소
- 인
- 중금속

ⓑ 해양수산부장관은 ⓐ의 오염물질 총량규제를 실시하기 위하여 총량관리에 관한 기본방침을 수립하여 오염물질 총량규제 실시해역을 관할하는 시·도지사에게 알려야 한다.

6 환경관리해역기본계획의 수립 등

① 환경관리해역기본계획의 수립 : 해양수산부장관은 환경관리해역에 대하여 다음의 사항이 포함된 환경관리해역 기본계획을 5년마다 수립하고, 환경관리해역기본계획을 구체화하여 특정 해역의 환경보전을 위한 해역별 관리계획을 수립·시행하여야 한다.
이 경우 관계 행정기관의 장과 미리 협의하여야 한다.

ⓐ 해양환경의 관측에 관한 사항
ⓑ 오염원의 조사·연구에 관한 사항
ⓒ 해양환경 보전 및 개선대책에 관한 사항
ⓓ 환경관리에 따른 주민지원에 관한 사항
ⓔ 그 밖에 환경관리해역의 관리에 관하여 필요한 것으로서 대통령령으로 정하는 사항

② 환경관리해역기본계획의 확정 : 환경관리해역기본계획은 「해양수산발전 기본법」에 따른 해양수산발전위원회의 심의를 거쳐 확정한다.

③ 관계 행정기관의 장에게 통보 : 해양수산부장관은 환경관리해역기본계획 및 해역별 관리계획이 수립된 때에는 이를 관계 행정기관의 장에게 통보하여야 하며, 관계 행정기관의 장은 그 시행을 위하여 필요한 조치를 하여야 한다.

7 해양환경개선조치

(1) 오염물질의 유입 또는 퇴적 등으로 인한 해양환경개선조치

① 해역관리청은 오염물질의 유입·확산 또는 퇴적 등으로 인한 해양오염을 방지하고 해양환경을 개선하기 위하여 필요하다고 인정되는 때에는 다음의 해양환경개선조치를 할 수 있다.

ⓐ 오염물질 유입·확산방지시설(부유차단막 또는 수질오염방지막)의 설치
ⓑ 오염물질(폐기물 제외)의 수거 및 처리
ⓒ 그 밖에 해양환경개선과 관련하여 필요한 사업으로서 해양수산부령이 정하는 조치

> **참고**
> 해양환경개선과 관련하여 필요한 사업으로서 해양수산부령이 정하는 조치
> 1. 연안습지정화, 연약지반 보강 등 해양환경복원사업의 실시
> 2. 그 밖에 해양수산부장관이 필요하다고 인정하는 조치

② 해양수산부장관은 해양환경개선조치의 대상 해역 또는 구역이 둘 이상의 시·도지사의 관할에 속하는 등 대통령령으로 정하는 경우에는 제3조 제1항 각 호의 어느 하나에 해당하는 해역 또는 구역에서 ①에 따른 해양환경개선조치를 할 수 있다. 이 경우 해양수산부장관은 해당 시·도지사와 미리 협의하여야 한다.

(2) 해양환경의 오염원에 대한 조사

① 해양수산부장관은 해양환경의 보전·관리 또는 해양오염의 방지를 위하여 필요하다고 인정되는 경우에는 해양수산부령이 정하는 바에 따라 제3조 제1항 각 호의 규정에 따른 해역 또는 구역에서 해양환경의 오염원에 대한 조사를 할 수 있다. 이 경우 해양수산부장관은 관계 행정기관의 장에게 오염된 해역 및 오염물질이 배출된 시설물에 대한 공동조사를 요청할 수 있다.

② 해양수산부장관은 ①에 따른 해양환경의 오염원에 대한 조사결과 필요하다고 인정하는 경우 오염원인자에게 위 (1)의 ① 어느 하나에 따른 해양환경개선조치를 하게 할 수 있다.

③ 지방해양수산청장은 해양환경의 오염원에 관한 조사를 할 때에는 공장밀집지역 또는 공업지역의 주변해역, 양식장 밀집해역 및 항만 등 해양오염이 발생할 우려가 높은 장소를 우선적으로 선정하여 조사하되, 해양환경의 오염원으로부터 영향을 받는 해역의 환경현황 및 오염도를 함께 조사하여야 한다.

8 해양환경개선부담금 부과 (기출)

① 대상행위
  ㉠ 폐기물해양배출업을 하는 자가 폐기물을 해양에 배출하는 행위
  ㉡ 선박 또는 해양시설에서 대통령령이 정하는 규모 이상의 오염물질을 해양에 배출하는 행위
  ㉢ 폐기물을 고립시키는 방법으로 해양에 배출하는 행위
  ㉣ 이산화탄소 스트림을 해양지중저장하는 행위
  ㉤ 예외
  • 전쟁, 천재지변 또는 그 밖의 불가항력에 의하여 발생한 경우
  • 제3자의 고의만으로 발생한 경우. 다만, 선박 또는 해양시설의 설치·관리에 하자가 없는 경우로 한정한다.
  • 해역·수역 밖에서 발생한 경우로서 대통령령으로 정하는 경우

② 부과·징수권자 : 해양수산부장관

9 해양오염방지를 위한 규제

(1) 선박으로부터 오염물질의 해양배출금지

• 폐기물의 배출금지
• 기름의 배출금지
• 선박평형수·선저폐수 등의 배출금지
• 유해액체물질의 배출금지

① 폐기물의 배출금지

┤예외├
다만, 해양수산부령이 정하는 해역에서 다음의 처리기준 및 방법에 따라 배출할 때는 허용된다.
㉠ 선박으로부터 폐기물(수저준설토사·조개껍질류 및 이와 유사한 폐기물과 선박 안의 일상생활에서 생기는 유리조각류 등의 비가연성폐기물)을 매립하고자 하는 장소에 배출하고자 하는 경우 호안시설을 설치하여 해역과 차단하고, 다만, 수저준설토사를 선박에 의하여 호안의 안쪽에 배출하는 경우에는 배출을 종료할 때까지 선박의 항해구간에 한하여 호안시설 대신에 오탁방지막을 설치한 때
㉡ 상등수를 해양으로 배출하는 경우, 부유물질이 흘러가지 못하도록 하는 시설 또는 설비를 갖춘 때
㉢ 폐기물관리법에 따른 해당 폐기물(예 쓰레기, 연소재, 오니, 폐유, 폐산, 폐알칼리, 동물의 사체 등)의 처리에 적합한 시설을 갖추고 그 처리기준 및 방법에 따라 배출할 때

② 기름의 배출금지

┤예외├
선박에서 기름을 배출할 수 있는 경우는 해양수산부령이 정하는 해역에서 해양수산부령이 정하는 배출기준 및 방법에 따라 배출하는 경우이다. 다음과 같다.

㉠ 선박(시추선 및 플랫폼을 제외한다)의 항해 중에 배출할 것
㉡ 배출액 중의 기름 성분이 0.0015퍼센트(15ppm) 이하일 것. 다만, 「해저광물자원 개발법」에 따른 해저광물(석유 및 천연가스에 한한다)의 탐사·채취 과정에서 발생한 물의 경우에는 0.004퍼센트 이하여야 한다.
㉢ 기름오염방지설비의 작동 중에 배출할 것. 다만, 시추선 및 플랫폼에서 스킴 파일(skim pile, 분리된 기름을 수집하는 내부 칸막이(baffle plate)를 가진 바닥이 개방된 수직의 파이프)의 설치를 통하여 기름을 배출하는 경우는 제외한다.

③ 선박평형수·선저폐수 등의 배출금지

┤예외├
㉠ 유조선에서 화물유가 섞인 선박평형수, 화물창의 세정수(洗淨水) 및 선저폐수를 배출할 수 있는 경우는 해양수산부령이 정하는 해역에서 해양수산부령이 정하는 배출기준 및 방법에 따라 배출하는 경우이다. 다음과 같다.

【화물유가 섞인 선박평형수, 세정수, 선저폐수의 배출기준】
• 항해 중에 배출할 것
• 기름의 순간배출률이 1해리당 30L 이하일 것
• 1회의 항해 중(선박평형수를 실은 후 그 배출을 완료할 때까지를 말한다)의 배출총량이 그 전에 실은 화물총량의 3만분의 1(1979년 12월 31일 이전에 인도된 선박으로서 유조선의 경우에는 1만 5천분의 1) 이하일 것
• 「영해 및 접속수역법」제2조에 따른 기선으로부터 50해리 이상 떨어진 곳에서 배출할 것
• 선박에서의 오염방지에 관한 규칙 제15조에 따른 기름오염방지설비의 작동 중에 배출할 것

㉡ 유조선에서 화물창의 선박평형수를 배출할 수 있는 경우는 해양수산부령이 정하는 세정도(洗淨度)에 적합하게 배출하는 경우이다. 다음과 같다.

【유조선의 화물창으로부터 선박평형수를 배출하는 경우의 요건】
• 정지 중인 유조선의 화물창으로부터 청명한 날 맑고 평온한 해양에 선박평형수를 배출하는 경우에는 눈으로 볼 수 있는 유막이 해면 또는 인접한 해안선에 생기지 아니하거나 유성찌꺼기(Sludge) 또는 유성혼합물이 수중 또는 인접한 해안선에 생기지 아니하도록 화물창이 세정되어 있을 것
• 선박평형수용 기름배출감시제어장치 또는 평형수농도감시장치를 통하여 선박평형수를 배출하는 경우에는 해당 장치로 측정된 배출액의 유분함유량이 0.0015%[15ppm]를 초과하지 아니할 것

④ 유해액체물질의 배출금지

┤예외├
㉠ 유해액체물질을 배출할 수 있는 경우는 해양수산부령이 정하는 해역에서 해양수산부령이 정하는 사전처리 및 배출방법에 따라 배출하는 경우이다.
㉡ 해양수산부령이 정하는 유해액체물질의 산적운반(散積運搬)에 이용되는 화물창(선박평형수의 배출을 위한 설비를 포함한다)에서 세정된 선박평형수를 배출할 수 있는 경우는 해양수산부령이 정하는 정화방법에 따라 배출하는 경우이다. 다음과 같다.

【유해액체물질의 배출기준】
유해액체물질(X류 물질, Y류 물질), 선박평형수, 탱크 세정수의 잔류물 또는 이러한 물질을 함유하는 혼합물은 다음의 요건에 적합하게 배출하여야 한다.

ⓐ 배출규정
• X류 물질, Y류 물질, Z류 물질, 잠정평가물질의 잔류물 또는 이들 물질을 함유하는 선박평형수, 탱크세정수, 그 밖의 이들 혼합물은 요건에 적합한 경우에만 해양에 배출할 수 있다.
• 예비세정 또는 배출절차가 시행되기 전에 관련 탱크는 유해액체물질배출지침서에 규정된 절차에 따라 최대한 비워야 한다.
• 잠정평가물질, 평가되지 아니한 물질 또는 이들 물질을 함유하는 선박평형수, 탱크세정수, 그 밖의 이들 혼합물은 해양에 배출할 수 없다.

ⓑ 배출기준
- 자항선은 7노트 이상, 비자항선은 4노트 이상의 속력으로 항해 중일 것
- 수면하 배출구를 통하여 설계된 최대 배출률 이하로 배출할 것
- 영해기선으로부터 12해리 이상 떨어진 수심 25m 이상의 장소에서 배출할 것. 다만, 국내항해에만 종사하는 선박에 대하여는 지방해양수산청장이 정하는 바에 따라 거리요건을 적용하지 아니할 수 있다.
- 2007년 1월 1일 전에 건조된 선박에 대하여, Z류 물질, 잠정평가물질(Z류 물질로 잠정 평가된 물질을 말한다)의 잔류물 또는 이들 물질을 함유하는 선박평형수, 탱크세정수 또는 그 밖의 이들 혼합물은 수면하 배출 외의 방법으로 배출할 수 있다.

> **참고**
>
> 1. X류 물질 : 해양에 배출되는 경우 해양자원 또는 인간의 건강에 심각한 위해를 끼치는 것으로서 해양배출을 금지하는 유해액체물질
> 2. Y류 물질 : 해양에 배출되는 경우 해양자원 또는 인간의 건강에 위해를 끼치거나 해양의 쾌적성 또는 해양의 적합한 이용에 위해를 끼치는 것으로서 해양배출을 제한하여야 하는 유해액체물질
> 3. Z류 물질 : 해양에 배출되는 경우 해양자원 또는 인간의 건강에 경미한 위해를 끼치는 것으로서 해양배출을 일부 제한하여야 하는 유해액체물질
> 4. 기타 물질 : 「위험화학품 산적운송선박의 구조 및 설비를 위한 국제코드」 제18장의 오염분류에서 기타 물질로 표시된 물질로서 탱크세정수 배출 작업으로 해양에 배출할 경우 현재는 해양자원, 인간의 건강, 해양의 쾌적성 그 밖에 적법한 이용에 위해가 없다고 간주되어 제1호부터 제3호까지의 규정에 따른 범주에 해당되지 아니하는 것으로 알려진 물질
> 5. 잠정평가물질 : 제1호부터 제4호까지의 규정에 따라 분류되어 있지 아니한 액체물질로서 산적(散積)운송하기 위한 신청이 있는 경우 해양수산부장관이 「산적된 유해액체물질에 의한 오염규제를 위한 규칙」 부록 1에 정하여진 유해액체물질의 분류를 위한 지침에 따라 잠정적으로 제1호부터 제4호까지의 어느 하나에 해당하는 것으로 평가한 물질

(2) 해양시설 또는 해수욕장·하구역 등의 해양공간에서 발생하는 오염물질의 해양배출금지

| 예외 |

다만, 해양시설 및 해양공간에서 발생하는 폐기물 및 기름·유해액체물질을 해양수산부령이 정하는 해역에서 처리기준·방법에 따라 배출할 때는 허용된다.
㉠ 분뇨·오수의 해역별 방류기준
- 환경보전해역 및 특별관리해역 : 생물화학적 산소요구량 50mg/L 이내 배출
- 그 밖의 해역 : 생물화학적 산소요구량 100mg/L 이내 배출

㉡ 해양시설 등에서 발생하는 기름 및 유해액체물질의 처리기준 및 방법
- 해양시설 등에서 발생하는 기름을 처리하는 경우에는 오염물질저장시설 설치·운영자 또는 유창청소업자에게 위탁하여 처리하거나 유분 성분이 100만분의 15 이하가 되도록 처리하여 배출(기출)
- 해양시설 등에서 발생하는 유해액체물질의 경우에는 오염물질저장시설 설치·운영자, 유창청소업자 또는 폐수처리업자에게 위탁하여 처리하거나 자가처리시설에서 배출허용기준 이하로 처리하여 배출
- 해양시설 등에서 발생하는 기름이나 유해액체물질을 폐수배출시설, 공공폐수처리시설 또는 공공하수처리시설에 유입하여 처리하는 경우에는 관계법령이 정하는 바에 따름.
- 해양시설등의 오염사고에 있어서는 오염사고에 대처할 목적으로 오염으로 인한 피해를 최소화하기 위하여 사용되는 기름, 유해액체물질(「선박에서의 오염방지에 관한 규칙」에 따른 물질) 또는 이들 물질을 함유한 혼합물 등을 해양에 배출할 수 있다.

*해양공간에서 발생하는 폐기물(분뇨, 오수) : 폐기물관리법에 따른 해당 폐기물의 처리에 적합한 시설을 갖추고 그 처리기준 및 방법에 따라 배출

> **참고**
>
> **해양시설의 종류 및 범위**(기출)
> ㉠ 기름 및 유해액체물질 저장(비축을 포함)시설 : 계류시설(돌핀), 선박과 저장시설을 연결하는 이송설비, 저장시설, 자가처리시설
> ㉡ 오염물질 저장시설 : 저장시설, 교반시설, 처리시설
> ㉢ 선박 건조 및 수리시설, 해체시설 : 저장시설, 상가시설 및 수리시설(이동식 시설은 제외)
> ㉣ 시멘트·석탄·사료·곡물·고철·광석·목재·토사의 하역시설 : 해양수산부장관이 정하여 고시하는 계류시설, 하역설비(컨베이어 벨트를 포함)
> ㉤ 폐기물해양배출업자의 폐기물저장시설 : 폐기물저장시설, 교반시설 및 이송관
> ㉥ 연면적 100m² 이상의 해상관광시설, 주거시설(호텔·콘도), 음식점 : 해역 안에 설치된 시설, 해역과 육지 사이에 연속하여 설치된 시설의 경우에는 취수 및 배수시설(배관을 포함)
> ㉦ 관경의 지름이 600mm 이상의 취수·배수시설 : 취수 및 배수시설(배관을 포함)
> ㉧ 유어장 : 유어시설, 가두리낚시터
> ㉨ 그 밖의 시설 : 해상송전철탑, 해저광케이블, 해상부유구조물
> ㉩ 국가해양관측을 위한 종합해양과학기지 : 기상관측 등 그 밖의 목적시설

10 선박에서의 해양오염방지(기출)
① 폐기물오염방지설비의 설치(해양수산부령이 정한 기준에 의함)
② 기름오염방지설비의 설치(해양수산부령이 정한 기준에 의함)
  ㉠ 기름오염방지설비 설치
  ㉡ 폐유저장용기 비치
  ㉢ 해양사고시 기름배출을 방지할 수 있는 선체구조

> **참고**
>
> **선박의 폐유저장용기 비치기준**(저장용량)
> ㉠ 총톤수 5톤 이상 10톤 미만 선박 : 20L(기관구역용)(기출)
> ㉡ 총톤수 10톤 이상 30톤 미만 선박 : 60L(기관구역용)
> ㉢ 총톤수 30톤 이상 50톤 미만 선박 : 100L(기관구역용)
> ㉣ 총톤수 50톤 이상 100톤 미만 유조선 아닌 선박 : 200L(기관구역용)
> ㉤ 총톤수 150톤 미만 유조선 : 400L(화물구역용)

③ 유해액체물질 오염방지설비의 설치(해양수산부령이 정한 기준에 의함)
④ 선박평형수 및 기름의 적재제한
  ㉠ 해양수산부령이 정하는 유조선의 화물창 및 해양수산부령이 정하는 선박의 연료유탱크에는 선박평형수를 적재하여서는 아니 된다. 다만, 새로이 건조된 선박을 시운전하거나 선박의 안전을 확보하기 위하여 필요한 경우로서 해양수산부령이 정하는 경우에는 그러하지 아니하다.
  ㉡ 해양수산부령이 정하는 선박의 경우 그 선박의 선수(船首)탱크 및 충돌격벽(衝突隔壁)보다 앞쪽에 설치된 탱크에는 기름을 적재하여서는 아니 된다.
⑤ 분뇨오염방지설비의 대상 선박·종류(기출)
  ㉠ 총톤수 400톤 이상의 선박(최대승선인원이 16명 미만인 부선은 제외)
  ㉡ 선박검사증서 또는 어선검사증서상 최대승선인원이 16명 이상인 선박
  ㉢ 수상레저기구 안전검사증에 따른 승선정원이 16명 이상인 선박
  ㉣ 소속 부대장 또는 경찰관서의 장이 정한 승선인원이 16명 이상인 군함과 경찰용 선박
⑥ 선박 안에서 생기는 분뇨의 배출해역별 처리기준(기출)
  ㉠ 분뇨오염방지설비 설치 선박(최대승선인원 16명 이상)
  - 영해기선으로부터 3해리 밖 배출 : 분뇨마쇄소독장치

사용 배출인 경우, 4노트 이상의 항해중 서서히 배출(다만, 국내항해 종사 총톤수 400톤 미만의 선박의 경우 영해기선 3해리 이내의 해역에 배출할 수 있다)
- 영해기선으로부터 12해리 밖 배출 : 마쇄·소독하지 않은 분뇨 배출인 경우, 4노트 이상의 항해중 서서히 배출
- 거리제한 없는 배출 : 지방해양수산청장이 형식승인한 분뇨처리장치 설치·운전 중인 경우

ⓛ 분뇨처리장치 설치 선박 : 다음의 해역에서 분뇨 배출 금지
- 수산자원 보호구역
- 보호수면 및 수산자원관리수면

ⓒ 분뇨마쇄소독장치 또는 분뇨저장탱크 설치 선박 : 다음의 해역에서 분뇨 배출금지(기출)
- 수산자원 보호구역
- 보호수면 및 수산자원관리수면
- 환경보전해역 및 특별관리해역
- 항만구역
- 어항구역
- 갑문 안의 수역

ⓔ 분뇨오염방지설비 설치대상 선박 외의 선박
부두 접안시 또는 항만의 안벽 등 계류시설에 계류시에는 해양에 분뇨를 배출해서는 아니 되며, 계류시설, 어장 등으로부터 가능한 한 멀리 떨어진 해역에 분뇨 배출

ⓜ 시추선 및 플랫폼은 항해중이 아닌 상태에서 배출할 수 있다.

⑦ 선박 안에서 발생하는 폐기물의 배출해역(길이 12m 이상의 모든 선박)(기출)
ⓐ 해양에 배출할 수 없는 폐기물 : 음식찌꺼기, 해양환경에 유해하지 않은 화물잔류물을 제외하고 모든 폐기물은 해양에 배출할 수 없다.
ⓑ 영해기선으로부터 최소 25해리 이상의 해역에 배출
- 부유성 있는 화물보호재료(깔개·라이닝) 및 포장재료
- 부유성 있는 화물잔류물(목재·석탄·곡물 등)
ⓒ 영해기선으로부터 최소 12해리 이상의 해역에 배출
- 음식찌꺼기
- 가라앉는 화물 잔류물
- 화물창을 청소한 세정수(해양환경에 해롭지 아니한 일반 세제를 사용한 경우)
ⓓ 영해기선으로부터 최소 3해리 이상의 해역에 배출
분쇄기·연마기를 통한 음식찌꺼기(25mm 이하 개구를 통과해야 함. 단, 12해리 이상 위치에 고정되어 있는 플랫폼과 접안되어 있거나 그로부터 500m 이내의 다른 선박의 경우는 분쇄기 또는 연마기를 통하여 버려야 함)
ⓔ 해수침수, 부식·부패 등으로 사용할 수 없게 된 화물 : 국제협약에 따름.
ⓕ 어로해역에 배출 : 어업활동 중 혼획된 어류(폐사어류 포함)
ⓖ 국제특별해역 및 극지해역 안에서의 폐기물 처분 : 국제협약부속서 5에 따름.

> **참고**
> **폐기물 배출해역의 지정**
> ⓐ 지정권자 : 해양경찰서장
> ⓑ 지정기간 : 1년 이내에서 정하되, 매년 1년 범위에서 연장
> ⓒ 지정의 변경 : 지정해역, 배출허용량, 지정기간, 폐기물 종류의 변경은 변경하기 25일 전까지(사유가 발생한 날부터 25일 이내) 변경신청서 제출

⑧ 선박오염물질기록부의 관리(보존기간 3년)
ⓐ 폐기물기록부(규칙 §23, 총톤수 400톤 이상의 선박, 최대승선인원이 15명 이상인 선박, 단 운항속력으로 1시간 이내의 선박은 제외)
ⓑ 기름기록부(규칙 §23, 총톤수 100톤 미만의 선박, 선저폐수가 생기지 아니하는 선박)
ⓒ 유해액체물질기록부(운반량·처리량의 기록)

> **예외**
> **선박 또는 해양시설등에서 예외적으로 오염물질의 배출이 허용되는 경우**
> ⓐ 선박 또는 해양시설 등의 안전확보와 인명구조를 위하여 부득이 배출하는 경우
> ⓑ 선박 또는 해양시설 등의 손상 등으로 부득이 배출하는 경우
> ⓒ 선박 또는 해양시설 등의 오염사고에 있어 오염피해를 최소화하는 과정에서 부득이 배출되는 경우(사용된 기름, 유해액체물질 또는 이들 물질의 혼합물)

> **참고**
> **선박에서 발생하는 기름의 배출방법**(기출)
> ⓐ 선박의 항해중에 배출할 것(시추선·플랫폼 제외)
> ⓑ 배출액 중의 기름 성분이 0.0015%(15ppm) 이하일 것(단, 해저광물의 탐사·채취과정에서 발생한 물의 경우에는 0.004% 이하일 것)
> ⓒ 기름오염방지설비의 작동 중에 배출할 것(시추선·플랫폼에서 스킴파일을 통한 배출은 제외)

⑨ 선박 해양오염방지관리인
ⓐ 임명권자 : 선박의 소유자
ⓑ 임무 : 선장을 보좌하여 선박으로부터의 오염물질 및 대기오염물질의 배출방지에 관한 업무를 관리
ⓒ 자격(기출)

선박 해양오염방지관리인	대리자
다음 각 목의 요건을 모두 갖출 것 가. 「선박직원법」상 선박직원(선장·통신장 및 통신사는 제외한다)일 것 나. 교육·훈련과정을 이수한 날부터 5년(교육·훈련과정을 이수한 날부터 5년이 경과하는 날에 승선 중인 경우에는 6년)이 경과하지 않았을 것	「선박직원법」상 선박직원(선장·통신장 및 통신사는 제외한다)

11 해양시설에서의 해양오염방지

(1) 해양시설의 신고
① 해양시설의 소유자(설치·운영자를 포함하며, 그 시설을 임대하는 경우에는 시설임차인을 말한다. 이하 같다)는 해양수산부장관 또는 시·도지사에게 그 시설을 신고하여야 한다.
② 해양시설의 신고 또는 변경신고를 하려는 경우에는 별지서식의 해양시설 (변경)신고서(전자문서로 된 신고서를 포함)에 다음의 구분에 따른 서류를 첨부하여 지방해양수산청장 또는 시·도지사에게 제출하여야 한다.
ⓐ 최초 신고의 경우 : 해양시설의 설치명세서와 그 도면 및 위치도(축척 2만 5천분의 1의 지형도), 해양오염방지관리인의 임명확인서, 해양시설오염비상계획서
ⓑ 변경 신고의 경우 : 해양시설 신고 증명서, 변경내용을 증명하는 서류

(2) 해양시설오염물질기록부의 관리
　① 기름 및 유해액체물질을 취급하는 해양시설 중 해양수산부령이 정하는 해양시설의 소유자는 그 시설 안에 기름 및 유해액체물질의 기록부(해양시설오염물질기록부)를 비치하고 기름 및 유해액체물질의 사용량과 반입·반출에 관한 사항 등을 기록하여야 한다.
　② 해양시설오염물질기록부의 보존기간은 최종기재를 한 날부터 3년으로 한다.
　③ 해양시설오염물질기록부에는 다음의 사항을 적어야 한다.
　　㉠ 기름 및 유해액체물질의 사용량과 선적 및 반입에 관한 사항
　　㉡ 유성혼합물 또는 유해액체물질 세정수의 처리에 관한 사항
　　㉢ 해양시설의 운영과정에서 발생되는 오염물질 처리에 관한 사항

(3) 해양시설오염비상계획서의 관리
　① 기름 및 유해액체물질을 사용·저장 또는 처리하는 해양시설의 소유자는 기름 및 유해액체물질이 해양에 배출되는 경우에 취하여야 하는 조치사항에 대한 내용이 포함된 해양오염비상계획서를 작성하여 해양경찰청장의 검인을 받은 후 그 해양시설에 비치하고, 해양시설오염비상계획서에 따른 조치 등을 이행하여야 한다(다만, 해양시설에 비치하는 것이 곤란한 때에는 해양시설의 소유자의 사무실에 비치). 중요한 사항을 변경하려는 경우에는 해양시설오염비상계획서를 변경 작성하여 해양경찰청장의 검인을 받은 후 비치하여야 한다.
　② 해양시설오염비상계획서를 갖추어야 하는 해양시설은 합계 용량 300킬로리터 이상인 시설로 한다.
　③ 해양시설오염비상계획서의 검인을 받으려는 자는 별지 서식의 해양시설오염비상계획서 검인신청서에 해당 해양시설오염비상계획서를 첨부하여 해양경찰서장에게 제출하여야 한다.

(4) 해양시설 해양오염방지관리인
　① 해양시설의 소유자는 그 해양시설에 근무하는 직원 중에서 해양시설로부터의 오염물질의 배출방지에 관한 업무를 관리하게 하기 위하여 해양오염방지관리인을 임명하여야 한다.
　② 해양시설의 소유자는 해양오염방지관리인을 임명(바꾸어 임명한 경우를 포함)한 경우에는 지체 없이 이를 해양수산부령으로 정하는 바에 따라 해양경찰청장에게 신고하여야 한다.
　③ 해양시설의 소유자는 해양오염방지관리인이 여행·질병 또는 그 밖의 사유로 일시적으로 직무를 수행할 수 없는 경우 대리자를 지정하여 그 직무를 대행하게 하여야 한다. 이 경우 대리자가 해양오염방지관리인의 직무를 대행하는 기간은 30일을 초과할 수 없다.
　④ 해양시설의 소유자는 ①에 따른 해양오염방지관리인 또는 ③에 따른 해양오염방지관리인의 대리자에게 오염물질을 이송 또는 배출하는 작업을 지휘·감독하게 하여야 한다.
　⑤ 해양오염방지관리인을 두어야 하는 해양시설은 다음과 같다.
　　㉠ 기름 및 유해액체물질 저장(비축을 포함한다)시설
　　㉡ 오염물질저장시설
　　㉢ 선박 건조 및 수리시설, 해체시설
　　㉣ 시멘트·석탄·사료·곡물·고철·광석·목재·토사의 하역시설
　　㉤ 폐기물해양배출업자의 폐기물저장시설

(5) 해양시설의 안전점검
　① 기름 및 유해액체물질과 관련된 해양시설로서 해양수산부령으로 정하는 해양시설의 소유자는 그 해양시설에 대한 안전점검을 실시하여야 한다.
　② ①에 따른 안전점검을 실시한 해양시설의 소유자는 해양수산부장관의 요청이 있거나 안전점검 결과 해양수산부령으로 정하는 중대한 결함이 있는 경우 그 안전점검 결과를 지체 없이 해양수산부장관에게 보고하여야 한다.
　③ ①에 따른 안전점검을 실시한 해양시설의 소유자는 안전점검을 완료한 날부터 3년간 그 결과를 보관하여야 한다.
　④ 해양수산부장관은 ①에 따른 해양시설이 천재지변, 재해 또는 이에 준하는 사유로 인하여 안전에 문제가 있다고 인정하는 경우에는 직접 안전점검을 할 수 있다. 이 경우 해당 해양시설의 소유자는 이에 적극 협조하여야 한다.
　⑤ ①에 따른 해양시설의 소유자는 대통령령으로 정하는 시설과 장비를 갖춘 안전진단 전문기관으로 하여금 해당 해양시설에 대한 안전점검을 대행하게 할 수 있다.
　⑥ 안전점검을 받아야 하는 해양시설은 다음과 같다.
　　㉠ 기름 및 유해액체물질 저장(비축을 포함한다)시설
　　㉡ 오염물질저장시설

12 선박 및 해양시설에서의 오염물질의 수거 및 처리
　① 수거·처리대상 오염물질
　　㉠ 폐기물
　　㉡ 기름(해양시설의 소유자가 스스로의 설비나 장비를 이용하여 유분 성분이 100만분의 15 이하가 되도록 처리하는 경우는 제외)
　　㉢ 유해액체물질(해양시설의 소유자가 스스로의 설비나 장비를 이용하여 「물환경보전법 시행규칙」에 따른 가지역에 적용하는 항목별 배출허용기준 이하로 처리하는 경우는 제외) 또는 포장유해액체물질 잔류물
　　㉣ 포장유해물질과 그 포장용기
　　㉤ 플라스틱제품(합성로프, 합성어망, 플라스틱제 쓰레기봉투, 독성 또는 중금속 잔류물을 포함할 수 있는 플라스틱제품의 소각재)
　　㉥ 납·카드뮴·수은·육가크롬 중 어느 하나 이상의 중금속이 0.01 무게%(100ppm) 이상 포함된 쓰레기(기출)
　② 수거·처리 의무자 : 선박 및 해양시설의 소유자
　③ 수거 및 처리의 의뢰
　　㉠ 오염물질의 처리
　　　• 오염물질저장시설의 설치·운영자
　　　• 유창청소업자
　　㉡ 다음 선박 또는 해양시설에서 발생하는 물질의 처리 ⇨ 폐기물처리업자
　　　• 육상에 위치한 해양시설(해역과 육지 사이에 연속하여 설치된 해양시설을 포함)

- 조선소에서 건조 중인 선박
- 조선소에서 건조 완료 후 등록하기 전에 시운전하는 선박
- 총톤수 20톤 미만의 소형선박
- 조선소 또는 수리조선소에서 수리 중인 선박(항해 중에 발생한 오염물질을 모두 수거·처리한 선박에 한정)
- 해체 중인 선박

④ 오염물질수거확인증은 작성한 날부터 3년 동안 보관하여야 한다.

> **참고**
> 해양환경관리업의 등록
> 1. 해양오염방제업 : 오염물질의 방제에 필요한 설비 및 장비를 갖추고 해양에 배출되거나 배출될 우려가 있는 오염물질을 방제하는 사업
> 2. 유창청소업 : 선박의 유창을 청소하거나 선박 또는 해양시설에서 발생하는 해양수산부령으로 정하는 오염물질의 수거에 필요한 설비 및 장비를 갖추고 그 오염물질을 수거하는 사업

13 해양에서의 대기오염방지를 위한 규제

① 대기오염물질의 배출방지를 위한 설비의 설치(해양수산부령이 정하는 기준)

② 오존층파괴물질의 배출 금지(단, 오존층파괴물질을 회수하는 과정에서의 누출은 예외) 및 회수설비·수용시설의 설치(지정고시된 업체·단체)

③ 질소산화물 배출허용기준치 초과 디젤기관 작동 금지(선박에서 오염방지에 관한 규칙 별표 21의2 및 대기환경보전법 시행규칙 별표 35에서 정하는 기준)

> **예외**
> - 비상용·인명구조용 선박 및 군함·해양경찰청 함정 등 방위·치안목적의 공용선박에 설치되는 디젤기관은 규제대상이 아니다.
> - 해양수산부령이 정하는 기준에 적합한 배기가스 정화장치 등을 설치하여 질소산화물의 배출허용기준 이하로 배출량을 감축할 수 있는 경우는 디젤기관을 작동할 수 있다.

④ 연료유의 황함유량 기준초과 금지
  ㉠ 황산화물 배출규제해역에서의 황함유량 기준 1.0%(무게 퍼센트) 초과 연료유 사용금지

> **예외**
> - 해양수산부령이 정하는 기준에 적합한 배기가스 정화장치를 설치·가동하여 황산화물 배출제한 기준량 이하로 감축하는 경우
> - 황함유량 기준을 충족하는 연료유를 공급받기 위하여 노력하였음에도 불구하고 해당 선박이 운항하는 해역의 인근 항만에서 황함유량 기준을 충족하는 연료유를 공급받을 수 없는 경우로서 해양수산부령으로 정하는 바에 따라 해양수산부장관의 인정을 받은 경우

  ㉡ 선박이 황산화물 배출규제해역을 항해하는 경우 연료유의 교환 등에 관한 사항을 선박의 기관일지에 기재(기관일지는 해당 연료유를 공급받은 때부터 1년간 보관의무)

> **★ 연료유의 황함유량 기준**
> 1. 황산화물배출규제해역 : 0.1퍼센트(무게 퍼센트)
> 2. 그 밖의 해역
>   ㉠ 경유 : 0.5퍼센트(무게 퍼센트). 다만, 영해 및 배타적 경제수역 안에서만 항해하는 선박의 경우에는 0.05퍼센트(무게 퍼센트)
>   ㉡ 중유 : 0.5퍼센트(무게 퍼센트)

⑤ 항해 및 정박 중 선박 안에서의 소각금지(선박소각설비를 갖추어 작동하는 경우에는 예외)(기출)
  ㉠ 화물로 운송되는 기름·유해액체물질 및 포장유해물질의 잔류물과 그 물질에 오염된 포장재
  ㉡ 폴리염화비페닐
  ㉢ 해양수산부장관이 정하여 고시하는 기준량 이상의 중금속이 포함된 쓰레기(기출)
  ㉣ 할로겐화합물질을 함유하고 있는 정제된 석유제품
  ㉤ 폴리염화비닐
  ㉥ 육상으로부터 이송된 폐기물
  ㉦ 배기가스정화장치의 잔류물

> **예외**
> 선박의 항해 및 정박 중에 발생하는 '유성찌꺼기 및 하수찌꺼기'는 선박의 주기관·보조기관 또는 보일러에서 소각할 수 있고, '폴리염화비닐'은 선박소각설비에서 소각할 수 있다. 다만, 항만 또는 어항구역 등 해양수산부령이 정하는 해역에서는 소각할 수 없다.(기출)

14 해양오염방지를 위한 선박의 검사

(1) 정기검사

① 폐기물오염방지설비·기름오염방지설비·유해액체물질오염방지설비 및 대기오염방지설비를 설치하거나 선체 및 화물창을 설치·유지해야 하는 선박의 소유자가 해양오염방지설비, 선체 및 화물창을 선박에 최초로 설치하여 항해에 사용하려는 때 받는 검사

② 해양오염방지검사증서 및 협약검사증서(각 유효기간은 5년)의 유효기간이 만료한 때 받는 검사

(2) 중간검사

정기검사와 정기검사 사이에 해양수산부장관에게 받는 검사

(3) 임시검사

검사대상선박의 소유자가 해양오염방지설비 등을 교체·개조 또는 수리하고자 하는 때 받는 검사

(4) 임시항해검사

검사대상선박의 소유자가 해양오염방지검사증서를 교부받기 전에 임시로 선박을 항해에 사용하고자 하는 때 받는 검사

(5) 협약검사증서의 교부

정기검사·중간검사·임시검사·임시항해검사 및 방오시스템검사(해양오염방지선박검사)에 합격한 선박소유자 또는 선장이 해양오염방지에 관한 국제협약에 따른 검사증(협약검사증)의 교부 신청이 있는 때 교부한다.

✓ 중간검사·임시검사에 불합격한 선박의 해양오염방지검사증서 및 협약검사증의 유효기간은 해당 검사에 합격할 때까지 그 효력이 정지된다.

(6) 해양오염방지검사증서 등의 유효기간

① 해양오염방지검사증서, 방오시스템검사증서, 에너지효율검사증서 및 협약검사증서의 유효기간은 다음과 같다.
  ㉠ 해양오염방지검사증서 : 5년
  ㉡ 방오시스템검사증서 : 영구
  ㉢ 에너지효율검사증서 : 영구
  ㉣ 협약검사증서 : 5년

② 해양수산부장관은 해양오염방지검사증서 및 협약검사증서의 유효기간을 해양수산부령이 정하는 기간의 범위 안에서 그 효력을 연장할 수 있다.

③ 중간검사 또는 임시검사에 불합격한 선박의 해양오염방지 검사증서 및 협약검사증서의 유효기간은 해당 검사에 합격할 때까지 그 효력이 정지된다.

15 해양오염방제 조치

(1) 국가긴급방제계획에 포함되는 오염물질(기출)
① 기름
② 위험·유해물질 중 해양경찰청장이 정하여 고시하는 물질

> **참고**
> 위험·유해물질 : 유출될 경우 해양자원이나 생명체에 중대한 위해를 미치거나 해양의 쾌적성 또는 적법한 이용에 중대한 장애를 일으키는 물질 (예 유해액체물질, 포장유해물질, 화재·폭발 등의 위험이 있는 물질〈액화가스류 포함〉)

(2) 오염물질 배출 신고의무자
① 배출되거나 배출될 우려가 있는 오염물질이 적재된 선박의 선장 또는 해양시설의 관리자(오염물질의 배출원이 되는 행위를 한 자가 신고한 경우 적용 안됨)
② 오염물질의 배출원인이 되는 행위를 한 자
③ 배출된 오염물질을 발견한 자
  ✔ 오염물질저장시설의 설치·운영자가 오염물질을 수거·처리할 경우 오염물질을 발생시킨 자에게 해양수산부장관이 정하는 수거·처리 비용을 부담시킬 수 있다.

(3) 해양시설로부터의 오염물질 배출 신고사항
① 해양오염사고의 발생일시·장소 및 원인
② 배출된 오염물질의 종류, 추정량 및 확산 상황과 응급조치 상황
③ 사고선박 또는 시설의 명칭, 종류 및 규모
④ 해면상태 및 기상상태

> **참고**
> 오염물질의 총량규제 항목(기출)
> ㉠ 화학적 산소요구량 ㉡ 질소 ㉢ 인 ㉣ 중금속

16 보 칙

(1) 선박해체의 신고 등
① 선박을 해체하고자 하는 자는 선박의 해체작업과정에서 오염물질이 배출되지 아니하도록 해양수산부령으로 정하는 바에 따라 작업계획을 수립하여 작업개시 7일 전까지 해양경찰청장에게 신고하여야 한다. 다만, 육지에서 선박을 해체하는 등 해양수산부령으로 정하는 방법에 따라 선박을 해체하는 경우에는 그러하지 아니하다.
② 해양경찰청장은 ①에 따른 신고를 받은 경우 그 내용을 검토하여 이 법에 적합하면 신고를 수리하여야 하며, 신고된 작업계획이 미흡하거나 그 계획을 이행하지 아니하는 것으로 인정되는 경우에는 필요한 시정명령을 할 수 있다.
③ 해역관리청은 방치된 선박의 해체 및 이의 원활한 처리를 위하여 해양수산부령이 정하는 시설기준·장비 등을 갖춘 선박처리장을 설치·운영할 수 있다.

(2) 출입검사·보고 등
① 해양수산부장관은 대통령령으로 정하는 바에 따라 소속 공무원으로 하여금 선박에 출입하여 관계 서류나 시설·장비 및 연료유를 확인·점검하게 할 수 있다.
② 해양수산부장관 또는 시·도지사(제33조에 따른 신고에 따른 신고에 관한 경우만 해당)은 대통령령으로 정하는 바에 따라 소속 공무원으로 하여금 다음의 어느 하나에 해당하는 자에게 필요한 자료를 제출하게 하거나 보고하게 할 수 있으며, 그 시설(사업장 및 사무실을 포함)에 출입하여 확인·점검하거나 관계 서류나 시설·장비를 검사하게 할 수 있다.
  ㉠ 해양시설의 소유자(제34조부터 제36조까지, 제66조 및 제67조에 따른 업무는 제외)
  ㉡ 선박급유업자
  ㉢ 유증기 배출제어장치를 설치한 해양시설의 소유자
  ㉣ 형식승인을 받은 자
③ 해양경찰청장은 대통령령으로 정하는 바에 따라 소속 공무원(해양환경감시원으로 지정된 공무원만 해당)으로 하여금 다음의 어느 하나에 해당하는 자에게 필요한 자료를 제출하게 하거나 보고하게 할 수 있으며, 그 시설에 출입하여 확인·점검하거나 관계 서류나 시설·장비를 검사하게 할 수 있다.
  ㉠ 해양시설의 소유자(제34조부터 제36조까지, 제66조 및 제67조에 따른 업무만 해당)
  ㉡ 해양오염방제업·유창청소업을 하는 자
④ 선박의 소유자 등 관계인은 공무원의 출입검사 및 자료제출·보고요구 등에 대하여 정당한 사유 없이 이를 거부·방해하거나 기피하여서는 아니 된다.

조종면허시험 법규과목 총정리문제

법규과목

1. 수상레저안전법

01 수상레저안전법상 ( )에 들어갈 내용으로 적합한 것은?

> 기상특보 중 풍랑·폭풍해일·호우·대설·강풍 (A)가 발효된 구역에서 파도 또는 바람만을 이용하여 활동이 가능한 수상레저기구를 운항할 경우 관할 해양경찰서장 또는 시장·군수·구청장에게 (B)를 제출해야 한다.

갑. 주의보, 운항신고서
을. 경보, 기상특보활동신고서
병. 경보, 운항신고서
정. 주의보, 기상특보활동신고서

해설
수상레저안전법 시행령 제21조(수상레저활동 제한의 예외)
기상특보 중 풍랑·폭풍해일·호우·대설·강풍 주의보가 발효된 구역에서 파도 또는 바람만을 이용하여 활동이 가능한 수상레저기구를 운항할 경우 관할 해양경찰서장 또는 시장·군수·구청장에게 기상특보활동신고서를 제출해야 한다.

02 수상레저안전법상 수상레저활동이 아닌 것은?

갑. 모터보트를 이용한 인명구조
을. 고무보트를 이용한 조종술 교육
병. 수상오토바이를 이용한 경주
정. 호버크래프트를 이용한 낚시

03 다음 중 수상레저안전법이 적용되는 행위는?

갑. 낚시관리 및 육성법에 의한 낚시어선의 영업행위
을. 국민체육진흥법에 의한 경기단체의 주관으로 실시되는 요트대회
병. 체육시설의 설치·이용에 관한 법률에 의해 등록된 요트의 영업행위
정. 유선 및 도선사업법에 의해 신고된 모터보트의 유선행위

04 동력수상레저기구의 정의로 맞는 것은?

갑. 추진기관이 부착되어 있는 기구
을. 5마력 이상의 추진기관이 부착되어 있는 기구
병. 추진기관이 부착되어 있거나 추진기관의 부착 또는 분리가 수시로 가능한 수상레저기구
정. 10마력 이상의 추진기관이 부착되어 있는 기구

05 다음 중 동력수상레저기구의 종류가 아닌 것은?

갑. 모터보트
을. 수상오토바이
병. 호버크래프트
정. 페러세일

06 땅콩보트, 바나나보트, 플라잉피쉬 등과 같은 튜브형기구로서 동력기구에 의해 견인되는 형태의 기구는?

갑. 워터바운스(Water bounce)
을. 워터슬레이드(Water sled)
병. 에어바운스(Air bounce)
정. 튜브체이싱(Tube chasing)

07 다음 중 풍력을 이용하는 기구가 아닌 것은?

갑. 윈드서핑(Wind surfing)
을. 딩기요트(Dingy yacht)
병. 케이블 웨이크보드(Cable wake-board)
정. 카이트보드(Kite-board)

08 수상레저안전법에서 규정한 동력수상레저기구가 아닌 것은?

갑. 수상오토바이
을. 20톤 미만의 세일링요트
병. 공기를 넣으면 부풀고 접을 수 있는 고무보트
정. 스쿠터

09 수상레저안전법상 수상레저기구의 정의로 맞는 것은?

갑. 수상레저활동에 이용되는 선박류
을. 수상레저활동에 이용되는 기구
병. 수상레저활동에 이용되는 기구류
정. 수상레저활동에 이용되는 선박이나 기구

10 다음 중 수상레저기구의 종류에 해당하지 않는 것은?

갑. 모터보트
을. 세일링요트
병. 조정
정. 유선

Answer 01 정 02 갑 03 을 04 병 05 정 06 을 07 병 08 병 09 정 10 정

11 수상레저안전법상 수상레저기구가 아닌 것은?

갑. Personal boat   을. Scooter
병. Hovercraft   정. Surf board

12 수상레저안전법상 수상레저기구로 볼 수 없는 것은?

갑. 수자원공사의 댐 순찰용 모터보트
을. 경정 경기에 이용되는 모터보트
병. 낚시대회에 참가한 고무보트
정. 학생 수련활동에 이용되는 노보트

13 수상레저안전법상 수상레저사업 등록 유효기간 내 갱신신청서 제출기간으로 옳은 것은?

갑. 등록의 유효기간 종료일 당일까지
을. 등록의 유효기간 종료일 5일 전까지
병. 등록의 유효기간 종료일 10일 전까지
정. 등록의 유효기간 종료일 1개월 전까지

> **해설**
> 수상레저안전법 시행규칙 제34조(수상레저사업 등록의 갱신)
> 등록을 갱신하려는 자는 등록의 유효기간 종료일 5일 전까지 수상레저사업 갱신 신청서를 관할 해양경찰서장 또는 시장·군수·구청장에게 제출하여야 한다.

14 수상레저안전법의 적용을 받는 곳을 가장 적당하게 표현한 것은?

갑. 하 천   을. 바 다
병. 저수지   정. 내수면 및 해수면

15 수상레저안전법상 내수면이 아닌 것은?

갑. 저수지   을. 만
병. 늪   정. 기수의 수류

16 수상레저안전법에서 해수면 및 내수면을 무엇이라고 정의하는가?

갑. 바다와 하천   을. 수 류
병. 수상레저활동지역 정. 수 상

17 다음 중 용어의 설명으로 맞지 않는 것은?

갑. 해수면이란 바다의 수면만을 말한다.
을. 내수면에는 하천, 호소 등이 있다.
병. 수상이란 해수면 및 내수면을 말한다.
정. 인공으로 조성된 담수는 내수면이다.

18 동력수상레저기구 조종면허로 조종할 수 없는 것은?

갑. 3톤급 요트
을. 150마력의 출력을 가진 모터보트
병. 5톤급 모터보트
정. 80마력의 엔진을 탑재한 모터보트

19 수상레저안전법상 조종면허를 받아야 하는 것으로 가장 적당한 것은?

갑. 5마력 이상 동력수상레저기구
을. 수상레저기구
병. 딩기요트
정. 4마력의 모터보트

20 수상레저안전법상의 조종면허종류가 아닌 것은?

갑. 해기사 1급 면허   을. 요트조종면허
병. 일반조종 1급 면허 정. 일반조종 2급 면허

21 수상레저안전법에서 규정한 조종면허에 관한 사항이다. 다음 중 연결이 다른 것은?

갑. 일반조종면허 - 제1급 조종면허
을. 일반조종면허 - 세일링요트
병. 일반조종면허 - 제2급 조종면허
정. 일반조종면허 - 모터보트

22 수상레저안전법상 조종면허 응시원서의 제출 등에 대한 내용으로 옳지 않은 것은?

갑. 시험면제대상은 해당함을 증명하는 서류를 제출해야 한다.
을. 응시표의 유효기간은 접수일로부터 6개월이다.
병. 면허시험의 필기시험에 합격한 경우에는 그 합격일로부터 1년까지로 한다.
정. 응시표를 잃어버렸을 경우 다시 발급받을 수 있다.

> **해설**
> 수상레저안전법 시행규칙 제6조(면허시험 응시원서의 제출 및 접수 등)
> 응시표의 유효기간은 접수일부터 1년까지로 하며, 면허시험의 필기시험에 합격한 경우에는 그 필기시험 합격일부터 1년까지로 한다.

23 수상레저 일반조종면허시험 필기시험 중 법규 과목으로 옳지 않은 것은?

갑. 선박안전법
을. 해양환경관리법
병. 해상교통안전법
정. 선박의 입항 및 출항 등에 관한 법률

| 11 갑 | 12 갑 | 13 을 | 14 정 | 15 을 | 16 정 | 17 갑 | 18 병 | 19 갑 | 20 갑 | 21 을 | 22 을 | 23 갑 |

24 수상레저안전법상 일반조종면허 필기시험의 시험과목에 해당하지 않는 것은?

갑. 수상레저안전
을. 항해 및 범주
병. 수상레저기구 운항 및 운용
정. 기관

25 요트조종면허 필기시험의 시험과목에 해당하지 않는 것은?

갑. 요트활동 개요
을. 항해 및 범주
병. 수상레저기구 운항 및 운용
정. 법규

26 조종면허 실기시험시 감점항목으로 적당하지 않은 것은?

갑. 사행시 반시계방향으로 진행
을. 증속 및 활주지시 후 15초 이내에 활주상태가 되지 않은 때
병. 45° 변침시 50°를 변침한 경우
정. 후진시 진행방향과 15도 이상 벗어난 때

27 조종면허 실기시험시 감점사항이 아닌 것은?

갑. 급감속 지시 후 3초를 초과하여 레버를 조작한 때
을. 인명구조시 발생고지 후 2분을 초과한 때
병. 접안시 계류장 30m 전방에서 5노트 이상의 속력으로 접근한 때
정. 사행시 사행부표 현측을 10m로 통과한 때

28 수상레저안전법상 일반조종면허 실기시험 중 실격사유로 옳지 않은 것은?

갑. 3회 이상의 출발 지시에도 출발하지 못한 경우
을. 속도전환레버 및 핸들 조작 미숙 등 조종능력이 현저히 부족하다고 인정되는 경우
병. 계류장과 선수 또는 선미가 부딪힌 경우
정. 이미 감점한 점수의 합계가 합격기준에 미달함이 명백한 경우

29 실기시험시 실격 처리하는 기준이 아닌 것은?

갑. 3회 이상 출항 불능
을. 현저한 사고위험
병. 술에 취한 상태
정. 물에 빠진 사람(부표)과 충돌한 때

30 일반조종면허 실기시험용 수상레저기구의 규격 중 틀린 것은?

갑. 길이 – 약 5m
을. 최대출력 – 80마력
병. 최고속도 – 60km/h
정. 탑승정원 – 4~6인승

> **해설**
> 최대출력은 100마력 이상이어야 한다.
> 1해리 = 1.852km, 1노트는 1해리를 1시간에 가는 속력. 실기시험 수상레저기구의 최고속도는 30노트 이상이어야 하므로 1.852×30= 55.56km 이상이어야 한다.

31 일반조종면허 실기시험에 사용할 수 있는 시험선의 기준으로 틀린 것은?

갑. 길이 5~6m
을. 전폭 2~3m
병. 최대출력 100마력 이상
정. 최대속도 25노트 이상

32 일반조종면허 실기시험에 사용하는 수상레저기구의 최대출력 기준으로 가장 알맞은 것은?

갑. 80마력 이상
을. 100마력 이상
병. 115마력 이상
정. 130마력 이상

33 일반조종면허 실기시험에 사용하는 수상레저기구와 관련하여 틀린 설명은?

갑. 조종석에 지붕이 있을 것
을. 5인승 이상일 것
병. 나침반, 속도계, RPM 게이지를 갖출 것
정. 실기시험 실시할 때 수상레저기구 1대당 시험관 2명을 탑승시킬 것

34 일반조종면허 실기시험에 사용하는 수상레저기구의 기관형식으로 맞는 것은?

갑. 4사이클 선외기
을. 2사이클 선내기
병. 2사이클 또는 4사이클 선외기
정. 제한없음

35 일반조종면허 실기시험 시험선에 탑재하여야 하는 부대장비가 아닌 것은?

갑. 나침반
을. MPH 게이지
병. 오일압력계
정. RPM 게이지

Answer   24 을 25 병 26 병 27 정 28 병 29 정 30 을 31 정 32 을 33 을 34 정 35 병

36 일반조종면허 실기시험 시험선에 갖춰야 할 부대장비가 아닌 것은?

갑. 구명볼   을. 예비노
병. 소화기   정. 자동정지줄

37 수상레저안전법상 면허시험에 있어서 부정행위를 한 자에 대한 조치사항으로 틀린 것은?

갑. 시험을 중지시킬 수 있다.
을. 무효로 할 수 있다.
병. 2년간 면허시험에 응시할 수 없다.
정. 100만원 이하의 과태료에 처할 수 있다.

38 무면허 조종중 사람을 사상한 후 구호조치 등 필요한 조치를 하지 아니하고 도주한 자는 그 위반한 날부터 (   )간 조종면허를 받을 수 없다. (   ) 안에 적당한 것은?

갑. 1년   을. 2년
병. 3년   정. 4년

39 다음은 조종면허시험에 있어서 유효기간의 설명으로 잘못된 것은?

갑. 응시원서의 유효기간은 접수일로부터 1년간이다.
을. 필기시험 합격의 유효기간은 합격일부터 1년간이다.
병. 실기시험 합격의 유효기간은 합격일부터 1년간이다.
정. 면허증의 유효기간은 발급일부터 취소되는 날까지이다.

40 다음 중 조종면허를 받은 사람이 지켜야 할 의무로 맞지 않는 것은?

갑. 다른 사람에게 면허증을 빌려주어서는 안 된다.
을. 주소가 변경된 경우 면허증상의 주소도 즉시 변경하여야 한다.
병. 동력수상레저기구 조종중에는 항시 휴대하여야 한다.
정. 관계공무원이 면허증 제시를 요구하는 경우 이를 내보여야 한다.

41 조종면허 시험과목의 전부 또는 일부 면제대상이 될 수 없는 경우는?

갑. 체육관련 단체에 동력수상레저기구의 선수로 등록된 자
을. 해기사면허를 소지한 자
병. 군 또는 경찰관서에서 동력수상레저기구에 대한 교육을 이수하고 소정의 자격을 받은 자
정. 유·도선사업자로서 유선사업 경력이 2년 이상인 자

42 다음 중 조종면허 시험이 면제되는 해기사면허의 종류가 아닌 것은?

갑. 통신사   을. 운항사
병. 기관사   정. 항해사

43 다음 중 조종면허시험을 면제받을 수 없는 것은?

갑. 소형선박조종사 면허를 가진 사람
을. 경찰관서에서 1년 이상 동력수상레저기구를 이용한 수난구조업무에 종사한 사람
병. 대한체육회 가맹경기단체에서 동력수상레저기구 선수로 등록된 사람
정. 지방자치단체에서 발급한 동력수상레저기구 자격을 가진 사람

44 면허시험 면제교육기관의 장이 교육을 중지할 수 있는 기간은 (   )을 초과할 수 없다. (   )에 맞는 기간은?

갑. 1개월   을. 2개월
병. 3개월   정. 6개월

45 다음 중 면허시험 과목을 모두 면제하는 교육을 실시하는 기관이나 단체로 지정·고시될 수 있는 지정될 수 있는 기관이나 단체가 아닌 것은? (제2급 조종면허와 요트조종면허에 한정한다)

갑. 해양경찰   을. 소방
병. 경찰   정. 수상레저활동안전협의회

> **해설**
> 수상레저안전법 시행령 제7조 제5항 제1호
> 해양경찰청장은 다음 각 호의 요건을 모두 갖춘 기관이나 단체를 면허시험(제2급 조종면허와 요트조종면허에 한정한다) 과목을 모두 면제하는 교육을 실시하는 기관이나 단체(이하 "면허시험 면제교육기관"이라 한다)로 지정·고시할 수 있다.
> ① 다음의 어느 하나에 해당하는 기관이나 단체
>   ㉠ 경찰, 해양경찰, 소방, 군 등 업무 수행 과정에서 동력레저수상기구와 유사한 수상기구를 운영하는 기관
>   ㉡ 그 밖에 그 설립목적이 수상레저활동과 관련 있는 기관이나 단체

46 수상레저안전법상 면허시험 면제교육기관에 대하여 반드시 지정을 취소해야 하는 사유에 해당되는 것은?

갑. 면허시험 면제교육기관이 교육을 이수하지 아니한 사람에게 면허시험 과목의 전부를 면제하게 한 경우
을. 거짓이나 그 밖의 부정한 방법으로 지정을 받은 경우
병. 교육내용을 지키지 않은 경우
정. 지정 기준에 미치지 못하게 된 경우

36 갑 37 정 38 정 39 병 40 을 41 정 42 갑 43 을 44 병 45 정 46 을

47 다음은 조종면허의 결격사유이다. 틀린 것은?

갑. 고의 또는 중대한 과실로 사람을 사상한 자
을. 치매, 분열형 정동장애 또는 알코올중독자
병. 마약·대마 또는 향정신성의약품 중독자
정. 조종면허가 취소된 날부터 1년이 지나지 아니한 자

48 조종면허 결격자가 아닌 것은?

갑. 13세인 자
을. 12세인 자로서 수상레저기구 선수로 등록된 자
병. 11세인 자
정. 10세인 자

> **해설**
> 만 14세 이상인 자(1급은 18세)에게 조종면허시험 응시자격이 주어지지만 14세 미만이라도 국민체육진흥법에 의한 경기단체에서 동력수상레저기구 관련 선수로 등록된 자는 응시할 수 있다.

49 제2급 조종면허 결격자는?

갑. 15세인 자
을. 피한정후견인
병. 대마중독자
정. 무면허조종자로서 그 위반한 날부터 1년이 경과한 자

50 동력수상레저기구 면허증은 시험 합격일로부터 며칠 이내로 발급되는가?

갑. 7일 이내   을. 14일 이내
병. 15일 이내   정. 30일 이내

51 조종면허가 취소된 자는 취소된 날부터 며칠 내에 면허증을 반납하여야 하는가?

갑. 3일   을. 5일
병. 7일   정. 10일

52 면허증 발급기관으로 맞는 것은?

갑. 해양경찰청   을. 해양경찰서
병. 시험대행기관   정. 수상레저안전연합회

53 다음 중 동력수상레저기구 조종면허증의 갱신기간으로 맞는 것은?

갑. 3년   을. 5년
병. 7년   정. 9년

54 조종면허증 갱신을 연기받은 사람은 그 사유가 없어진 날부터 (   ) 이내에 갱신을 하여야 한다.

갑. 1개월   을. 2개월
병. 3개월   정. 6개월

55 조종면허의 효력 발생·정지에 대하여 맞는 것은?

갑. 조종면허시험에 합격한 때부터 발생
을. 조종면허증을 발급신청한 때부터 발생
병. 조종면허증을 발급한 때부터 발생
정. 조종면허증을 분실하였을 경우는 효력이 정지

56 다음 중 최초의 조종면허증의 갱신기간은?

갑. 면허증 발급일부터 기산하여 5년이 되는 날부터 1개월 이내
을. 면허증 발급일부터 기산하여 5년이 되는 날부터 3개월 이내
병. 면허증 발급일부터 기산하여 7년이 되는 날부터 3개월 이내
정. 면허증 발급일부터 기산하여 7년이 되는 날부터 6개월 이내

57 조종면허증의 갱신연기사유가 아닌 것은?

갑. 법령에 따라 신체의 자유를 구속당한 경우
을. 재해·재난을 당한 경우
병. 시험준비 관계로 사찰에서 공부를 하는 경우
정. 사회통념상 갱신기간 내 갱신할 수 없는 부득이한 사유라고 인정되는 경우

58 조종면허증을 받고자 하는 사람은 해양경찰청장이 실시하는 교육을 받아야 한다. 다음 중 받아야 할 교육내용이 아닌 것은?

갑. 수상안전에 관한 법령
을. 수상레저기구의 사용에 관한 사항
병. 수상레저기구의 관리에 관한 사항
정. 수상환경 보존에 관한 사항

59 최초 면허시험 합격 전 수상안전교육을 받은 경우 그 유효기간으로 맞는 것은?

갑. 1년   을. 6개월
병. 3개월   정. 1개월

47 갑 48 을 49 병 50 을 51 병 52 갑 53 병 54 병 55 병 56 정 57 병 58 정 59 을

60 다음 중 수상안전교육 위탁기관에 두어야 할 강사의 수로 맞는 것은?

갑. 2명 이상
을. 3명 이상
병. 4명 이상
정. 5명 이상

61 수상안전교육의 면제사유에 해당하지 않는 것은?

갑. 조종면허증 갱신 기간의 마지막 날부터 소급하여 2년 이내의 기간에 수상안전교육을 받은 경우
을. 과거 1년 이내에 「유선 및 도선사업법」에 따른 해양경찰청에서 실시하는 교육을 받은 경우
병. 과거 1년 이내에 「선원법 시행령」에 따른 상급안전교육을 받은 경우
정. 과거 1년 이내에 「선원법 시행령」에 따른 기초안전교육을 받은 경우

62 다음 중 조종면허를 취소할 수 있는 경우가 아닌 것은?

갑. 3차 위반하여 면허증을 다른 사람에게 빌려주어 조종하게 한 때
을. 2차 위반하여 조종 중 고의 또는 중대한 과실로 사람을 사상한 때
병. 조종면허 효력의 정지기간으로부터 1년이 경과하여 조종한 때
정. 2차 위반하여 조종 중 고의로 다른 사람에게 중대한 재산상 손해를 입힌 때

63 다음 중 조종면허가 당연히 취소되는 경우는?

갑. 조종면허를 받은 자가 동력수상레저기구를 이용하여 사체유기행위를 한 경우
을. 수상레저활동의 안전과 질서유지를 위한 명령을 위반한 때
병. 약물의 영향으로 인하여 정상적으로 조종하지 못할 염려가 있는 상태에서 조종을 한 때
정. 조종 중 고의로 사람을 사상한 때

● 해설
'을'은 1차 위반의 경우 경고처분, '병·정'은 1차 위반일 때 6개월의 면허정지처분을 받는다.

64 조종면허의 취소 또는 정지처분의 기준으로 틀린 것은?

갑. 위반행위가 2가지 이상인 때에는 중한 처분에 의한다.
을. 다수의 면허정지사유가 있더라도 정지기간은 6개월을 초과할 수 없다.
병. 위반행위의 횟수에 따른 행정처분의 개별기준은 최근 1년간 위반행위를 하여 행정처분을 받은 후에 동일한 위반행위를 한 경우에 적용한다.
정. 면허정지에 해당하는 경우, 개별기준을 적용하는 것이 불합리할 경우 2분의 1의 범위 내에서 감경할 수 있다.

● 해설
다수의 면허정지일 경우에는 중한 처분기준의 2분의 1까지 가중처벌하나, 각 처분기준을 합산한 기간은 1년을 초과할 수 없다.

65 조종면허 행정처분시 면허정지 기간을 감경할 수 있다. 고려하여야 할 사항으로 적당하지 않은 것은?

갑. 위반행위의 대상
을. 위반행위의 동기
병. 위반횟수
정. 위반행위로 인한 결과

66 다음 중 동력수상레저기구를 이용한 범죄의 종류에 해당하지 않는 것은?

갑. 국가보안법을 위반한 범죄행위
을. 약취·유인 또는 감금
병. 상습절도(절취한 물건을 운반한 경우에 한함)
정. 선박안전법을 위반한 범죄행위

67 조종면허시험 대행기관의 지정기준으로 맞지 않는 것은?

갑. 시험장별 책임운영자 1명을 둘 것
을. 시험장별 시험관 4명 이상을 둘 것
병. 책임운영자는 1급 일반조종면허 소지자
정. 시험관은 1급 조종면허 및 인명구조요원 자격 취득자

● 해설
조종면허시험 대행기관의 책임운영자는 수상레저활동 관련업무 중 해양경찰청장이 정하여 고시하는 업무에 5년 이상 종사한 경력이 있는 자이어야 한다.

68 조종면허시험 대행기관의 지정을 취소하거나 업무를 정지할 수 있는 경우는?

갑. 대행기관 지정기준에 미치지 못하게 된 때
을. 대행기관 대표가 파산한 때
병. 책임운영자가 변경된 때
정. 시험관이 시험업무 종사자 교육을 받지 않은 때

69 조종면허시험 대행기관 종사자 중 매년 해양경찰청장이 실시하는 교육을 받아야 하는 대상자로 가장 적당한 것은?

갑. 시험장 대표 및 책임운영자
을. 책임운영자 및 시험관
병. 시험장 대표 및 시험관
정. 모두 받아야 한다.

60 갑 61 을 62 병 63 갑 64 을 65 갑 66 정 67 병 68 갑 69 을

70 조종면허시험 대행기관에 대한 업무정지처분이 응시자에게 심한 불편을 주거나 그 밖의 공익을 해칠 우려가 있다고 인정되면 업무정지처분에 갈음하여 ( ) 이하의 ( )를 부과할 수 있다. ( ) 안에 차례로 들어갈 말은?

갑. 5백만원, 벌금
을. 1천만원, 벌금
병. 5백만원, 과징금
정. 1천만원, 과징금

71 다음 중 일반조종면허 시험관의 자격으로 맞는 것은?

갑. 1급 조종면허 취득자
을. 1급 조종면허와 인명구조요원 자격을 취득한 사람
병. 요트조종면허 취득자
정. 1급 항해사와 인명구조요원 자격을 취득한 사람

72 시험대행기관 시험업무 종사자에 대한 정기교육 시간으로 맞는 것은?

갑. 연 1회 12시간 이상
을. 연 1회 21시간 이상
병. 연 1회 48시간 이상
정. 연 2회 24시간 이상

73 다음 중 시험감독관이 될 수 없는 자는?

갑. 순 경
을. 경 장
병. 경 감
정. 시험대행기관 대표

74 수상레저활동자의 준수사항 중 맞는 것은?

갑. 승선 중에는 구명조끼를 계속 착용하여야 한다.
을. 날씨가 좋은 때에는 구명조끼를 착용하지 않는다.
병. 소인은 구명조끼를 착용하지 않는다.
정. 물에 빠질 경우 수영을 할 수 있도록 신발을 착용하지 않는다.

75 수상오토바이 이용시 반드시 착용해야 하는 안전장비는?

갑. 라이프 레프트
을. 구명볼
병. 구명튜브
정. 구명조끼

76 수상레저안전법상 반드시 착용해야 하는 구명장비는?

갑. 라이프 레프트
을. 슈 트
병. 구명자켓
정. 라이프 링

77 수상오토바이 승선시 착용하는 안전장비가 아닌 것은?

갑. 구명자켓
을. 구명슈트
병. 헬 멧
정. 구명튜브

78 다음 중 수상레저활동을 할 때 구명조끼와 함께 안전모를 착용해야 하는 동력수상레저기구는?

갑. 페러세일
을. 고무보트
병. 호버크래프트
정. 워터슬레이드

79 날씨 등을 고려하여 수상레저활동자가 착용하여야 할 구명조끼 등 인명안전장비의 종류를 정하여 특별한 지시를 할 수 있는 자가 아닌 것은?

갑. 해양경찰서장
을. 시장
병. 지방해양경찰청장
정. 군수

80 구명조끼 사용법 중 틀린 것은?

갑. 승선자 전원이 착용한다.
을. 보호자가 있는 어린이는 착용하지 않아도 된다.
병. 날씨가 좋더라도 착용한다.
정. 헐렁이지 않게 조여서 착용한다.

81 다음 중 래프팅을 하는 사람이 구명조끼와 함께 착용하여야 하는 안전장비로 맞는 것은?

갑. 슈 트
을. 방수복
병. 아쿠아슈즈
정. 안전모

82 수상레저안전법상 야간운항장비가 아닌 것은?

갑. 나침반
을. 통신기기
병. 구명부환
정. 레이다

83 수상레저안전법에서 규정하고 있는 야간운항장비가 아닌 것은?

갑. 항해등
을. 비상등
병. 자기점화등
정. 국제신호기

84 다음 중 야간 수상레저활동시 갖춰야 할 장비로 바르게 나열된 것은?

갑. 항해등, 나침반, 전등, 자동정지줄
을. 소화기, 통신기기, EPIRP, GPS
병. 야간 조난신호장비, 자기점화등, GPS, 구명부환
정. 등(燈)이 부착된 구명조끼, 구명부환, 나침반, EPIRP

> **해설**
> 자동정지줄, EPIRP(선박 상부에 설치된 조난위치 발신장치)는 수상레저안전법상의 야간운항장비가 아니다.

Answer 70 정 71 을 72 을 73 정 74 갑 75 정 76 병 77 정 78 정 79 병 80 을 81 정 82 정 83 정 84 병

85 수상레저안전법에 의한 운항규칙으로 옳지 않은 것은?

갑. 등록대상 동력수상레저기구의 경우에는 안전검사증에 지정된 항해구역을 준수해야 한다.
을. 다이빙대, 교량으로부터 20m 이내의 구역에서는 10노트 이하로 운항해야 한다.
병. 안개 등으로 시정이 0.5km 이내로 제한되는 경우에는 레이더 및 초단파(VHF) 통신설비를 갖추지 아니한 수상레저기구는 운항해서는 안 된다.
정. 기상특보 중 경보가 발효된 구역에서도 관할 해양경찰관서에 그 운항신고를 하면 파도 또는 바람만을 이용하여 활동이 가능한 수상레저기구를 이용할 수 있다.

◆해설
기상특보 중 주의보가 발효된 경우로서 수상레저활동을 하기 위하여 관할 해양경찰서장 또는 시장·군수 및 구청장에게 기상특보활동신고서를 제출한 경우에 가능하다.

86 "수상레저안전법상 ( ), ( ) 및 ( )으로부터 몇 m 이내의 구역에서는 10노트 이하의 속력으로 운항하여야 한다." ( ) 안에 적합하지 않은 것은?

갑. 다이빙대   을. 방파제
병. 계류장   정. 교 량

87 다이빙대, 계류장 및 교량으로부터 몇 m 이내의 구역에서는 10노트 이하의 속력으로 운항하여야 하는가?

갑. 10m   을. 20m
병. 30m   정. 50m

88 모터보트 운행시 정면 충돌의 위험성이 있을 때 적절한 피항법은?

갑. 즉시 정지한다.   을. 계속 진행한다.
병. 좌회전으로 피항한다. 정. 우회전으로 피항한다.

89 수상오토바이 운행시 준수사항 중 맞는 것은?

갑. 항내에서 고속으로 운행한다.
을. 해수욕객이 있는 수면 위를 운행한다.
병. 잠수를 하고 있는 수면 위를 운행한다.
정. 상대방의 진로를 방해하지 않는다.

90 수상오토바이를 운항할 수 있는 때는?

갑. 적조주의보 발효시   을. 호우주의보 예보시
병. 해일경보 예보시   정. 폭풍주의보 발효시

91 수상레저안전법에서 규정하고 있는 운항규칙상 기상특보의 내용이 아닌 것은?

갑. 대설주의보   을. 안개주의보
병. 강풍주의보   정. 풍랑주의보

92 수상레저안전법상 수상레저활동이 금지되는 기상특보의 종류가 아닌 것은?

갑. 태풍주의보   을. 파랑주의보
병. 풍랑주의보   정. 호우주의보

93 풍랑 경보가 발효된 구역에서 파도 또는 바람만을 이용하여 활동이 가능한 수상레저기구를 운항하는 것을 허용할 수 있는 자는?

갑. 해양수산부장관   을. 해양경찰청장
병. 경찰서장   정. 해양경찰서장

◆해설
기상특보 중 풍랑·호우·대설·강풍경보가 발효된 구역에서 파도 또는 바람만을 이용하여 활동이 가능한 수상레저기구를 운항하려고 할 경우 관할 해양경찰서장 또는 시장·군수·구청장에게 운항신고를 하고 해양경찰서장 또는 시장·군수·구청장이 허용한 경우 가능하다.

94 다음 중 기상특보 발효시 수상레저활동을 허용할 수 있는 권한이 없는 사람은?

갑. 경찰서장   을. 해양경찰서장
병. 시장·군수   정. 한강관리 담당기관의 장

95 충돌을 피하기 위한 조치와 관계가 먼 것은?

갑. 적극적으로 할 것
을. 충분한 시간적 여유를 둘 것
병. 피항보트는 좌현으로 변침할 것
정. 적절한 보트의 운용술에 따를 것

96 수상레저 활동자가 지켜야 할 운항규칙에 대한 설명으로 옳지 않은 것은?

갑. 다른 수상레저기구와 정면으로 충돌할 위험이 있을 때에는 음성신호, 수신호 등 적당한 방법으로 상대에게 이를 알리고 우현 쪽으로 진로를 피해야 한다.
을. 다른 수상레저기구의 진로를 횡단하는 경우에 충돌의 위험이 있을 때에는 다른 수상레저기구를 오른쪽에 두고 있는 수상레저기구가 진로를 피해야 한다.
병. 다른 수상레저기구와 같은 방향으로 운항하는 경우에는 2미터 이내로 근접하여 운항해서는 안 된다.

85 정 86 을 87 을 88 정 89 정 90 갑 91 을 92 을 93 정 94 갑 95 병 96 정

정. 안개 등으로 가시거리가 0.5마일 이내로 제한되는 경우에는 수상레저기구를 운항해서는 안 된다.

> **해설**
> 수상레저안전법 제22조(기상에 따른 수상레저활동의 제한)
> 안개 등으로 가시거리가 0.5킬로미터 이내로 제한되는 경우에는 수상레저기구를 운항해서는 안 된다.

97 다음 중 다른 수상레저기구의 진로를 횡단하는 요령으로 가장 적당한 것은?

갑. 속력이 상대적으로 느린 기구가 진로를 피한다.
을. 속력이 상대적으로 빠른 기구가 진로를 피한다.
병. 다른 기구를 왼쪽에 두고 있는 기구가 진로를 피한다.
정. 다른 기구를 오른쪽에 두고 있는 기구가 진로를 피한다.

98 다른 수상레저기구와 같은 방향으로 진행시 근접이 제한되는 거리 기준으로 맞는 것은?

갑. 1m 이내   을. 2m 이내
병. 3m 이내   정. 5m 이내

99 원거리 수상레저활동시 의무사항은?

갑. 입·출항시 신고하지 않아도 된다.
을. 해양경찰관서에 신고서를 제출한다.
병. 각 구·군청에 신고한다.
정. 2대 이상 출항하면 신고하지 않는다.

100 수상레저안전법상 '원거리'란 출발항으로부터 (　　) 이상 떨어진 거리를 말한다.

갑. 3해리   을. 5해리
병. 7해리   정. 10해리

101 원거리 수상레저활동시 해야 할 일은?

갑. 원거리는 자유롭게 출항하면 된다.
을. 지방자치단체에 양해를 구한다.
병. 2대 이상 출항하면 신고하지 않는다.
정. 해양경찰관서에 반드시 신고서를 제출한다.

102 다음 원거리 수상레저활동에 관한 설명으로 틀린 것은?

갑. 출발항으로부터 10해리 이상 떨어진 곳에서 활동할 경우 신고하여야 한다.
을. 해양경찰관서 또는 경찰관서에 신고한다.
병. 「선박안전 조업규칙」에 따라 별도로 신고한 경우에는 신고하지 않아도 된다.
정. 신고방법은 방문, 인터넷, 팩스, 전화 모두 가능하다.

103 원거리 수상레저활동시 어디에 신고를 해야 하는가?

갑. 지방자치단체   을. 지방해양수산청
병. 해양경찰서   정. 선박협회

104 원거리 수상레저활동 신고기관이 아닌 것은?

갑. 경찰서   을. 해양경찰서
병. 파출소   정. 지방해양수산청

105 수상레저활동자는 수상레저기구에 동승한 자가 사고로 인하여 사망하거나 실종된 때에 신고하여야 할 기관이 아닌 것은?

갑. 해양경찰서   을. 경찰서
병. 소방서   정. 시험대행기관

106 수상레저활동 중 사고시 신고사항이 아닌 것은?

갑. 사고발생 일시 및 장소
을. 피해상황 및 조치사항
병. 수상레저기구의 종류
정. 비상식량 휴대 유무

107 수상레저활동자의 안전준수 의무사항으로 틀린 것은?

갑. 정원초과 금지의무
을. 안전장비 착용의무
병. 주취 중 조종금지의무
정. 수상레저활동시간의 공고 확인의무

108 수상레저안전법상 해양경찰서장 또는 시장·군수·구청장이 영업구역이나 시간의 제한 또는 영업의 일시정지를 명할 수 있는 경우로 옳지 않은 것은?

갑. 사업장에 대한 안전점검을 하려고 할 때
을. 유류·화학물질 등이 유출된 경우
병. 수상사고가 발생한 경우
정. 기상·수상 상태가 악화된 경우

> **해설**
> 을, 병, 정 외에 부유물질 등 장애물이 발생한 경우, 사람의 신체나 생명에 피해를 줄 수 있는 유해생물이 발생한 경우, 그 밖에 대통령령으로 정하는 사유가 발생한 경우에 명할 수 있다.

109 학교에서 실시하는 교육·훈련과 관련하여 무면허조종시 1급 조종면허가 있는 자가 감독할 수 있는 동력수상레저기구는 (　　) 이하이다.

갑. 1대   을. 2대
병. 3대   정. 4대

Answer 97 정 98 을 99 을 100 정 101 정 102 정 103 병 104 정 105 정 106 정 107 정 108 갑 109 병

110 다음 중 1급 조종면허가 있는 자의 감독하에 무면허조종을 할 수 없는 경우는?

갑. 수상레저사업장에서 탑승인원 4명 이하의 기구를 조종하는 경우
을. 실기시험장 내에서 실기시험과 관련하여 기구를 조종하는 경우
병. 피서철 자가용 보트로 일시 운항하는 경우
정. 청소년 수련 등 특정목적을 위한 비영리 교육·훈련과 관련하여 기구를 조종하는 경우

111 수상레저안전법상 조종면허에 관한 설명 중 옳지 않은 것은?

갑. 조종면허를 받으려는 자는 해양경찰청장이 실시하는 면허시험에 합격하여야 한다.
을. 면허시험은 필기시험·실기시험으로 구분하여 실시한다.
병. 조종면허를 받으려는 자는 면허시험 응시원서를 접수한 후부터 해양경찰청장이 실시하는 수상안전교육을 받아야 한다.
정. 조종면허의 효력은 조종면허를 받으려는 자가 면허시험에 최종 합격할 날부터 발생한다.

112 무면허조종이 허용되는 경우가 아닌 것은?

갑. 1급 조종면허가 있는 자의 감독하에 수상레저사업장에서 4인승 수상레저기구의 조종
을. 1급 조종면허 소지자와 동승하여 5인승 수상레저기구의 조종
병. 1급 조종면허가 있는 자의 감독하에 해당 수상레저기구에 다른 수상레저기구를 견인하는 경우
정. 면허시험과 관련한 수상레저기구의 조종

113 야간운항장비 없이 수상레저활동을 할 수 있는 시간으로 가장 적당한 것은?

갑. 해진 후 30분부터 해뜨기 전 30분까지
을. 해뜬 후부터 해지기 전까지
병. 해뜨기 전 30분부터 해진 후 30분까지
정. 해뜨기 전 30분부터 해지기 전까지

114 야간 수상레저활동시간의 조정시 시간조정 범위로 맞는 것은?

갑. 오후 8시 이내
을. 오후 10시 이내
병. 오후 11시 이내
정. 오후 12시 이내

115 다음 중 야간 수상레저활동시간으로 맞는 것은?

갑. 해진 후 30분부터 오후 12시까지
을. 해뜬 후부터 해지기 전까지
병. 해뜨기 전 30분부터 해진 후 30분까지
정. 해뜨기 전 30분부터 해지기 전까지

🔸 **해설**
병. 주간 수상레저활동시간이다.
갑. 야간 운항장비를 갖춘 경우에 한하여 해양경찰서장 또는 시·군·구청장·한강관리사업소장이 해진 후 30분부터 자정(오후 12시)까지의 시간범위 내에서 야간 수상레저활동시간을 조정할 수 있다.

116 다음 중 수상레저활동시간 조정권자로 맞는 것은?

갑. 소방서장   을. 경찰서장
병. 수자원공사사장   정. 한강관리사업소장

117 다음 중 수상레저활동시간 조정권자가 아닌 것은?

갑. 해양경찰서장   을. 수상레저사업자
병. 한강관리사업소장 정. 시 장

118 수상레저안전법상 주취 중 조종금지에 대한 설명 중 옳지 않은 것은?

갑. 술에 취한 상태의 기준은 혈중알콜농도 0.03%이상으로 한다.
을. 술에 취하였는지 여부를 측정한 결과에 불복하는 수상레저활동자에 대해서는 해당 수상레저 활동자의 동의를 받아 혈액채취 등의 방법으로 다시 측정할 수 있다.
병. 술에 취한 상태에서 동력수상레저기구를 조종한 자는 1년 이하의 징역 또는 1천만원 이하의 벌금에 처하고, 조종면허의 효력을 정지할 수 있다.
정. 술에 취한 상태라고 인정할 만한 상당한 이유가 있는데도 관계공무원의 측정에 따르지 아니한 자는 1년 이하의 징역 또는 1천만원 이하의 벌금에 처하고, 조종면허를 취소하여야 한다.

🔸 **해설**
수상레저안전법 제27조(주취 중 조종 금지), 제61조(벌칙)
술에 취한 상태에서 동력수상레저기구를 조종한 자는 1년 이하의 징역 또는 1천만원 이하의 벌금에 처하고, 조종면허를 취소하여야 한다.

119 다음 중 주취조종자에 대한 단속권이 없는 자는?

갑. 해양경찰청 소속 경찰관
을. 구청 공무원
병. 한강관리사업소장
정. 시청 공무원

Answer: 110 병 111 정 112 병 113 병 114 정 115 갑 116 정 117 을 118 병 119 병

120 주취조종자에 대하여 주취단속시 시·군·구 공무원이 당사자에게 제시하여야 할 것은?

갑. 공무원증 을. 그 권한을 표시하는 증표
병. 운전면허증 정. 조종면허증

121 약물복용 상태에서는 수상레저기구를 조종할 수 없다. 복용이 금지되는 약물이 아닌 것은?

갑. 아스피린 을. 대 마
병. 환각물질 정. 마 약

122 다음 중 수상레저기구의 정원을 정하는 방법으로 맞는 것은?

갑. 제조사에서 해양경찰청장의 승인을 얻어 정한다.
을. 안전검사시 해양경찰청장이 정한 기준에 의한다.
병. 수상레저기구 등록시 해양경찰청장이 정한 기준에 의한다.
정. 제조업체 또는 수입업체에서 자체 기준으로 정한다.

123 다음 중 수상레저기구의 정원을 초과하여 탑승시킬 수 있는 경우가 아닌 것은?

갑. 수난구호 을. 환자수송
병. 정원책정의 불합리 정. 기타 부득이한 경우

124 안전준수의무에 관한 사항이다. 맞지 않는 것은?

갑. 수상레저활동자는 구명조끼 등 인명안전에 관한 장비를 착용하여야 한다.
을. 출발항으로부터 5km 이상 떨어진 곳에서 수상레저활동을 하고자 할 때 신고하여야 한다.
병. 수상레저활동자는 수상레저기구에 동승한 자가 사망·실종시 관계기관에 신고하여야 한다.
정. 일정한 조건하에서는 무면허조종이 가능하다.

▶ 해설
원거리 수상레저활동을 하려는 때는 해양경찰관서에 신고해야 하는데, 이 경우 원거리는 출발항으로부터 10해리 이상 떨어진 곳을 말한다.

125 다음 중 수상레저활동 금지구역 지정권자가 아닌 것은?

갑. 경찰서장 을. 군 수
병. 해양경찰서장 정. 시 장

126 다음 중 수상레저기구별 금지구역 지정권자로 맞는 것은?

갑. 해양경찰청장 을. 시험대행기관장
병. 소방서장 정. 한강관리사업소장

127 수상레저안전을 위하여 필요한 경우 해양경찰서장의 시정명령 대상인 것은?

갑. 조종자의 교체 을. 동승자의 교체
병. 사업자의 교체 정. 시험대행기관장의 교체

128 수상레저안전법상 안전을 위한 시정명령 사항이다. 틀린 것은?

갑. 수상레저기구의 개선 및 교체
을. 수상레저기구의 임시 안전검사
병. 수상레저활동의 일시정지
정. 수상레저기구 조종자의 교체

129 수상레저안전법상 동력수상레저기구 소유자가 수상레저기구를 등록해야 하는 기관은?

갑. 기구를 주로 매어두는 장소를 관할하는 해양경찰서장
을. 소유자 주소지를 관할하는 시장·군수·구청장
병. 기구를 주로 매어두는 장소를 관할하는 기초자치단체장
정. 소유자 주소지를 관할하는 해양경찰서장

130 수상레저안전법상 등록대상 동력수상레저기구의 등록절차로 옳은 것은?

갑. 안전검사 - 보험가입(필수) - 등록
을. 등록 - 안전검사 - 보험가입(선택)
병. 안전검사 - 등록 - 보험가입(선택)
정. 안전검사 - 등록 - 보험가입(필수)

▶ 해설
동력수상레저기구를 등록할 때에는 등록신청서를 포함한 안전검사증, 보험가입증명서 등 관련 서류를 제출하여야 한다(영 제4조 제1항).

131 수상레저기구 등록·검사 등에 관한 설명 중 잘못된 것은?

갑. 등록대상과 검사대상은 동일하다.
을. 보험가입대상과 검사대상은 동일하지 않다.
병. 세일링요트는 등록 및 검사에서 제외된다.
정. 모든 수상오토바이는 등록·검사·보험가입 대상이다.

132 다음 중 수상레저기구의 구조변경시 등록관청의 승인이 필요한 사항이 아닌 것은?

갑. 길이가 줄어든 때
을. 너비가 줄어든 때
병. 깊이가 줄어든 때
정. 부양성에 영향이 없는 구조물 설치

Answer 120 을 121 갑 122 을 123 병 124 을 125 갑 126 정 127 갑 128 을 129 을 130 갑 131 을 132 정

133 동력수상레저기구 등록사항 중 변경이 있는 경우 그 변경이 발생한 날부터 변경신청을 하여야 할 기한은?

갑. 7일
을. 10일
병. 15일
정. 30일

134 다음 중 수상레저기구 말소등록을 신청하여야 하는 사유로 가장 부적당한 것은?

갑. 수상레저기구의 멸실
을. 수상레저기구의 기능상실
병. 수상레저기구의 엔진교체
정. 3개월간 수상레저기구의 존재가 불명확

135 동력수상레저기구의 존재가 분명하지 않을 때 말소등록을 신청하여야 기한은?

갑. 1개월
을. 2개월
병. 3개월
정. 6개월

136 다음 중 수상레저기구의 직권말소에 대한 설명으로 맞지 않는 것은?

갑. 직권말소 전 1개월 이내의 기간을 정하여 소유자에게 말소등록을 신청할 것을 최고하였어야 한다.
을. 직권말소시 소유자에게 사유를 통지하여야 한다.
병. 직권말소시 소유자는 등록증을 파기하여야 한다.
정. 직권말소시 소유자가 동의한 경우, 통지하지 않을 수 있다.

137 수상레저기구의 말소등록에 관한 설명으로 잘못된 것은?

갑. 등록관청에서 직권으로 말소하는 경우도 있다.
을. 수상레저기구가 멸실한 때에 한하여 말소한다.
병. 등록이 말소된 경우 등록증을 반납하여야 한다.
정. 소유권에 이해관계인이 있을 때는 승낙서가 필요하다.

138 다음 ( ) 안에 알맞은 말은?

시장·군수·구청장은 「민사집행법」에 따라 ( )으로부터 압류등록의 촉탁이 있거나 「국세징수법」이나 「지방세징수법」에 따라 행정관청으로부터 압류등록의 촉탁이 있는 경우에는 해당 등록원부에 대통령령으로 정하는 바에 따라 압류등록을 하고 소유자에게 통지하여야 한다.

갑. 지방해양경찰청
을. 법원
병. 지방경찰청
정. 해양수산부

139 다음 중 보험 또는 공제에 가입하여야 하는 수상레저기구가 아닌 것은?

갑. 총톤수 10톤의 선외기 모터보트
을. 수상오토바이
병. 공기로 부풀려지지 않는 30마력의 고무보트
정. 25톤의 세일링요트

140 동력수상레저기구 소유자가 가입하여야 하는 보험 또는 공제에 대한 설명으로 맞지 않는 것은?

갑. 등록대상인 동력수상레저기구는 모두 가입대상이다.
을. 수상오토바이는 모두 가입하여야 한다.
병. 총톤수 30톤 미만의 모터보트는 모두 가입하여야 한다.
정. 30마력인 고무보트 중에도 가입 대상이 아닌 것도 있다.

> 해설
> 정 : 공기를 넣어 부풀려지며, 접어서 운반할 수 있는 고무보트는 제외된다. 병 : 총톤수 20톤 미만의 선내기 또는 선외기가 부착된 모터보트가 가입대상이다.

141 동력수상레저기구 소유자가 가입하여야 하는 보험이나 공제의 가입금액은 ( ) 규정에 따른 금액 이상으로 한다. ( ) 안의 내용으로 맞는 것은?

갑. 자동차손해배상 보장법 시행령
을. 유선 및 도선사업법 시행령
병. 해상교통안전법 시행령
정. 선박안전법 시행령

142 동력수상레저기구에 등록번호판을 부착하여야 할 곳으로 가장 적당한 것은?

갑. 선미 양현
을. 선수 양현
병. 선체 중앙
정. 옆면 또는 뒷면 잘 보이는 곳

143 동력수상레저기구 등록번호판에 기구의 종류를 표시하는 영문 중 MB가 의미하는 것으로 맞는 것은?

갑. 수상오토바이
을. 노보트
병. 모터보트
정. 고무보트

144 동력수상레저기구를 등록하고자 하는 경우 받아야 하는 검사는?

갑. 임시검사
을. 신규검사
병. 정기검사
정. 수시검사

133 정 134 병 135 병 136 병 137 을 138 을 139 정 140 병 141 갑 142 정 143 병 144 을

145 동력수상레저기구의 구조를 변경하고자 하는 경우 받아야 하는 검사는?

갑. 주기검사   을. 정기검사
병. 임시검사   정. 중간검사

146 동력수상레저기구 정기검사의 검사주기로 맞는 것은?

갑. 1년   을. 2년
병. 3년   정. 5년

147 수상레저사업에 이용되는 동력수상레저기구의 정기검사 주기는?

갑. 1년   을. 2년
병. 3년   정. 5년

148 다음 중 안전검사 실시권자는?

갑. 군 수
을. 구청장
병. 해양경찰청장
정. 안전검사대행기관의 장

149 수상레저안전법상 수상레저기구의 정기검사를 받아야 하는 기간으로 바른 것은?

갑. 검사유효기간 만료일을 기준으로 하여 전후 각각 10일 이내로 한다.
을. 검사유효기간 만료일을 기준으로 하여 전후 각각 30일 이내로 한다.
병. 검사유효기간 만료일을 기준으로 하여 전후 각각 60일 이내로 한다.
정. 검사유효기간 만료일을 기준으로 하여 전후 각각 90일 이내로 한다.

150 수상레저안전법상 등록대상 동력수상레저기구 안전검사 내용 중 옳지 않은 것은?

갑. 등록을 하려는 경우에 하는 검사는 신규검사이다.
을. 정기검사는 등록 후 5년마다 정기적으로 하는 검사이다.
병. 임시검사는 동력수상레저기구의 구조, 장치, 정원 또는 항해구역을 변경하려는 경우 하는 검사이다.
정. 안전검사의 종류로 임시검사, 정기검사, 신규검사, 중간검사가 있다.

151 수상레저기구 안전검사 대상으로 맞지 않는 것은?

갑. 총톤수 20톤 미만의 선외기 모터보트
을. 모든 수상오토바이
병. 추진기관 30마력 이상의 고무보트
정. 추진기관이 장착된 모든 세일링요트

▶해설
안전검사대상은 등록대상 동력수상레저기구로 수상레저활동에 이용하려는 때이다. 등록대상 동력수상레저기구로는 수상오토바이, 총톤수 20톤 미만의 모터보트(선내기·선외기 부착된 것), 추진기관 30마력 이상의 고무보트(공기를 넣으면 부풀고 접어서 운반할 수 있는 것은 제외), 총톤수 20톤 미만의 세일링요트이다.

152 수상레저안전법상 수상레저기구 안전검사의 내용으로 옳지 않은 것은?

갑. 수상레저기구를 등록하려는 자는 신규검사를 받아야 한다.
을. 안전검사를 받으려는 자는 해양경찰청장이나 검사대행자에게 동력수상레저기구 안전검사 신청서에 검사대상 장비 명세서 등의 서류를 첨부하여 제출해야 한다.
병. 안전검사 대상 동력수상레저기구 중 수상레저사업에 이용되는 동력수상레저기구는 1년마다 정기검사를 받아야 한다.
정. 수상레저기구는 등록 후 3년마다 정기검사를 받아야 한다.

153 안전검사를 실시한 후 검사결과 적합판정 수상레저기구에 대하여 발급하여야 하는 것은?

갑. 검사필증   을. 안전검사증
병. 조종면허증   정. 적합판정필증

154 수상레저기구등록법상 동력수상레저기구 안전검사가 면제되지 않는 경우는?

갑. 시험운항허가를 받아 운항하는 동력수상레저기구
을. 검사대행기관에 안전검사를 신청한 후 입거, 상가 또는 거선의 목적으로 국내항 간을 운항하는 동력수상레저기구
병. 우수제조사업장으로 인증받은 사업장에서 제조된 동력수상레저기구로 안전검사를 신청하지 않고 운항하는 동력수상레저기구
정. 안전검사를 받는 기간 중에 시운전을 목적으로 운항하는 동력수상레저기구

145 병 146 정 147 갑 148 병 149 을 150 정 151 정 152 정 153 을 154 병

155 수상레저안전법상 수상레저기구 안전검사의 유효기간에 대한 설명으로 옳지 않은 것은?

갑. 최초로 신규검사에 합격한 경우 : 안전검사증을 발급받은 날부터 계산한다.
을. 정기검사의 유효기간 만료일 전후 각각 30일 이내에 정기검사에 합격한 경우 : 종전 안전검사증 유효기간 만료일의 다음날부터 계산한다.
병. 정기검사의 유효기간 만료일 전후 각각 30일 이내의 기간이 아닌 때에 정기검사에 합격한 경우 : 안전검사증을 발급받은 날부터 계산한다.
정. 안전검사증의 유효기간 만료일 후 30일 이후에 정기검사를 받은 경우 : 종전 안전검사증 유효기간 만료일부터 계산한다.

▶해설
정기검사의 유효기간 만료일 전후 각각 30일 이내에 정기검사에 합격한 경우 종전 안전검사증 유효기간 만료일의 다음 날부터 계산한다.

156 수상레저안전법상 동력수상레저기구 안전검사증을 발급 또는 재발급을 받으려는 자는 (   )에게 신청하여야 한다. (   ) 안에 적당한 것은?

갑. 시장·군수·구청장   을. 시·도지사
병. 해양경찰청장   정. 해양경찰서장

157 수상레저기구 안전검사 대행기관 지정권자는?

갑. 해양수산부장관   을. 도지사
병. 광역시장   정. 해양경찰청장

158 안전검사 대행기관의 지정조건으로 자격 있는 안전검사원을 갖추어야 할 인원수는?

갑. 1명   을. 2명
병. 3명   정. 제한 없다

159 다음 중 안전검사 대행기관 지정신청시 제출서류가 아닌 것은?

갑. 안전검사원의 자격을 증명하는 서류
을. 사업계획서
병. 안전검사업무규정
정. 보험가입증서

160 다음 중 안전검사원의 자격으로 적당하지 않은 자는?

갑. 전문대학 이상의 학교에서 기관에 관한 학과를 졸업하고 선박검사 관련업무에 3년 이상 종사한 경력이 있는 사람
을. 동력수상레저기구 안전검사 업무에 3년 이상 실무경력이 있는 사람
병. 선박검사관의 자격이 있는 사람
정. 1급 조종면허를 소지하고 수상레저사업 경력이 3년 이상인 사람

161 다음 중 동력수상레저기구의 안전검사 대행자가 갖추어야 하는 장비가 아닌 것은?

갑. 청음기
을. 두께측정용 게이지
병. 육각렌치
정. 테스트 해머

162 동력수상레저기구 안전검사 대행자가 갖추어야 하는 시설기준에 해당하지 않는 것은?

갑. 민원실 및 검사행정실 – 30m² 이상
을. 상담실과 문서고 면적의 합 – 20m² 이상
병. 주차장 – 10대 이상 주차 가능할 것
정. 화장실 – 남·여 구분이 되어 있을 것

▶해설
상담실과 문서고 면적의 합 – 15m² 이상

163 수상레저사업에 관한 설명이다. 가장 적당한 것은?

갑. 수상레저활동을 하는 자를 수상레저기구에 태우는 사업
을. 수상레저활동을 하는 자에게 수상레저기구를 빌려 주는 사업
병. 수상레저기구를 빌려 주는 사업 또는 수상레저활동을 하는 자를 수상레저기구에 태우는 사업
정. 수상레저기구를 판매하는 사업

164 다음 중 수상레저사업 등록관청이 아닌 곳은?

갑. 시 청   을. 군 청
병. 해양경찰서   정. 경찰서

165 수상레저사업등록시 영업구역이 2 이상의 해양경찰서장 또는 시장·군수·구청장의 관할 지역에 걸쳐 있는 경우에 사업등록은 어느 곳에서 해야 하나?

갑. 해양경찰청장
을. 상서서열에 있는 해양경찰서장
병. 수상레저기구를 주로 매어두는 장소를 관할하는 해양경찰서장 또는 시장·군수·구청장
정. 사업자의 주소지를 관할하는 해양경찰서장

155 정 156 병 157 정 158 병 159 정 160 정 161 병 162 을 163 병 164 정 165 병

166 수상레저사업 등록관청과 지역 간의 연결이 적당한 것은?

갑. 해양경찰서 – 내수면, 해수면
을. 구청 – 인접해수면, 내수면
병. 경찰서 – 내수면
정. 군청 – 내수면

◆해설
해양경찰서는 관할지역이 해수면, 시청·군청·구청은 관할지역이 내수면이나, 경찰서는 등록관청이 아니다.

167 수상레저사업등록시 구비서류로 부적당한 것은?

갑. 영업구역 도면   을. 공유수면 점용 등 허가서
병. 종사자의 주민등록증 정. 시설기준 명세서

◆해설
종사자의 명단은 구비해야 할 서류이지만 종사자의 주민등록증은 구비서류가 아니다.

168 수상레저사업등록의 결격사유가 아닌 것은?

갑. 사람을 사상한 후 필요한 조치를 하지 않고 도주한 사람
을. 징역 이상의 형의 집행유예를 선고받고 그 유예기간 중에 있는 사람
병. 징역 이상의 실형을 선고받고 그 집행이 끝나거나 집행이 면제된 날부터 2년이 지나지 않은 사람
정. 미성년자, 피성년후견인, 피한정후견인

169 수상레저사업등록 결격자는?

갑. 20세인 자
을. 알코올 중독자
병. 수상레저사업등록이 취소된 날부터 3년이 지난 사람
정. 징역 이상의 형의 집행유예를 선고받고 그 유예기간 중에 있는 사람

170 모터보트를 이용한 수상레저사업을 위해 필요한 면허는?

갑. 일반조종면허 1급
을. 일반조종면허 2급
병. 요트조종면허
정. 해기사 6급 면허

171 수상오토바이를 대여하는 수상레저사업장의 종사자 중 1명 이상은 의무적으로 (   )을 취득해야 한다.

갑. 잠수면허
을. 요트조종면허
병. 일반조종면허 1급
정. 일반조종면허 2급

172 다음 중 동력수상레저기구를 이용한 수상레저사업등록시 갖추어야 할 자격으로 알맞은 것은?

갑. 1급 조종면허 또는 요트조종면허
을. 1급 항해사 면허
병. 소형선박조종사 면허
정. 1급 조종면허 또는 2급 조종면허

173 다음 중 수상레저사업 등록기준에서 사업장의 시설내용이 아닌 것은?

갑. 계류장   을. 화장실
병. 매표소   정. 주차장

◆해설
갑.을.병. 외에 탑승장, 대기시설을 갖추어야 한다.

174 수상레저사업등록시 구명조끼는 탑승정원의 최소 몇 % 이상을 구비하여야 하는가?

갑. 100%   을. 110%
병. 120%   정. 130%

175 수상레저사업등록시 탑승정원 4명 이상의 동력수상레저기구에 구명부환은 최소한 얼마 이상 구비하여야 하는가?

갑. 탑승정원의 10% 이상
을. 탑승정원의 20% 이상
병. 탑승정원의 30% 이상
정. 탑승정원의 40% 이상

176 수상레저사업등록시 통신장비는 영업구역이 몇 해리 이상부터 필수적으로 갖추어야 하는가?

갑. 1해리   을. 2해리
병. 3해리   정. 4해리

177 수상레저활동구역의 순시와 사고발생시 인명구조용에만 사용하는 것은?

갑. 비상구조선   을. 인명수색선
병. 비상수색선   정. 인명구조선

178 수상레저사업등록시 수상레저기구가 45대일 때 비상구조선은 최소 몇 대가 필요한가?

갑. 1대   을. 2대
병. 3대   정. 4대

Answer: 166 정 167 병 168 갑 169 정 170 갑 171 병 172 갑 173 정 174 을 175 병 176 을 177 갑 178 을

179 비상구조선의 구비요건 중 탑승정원, 속력, 구명부환 개수로 맞는 것은?

갑. 3명 이상, 20노트 이상, 3개 이상
을. 3명 이상, 20노트 이상, 2개 이상
병. 5명 이상, 25노트 이상, 3개 이상
정. 4명 이상, 25노트 이상, 2개 이상

180 비상구조선임을 표시하는 깃발의 색깔은?

갑. 붉은색
을. 황 색
병. 흰 색
정. 주황색

181 비상구조선이 수상레저사업 등록기준상 반드시 갖추지 않아도 되는 것은?

갑. 망원경
을. 구명줄 30m 이상
병. 소화기
정. 호루라기

182 무동력수상레저기구만을 이용하여 수상레저사업을 하는 경우로서 잘못된 설명은?

갑. 종사자 중 1명 이상은 1급 이상의 조종면허를 가져야 한다.
을. 견인되는 수상레저기구일 때에는 비상구조선을 갖출 필요가 없다.
병. 구명부환 대신 스로 백을 갖출 수 있다.
정. 구명조끼는 동력수상레저기구와 같이 110% 이상을 갖추어야 한다.

183 다음은 수상레저사업장에 배치하여야 할 인명구조요원에 대한 설명이다. 틀린 것은?

갑. 해양경찰청장이 인정한 단체에서 소정의 교육을 수료하여야 한다.
을. 래프팅 사업장에는 래프팅기구의 수만큼 래프팅가이드를 두되 래프팅기구별로 1명 이상 탑승하여 안전을 확인해야 한다.
병. 인명구조요원은 비상구조선 수만큼 두어야 한다.
정. 인명구조요원은 나이에 대한 제한이 없다.

🔷 해설
해양경찰청장이 지정하는 수상레저 관련 단체 또는 기관에서 교육과정을 이수한 후 해당 자격을 취득해야 한다.

184 래프팅사업장에서 구명부환을 대신하여 비치할 수 있는 인명구조 장비로 맞는 것은?

갑. 라이프 캔
을. 라이프 튜브
병. 라이프 래프트
정. 스로 백

185 수상레저사업자가 지켜야 할 의무사항이 아닌 것은?

갑. 보험가입의무
을. 휴·폐업 신고의무
병. 이용요금 허가신청 의무
정. 영업구역 준수의무

🔷 해설
탑승료·대여료 등 이용요금은 허가를 받아서 하는 것이 아니고 이용요금에 관한 신고 또는 변경신고로서 하게 된다.

186 수상레저사업장에 대한 안전점검 권한이 없는 사람은?

갑. 시 장
을. 소방서장
병. 해양경찰서장
정. 구청장

187 다음 중 수상레저사업장에 대한 정비 및 원상복구 명령에 대한 설명으로 맞지 않는 것은?

갑. 수상레저기구 사용정지 명령 가능
을. 명령은 구두 등으로도 가능
병. 사업자는 이행계획서를 제출하여야 함.
정. 사용정지 기구에는 사용정지표지 부착

🔷 해설
명령은 구두가 아닌 정비 및 원상복구명령서에 의한다.

188 수상레저사업자 및 종사자가 조치하지 않아도 되는 것은?

갑. 이용자에 대한 안전장비 착용 조치
을. 사고발생시 안전조치 및 관계기관 신고
병. 사고발생시 구호조치
정. 사업장 내 질서유지 및 단속

189 수상레저사업자의 안전에 관한 조치사항이 아닌 것은?

갑. 탑승 또는 수상레저기구의 대여 전 안전점검
을. 영업구역의 기상·수상 상태의 확인
병. 사업장 내 인명구조요원 배치
정. 영업구역을 표시하는 부이 설치

190 다음 중 수상레저사업자 및 종사자가 조치해야 할 사항이 아닌 것은?

갑. 기구의 사전 안전점검
을. 영업구역의 기상·수상 상태의 확인
병. 사고발생시 구호조치
정. 조종면허증 보관관리

Answer: 179 을 180 정 181 병 182 갑 183 갑 184 정 185 병 186 을 187 을 188 정 189 정 190 정

191 다음 중 수상레저사업자 및 그 종사자의 영업구역 안에서의 금지행위라고 할 수 없는 것은?

갑. 14세 미만자에게 기구를 대여하는 행위
을. 정원초과하여 탑승시키는 행위
병. 영업구역 내에서 무면허 조종자와 동승하는 영업행위
정. 수상레저활동시간 외에 영업하는 행위

192 다음 중 수상레저사업자 또는 그 종사자의 영업구역 안에서의 금지행위는?

갑. 대여료를 받는 행위
을. 이용자의 질서를 유지시키는 행위
병. 14세 미만자에게 기구를 대여하는 행위
정. 익수자를 구조하는 행위

193 다음 중 수상레저사업자에게 영업제한 또는 영업시간의 제한 또는 일시정지를 명할 수 있는 경우로 부적당한 것은?

갑. 기상·수상 상태가 악화된 때
을. 수상사고가 발생한 때
병. 수상레저활동의 안전을 위하여 필요하다고 인정하는 때
정. 수상레저활동자가 일시적으로 많이 모인 때

194 수상레저사업자에게 영업제한 또는 영업시간의 제한 또는 일시정지를 명할 수 있는 경우는?

갑. 수영객이 많이 모인 때
을. 햇볕이 따가울 때
병. 이용객이 일시적으로 증가된 때
정. 수상사고가 발생한 때

195 다음 중 수상레저사업의 등록이 취소되거나 정지되는 경우가 아닌 것은?

갑. 영업구역 위반
을. 휴업 또는 폐업신고를 하지 않은 때
병. 수상레저기구 정비명령 위반
정. 영업의 일시정지 명령위반

196 하나의 위반행위로 수상레저사업 영업정지처분을 하는 경우, 최장 영업정지 기간으로 맞는 것은?

갑. 1개월   을. 3개월
병. 6개월   정. 9개월

197 다음 중 수상레저사업이 당연히 취소되는 경우로 맞는 것은?

갑. 거짓이나 부정한 방법으로 등록한 때
을. 종사자의 과실로 사람이 사망한 때
병. 보험에 가입하지 않고 영업한 때
정. 이용요금 변경을 신고하지 아니한 때

198 수상레저사업의 등록을 취소할 수 있는 경우가 아닌 것은?

갑. 부정한 방법으로 등록을 한 때
을. 파산선고를 받고 복권되지 아니한 때
병. 징역 이상의 실형을 선고받고 그 집행이 끝나거나 집행이 면제되지 아니한 때
정. 사업주가 미성년자인 때

199 수상레저사업을 휴업하거나 폐업하려는 경우, 며칠 전까지 등록관청에 신고하여야 하는가?

갑. 3일 전   을. 5일 전
병. 7일 전   정. 10일 전

200 수상레저사업자는 종사자 및 이용자의 피해보전을 위하여 가입해야 하는 보험등의 가입금액은?

갑. 1인당 5천만원, 1사고당 2억 이상
을. 자동차손해배상보장법 시행령에서 규정한 금액 이상
병. 유선 및 도선사업법 시행령에서 규정한 금액 이상
정. 해상교통안전법에서 규정한 금액 이상

201 다음 중 수수료를 내야 하는 경우가 아닌 것은?

갑. 조종면허시험에 응시할 때
을. 수상레저사업의 휴업을 신청할 때
병. 수상레저사업의 등록을 신청할 때
정. 등록번호판을 발부 받을 때

202 다음 중 수상레저안전법에 따른 벌칙 적용 시 공무원으로 의제되지 않는 사람은?

갑. 시험대행기관의 임직원
을. 안전교육 위탁기관의 임직원
병. 검사대행자의 임직원
정. 면허시험교육기관의 임직원

> **해설**
> 면허시험 면제교육기관, 안전교육 위탁기관, 시험대행기관 및 검사대행자의 임직원은 「형법」 제127조 및 제129조부터 제132조까지의 규정에 따른 벌칙을 적용할 때에는 공무원으로 본다.

Answer | 191 병 192 병 193 정 194 정 195 을 196 을 197 갑 198 을 199 갑 200 을 201 을 202 정

203 수상레저안전법 위반행위 중 과태료 처분대상이 아닌 것은?

갑. 수상레저활동 금지구역 침범
을. 수상레저활동시간 위반
병. 영업정지기간 중 수상레저사업
정. 정원을 초과한 수상레저기구 운항

해설
갑 : 60만원 과태료, 을 : 60만원 과태료, 병 : 1년 이하의 징역 또는 500만원 이하의 벌금, 정 : 60만원 과태료

204 다음 중 수상레저안전법상 가장 높은 과태료 처분대상인 것은?

갑. 1회 운항규칙 미준수
을. 구명조끼를 착용하지 않고 수상레저기구 조종
병. 수상레저사업자의 신고사항 미게시
정. 원거리 수상레저활동 미신고

해설
갑 : 20만원 과태료, 을 : 10만원 과태료, 병 : 60만원 과태료, 정 : 20만원 과태료

205 다음 중 수상레저안전법을 위반한 사람에 대한 과태료 처분권한이 없는 사람은?

갑. 기초지방자치단체의 장
을. 해양경찰서장
병. 한강사업본부장
정. 수자원공사사장

206 과태료 처분에 대한 설명으로 틀리는 것은?

갑. 과태료 부과권자는 해양경찰서장이 아닌 해양경찰청장이다.
을. 한강의 경우 서울시장이 아닌 한강사업본부장이 과태료 부과권자이다.
병. 과태료는 해당 위반행위의 정도 및 동기와 결과 등을 고려하여 과태료 해당 금액의 2분의 1의 범위에서 이를 가중하거나 감경할 수 있다.
정. 과태료는 가중하여 부과하는 때에도 과태료 총액은 100만원을 초과할 수 없다.

해설
해양경찰청장, 해양경찰서장 모두 과태료 부과권자이다. 시장·군수·구청장·한강사업본부장도 과태료 부과권자이다.

207 다음 중 6개월 이하의 징역이나 500만원 이하의 벌금에 처할 수 있는 경우가 아닌 것은?

갑. 정비·원상복구명령 위반행위
을. 안전을 위하여 금지된 행위를 한 수상레저사업자
병. 관계공무원의 음주측정 거부행위
정. 수상레저사업자의 영업구역 위반행위

해설
관계공무원의 음주측정 거부행위는 1년 이하의 징역 또는 1천만원 이하의 벌금이 부과된다.

208 수상레저안전법상 인명안전장비 미착용시 처벌은?

갑. 과태료 10만원
을. 과태료 20만원
병. 과태료 30만원
정. 과태료 40만원

209 수상레저안전법상 운항규칙 준수 1회 위반시 처벌은?

갑. 과태료 10만원
을. 과태료 20만원
병. 과태료 30만원
정. 과태료 40만원

210 수상레저안전법상 원거리 수상레저활동 위반시 처벌은?

갑. 과태료 10만원
을. 과태료 20만원
병. 과태료 30만원
정. 과태료 40만원

211 정원을 초과하여 사람을 태우고 수상레저기구를 조종한 자의 과태료 부과기준은?

갑. 과태료 20만원
을. 과태료 30만원
병. 과태료 40만원
정. 과태료 60만원

212 수상레저활동 시간 외에 활동시 처벌은?

갑. 과태료 30만원
을. 과태료 40만원
병. 과태료 50만원
정. 과태료 60만원

213 수상레저활동 금지구역에서 활동을 한 자에 대한 처벌은?

갑. 과태료 20만원
을. 과태료 30만원
병. 과태료 40만원
정. 과태료 60만원

214 수상레저활동의 일시정지나 면허증의 제시명령을 거부할 때의 부과처분은?

갑. 과태료 20만원
을. 과태료 30만원
병. 과태료 40만원
정. 과태료 60만원

215 약물복용 등으로 정상적으로 조종하지 못할 우려가 있는 상태에서 동력수상레저기구를 조종한 자에 대한 처벌로 맞는 것은?

갑. 200만원 이하의 벌금
을. 1년 이하의 징역 또는 1천만원 이하의 벌금
병. 6개월 이하의 징역 또는 500만원 이하의 벌금
정. 과태료 100만원

216 수상레저사업자가 관련서류 또는 자료제출을 하지 않거나 허위자료 제출시 처벌은?

갑. 과태료 30만원
을. 과태료 40만원
병. 과태료 60만원
정. 과태료 100만원

Answer 203 병 204 병 205 정 206 갑 207 병 208 갑 209 을 210 을 211 정 212 정 213 정 214 갑 215 을 216 정

217 수상레저안전법상 위반행위별 과태료의 부과기준으로 틀린 것은?

갑. 금지구역에서 수상레저활동을 한 자 - 60만원
을. 운항규칙을 1회 위반한 자 - 20만원
병. 수상레저활동시간을 위반한 자 - 60만원
정. 관계공무원의 면허증 제시명령을 거부한 자 - 10만원

> 해설
> 면허증 제시명령 거부는 20만원의 과태료이다.

218 동력수상레저기구를 소유한 날부터 1개월 이내에 등록신청을 하지 않은 사람에 대한 과태료 부과기준은?

갑. 30만원   을. 50만원
병. 60만원   정. 100만원

219 수상레저사업자가 수상레저기구의 안전검사를 받지 않은 경우 과태료 부과기준은?

갑. 30만원   을. 50만원
병. 60만원   정. 100만원

220 수상레저기구에 등록번호판을 부착하지 않고 운항한 사람에 대한 과태료 부과기준으로 맞는 것은?

갑. 30만원   을. 40만원
병. 50만원   정. 60만원

221 수상레저사업자가 신고한 이용요금 외의 금품을 받거나 신고사항을 게시하지 않을 때의 과태료 부과기준으로 맞는 것은?

갑. 30만원 과태료   을. 50만원 과태료
병. 60만원 과태료   정. 100만원 과태료

222 동력수상레저기구 조종면허가 취소된 사람이 기한 내에 면허증을 반납하지 않은 경우 과태료 부과금액은?

갑. 10만원   을. 20만원
병. 30만원   정. 40만원

223 동력수상레저기구의 등록사항이 변경된 때, 변경등록을 하지 않은 사람에 대한 과태료 최대 부과금액은?

갑. 10만원   을. 20만원
병. 30만원   정. 40만원

> 해설
> 동력수상레저기구 변경등록을 하지 않은 경우는 10일 이내의 기간이 지난 자는 1만원(10일이 초과한 경우 1일 초과할 때마다 1만원 추가). 다만 과태료의 총액은 30만원을 초과하지 못한다.

224 등록대상 수상레저기구를 소유하고서 10일 동안 보험에 가입하지 않고 운항한 사람에 대한 과태료 부과금액으로 맞는 것은?

갑. 1만원   을. 2만원
병. 5만원   정. 10만원

225 개인의 수상레저기구 검사를 받지 않고 운항한 사람에 대한 과태료 부과금액으로 맞는 것은?

갑. 10일 이내의 기간이 경과한 경우 5만원, 10일 초과한 경우 매 1일마다 1만원 추가
을. 10일 이내의 기간이 경과한 경우 5만원, 10일 초과한 경우 매 1일마다 2만원 추가
병. 10일 이내의 기간이 경과한 경우 10만원, 10일 초과한 경우 매 1일마다 1만원 추가
정. 10일 이내의 기간이 경과한 경우 10만원, 10일 초과한 경우 매 1일마다 2만원 추가

226 술에 취한 상태에서 동력수상레저기구를 조종한 경우의 처벌은?

갑. 2년 이하의 징역 또는 2천만원 이하의 벌금
을. 1년 이하의 징역 또는 1천만원 이하의 벌금
병. 6개월 이하의 징역 또는 500만원 이하의 벌금
정. 100만원의 과태료

227 수상레저기구의 개선 및 교체의 시정명령 1회 위반시 처벌은?

갑. 10만원의 과태료
을. 15만원의 과태료
병. 20만원의 과태료
정. 30만원의 과태료

228 동력수상레저기구 조종자가 무면허 조종시 처벌은?

갑. 1년 이하의 징역
을. 1년 이하의 징역 또는 1천만원 이하의 벌금
병. 6개월 이하의 징역 또는 500만원 이하의 벌금
정. 300만원 이하의 벌금

229 안전점검결과 정비·원상복구의 명령을 위반한 수상레저사업자의 처벌은?

갑. 2년 이하의 징역 또는 2천만원 이하의 벌금
을. 1년 이하의 징역 또는 1천만원 이하의 벌금
병. 6개월 이하의 징역 또는 500만원 이하의 벌금
정. 100만원의 과태료

Answer 217 정 218 을 219 을 220 병 221 병 222 을 223 병 224 갑 225 갑 226 을 227 병 228 을 229 병

230 무등록 수상레저사업 행위시 처벌로 적당한 것은?

갑. 2년 이하의 징역 또는 2천만원 이하의 벌금
을. 1년 이하의 징역 또는 1천만원 이하의 벌금
병. 6개월 이하의 징역 또는 500만원 이하의 벌금
정. 300만원 이하의 벌금

231 수상레저사업 영업시간의 제한, 영업의 일시정지 명령을 위반한 경우 처벌은?

갑. 1년 이하의 징역
을. 1년 이하의 징역 또는 1천만원 이하의 벌금
병. 6개월 이하의 징역 또는 500만원 이하의 벌금
정. 300만원 이하의 벌금

232 수상레저사업의 정지·취소 후 영업을 계속할 경우 처벌은?

갑. 2년 이하의 징역 또는 2천만원 이하의 벌금
을. 1년 이하의 징역 또는 1천만원 이하의 벌금
병. 6개월 이하의 징역 또는 500만원 이하의 벌금
정. 300만원 이하의 벌금

233 시험대행기관의 시험업무 종사자가 해양경찰청장이 실시하는 교육을 받지 아니한 경우의 처벌은?

갑. 100만원 이하의 벌금   을. 100만원 과태료
병. 1년 이하의 징역   정. 60만원 과태료

234 다음 중 1차 위반시 부과되는 과징금이 1,000만원이 아닌 것은?

갑. 면허시험 면제교육기관이 해양경찰청장에게 교육 이수 결과를 거짓으로 제출하여 교육을 이수하지 않은 사람에게 면허시험 과목의 전부를 면제하게 한 경우
을. 안전교육 위탁기관이 거짓이나 그 밖의 부정한 방법으로 안전교육 수료에 관한 증서를 발급한 경우
병. 검사대행자가 고의 또는 중대한 과실로 사실과 다르게 안전검사를 한 경우
정. 검사대행자가 기준에 맞지 않게 된 경우

🔶해설
정 : 1차 위반은 200만원, 2차 위반은 600만원, 3차 위반은 1,000만원의 과징금을 부과한다.

235 2차 위반시 시험대행기관이 지정 기준에 미치지 못하게 된 경우에 부과되는 과징금으로 적당한 것은?

갑. 200만원   을. 400만원
병. 600만원   정. 1,000만원

🔶해설
1차 위반은 200만원, 2차 위반은 600만원, 3차 위반은 1,000만원의 과징금을 부과한다.

236 수상레저안전법상 해양경찰청장의 권한을 위임받은 관청에 대한 연결이 옳지 않은 것은?

갑. 해양경찰서장 : 면허증의 발급
을. 해양경찰서장 : 조종면허의 취소·정지처분
병. 지방해양경찰청장 : 조종면허를 받으려는 자의 수상안전교육
정. 지방해양경찰청장 : 수상레저안전관리 시행계획의 수립·시행에 필요한 지도·감독

🔶해설
지방해양경찰청장에게 위임된 것은 수상레저안전관리 시행계획의 수립·시행에 필요한 지도·감독이다(영 제36조).

237 수상레저안전법상 조종면허 효력정지 기간에 조종을 한 경우 처분 기준은?

갑. 면허취소   을. 과태료
병. 경고   정. 징역

238 수상레저안전법상 50만 원 이하의 과태료를 부과하는 대상자로 옳지 않은 것은?

갑. 원거리 수상레저활동 신고를 하지 아니한 사람
을. 수상레저활동을 하는 사람 중 운항규칙 등을 준수하지 아니한 사람
병. 수상레저활동을 하는 사람 중 구명조끼 등 인명안전장비를 착용하지 아니한 사람
정. 면허증을 빌리거나 빌려주거나 이를 알선한 사람

239 수상레저안전법상 해양경찰청장 또는 시장·군수·구청장에게 납부하는 수수료에 대한 설명으로 가장 옳은 것은?

갑. 훼손된 면허증을 재발급하거나 갱신하려는 사람이 납부해야 하는 수수료는 5,000원이다.
을. 안전교육을 받으려는 사람이 납부해야 하는 수수료는 14,400원이며 교재는 별도로 구매해야 한다.
병. 조종면허를 받으려는 사람이 납부해야 하는 면허시험 응시 수수료는 필기시험 4,800원, 실기시험 64,800원이다.
정. 면허증을 신규 발급 받으려는 사람이 납부해야 하는 수수료는 4,000원이다.

🔶해설
수상레저안전법 시행규칙 제40조 별표 11(수수료)
안전교육을 받으려는 사람: 14,400원(교재비포함), 면허증 신규발급 : 5,000원, 면허증 갱신 또는 재발급 : 4,000원

Answer 230 을 231 병 232 을 233 을 234 정 235 병 236 병 237 갑 238 정 239 병

240 수상레저안전법상 등록대상 수상레저기구를 보험에 가입하지 않았을 경우 수상레저안전법상 과태료의 부과 기준은 얼마인가?

갑. 30만원
을. 10일 이내 1만원, 10일 초과 시 1일당 1만원 추가, 최대 30만원까지
병. 10일 이내 5만원, 10일 초과 시 1일당 1만원 추가, 최대 50만원까지
정. 50만원

> **해설**
> 수상레저안전법 시행령 별표 14(과태료의 부과기준)
> 보험 등에 가입하지 않은 경우 10일 이내의 기간이 지난 자는 1만원, 10일이 초과한 경우 1일 초과할 때마다 1만원 추가, 최대 30만원을 초과하지 못한다.

Answer | 240 을

2. 선박의 입항 및 출항 등에 관한 법률(선박입출항법)

01 무역항의 수상구역등에서 선박의 입항·출항에 대한 지원과 선박운항의 안전 및 질서유지가 목적인 법은?
- 갑. 선박직원법
- 을. 해양환경관리법
- 병. 선박입출항법
- 정. 수상레저안전법

02 다음 중 선박입출항법이 적용되는 항은?
- 갑. 내 항
- 을. 무역항
- 병. 양식항
- 정. 어 항

03 무역항에 출입하거나 이동하는 선박을 끌어당기거나 밀어서 이안·접안·계류를 보조하는 선박을 무엇이라 하는가?
- 갑. 부 선
- 을. 예 선
- 병. 범 선
- 정. 단 정

04 선박입출항법에서 우선피항선에 해당하지 않는 것은?
- 갑. 부 선
- 을. 동력선(30톤)
- 병. 노도선
- 정. 예 선

05 선박이 해상에서 닻을 바다 밑바닥에 내려놓고 운항을 정지하는 것은?
- 갑. 계 류
- 을. 계 선
- 병. 정 박
- 정. 정 류

06 무역항의 수상구역등에서 입·출항 신고가 면제되는 선박이 아닌 것은?
- 갑. 범 선
- 을. 5톤 미만의 선박
- 병. 해양사고구조선
- 정. 예 선

07 무역항의 수상구역등에서 정박하는 선박은 관리청이 고시하는 정박지에 정박해야 한다. 그 예외의 선박은?
- 갑. 50톤 미만의 선박
- 을. 30톤 미만의 선박
- 병. 20톤 미만의 선박
- 정. 10톤 미만의 선박

> **해설**
> 그 예외에 해당되는 선박은 우선피항선이다. 우선피항선은 총톤수 20톤 미만의 선박, 부선, 노와 삿대로 운전하는 선박, 예선 등을 말한다.

08 무역항의 수상구역등에서 가장 중요한 것은?
- 갑. 엄격한 파수
- 을. 감속하여 운항
- 병. 기적을 사용
- 정. 침로를 엄수

09 선박이 무역항의 수상구역등에 출입하는 방법 중 틀린 것은?
- 갑. 전시에는 관리청의 허가를 받는다.
- 을. 평상시에는 관리청에게 신고를 받는다.
- 병. 정기 여객선은 경유항에서 신고를 생략한다.
- 정. 우선피항선은 반드시 지정된 항로를 따라야 한다.

> **해설**
> 우선피항선은 무역항의 수상구역등에서 동력선과 범선의 진로를 방해해서는 안 된다.

10 모터보트의 항내 입·출항의 방법 중 맞는 것은?
- 갑. 입항선은 출항선을 피해야 한다.
- 을. 항내에서는 빠른 속도로 귀항해야 한다.
- 병. 항내에서는 구명조끼를 착용하지 않아도 된다.
- 정. 항내 입구에서 앵커링을 하여도 무방하다.

11 무역항의 수상구역등에서 항법으로 맞는 것은?
- 갑. 범선은 무역항의 수상구역등에서 잡종선을 피해야 한다.
- 을. 항로 안에서는 나란히 운행하여야 한다.
- 병. 입항선은 출항선의 진로를 피해야 한다.
- 정. 마주치는 경우에는 서로 좌측으로 피한다.

> **해설**
> 갑 : 범선은 무역항의 수상구역등에서 돛을 줄이거나 예인선이 범선을 끌고 가게 하여야 한다.
> 을 : 항로 안에서는 나란히 운행해서는 안 된다.
> 정 : 다른 선박과 마주치는 경우에는 서로 우측으로 항행해야 한다.

12 무역항의 수상구역등에서 예인선이 한꺼번에 몇 척 이상을 예항하면 안되는가?
- 갑. 2척
- 을. 3척
- 병. 5척
- 정. 제한없음

13 선박은 무역항의 수상구역등에서 함부로 정박하거나 정류하지 못한다. 다음 중 정류가 가능한 장소는?
- 갑. 부두, 잔교, 안벽부근
- 을. 계류장 입구 부근
- 병. 방파제 부근
- 정. 계선부표 및 선거 부근

> **해설**
> 그 밖에 함부로 정박·정류하지 못하는 장소로는 돌핀, 하천·운하 기타 협소한 수로이다.

01 병 02 을 03 을 04 을 05 병 06 갑 07 병 08 을 09 정 10 갑 11 병 12 을 13 병

14 모터보트가 항로 안에 정박할 수 있는 경우는?
- 갑. 급한 하역작업시
- 을. 해양사고를 피하고자 할 때
- 병. 보급선을 기다릴 때
- 정. 선박을 수리중일 때

15 무역항의 수상구역등에서 수리 또는 계선할 때 관리청에 신고하여야 하는 선박은?
- 갑. 5톤 이상
- 을. 10톤 이상
- 병. 20톤 이상
- 정. 모든 선박

16 무역항의 수상구역등이나 무역항의 수상구역 밖 ( ) 이내의 수면에 선박의 안전운항을 해칠 우려가 있는 흙·돌·어구 등 폐기물을 버려서는 아니 된다. ( ) 안에 들어갈 적당한 말은?
- 갑. 1마일
- 을. 2마일
- 병. 1km
- 정. 10km

17 관리청은 장애물의 소유자 또는 점유자가 명령을 이행하지 아니하는 경우에는 ( )을(를) 할 수 있다. ( ) 안에 들어갈 적당한 말은?
- 갑. 즉시강제
- 을. 강제징수
- 병. 직접강제
- 정. 대집행

해설
관리청은 장애물의 소유자 또는 점유자가 명령을 이행하지 아니하는 경우에는 행정대집행법에 따라 대집행을 할 수 있다.

18 무역항의 수상구역등에서 선박교통에 방해가 되거나 선박교통의 안전을 위하여 제한 또는 금지시킬 수 있는 내용이 아닌 것은?
- 갑. 어로의 제한
- 을. 불빛의 제한
- 병. 선박교통의 제한
- 정. 출항의 중지

해설
출항의 중지는 선박입출항법 또는 동법상 명령에 위반한 때 발하는 내용이다.

19 선박이 해상에서 일시적으로 운항을 멈추는 것은?
- 갑. 정 박
- 을. 정 류
- 병. 계 류
- 정. 계 선

20 무역항의 수상구역 등에 위험물을 들여오려는 자는 반입 몇 시간 전까지 지방해양수산청장 또는 시·도지사에게 신고해야 하는가?
- 갑. 48시간
- 을. 24시간
- 병. 18시간
- 정. 12시간

21 무역항의 수상구역등에서 출입신고가 면제되는 선박이 아닌 것은?
- 갑. 해양사고구조에 사용되는 선박
- 을. 해양경찰함정 등 공공의 목적으로 운영하는 선박
- 병. 수상레저기구 중 국내항과 외국항 간을 운항하는 모터보트 및 동력요트
- 정. 피난을 위하여 긴급히 출항하여야 하는 선박

해설
'병'의 경우 「수상레저안전법」 제2조 제3호에 따른 수상레저기구 중 국내항 간을 운항하는 모터보트 및 동력요트가 출입신고가 면제되는 경우이다.

22 무역항의 수상구역등에서 출입신고의 상대방은?
- 갑. 관리청
- 을. 해양경찰서장
- 병. 해양경찰청장
- 정. 시장·군수

23 항로 안에서 정박·정류가 금지되는 것은?
- 갑. 화물이적작업에 종사할 때
- 을. 선박구조작업에 종사할 때
- 병. 선박의 고장이나 그 밖의 사유로 선박을 조종할 수 없을 때
- 정. 해양사고를 피하고자 할 때

24 무역항의 수상구역등에서 정박구역 또는 정박지의 지정을 받지 않아도 되는 선박은?
- 갑. 유조선
- 을. 위험물적재선박
- 병. 예인선
- 정. 우선피항선

25 선박입출항법(영·규칙)이 규정한 선박 내 위험구역이 아닌 곳은?
- 갑. 윤활유탱크
- 을. 코퍼댐
- 병. 페인트창고
- 정. 조타실

해설
그 밖에 선박 내 위험구역으로는 기관실, 연료탱크, 공소, 축전지실, 가연성액체보관소, 폐위된 차량구역 등이다.

14 을 15 병 16 정 17 정 18 정 19 을 20 을 21 병 22 갑 23 갑 24 정 25 정

26 무역항의 수상구역등에서의 선박의 정박·정류에 관한 설명으로 틀린 것은?

갑. 정박시 폭풍우가 내습할 우려가 있으면 예비용 닻을 내릴 준비를 한다.
을. 정박시 폭풍우가 내습할 우려가 있으면 동력선은 즉시 운항할 수 있는 기관상태를 유지한다.
병. 모든 선박은 원칙적으로 항로 안에 정박·정류하지 못한다.
정. 선박의 종류, 톤수에 의해서만이 정박지가 지정된다.

🔷 해설
선박의 종류, 톤수, 흘수 또는 적재물의 종류에 따라 정박지가 지정된다.

27 무역항의 수상구역등에서 선박의 수리·계선과 관련하여 신고 사항인 것은?

갑. 위험물을 적재한 선박을 용접 등의 방법으로 수리하는 경우
을. 총톤수 20톤 이상의 선박을 계선하는 경우
병. 총톤수 20톤 이상의 선박 내 위험구역에서 수리하는 경우
정. 총톤수 20톤 이상의 선박 내 폐위된 차량구역에서 수리하는 경우

🔷 해설
갑·병·정은 허가사항이다.

28 항로에서의 항법으로 틀리는 것은?

갑. 예선은 지정된 항로를 따라 항행해야 한다.
을. 범선은 항로에서 지그재그로 항행해서는 안 된다.
병. 모든 선박은 항로를 항행하는 흘수제약선·위험물운반선박의 진로를 방해해서는 안 된다.
정. 범선은 돛을 줄이거나 예인선이 범선을 끌고가게 해야 한다.

29 항로에서의 항법으로 틀린 것은?

갑. 선박은 항로에서 다른 선박을 추월해서는 안 된다.
을. 정박중인 선박을 배의 오른쪽 뱃전에 두고 항행할 때는 멀리 떨어져서 항행한다.
병. 방파제, 부두, 잔교 등 튀어나온 부분을 배의 오른쪽 뱃전에 두고 항행할 때는 우측으로 접근하여 항행한다.
정. 항행 속력은 다른 선박에 위험을 주지 않을 정도이어야 한다.

🔷 해설
정박중인 선박을 배의 오른쪽 뱃전(우현)에 두고 항행할 때는 가까이 접근하고, 배의 왼쪽 뱃전(좌현)에 두고 항행할 때는 멀리 떨어져서 항행하여야 한다.

30 항로에서의 항법으로 틀린 것은?

갑. 우선피항선은 무역항의 수상구역등이나 무역항의 수상구역 부근에서 다른 선박의 진로를 방해하여서는 아니 된다.
을. 무역항의 수상구역등에서 2척 이상의 선박이 항행할 때에는 서로 충돌을 예방할 수 있는 상당한 거리를 유지하여야 한다.
병. 항로 밖에서 항로에 들어오는 선박은 항로에서 항로 밖으로 나가는 선박의 진로를 피하여 항행해야 한다.
정. 선박이 부두등을 왼쪽 뱃전에 두고 항행할 때에는 멀리 떨어져서 항행하여야 한다.

🔷 해설
'병'의 경우 항로 밖에서 항로에 들어오거나 항로에서 항로 밖으로 나가는 선박은 항로를 항행하는 다른 선박의 진로를 피하여 항행하여야 한다.

31 무역항의 수상구역등에서 예인선이 다른 선박을 끌고 항행하는 경우 예인선의 선수로부터 피예인선의 선미까지의 길이는 ( )를 초과할 수 없다. ( )에 알맞은 것은?

갑. 100m   을. 150m
병. 200m   정. 300m

32 무역항의 수상구역 등이나 무역항의 수상구역 부근에서 선박의 항행을 방해하거나 위험을 미칠 우려가 있는 장애물을 공매하려는 경우 공고할 사항이 아닌 것은?

갑. 입찰보증금을 받는 경우 그 금액
을. 공매 물건의 소유자
병. 공매할 물건의 명칭 및 내용
정. 공매의 장소 및 일시

33 다음 중 500만원 이하의 벌금에 처할 사유는?

갑. 허가를 받지 아니하고 무역항의 수상구역등에서 선박을 수리한 경우
을. 지정장소 외에 위험물운송선박을 정박하거나 정류한 경우
병. 정박구역 또는 정박지에 정박하지 않은 경우
정. 거짓이나 그 밖의 부정한 방법으로 예선업 등록을 한 경우

34 무역항의 수상구역 등에 출입하려는 내항선의 선장이 입항보고, 출항보고 등을 제출할 대상으로 옳지 않은 것은?

갑. 지방해양수산청장
을. 지방해양경찰청장
병. 해당 항만공사
정. 특별시장·광역시장·도지사

26 정 27 을 28 갑 29 을 30 병 31 병 32 을 33 병 34 을

35 무역항의 수상구역 등에서 목재 등 선박교통의 안전에 장애가 되는 부유물에 대하여 어떤 행위를 할 때 관리청의 허가를 받아야 하는 경우로 옳지 않은 것은?

갑. 부유물을 수상에 내놓으려는 사람
을. 부유물을 선박 등 다른 시설에 붙들어 매거나 운반하려는 사람
병. 부유물을 수상에 띄워 놓으려는 사람
정. 선박에서 육상으로 부유물체를 옮기려는 사람

◆ 해설
선박의 입항 및 출항 등에 관한 법률 제43조(부유물에 대한 허가)
㉠ 무역항의 수상구역 등에서 목재 등 선박교통의 안전에 장애가 되는 부유물에 대하여 다음의 어느 하나에 해당하는 행위를 하려는 자는 해양수산부령으로 정하는 바에 따라 관리청의 허가를 받아야 한다.
① 부유물을 수상(水上)에 띄워 놓으려는 자
② 부유물을 선박 등 다른 시설에 붙들어 매거나 운반하려는 자
㉡ 관리청은 ㉠에 따른 허가를 할 때에는 선박교통의 안전에 필요한 조치를 명할 수 있다.

36 무역항의 수상구역 등에서 선박 경기 등의 행사를 하려는 사람은 어디에서 허가를 받아야 하는가?

갑. 해양경찰청   을. 관리청
병. 소방서   정. 지방해양경찰청

37 항만운영정보시스템을 구축·운영할 수 있는 자로 옳은 것은?

갑. 해양수산부장관   을. 해양경찰청장
병. 지방해양경찰청장 정. 중앙해양안전심판원장

38 관리청에 무역항의 수상구역 등에서의 선박 항행 최고속력을 지정할 것을 요청할 수 있는 자는?

갑. 해양수산부장관   을. 해양경찰청장
병. 도선사협회장   정. 해상교통관제센터장

39 무역항의 수상구역 등의 항로에서 가장 우선하여 항행할 수 있는 선박은?

갑. 항로 밖에서 항로에 들어오는 선박
을. 항로에서 항로 밖으로 나가는 선박
병. 항로를 따라 항행하는 선박
정. 항로를 가로질러 항행하는 선박

40 해양수산부장관 또는 시·도지사가 행정 처분을 할 때 청문을 하여야 하는 경우로 옳지 않은 것은?

갑. 예선업 등록의 취소
을. 지정교육기관 지정의 취소
병. 중계망사업자 지정의 취소
정. 정박지 지정 취소

◆ 해설
선박의 입항 및 출항에 관한 법률 제52조(청문)
해양수산부장관 또는 시·도지사는 다음의 어느 하나에 해당하는 처분을 하려는 경우에는 청문을 하여야 한다.
㉠ 제26조에 따른 예선업 등록의 취소
㉡ 제36조 제4항에 따른 지정교육기관 지정의 취소
㉢ 제50조 제4항에 따른 중계망사업자 지정의 취소

Answer   35 정 36 을 37 갑 38 을 39 병 40 정

3 해상교통안전법

01 해상교통안전법의 목적으로 가장 적당하지 않은 것은?
- 갑. 충돌의 위험 방지
- 을. 해상교통의 장애 제거
- 병. 운항상의 모든 위험 방지
- 정. 공해 요소의 제거

02 다음 중 해상교통안전법상 조종제한선이 아닌 것은?
- 갑. 항로표지작업 선박
- 을. 기뢰제거작업 선박
- 병. 어로작업 선박
- 정. 화물을 이적중인 선박

> **해설**
> 조종제한선은 ㉠ 항로표지・해저전선 또는 해저파이프라인의 부설・보수・인양작업, ㉡ 준설・측량 또는 수중작업, ㉢ 항행중 보급, 사람 또는 화물의 이송 작업, ㉣ 항공기의 발착작업, ㉤ 기뢰제거작업, ㉥ 진로를 벗어날 수 있는 능력에 제한을 많이 받는 예인작업과 그 밖에 선박의 조종성능을 제한하는 작업에 종사하고 있어 다른 선박의 진로를 피할 수 없는 선박을 말한다.

03 조종불능 보트의 정의로 맞는 것은?
- 갑. 조타기가 고장난 보트
- 을. 기관이 고장난 보트
- 병. 예외적인 사정으로 다른 보트를 피할 수 없는 보트
- 정. 다른 보트를 끌거나 밀고 있는 보트

04 동력선과 범선의 설명이다. 틀린 것은?
- 갑. 돛을 설치했으나 주로 기관을 사용하여 추진하는 선박은 동력선이다.
- 을. 기관을 설치했으나 주로 돛을 사용하여 추진하는 경우에는 범선으로 본다.
- 병. 기계를 설치하고 그 기계를 인력으로 추진할 때는 동력선이 아니다.
- 정. 돛과 기관을 설치한, 즉 기범선은 동력선의 등화를 표시한다.

> **해설**
> 기관을 사용하고 있는 범선은 범선의 길이에 따른 등화를 표시하고, 주간에는 원뿔꼴 형상물 1개를 표시해야 한다.

05 해상교통안전법상 선박에 해당하는 것은?
- 갑. 기름을 싣고 항해중인 유조선
- 을. 도크에 조선 중인 상선
- 병. 육상에서 실습 중인 무역선
- 정. 해안에 고정된 해상호텔선

06 고속여객선이란 시속 ( )노트 이상으로 항행하는 여객선을 말한다. ( ) 안에 알맞은 것은?
- 갑. 10
- 을. 15
- 병. 20
- 정. 25

07 해상교통안전법상 선박이 항해중인 것은?
- 갑. 얹혀있는 상태
- 을. 엔진을 정지하고 표류중인 상태
- 병. 정박중인 상태
- 정. 계류 부표에 계류중인 상태

08 거대선이란 길이 ( ) 이상의 선박을 말한다.
- 갑. 100m
- 을. 200m
- 병. 300m
- 정. 400m

09 선박의 물에 대한 속력으로서 자기 선박 또는 다른 선박의 추진장치의 작용이나 그로 인한 선박의 타력(惰力)에 의하여 생기는 것을 무엇이라 하는가?
- 갑. GPS속력
- 을. 레이더속력
- 병. 대지속력
- 정. 대수속력

10 해상교통안전법상 '항로'에 해당되지 않는 것은?
- 갑. 선박의 입・출항 통로로 이용하기 위한 수로
- 을. 교통안전특정해역 안의 항로
- 병. 통항분리수역의 육지쪽 경계선과 해안 사이의 수역
- 정. 해양수산부장관이 고시한 좁은 수로

> **해설**
> 병 : 연안통항대를 의미한다.

11 선박이 한쪽 방향으로만 항행할 수 있도록 되어 있는 수역을 나타내는 말은?
- 갑. 연안통항대
- 을. 통항분리수역
- 병. 항로지정수역
- 정. 통항로

12 다음 중 해상교통안전법의 적용을 받지 않는 선박은?
- 갑. 우리나라 영해 내에 있는 선박
- 을. 공해상에 있는 우리나라 선박
- 병. 우리나라 배타적 경제수역 내에 있는 선박
- 정. 외국 영해에 있는 우리나라 선박

Answer 01 정 02 병 03 병 04 정 05 갑 06 을 07 을 08 을 09 정 10 병 11 정 12 병

13 다음 중 「해상교통안전법 시행규칙」상 '위험물의 범위'에 해당하지 않는 것은?

갑. 화약류로서 총톤수 300톤 이상의 선박에 적재된 것
을. 200톤 이상의 유기과산화물로서 총톤수 300톤 이상의 선박에 적재된 것
병. 인화성 액체류로서 총톤수 1천톤 이상의 선박에 산적된 것
정. 고압가스 중 인화성가스로서 총톤수 5백톤 이상의 선박에 산적된 것

◆ 해설
고압가스 중 인화성 가스로서 총톤수 '1천톤 이상'의 선박에 산적된 것이 해당된다.

14 해상교통안전법상 해양경찰서장의 허가를 요하는 해상교통에 장애가 되는 해양레저행위의 대상이 아닌 것은?

갑. 스킨다이빙　　을. 윈드서핑
병. 요트 활동　　정. 낚시어선 운항

15 해상교통안전법상 '유조선의 통항제한'에서 규정하고 있는 석유 또는 액체물질에 해당하지 않는 것은?

갑. 경 유　　을. 휘발유
병. 원 유　　정. 중 유

16 선박의 항행안전에 필요한 항행보조시설이라고 할 수 없는 것은?

갑. 등 대　　을. 등 표
병. 부 표　　정. 어망부이

17 선박의 항행안전에 필요한 등대 · 부표 등을 설치 · 관리하여야 할 사람으로 맞는 것은?

갑. 해양경찰청장　　을. 해양수산부장관
병. 지방해양수산청장　　정. 해양경찰서장

18 항행보조시설의 설치해역으로 맞지 않는 것은?

갑. 사람이 많이 찾는 해수욕장의 주변 해역
을. 해상교통량이 아주 많은 해역
병. 항행상 위험한 해역
정. 사고가 잦은 해역

19 풍랑 · 폭풍해일주의보의 기상특보가 발표되었을 때 선박의 출항을 통제할 수 있는 선박은?

갑. 평수구역 밖을 운항하는 선박 중 총톤수 100톤 미만, 길이 20m 미만의 내항선박
을. 평수구역 밖을 운항하는 선박 중 총톤수 250톤 미만, 길이 35m 미만의 내항선박
병. 화물을 적재한 유조선
정. 레이더 및 VHF 통신설비를 갖추지 아니한 선박

◆ 해설
병 · 정은 내항여객선 외의 선박에서 시계제한시(시정 0.5km 이내) 출항통제 선박이다. 풍랑 · 폭풍해일경보시에는 총톤수 1,000톤 미만, 길이 63m 미만의 내항선박, 태풍주의보 및 경보시에는 총톤수 7,000톤 미만의 내항선박이다. 국제항해에 종사하는 예부선 결합선박은 모든 주의 · 경보의 기상상태에서 출항이 통제된다.

20 출항통제의 기상상태 중 내항여객선 외의 선박에서 '시계제한시'란 시정거리 얼마를 말하는가?

갑. 0.2km 이내　　을. 0.3km 이내
병. 0.4km 이내　　정. 0.5km 이내

21 해상교통안전법상 주취상태의 기준은 혈중알코올농도 몇 % 이상인가?

갑. 0.03%　　을. 0.05%
병. 0.08%　　정. 0.09%

22 해상교통안전법에서는 조타기를 조작하는 사람 외의 사람에 대해서도 술에 취한 경우 처벌하게 된다. 다음 중 처벌받는 사람으로 맞는 것은?

갑. 선 장　　을. 당직 항해사
병. 1등 항해사　　정. 조타를 지시한 사람

23 다음 중 선박의 안전한 속력을 결정하는 요소로 가장 적당하지 않은 것은?

갑. 해상교통량의 밀도　　을. 선박의 흘수와 수심
병. 조타사의 조타능력　　정. 시계의 상태

24 선박의 안전한 속력을 결정함에 있어서 참작할 사항이 아닌 것은?

갑. 등화 · 형상물의 기준 미달
을. 선박의 정지거리 · 선회성능
병. 야간의 경우 항해에 지장을 주는 불빛의 유무
정. 해면상태 및 조류상태

13 정　14 정　15 을　16 정　17 을　18 갑　19 을　20 정　21 갑　22 정　23 병　24 갑

25 보트의 안전속력을 유지할 때 고려해야 할 요소가 아닌 것은?

갑. 시정의 상태
을. 보트의 조종성능
병. 적재함의 종류
정. 운행상 장애물의 근접상태

26 해상교통안전법에서 이용할 수 있는 모든 수단을 동원하여 경계를 하여야 한다. 이 때 경계의 수단에 들지 않는 기구는?

갑. 앵 카   을. 레이더
병. 쌍안경   정. VHF

27 모든 선박은 시각 및 청각은 물론 그 당시의 모든 유효한 수단을 동원하여 항상 (   )를(을) 하여야 한다.

갑. 안전상태   을. 거 리
병. 안전속력   정. 경 계

28 다음 중 충돌사고를 야기할 만한 위험한 상태로 볼 수 없는 것은?

갑. 정박 상태   을. 횡단 상태
병. 마주치는 상태 정. 추월 상태

29 선박이 다른 선박과의 충돌을 피하기 위한 조치내용으로 적당하지 않은 것은?

갑. 침로변경은 크게 한다.
을. 속력은 소폭으로 변경한다.
병. 가능한 충분한 시간을 두고 조치를 취한다.
정. 필요한 경우 선박을 완전히 멈추어야 한다.

▶해설
침로 및 속력은 소폭으로 연속적으로 변경해서는 안 된다.

30 선박의 충돌위험의 판단 여부로 옳은 것은?

갑. 의심스러우면 위험이 있다고 보아야 한다.
을. 레이더 작동시는 가능한 한 거리눈금을 고정시킨다.
병. 접근하는 선박의 나침방위가 변하지 않으면 위험이 없다.
정. 정밀한 레이더를 장비한 선박은 그 정보를 믿을 수 있다.

▶해설
레이더를 설치한 선박이 충돌위험성 여부를 파악하기 위하여는 장거리 주사, 탐지된 물체에 대한 작도, 체계적인 관측을 하여야 하고, 불충분한 레이더 정보에 의존하여 판단하여서는 안 된다.

31 해상교통안전관리법상 선박안전관리증서의 유효기간은 몇 년으로 하는가?

갑. 5년   을. 3년
병. 2년   정. 1년

▶해설
선박안전관리증서와 안전관리적합증서의 유효기간은 각각 5년으로 하고, 임시안전관리적합증서의 유효기간은 1년, 임시선박안전관리증서의 유효기간은 6개월로 한다.

32 충돌위험이 급박한 선박의 경우에 최선의 조치는?

갑. 침로 변경   을. 속력 변경
병. 침로·속력 변경   정. 전진타력의 완전 제거

33 충돌을 피하기 위한 선박의 침로 변경의 요령이 아닌 것은?

갑. 대각도로 변침한다.
을. 전속력으로 회전수를 높인다.
병. 충분한 여유가 있는 수역에서 행한다.
정. 피항동작의 효과를 확인한다.

34 타선과 자선 간의 충돌의 위험이 가장 큰 경우로 옳은 것은?

갑. 거리의 변화가 있을 때
을. 방위가 변하지 않을 때
병. 속력이 변하지 않을 때
정. 방위가 빠르게 변할 때

35 상대방이 인지할 수 있도록 침로를 변경한다는 것은 적어도 얼마 이상의 변침이어야 하는가?

갑. 5°   을. 15°
병. 30°   정. 90°

36 피항하는 보트가 취해야 할 동작을 가장 잘 설명한 것은?

갑. 사후에 적절한 피항동작
을. 운용술을 무시한 동작
병. 조기에 충분한 동작
정. 상대 보트의 반응을 살피는 동작

37 서로 교차하는 상태에서 피항선이 취해야 될 조치가 아닌 것은?

갑. 우현변침하여 상대 선박의 선미방향으로 통과한다.
을. 전속전진하여 상대 선박의 선수방향을 횡단한다.
병. 왼쪽으로 변침하여 선회한 후 상대선 후미를 통과한다.
정. 전속후진하여 정지시킨다.

25 병 26 갑 27 정 28 갑 29 을 30 갑 31 갑 32 정 33 을 34 을 35 병 36 병 37 을

38 다음 중 좁은 수로에서 다른 선박의 통항을 방해하여서는 아니 되는 선박은?

갑. 길이 10미터 미만의 선박 또는 범선
을. 길이 20미터 미만의 선박 또는 범선
병. 길이 30미터 미만의 선박
정. 어로에 종사하러 가는 선박

> **해설**
> 길이 20미터 미만의 선박 또는 범선, 그리고 어로에 종사하고 있는 선박은 다른 선박의 통항을 방해해서는 안 된다.

39 '길이 20m 미만의 선박은 좁은 수로의 안쪽을 통과하는 다른 선박의 진로를 방해하지 못한다' 할 때의 좁은 수로 폭은?

갑. 1마일
을. 2마일
병. 3마일
정. 5마일

40 좁은 수로에서는 수로의 ( )을 항행하여야 한다. ( ) 안에 알맞은 것은?

갑. 좌 측
을. 우 측
병. 중 간
정. 양 측

41 좁은 수로를 따라 운항시 맞는 것은?

갑. 수로의 중앙부
을. 수로의 오른편 끝쪽
병. 우현쪽 수로의 외측 한계
정. 좌현쪽 수로의 내측 한계

42 좁은 수로에서 운항 방법으로 맞는 것은?

갑. 보트의 운항규칙을 준수하여야 한다.
을. 고속으로 달려야 한다.
병. 급회전을 하면서 달려야 한다.
정. 협수로에서는 해상교통안전법이 적용되지 않는다.

43 좁은 수로의 항로에서 금지하고 있는 것은?

갑. 어로의 종사
을. 추 월
병. 정 박
정. 기적신호

44 연안통항대를 따라 항행해서는 안 되는 선박은?

갑. 길이 20m 미만의 선박
을. 범 선
병. 어로에 종사하고 있는 선박
정. 길이 30m의 동력선

45 연안통항대를 따라 항행할 수 없는 선박은?

갑. 인접한 항구로 입·출항하는 선박
을. 연안통항대 안에 있는 해양시설에 출입하는 선박
병. 다른 선박을 밀거나 끌고 있는 동력선
정. 급박한 위험을 피하기 위한 선박

46 통항분리수역을 항행하는 선박의 준수사항으로 틀린 것은?

갑. 부득이 통항로를 횡단하여야 하는 경우 전속력으로 횡단
을. 통항로 안에서는 정해진 진행방향으로 항행
병. 분리선이나 분리대에서 가급적 떨어져서 항행
정. 통항로의 옆쪽으로 출입하는 경우 진행방향에 대하여 작은 각도로 출입

> **해설**
> 통항분리수역에서 선박은 통항로의 출입구를 통하여 출입해야 하며, 횡단해서는 안 되는 것이 원칙이나 부득이 통항로를 횡단하여야 하는 경우 그 통항로와 선수방향이 직각에 가까운 각도로 횡단해야 한다.

47 통항분리수역의 통항로를 항행하는 경우의 설명으로 잘못된 것은?

갑. 어로에 종사하는 선박은 분리대에 들어가거나 분리선을 횡단하여 어로에 종사할 수 있다.
을. 선박은 통항분리수역과 그 출입구 부근에 정박해서는 안 된다.
병. 길이 20m 미만의 선박이나 범선, 또는 어로에 종사하고 있는 선박은 다른 선박의 항행을 방해해서는 안 된다.
정. 통항분리수역 안에서 항행안전을 유지하기 위한 작업을 하고 있는 조종제한선은 통항분리수역의 출입구 부근에는 정박할 수 없으나 분리선을 횡단할 수는 있다.

> **해설**
> 작업중인 조종제한선은 그 작업을 하는 데에 필요한 범위 안에서 통항분리방식이 적용되지 않는다. 따라서 정박도 가능하다.

48 2척의 범선이 서로 접근되어 충돌할 위험이 있는 경우 항행방법으로 틀린 것은?

갑. 각 범선이 다른 쪽 현에 바람을 받고 있는 경우, 우현에 바람을 받고 있는 범선이 다른 범선의 진로를 피해야 한다.
을. 두 범선이 서로 같은 현에 바람을 받고 있는 경우, 바람의 불어오는 쪽의 범선이 바람이 불어가는 쪽의 범선의 진로를 피해야 한다.
병. 좌현에 바람을 받고 있는 범선은 바람이 불어오고 있는 쪽의 다른 범선을 본 경우로서 그 범선이 바람을 좌우 어느 쪽에 받고 있는지 확인할 수 없는 때에는 그 범선을 피해야 한다.

| 38 을 | 39 을 | 40 을 | 41 을 | 42 갑 | 43 병 | 44 정 | 45 병 | 46 갑 | 47 정 | 48 갑 |

정. 여기서 바람이 불어오는 쪽이란 종범선에서는 주범을 펴고 있는 쪽의 반대쪽을 말하고, 횡범선에서는 최대의 종범을 펴고 있는 쪽을 말한다.

🔹 해설
각 범선의 다른 쪽 현에 바람을 받고 있는 경우, 좌현에 바람을 받고 있는 범선이 피항해야 한다.

49 다음 중 추월보트에 해당되는 것은?

갑. 타 보트의 마스트등을 보는 보트
을. 타 보트의 선미등만을 볼 수 있는 보트
병. 타 보트의 현등만을 볼 수 있는 보트
정. 타 보트의 붉은색등만을 볼 수 있는 보트

50 다음 중 앞지르기 하는 배(추월선)로 볼 수 없는 경우는?

갑. 다른 선박을 추월하고 있는지 분명하지 않은 경우
을. 다른 선박의 양쪽 현의 정횡으로부터 22.5도를 넘는 뒤쪽의 선박의 경우
병. 밤에는 다른 선박의 어느 쪽의 현등을 볼 수 없는 경우
정. 다른 선박에서 장음 – 단음 – 장음 – 단음의 음향신호가 울릴 때

🔹 해설
정 : 상대 선박의 추월신호에 대하여 동의할 때의 자선의 음향신호이다.

51 앞지르기 하는 배(추월선)이 앞지르기당하는 배(피추월선)의 우현쪽을 추월하고자 할 때의 기적신호는?

갑. 장음 2회, 단음 1회   을. 장음 2회, 단음 2회
병. 장음 1회, 단음 2회   정. 장음 1회, 단음 2회

52 상대 보트의 추월신호에 동의할 때의 자선의 음향신호는?

갑. 장음 – 단음 – 단음
을. 장음 – 장음 – 단음
병. 단음 – 장음 – 장음 – 단음
정. 장음 – 단음 – 장음 – 단음

53 선박의 음향신호에 있어서 장음의 정의에 맞는 것은?

갑. 1~2초간 계속 울리는 음
을. 4~6초간 계속 울리는 음
병. 1~2분간 계속 울리는 음
정. 4~6분간 계속 울리는 음

🔹 해설
장음은 4~6초간, 단음은 1초간 울리는 음이다.

54 서로 마주칠 때의 항법은 각기 (   )측으로 변침하여 상대선박의 (   )을 통과해야 한다. (   ) 안에 적당한 말은?

갑. 우현, 우현   을. 좌현, 우현
병. 좌현, 좌현   정. 우현, 좌현

55 마주치는 상태의 항법 중 틀린 것은?

갑. 우현 대 우현   을. 안전한 거리의 유지
병. 대각도 변침   정. 충분한 여유를 갖고 피항

🔹 해설
서로 마주치는 상태의 항법은 피항선·유지선 구별없이 우현쪽으로 침로를 변경, 서로 좌현 대 좌현이 되게 하는 항법이다.

56 2척의 선박이 마주치어 충돌위험이 있다고 볼 수 없는 것은?

갑. 마주치는 상태인지 분명하지 않은 경우
을. 낮에 2척의 선박의 마스트가 선수에서 선미까지 거의 일직선이 되는 경우
병. 밤에 양쪽의 현등을 볼 수 있는 경우
정. 밤에 선미등만을 볼 수 있는 경우

🔹 해설
정 : 선박이 일직선상에 놓이긴 했으나 마주치는 상태가 아닌 앞선박을 뒤따르는 상태로 추월선의 경우와 같다.

57 두 보트가 횡단상태로 만날 때는 다른 보트를 (   )에 두고 있는 보트가 피해야 한다.

갑. 좌 현   을. 우 현
병. 선 미   정. 선 수

58 서로 양현등을 보는 경우는 다음 중 어느 것인가?

갑. 횡단관계의 경우
을. X자로 교차하는 경우
병. 추월의 경우
정. 침로가 동일 직선상에 있는 경우

59 피항선과 유지선의 동작으로 틀리게 설명한 것은?

갑. 피항선은 미리 동작을 크게 취하여 유지선으로부터 멀리 떨어져야 한다.
을. 유지선은 침로와 속력을 유지해야 한다.
병. 유지선은 피항선과 근접하여 충돌을 피할 수 없다고 판단되는 경우 충돌을 피하기 위하여 충분히 협력해야 한다.
정. 유지선은 피항선이 피항을 하기 위한 적절한 조치를 취하지 않는다고 판단되면 자기 선박의 왼쪽 뱃전 쪽에 있는 선박을 향해 침로를 변경해야 한다.

49 을 50 정 51 갑 52 정 53 을 54 정 55 갑 56 정 57 을 58 정 59 정

해설
부득이한 경우 외에는 자기 선박의 왼쪽 뱃전 쪽에 있는 선박을 향해 침로를 변경해서는 안 된다.

60 항해중인 범선이 피항해야 할 선박이 아닌 것은?
갑. 흘수제약선
을. 조종불능선
병. 어로중의 선박
정. 동력선

61 어로중인 선박은 가능하면 (　)의 진로를 피해야 한다.
갑. 조종불능선, 조종제한선
을. 수중작업선, 범선
병. 조종불능선, 범선
정. 정박선, 대형선

62 항해중인 선박의 피항 우선순위가 맞는 것은?
갑. 흘수제약선 > 어로중의 선박 > 조종제한선 > 조종불능선 > 범선 > 동력선
을. 조종불능선 < 조종제한선 < 흘수제약선 < 어로중의 선박 < 범선 < 동력선
병. 조종불능선 > 흘수제약선 > 어로중의 선박 > 범선 > 동력선
정. 어로중의 선박 < 조종불능선 < 흘수제약선 < 조종제한선 < 범선 < 동력선

63 제한된 시계(視界)라 함은 안개, 연기, 강설, 폭풍우, 모래폭풍 또는 이와 비슷한 원인으로 시계가 (　) 모든 상태를 말한다.
갑. 한정된
을. 제한된
병. 어두운
정. 안 보이는

64 안개로 인하여 해면상태의 시계(視界)가 불량할 때 조종방법은?
갑. 안전한 속력으로 운항을 한다.
을. 고속으로 귀항한다.
병. 조난신호기를 게양한다.
정. 신호탄을 쏘아 올린다.

65 해양에서 시계(視界)가 제한된 상태에서는 (　)을 유지해야 한다.
갑. 안전속력
을. 조종속력
병. 제한속력
정. 최저속력

66 제한된 시계에서 선박의 운항시 주의사항과 관계없는 것은?
갑. 레이더 활용
을. 적절한 경계
병. 선등의 점등
정. 수밀문 개방

67 피항동작이 침로를 변경하는 것만으로 이루어지는 그 피항동작으로 틀린 것은?
갑. 다른 선박이 자기 선박의 양쪽 현의 정횡 앞쪽에 있는 경우 우현 쪽으로 침로를 변경한다.
을. 자기 선박의 양쪽 현의 정횡 또는 그 뒤쪽에 있는 선박의 방향으로 침로를 변경한다.
병. 다른 선박이 자기 선박의 양쪽 현의 정횡 앞쪽에 있으나 추월당하고 있는 경우 좌현쪽으로 침로를 변경한다.
정. 다른 선박과 교차하는 경우 우현 변침하여 상대 선박의 선미방향으로 통과한다.

68 무중항해 중 정횡 전방으로부터 다른 선박의 무중신호를 들었을 때의 조치로 맞는 것은?
갑. 같은 신호로 응답한다.
을. 전속후진한다.
병. 좌현 변침한다.
정. 침로유지 및 최소속력으로 감속한다.

69 등화에 관한 규정은 (　)부터 (　)까지 실시한다.
갑. 해뜨는 시각, 해지는 시각
을. 주간으로, 야간
병. 해지는 시각, 해뜨는 시각
정. 어두울 때, 밝을 때

70 등색, 주기, 점등시간에 관한 설명 중 맞지 않는 것은?
갑. 주기란 등질이 반복되는 시간으로 초(sec)로 나타낸다.
을. 등색은 흰색, 붉은색, 녹색이 주로 쓰인다.
병. 등대 높이는 선박에서 바라보는 높이이다.
정. 점등시간은 해지는 시각부터 해뜨는 시각까지이다.

해설
등대 높이(등고)는 평균수면에서 등화의 중심까지이며 m로 표시한다.

71 선수와 선미의 중심선상에 설치되어 225도에 걸치는 수평호를 비추되, 그 불빛이 정선수 방향으로부터 양쪽 현의 정횡으로부터 뒤쪽 22.5도까지 비출 수 있는 흰색 등(燈)은 무엇인가?
갑. 현 등
을. 마스트등
병. 선미등
정. 전주등

Answer　60 정　61 갑　62 병　63 을　64 갑　65 갑　66 정　67 을　68 정　69 병　70 병　71 을

72 야간 항해에 유용한 항로표식은?

갑. 등고선   을. 해류분석도
병. 조류분석도   정. 등대

73 야간운행시 등대의 등광을 식별하는 요소로서 적당하지 않은 것은?

갑. 불빛의 종류   을. 불빛의 주기
병. 등대의 높이   정. 불빛의 색

74 모터보트의 좌현에 설치하는 현등의 색은?

갑. 붉은색 등   을. 흰색 등
병. 흑색 등   정. 녹색 등

75 모터보트의 우현에 설치하는 현등의 색은?

갑. 붉은색 등   을. 녹색 등
병. 황색 등   정. 흰색 등

76 등화와 형상물에 관하여 틀리게 설명한 것은?

갑. 모든 날씨에서 적용한다.
을. 낮 동안에는 형상물을 표시해야 한다.
병. 낮 동안에도 제한된 시계에서는 등화를 표시해야 한다.
정. 법에서 정하는 등화 외에는 오인되지 아니할 등화도 표시할 수 없다.

◆ 해설
법에서 정하는 등화로 오인되지 않을 등화는 표시할 수 있다.

77 길이 7m 미만이고 최대속력이 7노트 미만인 동력선의 등화로 바르지 않은 것은?

갑. 흰색 전주등 1개만 표시할 수 있다.
을. 가능한 경우 현등 1쌍을 표시할 수 있다.
병. 현등 1쌍은 이를 1개의 등화로 결합하여 흰색 전주등 대신 표시할 수 있다.
정. 흰색 전주등 대신 흰색 휴대용 전등을 표시할 수 없다.

◆ 해설
현등 1쌍을 1개의 등화로 결합하여 선수와 선미의 중심선상이나 그에 가까운 위치에 표시할 수 있는 경우는 길이 12m 미만의 동력선의 경우이다.

78 길이 12m 미만의 동력선에 설치하여야 할 등화로 맞게 된 것은?

갑. 흰색 전주등 1개, 현등 1쌍
을. 마스트등과 선미등 각 1개
병. 현등 1쌍과 선미등 1개
정. 마스트등과 전주등 각 1개

79 항행중인 동력선의 등화 표시가 잘못된 것은?

갑. 길이 50m 이상의 동력선은 앞쪽에 마스트등 1개와 그 마스트등보다 뒤쪽의 높은 위치에 마스트등 1개를 표시해야 한다.
을. 길이 50m 미만의 동력선은 뒤쪽 마스트등을 생략할 수 있다.
병. 길이 20m 미만의 동력선은 현등 1쌍 대신 양색등을 표시할 수 있다.
정. 길이 20m 이상의 동력선의 경우에만 선미등 1개를 표시한다.

◆ 해설
길이 12m 미만의 동력선은 선미등 1개를 생략할 수 있고, 길이 12m 이상의 동력선은 선미등 1개를 표시해야 한다.

80 다음 중 사방을 비칠 수 있는 황색 섬광등 1개를 표시해야 할 선박은?

갑. 어로작업중인 선박   을. 예인선
병. 공기부양선   정. 작업중인 조종제한선

◆ 해설
공기부양선이란 수면에 떠있는 상태로 항행중인 선박을 말한다. 공기부양선에는 수중익선, 호버크래프트가 있다.

81 항행중인 범선의 등화 표시의 설명으로 틀린 것은?

갑. 길이 20m 이상의 범선은 현등 1쌍, 선미등 1개를 표시해야 하나 덧붙여 마스트 꼭대기나 그 부근에 전주등 2개를 수직선의 위 아래로 표시할 수 있다.
을. 전주등 2개를 수직선의 위 아래로 표시할 경우 위쪽 등화는 흰색, 아래쪽 등화는 녹색이어야 한다.
병. 길이 20m 미만의 범선은 현등 1쌍, 선미등 1개를 표시할 수도 있고, 마스트 꼭대기에 삼색등 1개를 표시할 수도 있다.
정. 길이 7m 미만의 범선은 가급적 길이 20m 미만의 범선의 경우처럼 표시해야 하나 흰색 휴대용 전등이나 점화된 등으로 표시할 수 있다.

◆ 해설
을 : 전주등 2개를 마스트 꼭대기나 그 부근에 표시할 때는 위쪽은 붉은색 등화, 아래쪽은 녹색 등화이어야 한다.

72 정 73 병 74 갑 75 을 76 정 77 병 78 갑 79 정 80 병 81 을

82 길이 50m 미만의 정박선의 등화 표시는?
갑. 붉은색 마스트등 1개
을. 녹색 전주등 1개
병. 선수쪽 흰색 전주등 1개
정. 현등 1쌍

83 형상물에 관한 규정의 설명으로 맞는 것은?
갑. 주·야간 모두 적용한다.
을. 야간에 적용한다.
병. 주간에 적용한다.
정. 필요할 때 적용한다.

84 모터보트 운항 중 장고형 형상물 1개를 표시한 선박을 발견했다. 이 선박은?
갑. 도선선
을. 범 선
병. 조종부자유선
정. 어로종사선

85 범선이 기관을 동시에 사용하여 운항하는 경우의 형상물은?
갑. 둥근꼴 형상물 1개
을. 원뿔꼴 형상물 1개
병. 마름모꼴 형상물 1개
정. 원통형 형상물 1개

86 다음 중 등화와 형상물을 표시하지 않아도 되는 경우가 아닌 것은?
갑. 잠수작업에 종사하고 있는 길이 12m 미만의 조종제한선
을. 좁은 수로의 정박지 부근에 정박중인 길이 7m 미만의 정박선
병. 사람을 이송 중인 길이 12m 미만의 조종제한선
정. 길이 12m 미만의 선박이 얹혀 있는 경우

◆ 해설
잠수작업에 종사하고 있지 않은 길이 12m 미만의 조종제한선이어야 등화·형상물의 표시를 생략할 수 있다.

87 정박선의 주간 형상물은?
갑. 둥근꼴 형상물 1개
을. 둥근꼴 형상물 2개
병. 원뿔꼴 형상물 1개
정. 원통형 형상물 2개

88 얹혀 있는 선박의 주간 형상물은?
갑. 수직으로 둥근꼴 형상물 2개
을. 수직으로 원통형 형상물 2개
병. 수직으로 둥근꼴 형상물 3개
정. 수직으로 원통형 형상물 3개

89 침로를 오른쪽으로 변경하고 있는 경우 울리는 기적신호는?
갑. 장음 1회
을. 장음 2회
병. 단음 1회
정. 단음 2회

90 선박이 후진하고 있는 경우 울리는 기적신호는?
갑. 단음 1회
을. 단음 2회
병. 단음 3회
정. 단음 4회

91 선박의 화재발생시 울리는 음향신호는?
갑. 장음 5회
을. 장음 2회
병. 단음 3회
정. 단음 7회

92 선박이 5회 이상의 단음 또는 1회 이상의 짧고 빠른 섬광을 발할 때는 무슨 신호인가?
갑. 의문신호
을. 주의환기신호
병. 조종신호
정. 후진신호

93 길이 12m 이상 20m 미만의 선박에 비치하여야 할 음향신호 설비를 바르게 나타낸 것은?
갑. 기 적
을. 기적, 호종
병. 징, 호종
정. 기적, 사이렌

94 길이 100m 이상의 선박에 비치하여야 할 음향신호 설비를 바르게 나타낸 것은?
갑. 기적, 사이렌, 징
을. 기적, 호종, 사이렌
병. 기적, 호종, 징
정. 호종, 사이렌, 징

95 항해중인 동력선의 조종신호와 경고신호로서 틀린 것은?
갑. 침로를 오른쪽으로 변경하고 있는 경우, 기적신호 단음 1회, 섬광 1회
을. 침로를 왼쪽으로 변경하고 있는 경우, 기적신호 단음 2회, 섬광 2회
병. 기관을 후진하고 있는 경우, 기적신호 단음 3회, 섬광 3회
정. 섬광의 지속시간 및 섬광과 섬광 사이의 간격은 2초 정도, 반복되는 신호 사이의 간격은 10초 이내

◆ 해설
섬광의 지속시간 및 섬광과 섬광 사이의 간격은 1초 정도, 반복되는 신호 사이의 간격은 10초 이상이어야 한다.

Answer | 82 병 83 병 84 정 85 을 86 갑 87 갑 88 병 89 병 90 병 91 갑 92 갑 93 갑 94 병 95 정

96 발광신호에 사용되는 등화 및 발광거리로 맞는 것은?

갑. 5해리 거리에서 볼 수 있는 흰색 전주등
을. 10해리 거리에서 볼 수 있는 흰색 전주등
병. 5해리 거리에서 볼 수 있는 황색 전주등
정. 10해리 거리에서 볼 수 있는 황색 전주등

97 선박이 좁은 수로 등에서 서로 상대의 시계 안에 있는 경우의 기적신호로 맞는 것은?

갑. 다른 선박의 우현쪽으로 앞지르기(추월)하려는 경우 장음 1회, 단음 1회의 순
을. 다른 선박의 좌현쪽으로 앞지르기(추월)하려는 경우 장음 2회, 단음 2회의 순
병. 다른 선박의 앞지르기(추월)에 동의할 경우 단음 2회 반복
정. 위 모두가 틀림

> 해설
> 갑 : 다른 선박의 우현쪽으로 앞지르기(추월)하려는 경우 – 장음 2회, 단음 1회
> 병 : 다른 선박의 앞지르기(추월)에 동의할 경우 – 장음 1회, 단음 1회

98 다음 중 선박의 신호가 틀린 것은?

갑. 시계 안에 선박이 접근하고 있으나 다른 선박이 충돌을 피하기 위한 동작을 취하고 있는지 분명하지 않는 경우 – 5회 이상의 단음
을. 좁은 수로의 굽은 부분 또는 장애물 때문에 다른 선박을 볼 수 없는 경우 – 장음 1회
병. 굽은 부분 또는 장애물의 뒤쪽에서의 선박의 기적신호에 응답할 경우 – 장음 2회
정. 100m 이상의 거리를 두고 조종신호 및 경고신호를 울릴 때 – 그 중 하나만 사용

99 시계가 제한된 수역에서의 선박의 음향신호로 틀리는 것은?

갑. 항해중인 동력선(대수속력이 있는 경우) – 2분 이내 간격의 장음 1회
을. 항행중인 동력선(정지하여 대수속력이 없는 경우) – 2초 간격의 장음 2회, 2분 이내로 반복
병. 조종불능선·조종제한선·흘수제약선·범선·어로작업 중의 선박 – 장음 1회·단음 2회를 2분 이내 간격으로 반복
정. 정박하여 어로작업 중인 선박 – 1분 이내의 간격으로 5초 정도 호종

> 해설
> 1분 이내의 간격으로 5초 정도의 호종은 정박선의 경우이다. 정박하여 어로작업 중인 선박 또는 작업 중인 조종제한선은 장음 1회·단음 2회를 2분 이내로 반복하여 울려야 한다(조종불능선과 동일).

100 기본적인 음향신호에 덧붙여 단음 4회로 식별신호를 할 수 있는 선박은?

갑. 도선선   을. 범 선
병. 예인선   정. 조종불능선

101 다음 중 조난을 알리는 수(手)신호는?

갑. 양팔을 벌려 천천히 올렸다 내렸다 한다.
을. 바다에 기름을 흘려 조난을 알린다.
병. 바다에 라이프자켓을 던져 조난을 알린다.
정. 낙하 신호탄을 쏘아 올린다.

102 조난시 위치 표시를 위한 신호용구가 아닌 것은?

갑. 로켓신호   을. 발연신호
병. 자기점화등   정. 구명튜브

103 야간에 사용하는 조난신호는?

갑. 붉은 불꽃을 내는 로켓신호
을. 조난신호깃발 게양
병. 팔을 수평으로 벌려서 천천히 올렸다 내렸다 하는 신호
정. 1분 간격으로 실시하는 폭발음

104 조난신호와 관계 없는 것은?

갑. 선상에서 기름을 태우는 신호
을. 오렌지색 연기신호
병. 팔을 수평으로 벌려서 아래 위로 천천히 흔드는 신호
정. 선상에서 맨손체조를 한다.

105 해상교통량이 폭주하여 대형 해양사고가 발생할 우려가 있는 해역을 나타내는 말은?

갑. 교통밀집해역   을. 해상교통관리해역
병. 교통안전지정해역   정. 교통안전특정해역

106 다음 중 교통안전특정해역이 아닌 곳은?

갑. 인천항   을. 제주항
병. 울산항   정. 여수항

107 길이 200m 이상의 선박이 교통안전특정해역을 항행하려는 경우 항행안전을 확보하기 위하여 통항시각의 변경을 명할 수 있는 사람은?

갑. 해양수산부장관   을. 지방해양수산청장
병. 해양경찰청장   정. 해양경찰서장

Answer 96 갑 97 을 98 병 99 정 100 갑 101 갑 102 정 103 갑 104 정 105 정 106 을 107 정

108 교통안전특정해역 내에서의 공사 또는 작업을 허가할 수 있는 사람은?

갑. 해양수산부장관
을. 지방해양수산청장
병. 해양경찰청장
정. 해양경찰서장

109 누구든지 수역등 또는 수역등의 밖으로부터 ( ) 이내의 수역에서 선박 등을 이용하여 수역등이나 항로를 점거하거나 차단하는 행위를 함으로써 선박 통항을 방해하여서는 아니 된다. 다음 중 ( ) 안에 적당한 것은?

갑. 1km
을. 3km
병. 5km
정. 10km

110 누구든지 해양경찰서장이 정하여 고시한 수역에서는 스킨다이빙, 스쿠버다이빙, 윈드서핑, 수상레저기구나 장비를 이용하는 행위를 금하고 있다. 해양경찰서장이 정하여 고시하는 수역이 아닌 곳은?

갑. 무역항·지정항
을. 항만의 수역
병. 어항의 수역
정. 연안통항대

111 해양레저활동의 허가권자는?

갑. 시·도지사
을. 해양경찰서장
병. 해양경찰청장
정. 지방해양수산청장

112 다음 〈보기〉는 횡단하는 상태에서 선박의 항법에 대한 설명이다. ( ) 안에 들어갈 내용으로 맞는 것은?

> 2척의 동력선이 상대의 진로를 횡단하는 경우로서 충돌의 위험이 있을 때에는 다른 선박을 ( ) 쪽에 두고 있는 선박이 그 다른 선박의 진로를 피하여야 한다. 이 경우 다른 선박의 진로를 피하여야 하는 선박은 부득이한 경우 외에는 그 다른 선박의 ( ) 방향을 횡단하여서는 아니 된다.

갑. 좌현, 선수
을. 좌현, 선미
병. 우현, 선수
정. 우현, 선미

113 다음 〈보기〉는 제한된 시계에서 피항동작에 대한 설명이다. ( ) 안에 들어갈 내용으로 맞는 것은?

> 피항동작이 침로를 변경하는 것만으로 이루어질 경우에는 될 수 있으면 다음 각 호의 동작은 피하여야 한다.
> 1. 다른 선박이 자기 선박의 양쪽 현의 정횡 앞쪽에 있는 경우 ( ) 쪽으로 침로를 변경하는 행위(앞지르기당하고 있는 선박에 대한 경우는 제외한다)
> 2. 자기 선박의 양쪽 현의 정횡 또는 그곳으로부터 ( )에 있는 선박의 방향으로 침로를 변경하는 행위

갑. 좌현, 앞쪽
을. 좌현, 뒤쪽
병. 우현, 앞쪽
정. 우현, 뒤쪽

114 선박의 우현으로 변침하는 경우 음향신호는?

갑. 장음 1회
을. 장음 2회
병. 단음 1회
정. 단음 2회

115 해상 조난시 VHF무선기의 호출 송수신 주파수로 맞는 것은?

갑. 채널 15
을. 채널 16
병. 채널 41
정. 채널 66

116 해상교통안전법상 음향신호설비에 대한 설명이다. 가장 옳지 않은 것은?

갑. 기적이란 단음과 장음을 발할 수 있는 음향신호장치이다.
을. 단음은 1초 정도 계속되는 고동소리를 말한다.
병. 장음이란 4초부터 6초까지의 시간동안 계속되는 고동소리를 말한다.
정. 길이 12미터 이상의 선박은 기적 1개를, 길이 50미터 이상의 선박은 기적 1개 및 호종 1개를 갖추어 두어야 한다.

117 해상교통안전법상 항행 중인 동력선이 상대 선박과 서로 시계 안에 있는 경우, 기관 후진 시 기적신호로 옳은 것은?

갑. 단음 1회
을. 단음 2회
병. 단음 3회
정. 장음 1회

118 해상교통안전법상 삼색등에서의 삼색으로 옳은 것은?

갑. 붉은색, 녹색, 황색
을. 황색, 흰색, 녹색
병. 붉은색, 녹색, 흰색
정. 황색, 흰색, 붉은색

108 병 109 정 110 정 111 을 112 병 113 을 114 병 115 을 116 정 117 병 118 병

119 해상교통안전법상 수면비행선박은 항행 중인 동력선이 표시해야 할 등화와 함께 어떤 등화를 추가로 표시해야 하는가?

갑. 황색 예선등
을. 황색 섬광등
병. 홍색 섬광등
정. 흰색 전주등

○해설
해상교통안전법 제88조(항행 중인 동력선)
수면비행선박이 비행하는 경우에는 항행 중인 동력선의 등화에 덧붙여 사방을 비출 수 있는 고광도 홍색섬광등 1개를 표시해야 한다.

120 해상교통안전법상 선박의 법정형상물에 포함되지 않는 것은?

갑. 둥근꼴
을. 원뿔꼴
병. 마름모꼴
정. 정사각형

Answer 119 병 120 정

4 해양환경관리법

01 다음 중 해양환경관리법의 목적으로 틀린 것은?
갑. 해양오염물질을 발생시키는 발생원을 관리
을. 기름 및 유해액체물질의 배출을 규제함
병. 해양의 개발·이용
정. 해양오염을 예방·개선함

02 다음 중 해양환경관리법의 적용대상이 아닌 물질은?
갑. 석유사업법에서 정하는 기름
을. 액화천연가스
병. 해저준설토사
정. 유성혼합물

03 다음 중 해양오염물질이 발생될 수 있는 원인이 다른 것은?
갑. 충 돌   을. 침 몰
병. 오수의 배출   정. 좌 초

04 해양오염물질로 볼 수 없는 것은?
갑. 석유와 석유제품
을. 영양물질(질산염, 인산염 등)
병. 폐열(온배수)
정. 적조현상의 발생

05 해양환경관리법상 해양환경에 해당되는 것으로 잘못된 것은?
갑. 해양의 자연 및 생활실태
을. 해양에 서식하는 생물체
병. 해양에 서식하는 생물체를 둘러싸고 있는 해양대기
정. 해양생물체를 둘러싸고 있는 비생물적 환경은 제외된다.

06 해양환경관리법상 '기름'의 정의는?
갑. 선박의 밑바닥에 고인 유성혼합물
을. 석유 및 석유대체연료사업법에서 정하는 원유 및 석유제품과 이를 함유하고 있는 액상 유성혼합물 및 폐유
병. 해양에 배출되었을 경우 해양환경을 저해하는 물질
정. 해양환경에 해로운 결과를 미치거나 미칠 우려가 있는 액체물질

🔹 해설
갑 : 선저폐수, 병 : 폐기물, 정 : 유해액체물질을 의미한다.

07 해양오염방지 국제협약에서 기름에 포함되지 않는 항목은?
갑. 원 유   을. 중 유
병. 석유가스   정. 유성혼합물

08 해양환경관리법에서 규정한 '선저폐수의 정의'에 해당되는 것은?
갑. 선박에서 생긴 폐유
을. 선박의 밑바닥에 고인 유성혼합물
병. 선박 내에서 생긴 생활용수의 찌꺼기
정. 선박 내의 밸러스트 찌꺼기

09 다음 중 해양환경관리법상 해양폐기물이 아닌 것은?
갑. 해저준설토사   을. 음식찌꺼기
병. 폐 빌지   정. 종이제품

10 다음 중 해양시설에 속하지 않는 것은?
갑. 해저광구에 설치된 구조물
을. 물건의 공급, 보관에 제공되는 구조물
병. 사람의 수용시설을 갖춘 연면적 80m^2의 구조물
정. 해양기상관측에 필요한 구조물

🔹 해설
연면적 100m^2 이상의 해상관광시설, 주거시설(호텔·콘도), 음식점이어야 해양시설에 속한다.

11 해양환경관리법상 폐기물인 것은?
갑. 폐 유   을. 유해액체물질
병. 포장유해물질   정. 수산물가공 잔재물

12 해양환경관리법이 적용되지 않는 수역은?
갑. 공 해   을. 내 수
을. 영 해   정. 해저광구

🔹 해설
해양환경관리법이 적용되는 수역(해역)은 ㉠ 대한민국의 영해, ㉡ 접속수역, ㉢ 배타적 경제수역, ㉣ 내수 및 환경관리해역, ㉤ 해저광구에서의 해양환경관리에 관하여 적용한다.

13 다음 중 해양환경관리법의 적용을 받지 않는 선박은?
갑. 해수욕장에서 운항중인 모터보트
을. 입항중인 외국적 크루즈요트
병. 인천 외항에서 작업중인 모래채취선
정. 한강에서 유람중인 모터보트

14 해양오염방지 설비가 아닌 것은?
갑. 유수분리장치   을. 공기조화장치
병. 오수처리장치   정. 원유세정장치

Answer 01 병 02 을 03 병 04 정 05 정 06 을 07 병 08 을 09 병 10 병 11 정 12 갑 13 정 14 을

15 폐유저장용기를 비치하여야 하는 선박의 크기는?

갑. 모든 선박
을. 2톤 이상
병. 3톤 이상
정. 5톤 이상

16 분뇨오염방지설비를 설치하여야 하는 선박으로 맞지 않는 것은?

갑. 최대승선인원 11명 이상인 선박
을. 총톤수 400톤 이상의 선박
병. 최대승선인원 16명 이상인 어선
정. 승선인원 16명 이상인 군함

17 모터보트 안에서 발생하는 유성혼합물 및 폐유의 처리방법으로 잘못된 것은?

갑. 운항하면서 조금씩 바다에 버린다.
을. 보트 내에 보관 후 처리한다.
병. 폐유처리시설에 위탁·처리한다.
정. 해역관리청에서 설치·운영하는 저장·처리시설에 위탁한다.

18 해양환경관리법상 분뇨마쇄소독장치를 설치한 선박에서 분뇨를 배출할 수 있는 해역은?

갑. 해양환경관리법 제15조에 의한 환경보전해역
을. 해양환경관리법 제15조에 의한 특별관리해역
병. 항만법 제2조에 의한 항만구역
정. 영해기선으로부터 3해리 이상의 해역

19 선박에서 발생하는 일상적인 폐기물(플라스틱류를 제외)을 특별한 조치없이 항해 중에 버릴 수 있는 수역은 영해기선으로부터 얼마 이상 떨어진 곳이어야 하는가?

갑. 5해리
을. 12해리
병. 25해리
정. 30해리 이상

🔹해설
선박(길이 12m 이상의 모든 선박)에서 발생하는 폐기물 중 플라스틱류(합성로프, 합성어망, 플라스틱제 쓰레기봉지, 플라스틱 제품의 소각재)를 제외한 폐기물은 폐기물의 종류에 따라 최소한 3해리 이상, 12해리 이상, 25해리 이상의 해역에 각각 배출하여야 한다.
• 25해리 이상 : 화물보호재료(짐깔개·라이닝), 포장재료로서 부유성이 있는 것, 부유성 화물 잔류물(목재·석탄·곡물)
• 12해리 이상 : 음식찌꺼기 및 모든 쓰레기(종이제품, 넝마, 유리, 금속, 병, 도자기 및 그 밖의 유사한 폐기물을 포함하여 부유성이 없는 것), 가라앉는 화물 잔류물, 화물창을 청소한 세정수(일반 세제)
• 3해리 이상 : 분쇄기 또는 연마기를 통한 음식찌꺼기 및 모든 쓰레기(이 경우 25mm 이하의 개구를 통과하여야 함)
• 국제협약에 정한 바에 따름 : 해수침수, 부패, 부식 등으로 사용할 수 없게 된 화물
• 어로해역 : 어업활동 중 혼획된 어류(폐사된 것 포함)

20 영해기선 3해리 밖에서는 선박에서 발생한 분뇨를 일정한 장치를 통해 항해중에 배출할 수 있다. 다음 중 분뇨배출이 가능한 항해 속력(대수속력)은?

갑. 4노트 이상
을. 5노트 이상
병. 10노트 이상
정. 12노트 이상

21 해양환경관리법상 일정한 요건하에 선박으로부터의 폐기물 등을 배출할 수 있다. 이 경우 음식찌꺼기 및 부유성 없는 모든 쓰레기는 영해기선으로부터 (   ) 이상 떨어진 곳에서 배출하여야 한다. (   ) 안에 알맞은 것은?

갑. 3해리
을. 12해리
병. 25해리
정. 50해리

22 항해중인 선박으로부터 기름을 배출하는 경우 배출액 중 유분 농도 허용치는?

갑. 10ppm 이하
을. 15ppm 이하
병. 20ppm 이하
정. 25ppm 이하

🔹해설
유분성분이 15ppm 이하가 되도록 처리하여 배출해야 한다.

23 선박에서 기름을 배출하는 경우의 설명으로 틀린 것은?

갑. 기름오염방지설비의 작동중에 배출할 것
을. 선박의 항해중에 배출할 것
병. 배출액 중의 기름 성분이 0.0015% 이하일 것
정. 해저광물의 채취과정에서 발생하는 물의 경우에는 기름 성분이 0.005% 이하일 것

🔹해설
해저광물의 탐사·채취과정에서 발생하는 물의 경우에는 기름 성분이 0.004% 이하이어야 한다.

24 다음 중 기름기록부를 비치하지 않아도 되는 선박은?

갑. 총톤수 500톤 미만의 선박
을. 선박검사증서상 최대승선인원이 15명 이상인 선박
병. 선저폐수가 생기지 아니하는 선박
정. 경하배수톤수 500톤 미만의 경찰용 선박

25 항해 및 정박중 선박 안에서의 소각금지 대상물질이 아닌 것은?

갑. 육상으로부터 이송된 폐기물
을. 폴리염화비닐
병. 납 중금속이 50ppm 포함된 쓰레기
정. 포장유해물질의 잔류물

Answer 15 정 16 갑 17 갑 18 정 19 병 20 갑 21 을 22 을 23 정 24 병 25 병

🔍 **해설**
납·카드뮴·수은·육가크롬 중 어느 하나 이상의 중금속이 0.01 무게%(100ppm) 이상 포함된 쓰레기여야 소각할 수 없다.

26 선박에서 발생하는 물질 중 선박의 주기관이나 보일러에서 소각할 수 있는 것은?

갑. 유성찌꺼기
을. 플라스틱제 쓰레기봉투
병. 폴리염화비닐
정. 포장유해물질의 잔류물

🔍 **해설**
'병'은 선박의 소각설비에서 소각할 수 있고, '을·정'은 선박 안에서는 소각할 수 없는 물질이다.

27 다음 중 폐기물을 소각할 때 폐기물기록부에 작성하여야 하는 사항이 아닌 것은?

갑. 소각량(단위는 피트톤으로 한다)
을. 작업책임자의 서명
병. 소각의 시작 및 종료 일시
정. 선박의 위치

28 다음 중 해양시설오염물질기록부의 보존기간으로 맞는 것은?

갑. 최초기재를 한 날부터 1년
을. 최초기재를 한 날부터 2년
병. 최종기재를 한 날부터 3년
정. 최종기재를 한 날부터 5년

29 다음 중 해양시설로부터의 오염물질 배출을 신고하려는 자가 신고시 신고하여야 할 사항이 아닌 것은?

갑. 해당 해양시설의 관리자 이름, 주소 및 전화번호
을. 사고선박 또는 시설의 명칭, 종류 및 규모
병. 배출된 오염물질의 종류, 추정량
정. 해양오염사고의 발생일시, 장소 및 원인

30 선박이 입항시 오염물질은 어떻게 처리하는가?

갑. 선내 보관 후 해양환경관리업자에게 의뢰하여 처리한다.
을. 해안으로부터 12해리 이상 떨어진 해상에서 배출한다.
병. 입항하면서 조금씩 버린다.
정. 안보이는 곳에 버린다.

31 다음 중 해양오염방지관리인이 승무해야 하는 선박이 아닌 것은?

갑. 총톤수 400톤 이상인 선박
을. 총톤수 150톤 이상인 유조선
병. 부선 등 선박의 구조상 대기오염물질을 발생하지 아니하는 선박은 제외한다.
정. 부선 등 선박의 구조상 오염물질을 발생하지 아니하는 선박도 포함한다.

32 해양환경관리법상 선박에서 해양오염방지관리인이 될 수 있는 자는?

갑. 통신장
을. 기관장
병. 통신사
정. 선장

33 다음 중 해양환경관리법상 해양환경관리업의 종류에 해당하는 것은?

갑. 소각시설업
을. 유창청소업
병. 폐기물해양배출업
정. 폐기물해양수거업

34 해양시설로부터의 오염물질 배출을 신고하려는 자가 신고해야 하는 사항이 아닌 것은?

갑. 해면상태 및 기상상태
을. 사고선박 또는 시설의 명칭, 종류 및 규모
병. 해양시설의 관리자의 이름, 주소 및 전화번호
정. 배출된 오염물질의 확산상황과 응급조치상황

🔍 **해설**
갑, 을, 정 외에 해양오염사고의 발생일시·장소 및 원인이 있다.

35 해양환경관리법상 선박 또는 해양시설에서 고의로 기름을 배출할 때의 벌칙은?

갑. 5년 이하의 징역 또는 5천만원 이하의 벌금에 처한다.
을. 3년 이하의 징역 또는 3천만원 이하의 벌금에 처한다.
병. 2년 이하의 징역 또는 2천만원 이하의 벌금에 처한다.
정. 1년 이하의 징역 또는 1천만원 이하의 벌금에 처한다.

36 해양환경관리법상 대기오염물질로 옳지 않은 것은?

갑. 오존층파괴물질
을. 휘발성 유기화합물
병. 온실가스 중 이산화탄소
정. 기후·생태계 변화유발물질

| 26 갑 | 27 갑 | 28 병 | 29 갑 | 30 갑 | 31 정 | 32 을 | 33 을 | 34 병 | 35 갑 | 36 정 |

37 해양환경관리법상 선박의 소유자가 해당 선박에서 발생하는 물질을 폐기물처리업자로 하여금 수거·처리하게 할 수 있는 경우에 해당하지 않는 것은?

갑. 조선소에서 건조 완료 후 어선법에 따라 등록하기 전에 시운전하는 선박
을. 총톤수 30톤 미만의 소형선박
병. 조선소에서 건조 중인 선박
정. 해체 중인 선박

◎ 해설
해양환경관리법 제37조(선박 및 해양시설에서의 오염물질의 수거·처리)
총톤수 20톤 미만의 소형선박의 경우 폐기물처리업자로 하여금 수거·처리하게 할 수 있다.

38 해양환경관리법에서 말하는 '해양오염'에 대한 정의로 옳은 것은?

갑. 오염물질 등이 유출·투기되거나 누출·용출되는 상태
을. 해양에 유입되어 생물체에 농축되는 경우 장기간 지속적으로 급성·만성의 독성 또는 발암성을 야기할 수 있는 상태
병. 해양에 유입되거나 해양에서 발생되는 물질 또는 에너지로 인하여 해양환경에 해로운 결과를 미치거나 미칠 우려가 있는 상태
정. 해양생물 등의 남획 및 그 서식지 파괴, 해양질서의 교란 등으로 해양생태계의 본래적 기능에 중대한 손상을 주는 상태

39 해양환경관리법 적용 범위로 옳지 않은 것은?

갑. 한강 수역에서 발생한 기름 유출 사고
을. 우리나라 영해 및 내수 안에서 해양시설로부터 발생한 기름 유출 사고
병. 대한민국 영토에 접속하는 해역 안에서 선박으로부터 발생한 기름 유출 사고
정. 해저광물자원 개발법에서 지정한 해역에서 해저광구의 개발과 관련하여 발생한 기름 유출 사고

40 해양환경관리법상 모터보트 안에서 발생하는 유성혼합물 및 폐유의 처리방법으로 옳지 않은 것은?

갑. 폐유처리시설에 위탁 처리한다.
을. 보트 내에 보관 후 처리한다.
병. 4노트 이상의 속력으로 항해하면서 천천히 배출한다.
정. 항만관리청에서 설치·운영하는 저장·처리시설에 위탁한다.

37 을 38 병 39 갑 40 병

조종면허시험 수상레저안전 요점정리

수상레저안전

1 수상레저활동시 안전상식

1 조종자의 자세
① 출항 전 선박(모터보트)과 장비는 철저히 점검한다.(기출)
 *고무보트의 운항 전 점검사항 : ㉠ 공기압 점검 ㉡ 엔진부착 정도 확인 ㉢ 연료점검
 *모터보트의 운항 전 점검사항 : ㉠ 연료의 적재량 확인 및 누유여부 점검 ㉡ 배터리 점검 ㉢ 엔진오일과 드라이브 유니트 오일을 점검 ㉣ 각 계기판이 정상인지 확인 ㉤ 연료탱크의 환기구가 열려 있는지 확인 ㉥ 비상정지스위치가 Run에 있는지 확인 ㉦ 리모콘레버가 원활히 작동되는지 확인 ㉧ 선저, 프로펠러 이상 유무 확인 ㉨ 변환과 스로틀의 작동 및 조절상태 점검
 *모터보트의 안전비품 : ㉠ 소화기 ㉡ 구명조끼 ㉢ 신호탄
② 제한된 응급수리 능력을 보유한다.
③ 사고에 대비한 구급법 및 사고대처 요령을 습득한다.
④ 기상 판단 능력과 기상도 해독 능력을 갖춘다.
⑤ 예정된 운항구역의 수상상태의 정보를 확보한다.
⑥ 수상레저안전 관련법규를 숙지한다.
⑦ 운항계획을 면밀히 수립한다.(기출)
⑧ 출항하기 전 가족 및 관계기관에 운항계획을 알린다.(기출)
⑨ 운항시 운항규칙에 따른다.(기출)
⑩ 수상환경오염방지에 각별히 유의한다.
⑪ 조난신호 및 구조요청을 접했을 때는 구조활동은 물론이고 관계기관에 신속히 알린다.
⑫ 동승자에 대해서는 조종자가 책임을 진다.(기출)
⑬ 원거리 운항시 연료의 잔량과 운행거리를 반드시 확인한다.(기출)
⑭ 운항일지를 기록한다.(기출)

2 수상안전상식
① 승선자에게 안전지도를 한다.
② 승선정원을 초과하거나 과적을 하지 않는다.(기출)
③ 기상특보사항이나 기상상태에 따라 운항을 중지하거나 무리한 운항은 하지 않는다.(기출)
④ 승선자는 반드시 호각이 부착된 구명조끼를 착용하고 수상레저활동의 형태, 레저기구의 종류 및 기상 등을 고려한 적절한 인명안전장비를 갖춘다(긴급시 즉시 사용할 장소에).(기출)
⑤ 약물복용 등의 상태나 술에 취한 상태에서 조종은 절대 금한다.(기출)
⑥ 선박(모터보트)의 전후 좌우 균형유지 및 이동을 삼가한다.
⑦ 운항수역을 파악하고 위험수역은 피한다.(기출)
⑧ 수상레저활동 금지구역에서의 운항은 피한다.

⑨ 운항시 안전거리 유지 및 안전한 속력을 유지한다(과속금지).(기출)
⑩ 부이, 부표, 드럼통 등 부유물은 피하여 운항한다.
⑪ 잠수부가 작업중인 구역이나 어로중인 선박이 있는 경우 멀리 피하여 운항하거나 충분한 거리를 유지하여 우회 항행한다(부득이한 경우 최적의 안전속력).(기출)
⑫ 전방·좌우 철저한 경계를 한다.(기출)
⑬ 충돌위험시 음향신호·수신호 등은 규정된 방법으로 알리고 우현쪽으로 피한다.
⑭ 좁은 수로에서는 오른쪽 끝쪽을 따라 운항한다.
⑮ 상대방의 진로를 방해하거나 함부로 횡단하지 않는다.(기출) 부득이 횡단할 경우라도 유지선의 선수 전방의 횡단은 금한다.
⑯ 다른 선박(모터보트)과 같은 방향으로 운항할 때는 2m 이상을 유지하여 운항한다.
⑰ 항내를 출·입항시에는 다른 선박에 위험을 미치지 아니할 정도의 안전속력으로 운항한다.(기출)
⑱ 항로 안에서는 정박을 금한다.
⑲ 오물을 수역에 버려서는 안 된다.(기출)

2 수상환경(조석, 조류, 해류)

1 해양 일반용어
- **대륙붕** : 해변에 붙어 있는 수심 약 200m까지의 지형으로 경사가 완만한 5~7° 기울기로 1km에 약 2m 가량 깊어지는 정도이다.
- **대륙사면** : 대륙붕과 심해저평원 사이에 있는 해저지형으로 대륙붕보다 경사가 급하다. 지역마다 경사의 차이가 있으나 평균 약 5° 정도이고 급한 곳은 25°에 이른다.
- **대륙대** : 해구와 연결되지 않은 대륙사면에서 이어지는 경사가 완만해지는 해저지형. 기울기는 평균 $\frac{1}{3}$°이고 1km에 약 3m 정도 낮아진다.
- **파랑** : 해면상에서 발생하는 해면의 파동현상
- **파랑주기** : 한 파정에서 다음 파정을 지나는데 걸리는 시간
- **파고** : 파정과 파곡 사이의 수직거리
- **파장** : 연이은 두 파정 또는 두 파곡 간 수평거리

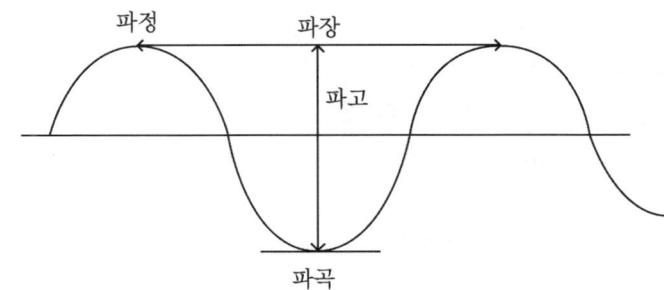

- **풍랑** : 바람에 의한 것으로 파랑 중에서 가장 많이 발생함
- **너울** : 파도 중에서 바람에 의해 직접적으로 일어난 파도가 아닌 풍랑이 발생역인 저기압이나 태풍의 중심부근을 벗어나 잔잔한 해면이나 해안에 온 경우 또는 바람이 갑자기 그친 후의 남은 파도 등이 이에 해당. 일반적으로 그 장소와는 다른 방향을 가짐

- **삼각파** : 다른 방향의 파도가 모여 부딪히면 꼭대기가 높고 뾰족한 물결이 생겨나는 것을 말함. 삼각파 안에서는 선박의 조종이 어려워 매우 위험하다.(기출)
- **조파** : 풍랑이나 너울이 해조류의 방향과 반대 방향에서 진행될 때 형성되는 물결. 선두(뱃머리)에서 일어나는 파도를 선수파, 선미에서 일어나는 파도를 선미파, 선측을 따라가며 일어나는 파도를 횡파, 배에서 멀어져가는 파도를 종파라고 함
- **진파** : 해저의 지진이나 화산폭발에 의해 발생하며, 해안에 접근하면 급격히 파고를 증대시킴
  ✓ 해상에서 파도를 일으키는 가장 큰 원인은 '바람'이다.(기출)

2 조석·조류

① **조석** : 달과 태양의 인력(기조력)에 의해 해수면이 주기적으로 상하로 운동(승강운동, 수직운동)하는 현상(기출)
② **조석주기** : ㉠ 고조에서 다음의 고조까지는 평균 약 12시간 25분(해수면이 약 6시간 동안 점차 높아지고 잠시 중단하였다가 다시 약 6시간 동안 낮아짐)(기출)
  ㉡ 조석은 하루 2회 일어난다고 볼 수 있으나(기출), 매일 대략 50분씩 늦어짐
③ **조류** : 조석에 의하여 일어나는 해수면의 방향의 흐름(수평운동)(기출) 조류의 유속은 '달'의 모양에 따라 예측이 가능하다.(기출)
  ㉠ **창조류** : 밀물 때 유속이 가장 강한 방향으로 흐르는 조류
  ㉡ **낙조류** : 썰물 때 유속이 가장 강한 방향으로 흐르는 조류
④ **고조·저조** : 해면의 상하운동에 의해 일시적으로 가장 높아진 상태가 고조(high water), 가장 낮아진 상태를 저조(low tide)라 함
⑤ **조차** : 연이어 일어난 고조와 저조 때의 해면 높이의 차
⑥ **밀물(창조)·썰물(낙조)** : 해면의 상하운동에 의해 점차 높아지고 있을 때의 조석을 밀물, 낮아지고 있는 때의 조석을 썰물이라 함(기출)
⑦ **사리(대조)** : 달과 태양의 인력이 같은 방향에서 작용할 때, 즉 삭(신월)이나 망(만월)인 때에 특히 간만의 차가 심하다. 이 때의 조석을 대조 또는 삭망조라 함(기출)
⑧ **조금(소조)** : 삭에서 망에 이르는 중간인 상현과 망에서 삭에 이르는 중간인 하현 때는 달과 태양의 인력이 지구에 대하여 직각 방향에서 작용하기 때문에 간만의 차가 가장 작다. 이 때의 조석을 조금 또는 소조라 함
⑨ **월조간격** : 고조간격 + 저조간격. 월조간격이 생기는 원인은 해수의 점성, 탄성, 해저와의 마찰 등임
⑩ **고조간격** : 달이 어느 지점의 자오선을 통과한 때로부터 그 지점이 고조가 되기까지 걸리는 시간
⑪ **저조간격** : 달이 어느 지점의 자오선을 통과한 때로부터 그 지점이 저조가 되기까지 걸리는 시간
⑫ **평균 고조간격** : 오랫동안의 고조간격을 평균한 것으로 조석표와 해도에 기재되어 있음. 평균 고조간격은 어느 지점의 대략적인 고조시를 구할 때 필요(월령×50÷60＋평균고조간격 = 오후의 고조시)
⑬ **월령** : 합삭으로부터 경과한 시간을 1일 단위로 나타낸 수

3 해 류

바닷물이 일정 방향으로 흐르는 반영구적인 물의 흐름(수평운동).(기출) 해수의 성질(수온, 염분 등)에 따라 난류와 한류로 구분

① **표층류** : 해수(바닷물)의 수평적 이동. 공기와 해수 사이의 마찰에 의해 주로 발생
② **취송류** : 지속적으로 부는 바람에 의해 발생
③ **밀도류** : 수온 및 염분의 함수로 결정되는 밀도가 지역적·수심별 차이가 있을 때 일어나는 이동(기출)
④ **경사류** : 기압의 차이, 강물의 유입에 의해 발생
⑤ **국부적 순환** : 표층 해수의 이동에 따라 그 주변의 해수가 상·하 이동같이 부분적으로 일어나는 현상
  ✓ 조류와 해류의 다른 점 : 수평운동은 공통점이나 조류는 조석에 의해 일어나지만 해류는 공기와 해수의 마찰, 수온·염분 등 해수의 성질에 의해 일어난다. 따라서 조류는 연안에서 주로 나타나고, 해류는 연안 밖에서 나타난다.(기출)

4 해양 바위

① **노출암(돌출암)** : 조석에 의한 만조나 간조에 관계 없이 항시 노출되어 있는 바위. 따라서 이 곳에 등표를 설치하기도 한다.(기출)
② **간출암** : 저조시에는 수면 위에 나타났다가 고조시에는 수중에 잠겨 있는 바위(기출)
③ **세암** : 바위의 정상부가 수면 가까이에 있어 해수에 씻기는 바위(기출)
④ **암암** : 바위의 정상부가 저조시에도 수면상에 노출되지 않은 바위, 수심이 1m 내외의 바위여서 선박 운항시 매우 위험하다.(기출)

5 우리나라 해도에서 수심의 기준

① **해도의 수심** : 기본수준면(약최저저조면)을 기준
② **물표의 높이** : 평균수면을 기준
③ **조고와 간출암** : 기본수준면을 기준
④ **해안선** : 약최고고조면을 기준(기출)

6 해도상 수심 표시법

① 21m 미만(20.9m까지) ➡ 0.1m 단위로 표시
② 21m 이상~31m 미만 ➡ 0.5m 단위로 표시
③ 31m 이상 ➡ 정수로 표시
  예) 79.9, 20.9, 20.2, 21.5, 30.5, 31, 32

7 등심선

해저의 기복상태를 알기 위해 같은 수심인 곳을 연결한 선이다(통상 2m, 5m, 10m, 20m, 200m의 선이 그려짐).
① 2m 등심선 : ─ ─ ─ ─
② 5m 등심선 : ─────
③ 10m 등심선 : ─·─·─·─·─
④ 20m 등심선 : ─··─··─··─

8 조류 화살표 : 조류의 방향과 대조기의 최강 유속을 표시한다.

① 낙조류 : ⟶
② 창조류 : ⟶
③ 해조류 : ⟫⟶

3 기상학 기초

1 대 기

(1) 대기의 정의
① 지구 중력에 의해 지구를 둘러싸고 있는 기체를 대기라 한다.
② 지구와 거의 같은 속도로 서에서 동으로 회전하며, 이 대기의 층을 대기권이라 한다.

(2) 대기의 성분
① 질소 78%, 산소 21%, 아르곤 0.9%, 이산화탄소 0.03%, 수소, 네온, 헬륨 등으로 구성되어 있다.
② 기상에 영향을 미치는 성분 : 수증기, 탄산가스, 산소, 오존 등이며, 그 중 수증기는 기상현상에 가장 큰 영향을 미침(기출)

(3) 대기의 순환의 원인(기출)
기압과 기온이 서로 다르므로 순환이 일어난다(예 고기압과 저기압의 빈번한 변화).
① 위도에 따른 열의 흡수가 다르기 때문
  • 저위도 : 열대역에서처럼 태양으로부터 받는 열량보다 잃는 열량이 적음
  • 고위도 : 태양으로부터 받는 열량보다 잃는 열량이 많음
② 지구의 자전이 대기에 영향을 미치므로
③ 바다와 육지의 불규칙한 분포로 인해(계절풍)
④ 지표면의 요철로 인해(산곡풍, 휀풍, 치내리는 바람)

(4) 기상변화의 원인
물은 흙보다 비열이 크므로 온도의 변화가 느리면서 작고, 반대로 육지는 빠르게 변화하면서 크다. 따라서 바다와 육지에 머무는 공기는 성질을 달리하므로 기상의 변화가 일어난다.

(5) 대기권의 분류
① 대류권 : 지상으로부터 6~12km까지 지구표면을 둘러싸고 있는 대기층이다. 12km까지는 평균 100m마다 0.65℃의 기온이 내려가며, 안개, 구름, 강수, 뇌우 등의 기상변화가 일어난다.
② 권계면 : 대류권과 성층권의 경계면으로 편서풍이 불고 제트기류가 존재한다.
③ 성층권 : 대류권의 끝에서 위로 약 50km 높이까지의 대기층이다. 성층권의 하부는 기온이 높이에 관계 없이 일정하다가 상부 약 20~30km 지점에 자외선을 흡수하여 높이에 따라 기온이 증가하는 오존층이 있다.(기출) 대기가 안정되어 있고 수증기가 거의 없어 기상변화도 거의 없다.
④ 중간권 : 고도 50~80km 사이에 있는 대기층으로 대류권과 마찬가지로 올라갈수록 온도는 낮아지지만 공기가 희박하기 때문에 기상현상이 생기지 않는다.
⑤ 열권 : 성층권의 상부로(지표면에서 약 80km~1,000km 사이) 고도가 높아질수록 기온이 상승하는 대기층이다. 오로라가 나타나며 전리층이 있다.

2 기상요소

기상요소는 기온, 기압, 습도, 바람, 구름, 안개, 강수, 뇌우 등을 말함(기출)

(1) 기 온
① 일반적으로 기온이라 할 경우 : 지상 1.5m 높이의 공기온도
② 해상의 기온 : 해면상 약 10m 높이의 공기온도
③ 일교차 : 하루 중의 최고기온과 최저기온의 차
④ 섭씨온도와 화씨온도의 관계식 : ℃ = 5/9(℉ - 32), ℉ = 9/5℃ + 32(기출)
⑤ 기온경도 : 두 지점 간의 기온의 차이를 수평거리로 나눈 것
⑥ 기온의 역전층 : 기온은 고도가 높을수록 낮아지는 것이 원칙인데, 반대로 고도가 높아짐에 따라 기온이 높아지는 것을 역전층이라 한다. 그 원인은 밤 사이 지표면이 식어서 지표면과 접하고 있는 공기의 온도가 내려가 위의 공기보다 더 차게 된다. 가을에서 봄 사이에 많이 나타남
⑦ 체감온도 : 같은 기온 속에서 바람과 습도에 따라 몸으로 느끼는 더위와 추위가 다르게 나타나는 것을 말함. 바람의 세기와 습도, 일사(日射) 등 기상요인이 중합되어 작용함으로써 결정된다.
⑧ 불쾌지수 : 여름에 바람·습도에 따라 현재의 기온보다 더 덥게 또는 더 시원하게 느끼는 정도를 말함
  * 불쾌지수 = 0.72(건구온도 + 습구온도) + 40.6

(2) 기 압
① 기압
  ㉠ 단위 면적($1cm^2$)에 어떤 높이의 공기가 아래로(사방으로) 누르는 힘을 말한다.
  ㉡ 기압은 하루 중 9시와 21시경에 최고가 나타나고, 4시와 16시경에 최저가 나타난다.(기출)
② 기압의 단위 : 헥토파스칼(1기압 = 1,013hPa), 밀리바(mb)
③ 표준기압 : 평균 해면에서의 1,013헥토파스칼(1기압)을 말함. 즉 기준조건하에서 수은주의 높이 760mm에 해당하는 기압이다(1기압 = 760mmHg).(기출)
④ 등압선 : 기압이 같은 곳을 연결한 선(기출)
⑤ 선박에서는 주로 아네로이드 기압계가 사용된다.(기출)
  ✔ 천기도상에 기입되는 기압의 변화량은 이전 3시간 동안의 변화량이다.(기출)

(3) 습 도
수증기가 공기중에 얼마나 포함되어 있는가를 나타낸다.(기출)
① 증발 : 물 분자가 수증기로 변하는 현상
② 포화상태 : 물 분자가 수증기로 변하여 공기 속에 들어갈 수 없는 상태(습도 100%를 일컬음)
③ 응결 : 수증기가 물 분자로 변하는 현상. 포화상태에 이른 공기가 더욱 냉각되면 공기는 더 이상 수증기를 포함할 수 없게 되어 여분의 수증기는 응결하여 물방울이 된다.
④ 노점온도 : 수증기를 함유한 공기를 냉각시킬 때 포화상태에 달하는 온도
⑤ 수증기압 : 수증기의 양은 무게를 가지므로, 수증기가 누르는 압력
⑥ 절대습도 : 단위 용적($1m^3$)의 대기 중에 섞여 있는 수증기의 양을 g으로 나타낸 것
⑦ 상대습도 : 현재 공기가 수증기량과 공기가 최대로 포함할 수 있는 수증기량(포화수증기량)의 비를 %로 나타낸 것

(4) 바 람
일반적으로 기압이 높은 곳에서 기압이 낮은 곳으로 흐르는 대기의 수평운동을 바람이라고 한다.(기출) 반면, 수직방향으로 움직이는 바람을 기류라고 한다.

① 풍향 : 바람이 불어오는 방향으로, 정시관측시각 전 1분의 평균적인 방향(방향은 북과 남을 먼저 사용)(기출)
- 지상풍 – 16방위로 표시(기출)
- 해상풍 – 32방위로 표시
  - ☑ 풍향이 N – NE – E – SE이면 순전이라 한다.(기출)

② 풍속 : 정시관측시각 전 10분간의 풍속을 평균하여 구함 단위는 1초에 간 거리를 m(m/s)로 나타낸다(예 풍속 5m = 1초에 바람이 5m 불어감). 그 외에 km/h 등이 사용되기도 한다.
  - ☑ 기상도에서 풍속은, 고요함 – 1 – 2 – 5 – 7 – 10 – 25 – 27m/s로 표시한다.

③ 돌풍 : 갑자기 강한 바람이 부는 현상을 말함

> **참고**
>
> 〈돌풍이 일어나는 경우〉(기출)
> - 북서 계절풍이 강할 때
> - 저기압이 급속히 발달할 때
> - 태풍의 접근시 한랭전선이 통과할 때
> - 고지대의 찬 기운이 해안지방으로 급하강할 때
> - 뇌우의 하강의 기류역에서 지표면의 불균일한 강한 가열이 있을 때

④ 지표면의 풍계 : 편서풍, 남동무역풍, 적도무풍대, 북동무역풍

⑤ 상층의 풍계 : 반대무역풍, 편서풍

⑥ 국지풍 : 해륙풍, 산곡풍, 휀풍, 치내리는 바람

⑦ 바람의 종류
  ㉠ 탁월풍 : 지구 전체 규모의 대기순환으로 나타나는 바람을 말함.
  ㉡ 계절풍 : 바다와 육지의 분포에 의하여 1주년을 주기로 반년마다 풍향을 바꾸는 바람을 말한다(육지는 바다에 비해 여름에는 빨리 더워지고 겨울에는 바다에 비하여 빨리 차가워진다. 따라서 여름에는 육지에 저기압이 발생하고 바다는 고기압이 발생한다. 겨울은 이와 반대이다).(기출)
  ㉢ 편서풍 : 아열대 고기압에서 고위도 저압대로 부는 따뜻하고 습윤한 바람
  ㉣ 무역풍 : 아열대 고압대에서 적도 저압대로 부는 건조한 바람. 북반구에서는 북동무역풍, 남반구에서는 남동무역풍이라고 함
  ㉤ 해륙풍 : 해안지방에서 낮에는 바다에서 육지로, 밤에는 육지에서 바다로 바람이 부는 것처럼 육지와 바다 사이에 밤과 낮의 풍향이 바뀌는 것을 말한다.
  ㉥ 태풍 : 열대 해역에서 해면 수온이 27℃ 이상이 되면 수증기 발생이 왕성해져 발생한다.

⑧ 풍력계급 : 바람의 강도를 표시하는 계급. 계급번호가 클수록 풍속이 강하다. 보퍼트가 만든 풍력계급을 1964년 개정했으며, 0부터 12까지 13개의 풍력계급이 있다.(기출)

〈풍력계급표〉

0	고요	0.0~0.2m/s	7	센바람	13.9~17.1m/s
1	실바람	0.3~1.5m/s	8	큰바람	17.2~20.7m/s
2	남실바람	1.6~3.3m/s	9	큰센바람	20.8~24.4m/s
3	산들바람	3.4~5.4m/s	10	노대바람	24.5~28.4m/s
4	건들바람	5.5~7.9m/s	11	왕바람	28.5~32.6m/s
5	흔들바람	8.0~10.7m/s	12	싹쓸바람	32.7m/s 이상
6	된바람	10.8~13.8m/s	비고	폭풍주의보 : 풍력계급 7 폭풍경보 : 풍력계급 9	

(5) 구 름

① 대기 중의 수증기가 응결 또는 승화하여 작은 물방울, 얼음 알갱이가 되어 상공에 떠 있는 것을 말한다.

② 구름의 발생원인 : 상공의 공기온도가 낮아져 수증기가 포화상태에 이르면 작은 물방울이 맺혀서 그 수가 많아져 구름이 된다.

③ 운량의 표시 : 0 ~ 10까지 나타냄(11계급)(기출)
  - ☑ 2 이하 맑음, 3~5 구름 조금, 6~7 구름 많음, 8 이상 흐림

④ 국제적 10종 운형(높이에 따라)
  ㉠ 상층운(권운·권적운·권층운)
  ㉡ 중층운(고적운·고층운)
  ㉢ 하층운(층적운·층운·난층운)
  ㉣ 수직운(적운·적란운)
  - ☑ ㉠ 햇무리와 달무리를 빈번히 동반하는 구름은 권층운, ㉡ 반면 웅대한 진한 구름으로서 돌풍이나 우박, 뇌우 등을 동반하는 구름은 적란운, ㉢ 비를 내리게 하는 구름으로는 적란운·층운·난층운·고층운, ㉣ 저기압이 접근하여 올 때 가장 먼저 나타나는 구름은 상층운이다.(기출)

(6) 안 개

① 대기 중의 수증기가 포화상태에 이르면 수증기의 응결이 일어나 작은 물방울이 맺히는데, 그 수가 증가하여 지표면에 접해 있는 상태이다.

② 안개의 발생조건
  ㉠ 공기 중에 수증기가 많이 함유되어야 한다(바람이 아주 약해야 함).
  ㉡ 공기의 온도가 노점온도 이하로 내려가야 한다.
  ㉢ 공기중에 응결을 도와주는 흡습성의 응결핵이 많아야 한다(응결핵이 없으면 안개가 형성되지 않음).
  ㉣ 외부로부터 많은 수증기가 공급되어야 한다(이 경우 노점온도 이하로 온도가 내려가지 않아도 안개가 형성됨).

③ 안개의 소산조건
  ㉠ 지표면이 따뜻하면 소산된다.
  ㉡ 지표면에 바람이 강하면 소산된다.
  ㉢ 상공에서 공기가 내려오면 기온이 올라가서 소산된다.
  ㉣ 따뜻한 공기가 외부로부터 들어오면 소산된다.

④ 안개의 종류
  ㉠ 복사무 : 냉각된 지표면(맑고 바람이 약한 야간에 지표면이 복사냉각에 의해 냉각)에 접한 공기가 냉각되어 노점 온도가 되면 생기는 안개(육상안개)
  ㉡ 이류무 : 따뜻하고 습기가 많은 공기가 지표면 또는 해면과 접촉하여 찬공기와 혼합되어 냉각되어서 생기는 안개(이같은 이류무가 80% 정도 차지). 바다에서 일어나는 안개바람이 풍속 2~4m 정도로 불 때 잘 발생하는데, 이같은 이류무 중에서 바다에서 일어나는 안개를 해무(해상안개)라고 함(기출)
  ㉢ 전선무 : 전선상의 전선을 따라 나타나는 안개를 말함. 따뜻한 공기에서 생긴 구름이 비를 뿌릴 때 따뜻한 빗방울이 찬 공기속을 떨어지는 동안 빗방울이 증발한 수증기가 포화상태에 이르러 안개가 형성됨
  - ☑ 전선 : 찬 공기덩어리와 따뜻한 공기덩어리가 충돌할 때 그 충돌하는 경계선을 말함
  ㉣ 증발무 : 수증기를 많이 포함한 따뜻한 공기가 주위의 차가운 공기와 혼합되어 포화에 도달할 때 형성된 안개

ⓜ 박무 : 수평 방향으로 시정이 1km 이상 되는 안개(소위 약한 안개)

ⓑ 연무 : 가는 먼지의 모임으로, 공기가 탁하고 우유색을 띄며 박무보다 낮은 습도인 것이 특징. 도시에서 많이 관측된다.

(7) 강 수

수증기가 응결 또는 승화하여 비나 눈으로 지표면에 떨어지는 것을 강수라 하며, 종류에 따라 비, 눈, 우박으로 분류한다.

(8) 뇌 우

① 천둥·번개가 나타나면서 비가 오는 현상을 말한다. 뇌우 현상은 그 밖에도 강풍 또는 돌풍과 우박, 폭우를 동반하기도 하는데, 뇌우의 활동시간은 2시간 내가 가장 많다.

　✓ 기상이 나빠질 것(황천)을 미리 알 수 있는 방법으로는 ㉠ 기온이 낮아질 때 ㉡ 기압이 내려갈 때 ㉢ 급히 소나기가 때때로 올 때이다.(기출)

② 뇌우의 위험예방 : 그날의 기상정보와 기상상태를 보아 무조건 피하는 것이 좋다. 강풍으로 인한 선박의 침몰, 낙뢰의 위험 때문이다. 혹시 예측하지 못한 뇌우를 만났다면 돛을 단 배라면 즉시 돛을 내리고, 뾰족한 쇠끝에서 멀리하며, 가급적 낮은 자세로 비를 피하는 것이 좋다.

3 대기의 운동

(1) 기 단

① 수평 방향으로 기온·기압·습도가 거의 비슷한 거대한 공기덩어리

② 발생원인 : 기단은 해양과 대륙과 같이 넓은 면적을 가진 곳에 머물고 있는 공기가 표면의 성질의 영향을 받아서 큰 고기압을 형성한 것

③ 기단의 크기 : 보통 직경이 1,000km~10,000km, 두께는 3~10km 가량

④ 기단의 발생조건

㉠ 넓은 범위에 걸쳐서 지표면(또는 해수면)의 성질이나 상태가 균일해야 한다.

㉡ 공기덩어리가 상당히 장시간 같은 지표면(해수면)상에 정체하고 넓은 범위에 걸쳐 바람이 약해야 한다(바람이 비교적 약한 고위도 및 저위도에 위치한 대륙과 해양).

　✓ 일사(日射)의 흡수·복사·반사·증발 등의 차이가 심한 해륙이 불규칙하게 배열된 지역은 기단의 발생조건으로 부적합하다.

⑤ 우리나라에 영향을 주는 기단(기출)

㉠ 시베리아 기단 : 겨울철 날씨를 지배하는 대표적인 대륙성 한대기단으로 한랭 건조하다(북서계절풍).(기출)

㉡ 오호츠크해 기단 : 초여름 북태평양 기단과 정체전선을 형성하여 장마를 오게 하는 해양성 한대기단으로 한랭 다습하다(장마).

㉢ 북태평양 기단 : 여름철 날씨를 지배하는 해양성 열대기단으로 고온 다습하다(소나기·뇌우).(기출)

㉣ 양쯔강 기단 : 봄과 가을에 영향을 주는 대륙성 열대기단으로 온난 건조하다.

㉤ 적도기단 : 적도 부근에서 발생한 해양성 적도기단으로 여름철에 발달하며, 극히 고온 다습한 성질을 나타내고 초여름부터 우리나라에 영향을 준다(태풍이 따라옴).(기출)

(2) 전 선

① 성질(기온·기압·습도 등)이 다른 2종류의 공기덩어리(기단)가 마주칠 때 그 마주치는 경계선을 말한다.(기출)

　✓ 불연속선 : 성질이 다른 기단이 마주치는 경계면을 불연속면, 그 불연속면이 지면과 만나는 선을 불연속선이라 한다.

② 특징 : 전선에는 기온·습도·기압경도·바람·구름·강수 등 모든 기상요소가 불연속적으로 변화하여 일기변화에 가장 큰 역할을 한다.

③ 온난전선

㉠ 따뜻한 공기의 이동속도가 찬 공기의 이동속도보다 빨라서 따뜻한 공기가 찬공기 위를 타고 오를 때 나타나는 전선(기출)

㉡ 일반적인 특징

• 전선면의 경사는 1/150~1/200 정도

• 전선의 전방에는 강한 남동풍이 불고, 통과 후에는 남~남서풍으로 변하면서 바람이 약함.

• 전선이 통과하면서 기온과 노점온도가 어느 정도 올라가고 습도가 높아진다.

• 전선의 전방 300km 정도의 지역으로부터 연속적인 비가 시작되고, 난기의 성질과 상태에 따라 소나기성의 비와 천둥·번개가 일어날 때가 있다.

• 전선의 전방에는 가끔 안개가 발생한다(전선무).

• 전선이 통과한 후에는 기온이 상승하고 구름도 적어지면서 날씨가 좋아진다.

㉢ 온난전선 접근의 징조 : 징조는 며칠 전부터 나타난다. 전선 앞쪽 1,000km 정도의 지점에 높은 구름이 퍼져 나오며, 전선이 접근함에 따라 점차 두께가 증가되고 높이는 낮아져 중간층의 구름으로 변하고 가까워질수록 낮은 구름으로 변한다.

④ 한랭전선

㉠ 찬 공기의 이동속도가 따뜻한 공기의 이동속도보다 빨라서 찬 공기가 강제로 밑으로 파고들어 따뜻한 공기를 밀어올리면서 형성되는 전선

㉡ 특 징

• 느린속도의 한랭전선 : 비활동적인 온난전선과 비슷하여 지상의 바람은 약하고 강수의 구역은 후방 200km 정도까지 넓게 확산됨

• 빠른속도의 한랭전선 : ⅰ) 전선을 경계로 하여 기압 변화의 차가 크고, 풍향·풍속, 기온, 습도 등의 기상요소가 급변하여 돌풍을 많이 동반한다.(기출) ⅱ) 구름은 보통 뭉게구름 형이 나타나고 소나기성 비가 오거나 때로는 천둥·번개가 동반될 때가 많고 강한 돌풍이 나타난다. ⅲ) 전선을 경계로 따뜻한 구역에서는 남서풍이 불다가 전선이 통과하면 찬 구역에서 북서풍이 불어 풍향·풍속이 급변하여 해상에는 삼각파가 일어나며, 파도의 방향도 혼란하게 되어 조난의 위험이 크다.(기출) ⅳ) 전선면의 경사는 1/100~ 1/150로 온난전선의 경사보다 크다.

⑤ 폐색전선

㉠ 찬 공기와 따뜻한 공기가 서에서 동으로 이동하고 있다면 그 사이 2개의 전선이 존재하게 되는데, 동쪽에 있는 것이 온난전선, 서쪽에 있는 것이 한랭전선이다. 한랭전선의 진행속도가 온난전선보다 빨라서 두 전선이

겹치게 될 때 나타나는 전선이 폐색전선이다.
ⓒ 특 징
- 찬 공기에 의하여 따뜻한 공기가 강제로 상승하므로 초기에는 구름과 강수 및 폭풍의 범위가 넓다.
- 폐색전선이 접근할 때의 구름은 온난전선과 비슷하여 높은 구름에서 점차 낮은 구름으로 변한다.
- 폐색이 진행되면 저기압은 급속히 쇠약된다.

⑥ 정체전선
㉠ 두 기단의 세력이 비슷하여 전선이 거의 이동하지 않고 머물고 있는 전선이다.
㉡ 우리나라에서의 장마전선은 정체전선으로 오호츠크해 기단과 북태평양 기단 사이에서 발생한다.(기출)
㉢ 특 징
- 날씨상태는 온난전선과 비슷하다.
- 한랭전선 혹은 온난전선으로 급하게 변하여 움직일 때가 많다.
- 저기압 발생의 온상이 된다.
- 정체전선과 함께 천천히 움직이는 전선의 상층부에는 파동이 일어나기 쉽다. 이 같은 부분에서는 지상 등압선은 전선에 평행하게 된다.

> **참고**
> 〈천기도상 전선의 표시 방식〉
> ㉠ 한랭전선 : 청색
> ㉡ 온난전선 : 적색
> ㉢ 폐색전선 : 자색
> ㉣ 정체전선 : 적-청-적-청의 순으로 표시

(3) 고기압
① **정의** : 주변의 기압보다 높은 상태의 기압으로서, 북반구에서의 바람은 시계바늘 방향으로 기압이 낮은 곳으로 불며(기출), 상공에서 지면으로 하강기류가 나타나 좋은 날씨를 보인다. 지상부근에서는 바람이 등압선과 25°~30° 정도의 각도를 가지며 분다.
② **고기압의 크기** : 보통 직경 1,000km보다 크다(태풍 또는 저기압보다는 대체로 큼).
③ **고기압의 중심** : 기압이 제일 높은 곳이며, 중심위치가 한 점으로 나타나지 않는다(H로 표시).(기출)
④ **고기압의 발달** : 지표면에서 흘러나가는 발산기류를 보충하기 위하여 상공에서 내려오는 하강기류의 양이 더 많으면 고기압이 발달되고 중심기압 수치가 높아진다.
⑤ **고기압의 쇠약** : 기류는 기압이 높은 곳에서 낮은 곳으로 기압경도의 방향으로 흘러나간다. 운동할 때는 전향력과 기타 힘에 의하여, 북반구에서는 시계바늘 회전방향으로 불어나가는데, 이 경우 흘러나가면 나간 만큼 고기압의 중심압력이 낮아져 기압수치가 내려가는 것을 말한다.
✓ **기압경도** : 등압선의 직각방향의 단위거리에 대한 기압의 변화율을 말한다. 위도 1°의 거리(111km)를 단위거리로 한다.

(4) 저기압
① 정 의
㉠ 주변보다 기압이 낮은 상태로 북반구에서는 바람이 기압의 중심방향을 향해 반시계방향으로 불며(기출) 상승기류가 나타나 구름과 비를 내리게 하는 악천후의 원인이 된다.(기출)

㉡ 특히 원형 또는 타원형의 몇 개의 등압선으로 둘러쌓여 중심으로 갈수록 기압이 낮다.
㉢ 저기압은 찬기단과 난기단의 경계인 전선상에 발생하고 온난전선과 한랭전선, 때로는 폐색전선을 동반한다.
② **특징** : 고기압은 중심부근의 기압경도가 완만하지만, 저기압은 중심부근으로 갈수록 기압경도가 커진다. 그러므로 중심에 가까울수록 바람이 강하다(L로 표시).(기출)
③ **발생원인** : 찬기단과 난기단이 전선을 경계로 하고 있을 때 차고 더운 양 기단의 이동속도 차이로 전선의 파동이 일어나는데, 이 파동은 좋은 조건이 주어지면 점차 발달하여 저기압을 형성하게 된다.
④ **이동 경로와 속도** : ㉠ 주위의 기압배치, ㉡ 기온 분포, ㉢ 대기의 환류, ㉣ 상층대기의 상태에 의해 결정됨.
⑤ **우리나라 부근의 저기압** : 대륙과 우리나라의 동쪽 및 대만의 북동 해상에서 주로 발생한다.
⑥ **저기압 발달의 일반원칙**(기출)
㉠ 대륙에서 발생하여 대륙을 통과하는 동안에는 크게 발달하지 않음
㉡ 해상으로 나오면 보통 발달하고 상륙하면 쇠약함
㉢ 따뜻한 해면상으로 이동하면 발달하고 찬 해면상으로 이동하면 쇠약함
㉣ 저기압의 진행 전면에 기압의 하강이 크면 클수록 발달하고 기압의 하강구역이 넓을 때도 발달함
㉤ 주위의 고기압이 발달하면 상대적으로 저기압도 발달
㉥ 상층의 기압골이 발달하면 상대적으로 저기압도 발달하고 상층의 높은 곳까지 남풍계의 바람이 불면 발달함
⑦ **저기압 이동의 일반원칙**(기출)
㉠ 등압선이 원형에 가까운 저기압은 기압의 하강이 가장 큰 방향쪽으로 진행
㉡ 등압선이 타원형의 저기압은 장축의 방향과 기압의 하강이 가장 큰 방향 사이에서 장축에 가까운 방향으로 진행
㉢ 강우구역이 길게 뻗친 방향으로 진행
㉣ 난역의 등압선에 평행한 방향으로 진행
㉤ 폐색 후에는 기온이 가장 높은 부분의 등압선의 방향으로 진행
㉥ 이동속도는 난역의 풍속에 거의 비례하고 진로를 바꿀 때는 속도가 늦어짐
㉦ 등압선의 만곡(활모양의 굽음)도가 적을수록 빠름
㉧ 전방의 기압의 하강이 클수록 또 후방의 기압의 상승이 클수록 이동이 빠름
㉨ 저기압은 전선대를 타면 속도가 현저히 빨라짐
㉩ 고기압을 만나면 이 고기압의 주위를 돌아서 진행함

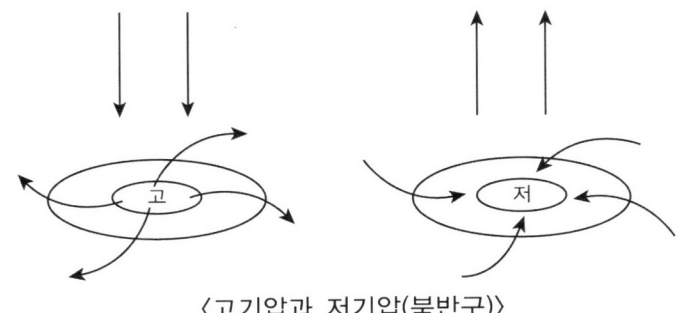

〈고기압과 저기압(북반구)〉

4 태 풍

(1) 태풍의 정의
① 열대 해상(북태평양 서부 5~20°N)에서 발생하는 중심 최대 풍속이 17m/s 이상의 폭풍우를 동반하는 열대 저기압이다.(기출)
② 최대풍속이 33m/s(64노트) 이상의 것은 강력한 태풍이라 하여 앞의 태풍과 구별하고 있다.(기출)

(2) 태풍의 발생
① 열대 저기압은 열대 해역에서 ㉠ 해수면의 온도가 보통 26℃ 이상이어야 하고, ㉡ 공기의 소용돌이가 있어야 하므로 적도 부근에서는 발생하지 않는다(남북 위도 5° 이상에서 발생).
② 또한 공기가 따뜻하고 공기 중에 수증기가 많고 공기가 매우 불안정해야 한다.
③ 한국과 극동지방에 영향을 주는 태풍은→북위 5~20°, 동경 110~180° 해역에서 연중 발생하며, 주로 7~8월에 많이 발생한다.(기출)

(3) 태풍의 일생
태풍은 발생해서 소멸될 때까지 약 1주일에서 1개월 정도의 수명을 가지며, 보통 발생기(형성기)·성장(발달)기·최성기·쇠약기의 4단계로 구분할 수 있다.
① 발생기 : 저위도 지방에 약한 저기압선 순환으로 발생하여 태풍강도에 달할 때까지의 기간으로, 회오리가 시작된다.
② 성장기 : 태풍이 된 후 한층 더 발달하여 중심기압이 최저가 되어 가장 강해질 때까지의 기간이다. 원형의 등압선을 가지며, 중심기압이 하강하며 영향을 미치는 구역은 비교적 좁다. 따라서 미성숙기라고도 한다. 이 시기에는 진행방향과 속도가 극히 안정적이다.
③ 최성기 : 등압선은 점차 주위로 넓어지고 폭풍을 동반하는 반지름은 최대가 되며, 바람이 특히 강하다(중심에서 400km 이내의 날씨는 거의 원대칭).
④ 쇠약기 : 온대 저기압으로 탈바꿈하거나 소멸되는 기간으로 비가 많이 내린다. 태풍은 보통 약 40km/h 속도로 북동쪽으로 진행한다.
  ✔ 태풍이나 저기압이 육상에 상륙하면 수증기의 공급이 해상보다 적어 급격히 쇠약해진다.(기출)

(4) 태풍의 진로와 전향점(기출)
① 전방에 저기압이 있는 쪽으로 접근한다.
② 등압선의 장축 방향으로 접근하는 경향이 있다.
③ 기압 하강이 가장 심한 지역으로 진행하는 경향이 있다.
④ 전향점에서는 속도가 느려지고, 전향 후에는 속도가 빨라진다.
⑤ 우리나라에 접근하는 태풍
  ㉠ 정상 진로는 20~25°N 지점에서 북서방향으로 진행을 하다가 북동으로 진로를 바꾼다.
  ㉡ 이상 진로시는 계속 북서로 향한다.

(5) 태풍의 특징(기출)
① 열대해역에서 발생한다.
② 반지름이 300~400km 정도이다.
③ 태풍의 눈을 가지고 있다.
④ 등압선은 거의 원형이며, 중심으로 갈수록 밀집되어 기압 경도가 커진다.
⑤ 전선은 동반하지 않는다.
⑥ 북반구에서 태풍 진행방향의 오른쪽 반원은 위험반원이라 하며, 왼쪽 반원은 가항반원이라 한다.
  ✔ 태풍의 눈은 열대저기압의 중심부에 나타나는 맑게 개인 무풍지대를 말함. 눈의 지름은 30~50km 정도로 하강기류를 보인다. 주위에는 적란운이 있어 태풍의 눈이 통과한 지역에는 반대방향으로부터 맹렬한 폭풍우가 불어닥치는 것이 특징. 태풍의 눈 주변에 최대풍속을 보인다.(기출)

(6) 태풍의 접근 징조(기출)
① 너울 : 보통 때와 다른 파장, 주기 및 방향의 너울이 관측된다(태풍중심에서 1,500km 이상 떨어진 해안에는 2~3일 전부터 너울이 관측됨).
② 기압 : 수백 km 지역에 접근하면 기압의 일 변화가 없어지고 기압이 하강한다(1일에 3헥토파스칼 하강, 그 지역의 평균보다 5헥토파스칼 이상 낮게 나타남).
③ 바람 : 무역풍이나 해륙풍이 규칙적인 곳에서 불지 않고 풍향의 변화가 있다.
④ 구름 : 태풍이 접근하면 상층운의 이동이 빠르고 구름이 점차로 낮아진다.
⑤ 해명(바다울림)이 나타난다.

(7) 열대저기압의 발생 지역에 따른 이름
① 태풍(Typhoon) : 우리나라, 일본, 중국 등의 북동아시아 지역(기출)
② 허리케인(Hurricane) : 미국 남동부, 북대서양 카리브해, 서인도제도, 멕시코
③ 사이클론(Cyclone) : 북인도양, 뱅골만, 아라비아해
④ 윌리윌리(Willy Willy) : 호주, 뉴질랜드, 피지, 사모아 제도

(8) 태풍의 중심과 선박의 위치 관계
① 풍향이 북동→동→남동→남으로 순전(시계방향)하면 본선은 태풍 진로의 우측 위험반원에 위치하고 있다.
② 풍향이 북동→북→북서→서로 반전(반시계방향)하면 본선은 태풍 진로의 좌측 가항반원에 위치하고 있다.
③ 풍향이 변하지 않고 폭풍우가 강해지고 기압이 점점 내려가면 본선은 태풍의 진로상에 위치하고 있다.
  ✔ 태풍권 내에서 가장 위험한 곳은 우측 반원의 전반부이다.(기출)

5 일기도

(1) 일기의 관측 방법
① 지상관측소
② 기상위성
③ 라디오존데
④ 기상레이다

(2) 일기도의 작성(기출)
① 지상과 대기 상층에서 관측한 각종 기상요소를 통합하여 나타낸 지도이다.
② 관측은 6시간마다 하루 4번 작성한다.
③ 일반적으로 3시, 9시, 15시, 21시에 관측한 자료이다.
  ✔ 일기도에 나타내는 저기압은 대부분 온대저기압이다.

(3) 기상도에 표시되는 기상 기호(기출)

(4) 우리나라 기압배치
① 동고 서저형 : 봄, 가을이 대표적임
② 남고 북저형 : 7, 8월이 대표적임(기출)
③ 서고 동저형 : 겨울이 대표적임
④ 북고 남저형 : 환절기가 대표적임

6 일기예보, 주의보 및 경보

(1) 일기예보
① 초단기예보 : 6시간 이내의 일기예보
② 단기예보 : 24시간 또는 48시간 내의 일기예보(기출)
③ 중기예보 : 10일 이내의 일기예보
④ 장기예보 : 11일 이상의 일기예보(기출)
⑤ 주간예보
⑥ 기타 1개월 예보, 계절 예보, 6개월 예보, 공항예보 등이 있다.
⑦ 동네예보 : 전국을 4,400여개의 그물망(예보구역 3,584개)으로 나눠 3시간 간격으로 향후 48시간까지 그래픽, 시계열(시간대별 그래프), 문·숫자, 격자점 형태로 된 세부 기상정보를 읍·면·동까지 상세하게 알려주는 기상정보. 기온, 습도, 바람, 구름량, 강수확률, 강수량, 적설량, 강수상태(비, 눈, 진눈깨비), 파도높이 등 12개 기상정보를 확인할 수 있다(2008.10.30. 5시부터 시행).

(2) 기상특보의 종류(기출)
강풍, 풍랑, 호우, 대설, 건조, 폭풍해일, 지진해일, 한파 폭염, 태풍, 황사

(3) 태풍주의보 및 경보
① 주의보 : 태풍으로 인하여 강풍, 풍랑, 호우 현상 등이 주의보 기준에 도달할 것으로 예상될 때
② 경보 : 태풍으로 인하여 풍속이 17m/s 이상, 또는 강우량이 100mm 이상 예상될 때

(4) 호우주의보 및 경보
① 주의보 : 12시간 강우량이 80mm 이상 예상시
② 경보 : 12시간 강우량이 150mm 이상 예상시

(5) 폭풍해일 주의보 및 경보
① 주의보 : 천문조, 태풍, 폭풍, 저기압 등의 복합적인 영향으로 해수면이 상승하여 발효기준값(해안지대의 침수) 이상이 예상될 때. 다만 발효기준값은 지역별로 별도 지정
② 경보 : 천문조, 태풍, 폭풍, 저기압 등의 복합적인 영향으로 해수면이 상승하여 발효기준값(해안지대의 상당한 침수) 이상이 예상될 때. 다만 발효기준값은 지역별로 별도지정

(6) 풍랑주의보 및 경보
① 주의보 : 해상에서 풍속 14m/s 이상이 3시간 이상 지속되거나 유의파고가 3m를 초과할 것으로 예상될 때(기출)
② 경보 : 해상에서 풍속 21m/s 이상이 3시간 이상 지속되거나 유의파고가 5m를 초과할 것으로 예상될 때(기출)

(7) 파랑주의보 및 경보(기상법상의 기상특보가 아님.)
① 주의보 : 폭풍 현상 없이 해상의 파고가 3m 이상 예상될 때
② 경보 : 폭풍 현상 없이 해상의 파고가 6m 이상 예상될 때

4 구급법(생존술, 응급처치, 심폐소생술)

1 생존술

(1) 체온유지의 중요성과 응급처치
① 체온손실이 많은 부위 : 머리, 목, 가슴, 사타구니, 특히 머리부분의 열손실은 전신의 48% 정도로 손실률이 가장 높다.
② 저체온의 위험성 : 정상체온(36°~37℃)에서 32℃ 이하로 떨어지면 의식을 잃게 되고, 30℃ 이하로 떨어지면 생명을 잃게 된다.(기출)
   ✔ 체온 저하는 심장에서 먼 부위부터 체온이 떨어진다.
③ 저체온시 응급처치요령(기출)
   ㉠ 체온저하를 지연시키기 위해 적당한 의복을 착용시킨다.(기출)
   ㉡ 젖은 의복은 제거하고 따뜻한 물에 적신 수건을 가슴부위를 감싸준다.
   ㉢ 따뜻한 장소로 옮기거나 추운 곳에 노출되지 않도록 하며, 몸을 담요나 슬리핑 백으로 감싸준다(특히 머리와 목을 따뜻하게 해주는 것이 중요).

② 증상이 심한 경우 실온의 산소를 투여하고 심폐소생술을 시행할 준비를 한다.
⑩ 급히 의료기관으로 이송한다.

(2) 선박의 조난시 생존을 위한 체온유지 방법(기출)
① 가능하면 퇴선시 옷을 많이 입는다.
② 반드시 라이프자켓(구명조끼)을 착용한다.
③ 수중에 있는 시간을 가급적 줄인다(공기중에서보다 물속에서 체온손실이 많음).
④ 체온유지를 위해 수영이나 불필요한 동작은 하지 말아야 한다.

(3) 수중 조난시 생존을 위한 체온유지 방법(기출)
① 체온유지를 위해 옷을 벗어서는 안 된다.
② 수중 조난시 혼자일 경우에는 양손을 가슴 위로 교차하여 팔과 손을 밀착시키고 다리를 웅크려 사타구니 부위의 열손실을 막는다.
③ 수중 조난시 여러 명일 경우에는 서로 몸을 밀착시켜 감싸 안는다(어린이가 있을 경우에는 중앙에 위치시킴).

(4) 해상 조난시의 생존술
① 조난신호(기출)
   ㉠ 즉시 구조를 바란다는 것을 표시하는 것으로 무선전화 채널 16을 사용하여 호출
   ㉡ 무선전화의 음성신호 '메이데이(MAY DAY)' 3회를 반복 송출
② 긴급신호 : 충돌, 생존자 수색, 긴급환자 발생 및 기관고장으로 표류중이거나 자력으로 항해 불능일 때 음성신호 '팡팡(PAN PAN)' 3회 반복 송출
③ 신호용구 사용 : 조난시 선박에서 위치표시를 위한 신호용구를 사용한다(로켓신호, 낙하산신호, 발연부신호, 자기점화등).
④ 퇴선시(퇴선신호 : 단음 7회+장음 1회) 구명조끼 착용 및 체온유지를 위해 가능한 옷을 많이 입는다.
⑤ 퇴선시 조난 위치표시를 위한 용구를 준비한다.
⑥ 퇴선시 식량 및 식수를 준비한다.
⑦ 퇴선시 간단한 의약품을 준비한다.
⑧ 각종 사다리 및 안전 네트를 이용하여 가능한 한 물에 젖지 않은 상태에서 구명정을 탑승한다.
⑨ 물에 뛰어 내릴 때는 뛰어내릴 지점의 안전상태, 구명정의 위치 등을 고려한 후 선박이 표류하는 반대 방향으로 뛰어 내린다.
⑩ 물에 뛰어내린 후 안전한 거리까지 신속하게 이동, 구명정 등의 부유물에 탑승하여 신체를 보온한다.
⑪ 해묘 등을 투하하여 표류를 감소시키며 조난위치 근처에 머문다.
⑫ 표류하고 있는 구명정, 또는 부유물 등을 연결하여 쉽게 발견되도록 한다.
⑬ 위치표시를 위해 적절한 신호(낙하산신호, 발연부신호, 자기점화등)를 사용한다.
⑭ 해수는 먹지 말아야 한다.
   ✓ 해수를 먹으면 나타나는 현상 : ㉠ 구토 및 설사 ㉡ 심한 갈증 ㉢ 많이 마시면 정신착란증이 온다.(기출)
⑮ 섬이나 육지가 보이더라도 자신의 수영가능 거리인가를 확인해야 한다.
   ✓ 수영을 할 줄 아는 정상적인 성인의 경우 수온 0℃에서 수영 가능거리는 약 1해리 정도이다.

> 참고
> 〈해난사고시 우선순위(㉠～㉣ 순)〉
> ㉠ 방호 : 신체가 해수나 바람에 노출되어 체온이 저하 또는 신체기능이 마비되지 않도록 최대한 주의해야 한다.
> ㉡ 위치표시 : 국제신호기 NC의 게양, 낙하산신호, 발연부신호 등
> ㉢ 식수 : 표류중 하루에 마시는 물의 양은 500cc, 그러나 필요에 따라 160cc까지 줄일 수 있다(구명정에는 1인당 3리터, 구명뗏목은 1.5리터의 식수가 준비되어 있음).
> ㉣ 식량 : 1인당 하루 500cal 정도 필요

2 응급처치

(1) 응급처치의 목적
① 환자의 생명을 구하고 유지시킴
② 손상이 더욱 악화되는 것을 방지
③ 부작용의 최소화 및 동통감 경감
④ 회복을 도움

(2) 환자처치시 우선 순위(기출)
대출혈 환자 → 호흡정지 환자 → 중독 및 쇼크 환자의 순

(3) 환자의 후송요령(기출)
① 환자의 움직임을 최소화한다.
② 후송 전 필요한 응급처치를 한다.
③ 운반도구는 가능한 가까이에 위치시켜 후송거리를 짧게 한다.

> 참고
> 신체 절단부위의 후송방법 : 사지나 사지의 일부(손가락, 발가락)의 절단환자 발생시는 재접합을 위하여 ㉠ 거즈나 솜으로 싸서 ㉡ 생리식염수를 붓고 ㉢ 비닐주머니에 잘 싼 다음 ㉣ 얼음이 들어있는 용기에 담아 ㉤ 환자와 같이 신속히 후송한다.(기출)

(4) 환자상태의 관찰
① 호흡상태 확인
   ㉠ 숨소리 확인
   ㉡ 가슴 상하 움직임 확인
   ㉢ 코밑에 손을 대어 보거나 환자의 입김을 뺨으로 느껴본다.
   ㉣ 호흡곤란을 느끼는 경우 : 환자를 편안한 자세로 뉘이고 인공호흡 실시, 의료기관에 구조를 요청(기출)
   ㉤ 호흡이 정지된 경우 : 기도 확보 및 인공호흡 실시, 의료기관에 구조를 요청
   ㉥ 호흡이 정지된 후 뇌가 영구적인 손상을 입는데 걸리는 시간은 약 5~6분이다.(기출)
② 의식 유무 확인
   ㉠ 양 어깨를 가볍게 위 아래로 두드리며 말을 건넨다.
   ㉡ 의식이 없으면 심장박동 및 맥박 확인, 출혈 유무 확인, 체온 및 얼굴색·피부색 관찰, 골절 유무 확인
   ㉢ 의식이 없으나 호흡과 맥박이 있는 경우, 구토시 흡인방지를 위해 얼굴이 측면을 향하도록 옆으로 눕힌다.(기출)
③ 출혈 유무 확인
   ㉠ 동맥 출혈(선홍색·분출형), 정맥 출혈(암적색·유출형), 모세혈관 출혈로 구분한다.(기출)
   ㉡ 출혈이 심하면 안색·피부색이 창백해지고 피부는 차갑고 건조하다. 혈압도 낮다.
   ㉢ 출혈이 심할 경우 지혈법을 실시

ⓔ 1L의 출혈은 생명이 위독, 약 1.5L의 출혈은 생명을 잃게 됨(보통 성인 4~5L 혈액을 보유)
  ✓ 외상에 의한 출혈시 응급조치
    • 출혈 부위를 심장보다 높게 한다.
    • 지혈제를 바른 뒤 탈지면으로 직접압박법의 지혈을 한다.(기출)

> **참고**
> 〈지혈방법〉
> ① 직접압박법(기출)
>   • 상처 부위에 응급처치용 압박붕대와 거즈 또는 깨끗한 천을 놓고 손가락이나 손바닥으로 누르는 방법
>   • 심한 출혈일 때 5~10분간 직접 압박을 가하면 대개는 지혈이 된다.
>   • 가장 손쉽고 안전하며 효과적이다.
> ② 간접압박법(동맥압박)
>   • 직접 압박으로 지혈을 조절할 수 없을 때 동맥을 찾아 압박하는 방법이다.(기출)
>   • 출혈 부위는 대개 여러 개의 동맥으로부터 혈액을 공급받으므로 일시적인 효과 밖에 없으므로 단독으로 사용하기는 부적절하다.
> ③ 지혈대 사용(기출)
>   • 팔이나 다리에 심한 출혈이 있을 때 사용
>   • 팔이나 다리의 절단시 다른 지혈법으로 출혈을 막기 곤란할 때 사용
>   • 최소 5cm 이상되는 폭의 삼각건이나 손수건을 출혈 부위보다 심장방향으로 약 3cm 되는 곳에 2번 이상 감은 뒤 한번 묶은 매듭 위에 나무막대나 볼펜 등을 넣고 다시 매듭을 묶는다.
>   • 나무막대를 돌리면서 출혈이 멈출 때까지 지혈대를 조인다.
>   • 지혈대를 맨 시간을 적어 달아주고 병원으로 후송

④ 맥박(심장박동) 확인
  ㉠ 목의 측면을 지나는 경동맥 확인이 용이함. 손목 부위 맥박도 가능
  ㉡ 맥박 : 평균 1분에 60~80회가 정상, 성인이 1분에 50회 이하로 느리거나 100회 이상으로 빨라지면 좋지 않은 상태
  ㉢ 맥박(심장박동)이 약해지면 흉부 압박을 분당 80~100회를 되풀이 한다.
  ㉣ 심장박동이 정지되거나 맥박이 뛰지 않으면 즉시 심폐소생술을 실시

⑤ 골절 유무 확인
  ㉠ 골절시는 붓고 피부색이 변하며 통증이 수반된다.
  ㉡ 단순 골절인 경우에는 통증을 줄이고 복합골절이 되지 않도록 가능한 움직이지 않도록 부목으로 고정한다.(기출)
  ㉢ 개방성 골절인 경우에는 통증을 줄이고 균에 감염되지 않도록 주의한다.
  ㉣ 탈골된 관절을 함부로 끼워 맞춰서는 안 된다.
  ㉤ 골절 부위 주변에 얼음주머니를 대어준다.
  ㉥ 손상된 관절로 인해 외부 출혈이 있을 시에는 우선 지혈시켜야 한다.(기출)
  ㉦ 환자이송시 골절 부위가 고정된 상태를 유지해야 하고 척추손상이 의심되면 몸을 고정시킨 뒤 가능한 빨리 병원으로 이송한다.

⑥ 상처 유무 확인
  ㉠ 절창 : 칼이나 유리조각 등 날카로운 물체에 의해 베어진 상처(출혈이 심함)
  ㉡ 자상 : 살이 찔리거나 뚫고 지나간 상처로 입구는 작지만 내부 손상이 깊다.
  ㉢ 찰과상 : 피부나 점막이 심하게 마찰되거나 긁힌 상처(출혈은 심하지 않으나 세균에 의한 감염이 쉬움)
  ㉣ 열상 : 둔한 물체에 맞거나, 압박되거나 모서리에 부딪혀서 생긴 상처(출혈은 적으나 조직 손상과 세균감염, 염증이 잘 생김)
  ㉤ 타박상 : 둔한 가격 등으로 피부 및 모세혈관 파열로 혈액이 약간 유출된다.

> **참고**
> • 드레싱의 목적 : ① 분비물 제거 ② 상처보호와 감염방지
> • 외상에 의한 출혈시 응급조치 : ① 탈지면으로 지혈 ② 출혈부위를 심장보다 높게 한다. ③ 지혈제를 바른다.

⑦ 다발성 손상 유무 확인
  ㉠ 신체의 여러 부위에 골절·상처·화상 등 여러 손상을 입은 경우에는 대부분 위급한 상태이다.
  ㉡ 이 경우에는 기도유지와 많은 출혈시 지혈이 가장 시급하다.(기출)
  ㉢ 의식이 있는지를 확인하고 호흡과 맥박을 확인한 후 위급시에는 심폐소생술을 실시해야 하고, 그렇지 않은 경우라면 그 손상 부위의 응급처치가 필요하다.
  ㉣ 가능한 빨리 의료기관으로 후송하는 것이 중요하다.

⑧ 얼굴색, 피부색, 체온의 확인
  ㉠ 질환이 의심되는 피부색은 적색·흰색·푸른색이다.
  ㉡ 혈색이 나쁘지 않고 맥박이 정상에 가까우며, 피부가 따뜻할 경우에는 위독한 상태가 아니다.
  ㉢ 정상적인 체온이 아닌, 낮거나 너무 높으면(40° 이상) 응급조치가 필요하다.
  ㉣ 출혈이 심할 경우에는 안색, 피부색이 창백해지고, 피부는 차갑고 건조하다. 또 심장기능의 저하로 혈압은 낮아지고, 심하여 혈액순환이 부진하게 되면 쇼크에 빠지게 된다.

3 각종 증상의 응급처치

(1) 쇼크(Shock)
  ① 정의 : 급성 순환장애에 의하여 조직 혈류가 감소하여 조직세포의 정상기능 및 대사가 이루어지 못하는 상태, 즉 순간적인 혈액순환의 장애로 인하여 몸의 전 기능이 부진되고 허탈한 상태가 된다.(기출)
  ② 증상
    ㉠ 초기에는 불안하고 피부는 차고 끈적끈적하며 구역질이 난다.
    ㉡ 심하면 식은땀을 흘리고 얼굴이 창백해지며 맥박이 빨라진다.
    ㉢ 더욱 심하면 저혈압, 동공산대, 의식불명이 올 수 있다.
  ③ 응급처치(기출)
    ㉠ 기도·호흡·혈액순환을 살펴본다.
    ㉡ 의식이 없으면 이완된 혀로 인하여 기도가 폐쇄될 염려가 있으므로 기도를 확보시켜 준다.(기출)
    ㉢ 상의와 허리띠를 느슨하게 하고 편안한 자세를 갖도록 해준다.
    ㉣ 정상체온을 유지시키기 위하여 보온을 한다.
    ㉤ 혈액순환을 위해 머리를 낮추고 다리를 심장보다 높게 한다.

ⓑ 출혈시 직접 압박에 의한 지혈 및 골절시 부목으로 고정한다.
④ 회 복
　㉠ 정상적인 의식으로 돌아옴
　㉡ 수축기 혈압 90mmHg 이상, 요량 40ml/hr 이상이 됨
　㉢ 정사적인 맥압을 유지

(2) 화 상
① 화상의 원인 : 태양에 의한 화상(일광화상), 열에 의한 화상(온열화상), 전기 및 화학약품 등에 의한 화상

> **참고**
> 〈자외선에 의한 화상〉(기출)
> ① 적당한 자외선은 비타민 D를 형성하고 살균작용을 한다.
> ② 지나친 자외선에의 노출은 화상을 입거나 피부암을 유발하기도 한다.

② 증상 : ㉠ 격심한 고통, ㉡ 표피와 진피층의 손상, ㉢ 수포 형성
③ 화상의 분류
　㉠ 1도 화상
　　• 홍반성 화상
　　• 표피층에 국한
　　• 홍반·부종·통증을 동반
　　• 치유기간은 1주일 정도
　㉡ 2도 화상
　　• 수포성 화상
　　• 표피와 진피층 손상
　　• 수포 형성 및 심한 통증
　　• 세균감염시 치유기간 길어지고 반흔이 생김. 치유기간은 2~3주 정도
　㉢ 3도 화상
　　• 괴사성 화상
　　• 피부 전층 및 근육·신경까지 침해된 상태
　　• 피부가 회백색으로 변하며, 무통과 괴사된 상태
　　• 후에 괴사부위는 굳어지며, 지각이 없고 흑색으로 변하며 가피를 형성
　　• 자연치유가 되지 않고 최소 3주 이상 치료기간 필요
④ 화상의 응급처치
　㉠ 가볍고 적은 화상 : 즉시 찬물로 5~10분간 냉각시킴(통증 감소). 바셀린이나 붕산연고를 바른다.(기출)
　㉡ 깊은 화상과 큰 화상
　　• 5~13℃의 찬물에 냉각시키되, 가능하면 물 1L에 중조(탄산수소나트륨)를 티스푼 하나를 넣어 냉각시킴
　　• 환부의 노출 방지
　　• 수포는 터트리지 말아야 한다.
　　• 아무 것도 바르지 말고 깨끗한 천으로 감싸서 의료기관에서 치료
　㉢ 화상의 위험성 : 쇼크와 세균감염이다. 따라서 세균감염을 방지하기 위해서는 소독된 거즈로 두툼하게 덮고, 쇼크에 대비해야 한다.(기출)
　㉣ 장갑 또는 의복을 입은 채 뜨거운 물에 데었을 때는 벗기지 말고 가위로 제거(기출)

(3) 고온 손상
① 열 경련
　㉠ 증상 : 더운 환경에서 심한 운동·노동에 의한 심한 발한으로 인해 하지나 복부 등의 골격근 또는 수의근에서 경련이 발생
　㉡ 응급처치
　　• 서늘한 장소로 환자를 옮겨 편안한 상태로 쉬게 한다.
　　• 시원한 음료수(이온음료 등)를 마시게 한다(그러나 고농도의 소금물이나 소금정제는 금물).
　　• 경련 부위를 가볍게 마사지해준다.
② 일사병, 열탈진
　㉠ 증상 : 열 피로로 인해 현기증, 무력감, 차고 축축한 피부, 오심·구토, 두통을 수반한다.
　㉡ 응급처치
　　• 환자를 시원한 곳으로 옮겨 의복과 신발을 벗기고 눕게 한다.
　　• 의식이 돌아오면 1L의 시원한 물에 티스푼 정도의 소금을 섞어 마시게 하거나 이온음료를 준다.
　　• 다리를 높이고 휴식을 취하게 한다.
③ 열사병
　㉠ 원인 : 무리하게 오랫동안 많은 열을 받았을 때 발생
　㉡ 증상 : 두통, 시력장애, 40도 이상의 고열(땀은 거의 없음), 빈맥, 근육경련, 발작, 현기증, 오심·구토, 의식상실 등의 증상이 나타난다.
　㉢ 응급처치(기출)
　　• 신속히 시원한 곳으로 옮겨 환자의 의복을 늦추거나 벗긴다.
　　• 기도를 확보한다.
　　• 몸에 찬물을 뿌리거나 체온을 식힌다.
　　• 사지와 피부를 마사지해준다.
　　• 다리를 높이고 편히 눕게 한다.
　　• 호흡곤란시 냉수마찰과 인공호흡을 실시한다.(기출)
　　• 의식이 돌아오면 시원한 물을 마시게 한다.
　　• 증상이 심하고 치료가 늦어지면 위험할 수도 있다.

(4) 동 상
① 1도 동상 : 피부의 감각이 없으며, 충혈되다가 동통이 오고 따뜻하면 가렵다.
② 2도 동상 : 표피에 물집이 생기며 화농하기 쉽다.
③ 3도 동상 : 진피의 심부까지 조직이 파괴되며, 초기에는 판정하기 어렵다.
④ 응급처치
　㉠ 1도 동상시에는 미지근한 물로 보온하면서 마사지한다.
　㉡ 2도 동상시에는 수건으로 끈기있게 잘 마사지하다가 감각이 돌아오면 비로소 미지근한 물에 천천히 동상 부위를 녹인다.
　㉢ 3도 동상시에는 진피의 심부까지 조직이 파괴되어 있으므로 가급적 빠른 시간 안에 의료기관의 처치를 받아야 한다.

(5) 익수자의 구조 후 응급처치
① 구조한 순간부터 익수자의 자발적인 호흡이 없으면 인공호흡 시도

② 맥박이 전혀 뛰지 않는다면 심폐소생술을 실시
③ 지면으로 옮겨진 때부터 흉부압박 시도
④ 기도를 유지시키되 구토물의 기도 흡입방지를 위해 얼굴이 측면을 향하도록 한다.(기출)
⑤ 외상 의심시 척추나 다리를 고정시킴
⑥ 체온유지를 위해 몸의 수분을 제거한 뒤 담요로 감싸준다.
⑦ 환자를 후송할 때는 머리를 몸보다 낮게 하여 위에 고였던 물이 폐로의 흡입을 줄여야 한다.
✓ 익수자를 구조하여 소생 가능성을 확인하고자 할 때는 우선 동공의 확장상태와 체온상태를 확인해야 하며, 항문의 수축 여부도 살펴야 한다.(기출)

4 심폐소생술(CPR)

(1) 의 의

① 심폐소생술의 목적은 환자가 숨을 쉬게 하여 뇌의 산소공급과 혈액순환을 원활하게 하기 위해서이다.(기출)
② 따라서 심장박동이 정지되었다고 판단되면 즉시 심폐소생술을 시작해야 한다.
③ 심장박동이 정지하고 약 3~4분이 경과하면 뇌세포의 괴사가 시작된다.
④ 심장박동이 정지한 시점으로부터 5~6분 정도 경과하면 뇌가 영구적인 손상(사망)을 입는다.

(2) 기본 심폐소생술(ABC)

① 기도(Air way) 폐쇄시 기도를 유지시킨다.
② 호흡(Breathing) 정지시 인공호흡을 한다.
③ 혈액순환(Circulation) 정지시 심장 압박(심장마사지)을 가한다.

(3) 심폐소생술의 방법

① 환자의 자세 : 환자를 누운 자세로 딱딱하고 편평한 바닥 위에 위치시킨다. 경우에 따라서는 나무판자로 환자의 등을 지지한 후 실시한다.
② 방 법
  ㉠ 한 사람이 심폐소생술을 할 때는 인공호흡을 2회 연속 불어 넣고(구강 대 구강) 15회 심장 압박하는 것을 반복하여 실시한다(1분간에 80~100회).(기출)
  ㉡ 2인이 실시할 때는 한 사람이 인공호흡을 1회 불어 넣으면 다른 사람은 심장압박을 5회 실시하는 방법으로 반복한다(인공호흡 대 심장압박 = 1 : 5).
  ㉢ 흉부압박(심장압박)의 강도는 흉골에 4~5cm 정도로 압박하고 압박과 이완은 50 : 50 정도로 한다.(기출)
  ㉣ 심폐소생술을 시작하면 다음의 어느 하나일 때까지 계속해야 한다.
    • 자발적인 호흡 및 혈액순환이 회복될 때
    • 임무를 대신할 사람이 있을 때
    • 전문의가 더 이상 소생 가능성이 없다고 판단했을 때
    • 응급처치자가 극도로 지쳐서 더 이상 소생술을 계속할 수 없을 때

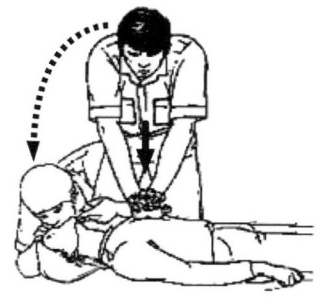

〈흉부압박과 인공호흡의 연속도〉

> **참고**
> ① 익수 환자의 심호흡 장애 원인
>   ㉠ 물이 폐로 흡입되어 발생(평균 250cc 유입)
>   ㉡ 물이 기도로 유입되면서 기도폐쇄 발생(20% 정도 차지 : 직접 사망원인)
> ② 익수 환자(소아 및 청소년)의 사망 관련 요소
>   ㉠ 침수시간 25분 초과
>   ㉡ 심폐소생술 실시시간 25분 초과
>   ㉢ 응급실 도착시 무맥압성 심장박동 정지

(4) 기도 확보

① 기도폐쇄의 원인
  ㉠ 의식을 잃었을 때, 혀가 이완되었을 때(가장 많음)(기출)
  ㉡ 이물질이 입안으로 들어가 기도를 막을 때
② 기도 확보의 요령
  ㉠ 입안의 이물질을 제거한다.
  ㉡ 머리를 뒤로 젖히면서 턱을 위로 들어올린다.(기출)
  ㉢ 경추 손상이 의심될 때는 턱을 위로 들어올린다.
  ㉣ 기도가 충분히 확보되면 환자는 스스로 호흡을 시작하게 된다.
  ㉤ 호흡 여부를 확인할 때는 코·입 가까이 귀를 대어보고 가슴의 움직임도 살핀다.

(5) 인공호흡

① 의 의
  ㉠ 맥박은 뛰지만 호흡이 중지된 환자에게 인위적으로 입으로 공기를 불어 넣어 숨을 쉬게 하는 방법이다.
  ㉡ 그러므로 기도유지가 전제되어야 한다.(기출)
  ㉢ 호흡이 중단된 후 4~6분이 지나면 뇌가 영구 손상되어 사망하게 되므로 지체해서는 안 된다.
② 인공호흡이 필요한 경우(기출)
  • 머리부상 또는 중추신경 마비로 호흡 곤란시
  • 목이 졸리거나 흉부 압박으로 호흡 곤란시
  • 쇼크로 인하여 호흡 곤란·호흡 중단시
  • 출혈로 인하여 호흡 곤란시
  • 가스 중독 및 알콜·약물 중독으로 호흡 곤란·호흡 중단시
  • 산소가 희박한 고산지대에서 호흡 곤란·호흡 중단시
  • 산소가 희박한 밀폐된 곳에서 질식했을 때
  • 익수자가 호흡 곤란·호흡 중단시
  ✓ 심한 출혈로 인하여 호흡이 멈추었을 때는 일반적으로 인공호흡을 하여도 효과가 없다. 매우 위험한 상태이므로 우선 지혈을 한 뒤 소생여부를 확인해야 한다.(기출)

③ 인공호흡 방법
  ㉠ 구강 대 구강법
    환자의 코를 막고 입에서 입으로 불어넣는 방식(처음 2회는 연속 불어넣고 다음부터는 5초마다 1회〈분당 12회 정도〉 반복 실시)(기출)
    • 즉각적으로 실시할 수 있다.
    • 기도 확보가 용이하다.
    • 1회 환기량이 크고 가장 효과적이다(1회 800~1200㎖ 정도).(기출)
    • 응급처치자가 쉽게 지치지 않는다.
    • 골절의 우려가 없다.
    ✓ 성인의 경우 1분 동안의 호흡 횟수는 12~16회이다.(기출)
  ㉡ 구강 대 비강법
    • 환자의 입을 막고 입에서 코로 불어넣는 방식
    • 구강 손상으로 환자의 입을 벌리기가 어려울 경우
    • 환자의 구강이 크게 오염되어 있을 경우
  ㉢ 흉부 압박 상지 거상법
    아랫가슴을 압박하여 공기를 배출한 다음 양팔을 머리 위로 올려 뒤로 제친 다음 서서히 제자리로 놓아두는 방법으로 공기를 넣어주는 방법
  ㉣ 등 압박 상지 거상법
    등을 눌러 폐 안의 공기를 배출한 다음 팔을 위로 잡아당겨 가슴을 넓혀 줌으로써 공기를 넣어주는 방법

(6) 심장마사지(심장압박)
  ① 의의 : 심장박동이 약해지거나 정지되었을 때 인위적으로 흉부를 압박하여 혈액순환을 유지시킴.
  ② 심장 정지의 징후
    ㉠ 호흡을 하지 않는다.
    ㉡ 피부색이 창백하다.
    ㉢ 동공이 산대되어 있다.
    ㉣ 경동맥에 맥이 잡히지 않는다.
  ③ 압박방법(기출)
    ㉠ 환자를 편평하고 딱딱한 바닥 위에 눕히고 환자 옆구리에 무릎을 꿇는다.
    ㉡ 환자의 검상돌기(명치끝)에서 위쪽으로 3~5cm 지점에 구조자의 두 손바닥을 포개어 놓고 팔이 굽혀지지 않도록 하여 흉골이 4~5cm 정도 눌려지도록 압력을 가한다.
    ㉢ 압박과 이완은 50 : 50 정도로 한다.
    ㉣ 분당 80~100회 정도의 흉부 압박을 맥박이 있을 때까지 반복한다.

5 각종 사고시 대처방법 및 예방

1 충돌 · 좌초 사고

(1) 충 돌
  ① 선박 충돌 · 부두 충돌의 원인
    • 시계가 충분히 확보되지 못함
    • 조종 미숙 및 기관 취급 미숙
    • 과속
  ② 예 방
    • 모든 방향을 철저히 관찰
    • 시계가 불량할 때 감속운항
    • 항구 · 해안 · 타선박 접근시에는 감속운항
    • 처음 운항하는 수역은 항로, 암초, 섬, 해안선 등 확인
  ③ 충돌시 조치사항
    • 충돌 직후는 즉시 기관을 정지한다.
    • 자선과 타선에 급박한 위험이 있는지 판단한다(급박한 위험 있을시 연속된 음향신호).
    • 가장 먼저 인명구조에 최선을 다한다(인명→선박→화물의 순).(기출)
    • 양 선박(보트)을 즉시 떼어내서는 안 된다. 즉, 침몰이나 더 큰 피해 확대 우려가 없는 것이 확인되기 전에 후진시키면 파공개소를 통해 침수가 되고 구조작업이 어려워진다.
    • 선체의 손상을 조사하고 침몰 우려가 없는 선박으로 인원을 이동시킨다.
    • 쌍방 간에 손상의 정도가 경미하여 운항에 문제가 없을 때는 서로 보트명, 보트 소유자명, 계류지, 도착지 등을 알리고 운항을 계속한다.
    • 침몰할 염려가 있을 때에는 수심이 낮은 곳에 임의좌초시킨다.(기출)
    • 퇴선시에는 라이프자켓을 반드시 착용하고 따뜻한 의복을 가급적 많이 껴입고 각자의 지정된 위치에서 신속하고 침착하게 행동한다.(기출)

> **참고**
> 〈모터보트 운항중 사고의 원인〉(기출)
> ① 과속 · 급회전   ② 기관정비 등의 불량
> ③ 과적 및 승선인원 초과   ④ 조종미숙 · 부주의

(2) 좌초(선박이 암초 등에 얹히는 경우)(기출)
  ① 좌초의 원인
    • 조종사의 부주의나 과실이 대부분
    • 강풍이나 협시계 또는 강한 조류 등에 의한 불가항력
    • 위험물에 대한 주의태만
    • 충돌을 피하기 위한 운용술의 미숙
  ② 예 방
    • 모든 방향을 철저히 관찰
    • 항로이탈 금지, 항법준수
  ③ 좌초시 조치사항(기출)
    • 좌초 즉시 기관을 정지한다.
    • 선박의 손상 유무 및 손상 정도, 물때와 조류, 수심과 물밑의 상황, 기관과 추진기 사용 가능 여부를 조사한다.
    • 좌초된 경우 엔진을 사용하면 파공확대, 엔진냉각수 계통에 진흙이나 모래가 흡입되거나 선미방향 변화로 추진계통 손상 등이 일어날 수 있다.
    • 자력 이초를 위해 암초에 얹혔을 때는 얹힌 부분의 흘수를 줄이고, 모래에 얹혔을 때는 얹히지 않은 부분의 흘수를 줄인다.
    • 갯벌에 얹혔을 경우에는 선체를 좌우로 흔들면서 기관을 사용하면서 한다.
    • 손상이 적고 자력으로 항행이 가능하면 선미 앵커를 사용하거나 드라이브 유니트를 들어올려 빠져나오거나, 만조 때를 기다렸다가 빠져나온다.
    • 손상이 클 때는 닻을 내리고 선체가 기울지 않도록 고정시킨 후 구조를 기다린다.

> **참고**
>
> 〈수밀격벽의 역할〉(기출)
> ① 충돌·좌초시 한 구역만 침수되게 한다(침몰방지).
> ② 화재발생시 확대를 방지한다(방화벽 역할).
> ③ 선체의 횡강력을 보강시킨다(종강력도 강화).
> ④ 화물을 성질에 따라 분산 적재하여 트림을 조정할 수 있다(트림 조정).

2 전복·침몰·침수 사고

(1) 전 복
① 전복의 원인(기출)
- 과적상태에서 급선회
- 정지 중 횡(현쪽)으로 파도를 받았을 때(횡요 주기와 파의 주기가 일치할 때)
- 침수시 선박상태의 변화로 인하여
- 고속 이동 중인 선체 간 흡인작용으로 인하여

② 예방(기출)
- 무모한 조종 금지(과속·급회전 등)
- 과적 및 승선인원 초과 금지
- 무거운 화물은 선저에 적재
- 안전운항거리 확보

(2) 침 몰
① 침몰의 원인
- 조종사 부주의 또는 과실
- 엔진고장 → 충돌 → 화재 → 침수 → 침몰 등의 순으로 발생

② 예 방
- 악천후에는 항행 금지
- 모든 방향을 철저히 관찰
- 사전보수·정비
- 항법 준수

> **참고**
>
> 일부 침몰 : 선체 길이 6m 이하에서 많음
> 완전 침몰 : 선체 길이 6m 이상에서 많음

(3) 침 수
① 침수의 원인
- 선체가 파손으로 구멍이 남(선체파공)
- 강하고 높은 파도, 호우
- 소량의 해수 유입이 누적되어

② 예 방
- 충돌·좌초 등 선체파공이 야기될 수 있는 상황 방지
- 배 밑의 플러그 잠김 상태 및 침수 여부 확인
- 빌지 상태 및 선미관 글랜드 패킹 상태 확인
- 항시 사용 가능토록 빌지펌프 및 방수기재 정비
- 선체, 선체 관통구, 해수관 등 부식상태 점검 및 이상시 수리 조치

③ 침수시 조치사항
- 작은 파공인 경우 준비된 헝겊, 매트, 접착테이프로 그 곳을 막고 배수에 주력한다.
- 파공이 큰 경우 방수 매트로 선체 외부에서 막아 침수를 줄이고 선체 내측에서는 방수재를 사용하여 침수를 막는다.
- 배수작업이 여의치 않을 때는 부근에 수심이 얕고 모래 나 펄인 곳으로 의도적으로 좌초시켜 침몰을 방지한다.

> **참고**
>
> 〈모터보트의 사고 발생시 처리〉(기출)
> ① 간조시 펄에 올라 앉은 경우 가장 먼저 엔진을 정지하고 만조 때를 기다린다.
> ② 인명구조를 최우선으로 한다.
> ③ 구조요청을 한다(통신장비 또는 조난신호장비 이용).

3 선박 내의 화재 사고

(1) 화재의 원인
① 담배불의 부주의
② 엔진 보수·정비 및 점검불량
③ 조리용 프로판가스 폭발

(2) 화재예방(기출)
① 기관 연료계통 및 전기계통의 정비 점검
② 스위치나 스파크를 일으키는 물건을 연료탱크에 놓지 않음
③ 인화성 물질 제거 및 환기
④ 시동 전 기관실 및 배터리 주위의 환기
⑤ 담뱃불 주의
⑥ 가까운 곳에 소화기구 및 장비 비치
⑦ 소화기구 및 장비의 점검
⑧ 소화기구의 사용법 숙지

(3) 화재의 종류(기출)
① A급 화재 : 연소 후 재가 남는 고체물질의 화재(목재·종이·의류 등)(기출)
② B급 화재 : 연소 후 재가 남지 않는 가연성 액체의 화재(페인트·윤활유 등)(기출)
③ C급 화재 : 전기에 의한 화재
④ D급 화재 : 가연성 금속물질의 화재(나트륨·마그네슘·알루미늄 등)
⑤ E급 화재 : LNG·LPG·아세틸렌 등의 화재

(4) 화재시 조치사항
① 즉시 엔진의 작동을 정지시키고 연료공급 차단
② 모터보트류의 선외기는 유류탱크를 분리하여 격리
③ 기관실의 화재시 철저히 밀폐시켜 산소공급을 차단(기출)
④ 소화기가 없을 때는 물(또는 해수)로 대처
⑤ 선실이나 기관실 등 밀폐된 장소에서 화재가 발생했을 때는 해수(물)에 의한 소화, 거품소화기에 의한 소화, 의류나 모포로 불을 덮어 소화(기출)
⑥ 진화될 가능성이 없으면 부근의 수심이 얕은 곳에 의도적으로 좌초시켜 물(해수)을 주입하여 소화
⑦ 불이 선박(보트) 전체로 확산되었을 때는 물에 뛰어들되 구조에 어려움이 없도록 멀리가지 않도록 한다.

> **참고**
>
> 소화시 보트조종(기출)
> ㉠ 상대 풍속이 0이 되도록 조종
> ㉡ 선수 화재시에는 선미쪽에 바람을 맞는다.
> ㉢ 선미 화재시에는 선수쪽에 바람을 맞는다.
> ㉣ 중앙부 화재시에는 정횡에서 바람을 맞는다.
> ㉤ 화원을 바람이 불어오는 쪽을 향하여 소화하는 것이 화재의 확산을 막을 수 있다.

(5) 소화기구 및 장비
① 일반화재(목재·종이 등) : 액체 소화기(냉각작용)
② 유류화재 : 분말 소화기, 거품 소화기(산소 차단, 냉각작용)
③ 전기화재(감전 우려시) : 이산화탄소(CO_2) 소화기(산소농도를 낮춤)
④ 장비 : 소화 헬멧, 소화 마스크, 안전등, 장화·장갑

4 부유물, 장애물, 어망으로 인한 사고
① 사고원인
- 수중에 설치되어 있는 어구의 표식은 눈으로 확인하기 어려운 경우가 많다.(기출)
- 조종사의 부주의
- 부유물체를 함부로 수상에 내려놓거나 버림으로써 발생

② 예 방
- 부유물이 스크루에 감기거나 냉각수 흡입구를 막거나 침목 등에 부딪히는 것을 주의
- 주낙이나 자망 등의 어구는 항상 같은 위치에 설치되어 있는 것이 아니므로 철저히 관찰해야 함.(기출)

③ 사고인지 : 계기류 변화, 엔진 회전수 증가, 선체 파손 충격음, 빌지 증가, 추력 이상, 선체진동 증가, 기관음 변화 등으로 사고를 인지할 수 있다.

④ 사고의 조치
- 부유물(어망·어구 포함)이 스크루에 감겼을 경우 또는 냉각수 흡입구를 막았을 경우는 즉시 기관을 정지한 후 드라이브 유니트(엔진하부)를 올려서 제거해야 한다.(기출)
- 침목 등에 부딪혀 파손되었을 경우 또한 기관정지 후 드라이브 유니트를 올려서 수리해야 한다.
- 걸리는 사고를 잘 일으키는 정치망, 새우잡이 어망, 양식장, 어책, 가두리망 등이 설치되어 있는 곳은 우회하여 운행해야 한다.
- ✓ 부유물이 많은 수역에서는 온도게이지를 확인하고 냉각수(over heating)를 확인해야 한다.(기출)

5 키 장치 및 스크루 고장 사고

(1) 키 장치의 고장
응급 대처로는 수리하는 것이 확실하지만 수리 자재가 없는 경우 로프를 선미 중앙에서 길게 늘어뜨리고 항해하는 것이 최선이다.

(2) 스크루의 고장
스크루 파손에 의한 고장은 그 파손 정도를 파악하여 운항이 가능한 정도이면 속도를 낮추어 스크루 회전에 부담을 주지 않아야 한다.
- ✓ 모터보트 운항 중 부유물이 프로펠러에 부딪혀 날개가 변형된 경우에는 ㉠ 선체에 진동 발생, ㉡ RPM의 증가, ㉢ 계기류의 변화와 같은 현상이 나타난다.(기출)

(3) 엔진 및 조타장치의 고장
① 엔진 또는 조타장치가 결정적 고장일 때는 먼저 조종제한 선의 표시를 하고, 선박 왕래가 적은 곳까지 이동하여 정지한다.
② 파손 또는 고장 발생 장소를 면밀히 조사한 후 수리가 불가능할 때에는 구조요청을 한다.

6 조난사고
① 사고원인
- 엔진이나 조타장치의 고장
- 해상 기상악화로 인한 표류
- 충돌·전복·좌초로 인한 사고

② 조난사고시 대처
㉠ 조난호출
- 무선전화 채널 16을 사용하여 호출
- 무선전화의 음성신호 「MAY DAY」 3회 반복(기출)

㉡ 긴급신호 : 충돌, 생존자 수색, 긴급환자 및 기관 고장으로 표류중이거나 자력으로 항해 불능일 때 「PAN PAN」 3회 송출하고 통보

㉢ 조난신호
- 국제신호기 NC기의 게양
- 사각형 기의 위 또는 아래에 구 또는 이와 유사한 것 1개를 달아 표시하는 신호
- 오렌지색 연기의 발연신호
- 타르·기름통의 연소로 생기는 선상에서의 발연신호
- 붉은 불꽃이 달린 낙하산신호
- 붉은 불꽃을 내는 로켓신호
- 기적 등의 안개신호 장치에 의한 연속된 음향신호
- 비상용 위치지시 무선표지에 의한 신호
- 팔을 수평으로 벌려서 아래 위로 천천히 흔드는 수신호

③ 조난통보의 필수 내용(기출)
㉠ 선박(보트)의 종류, 선박명(보트명)
㉡ 조난 위치
㉢ 침로와 속력

④ 표류중 조종자의 조치사항
- 조난 통신의 발신 및 수신 여부 확인
- 현재 조난의 위치 확인
- 식량·식수의 양 파악

⑤ 조난통보를 수신한 선박의 조치사항(기출)
- 수신했음을 조난선에 알린다.
- 상황에 따라서는 조난통보를 재송한다.
- 레이더를 계속하여 작동한다.
- 조난장소 부근에 접근하면 견시원을 추가 배치한다.

⑥ 퇴선신호와 퇴선방법
㉠ 퇴선신호
- 선장이 모든 요소를 종합적으로 판단하여 퇴선을 결정한다.
- 퇴선신호(단음 7회 + 장음 1회)가 발령되면 체온을 보호할 수 있도록 옷을 여러 겹으로 입고 구명조끼를 착용한 후 비상 배치표에 따라 신속하고 침착하게 행동한다.(기출)

㉡ 퇴선방법
- 가장 안전하고 바람직한 퇴선방법은 생존정에의 탑승
- 그렇지 못할 경우 안전네트 등을 이용하여 가능한 한 물에 젖지 않은 상태로 구명정에의 탑승
- 물에 뛰어 내려 구명정 또는 적유물을 탑승할 경우라면 뛰어내릴 지점의 안전상태, 구명정의 위치 등을 고려한 후 선박이 표류하는 반대방향으로 뛰어내린다.

- 물에 뛰어내린 후에는 안전한 거리까지 신속하게 이동한 후 구명정 등의 부유물에 탑승하여 체온을 보온한다.

6 안전장비 및 인명구조

1 수상레저활동시 안전장비(기출)

① 호각이 부착된 구명조끼(라이프자켓) : 수상레저활동시 항시 상체에 착용하는 것으로 고형식과 팽창식이 있음
② 구명튜브 : 개인용 구명장비로 야간에는 자기점멸등, 주간에는 자기발연신호를 부착할 수 있다.
③ 구명볼 : 개인용 구명장비로 가장 멀리 던질 수 있는 잇점이 있다.
④ 구명부기 : 여러 사람이 붙들고 떠 있을 수 있는 구명장비
⑤ 방수복 : 낮은 수온의 물속에서 체온을 보호하기 위한 장비
⑥ 보온복
⑦ 구명줄(및 구명줄 발사기) : 선박이 조난을 당한 경우 조난선과 구조선 또는 육상간에 연결용 줄
⑧ 구명정 : 선박의 조난시나 인명구조에 사용되는 소형보트 (구명정의 승선정원은 구명정의 용적에 의함)
⑨ 소화기
⑩ 나침반·휴대용 무전기
⑪ 물바가지·양동이 : 침수 염려가 있을 때 사용
⑫ 손전등
⑬ 헬멧(래프팅을 하는 때)
⑭ 야간 조난신호장비(자기점화등)
⑮ 주간 조난신호장비(자기발연신호·발연부신호·신호홍염 등)(기출)
⑯ EPIRB : 조난시 선박 위치를 자동으로 알려주는 통신 구명장비(기출)

2 인명구조

(1) **구조장비** : 구명튜브, 구명볼, 구명부기, 구명줄, 구명정 등(기출)

(2) **구조장비의 비치** : 긴급시 즉시 사용할 장소에 비치(기출)

(3) **구조방법**

① 단순 익수자의 구조
- 익수사고가 발생한 때에는 익수자를 시야에서 놓치지 않도록 한다.
- 익수자에게 구명튜브를 던져주고(야간시에는 자기점화등이 부착된 것) 구조작업을 한다.
- 익수자를 수영으로 구조할 때는 발부터 입수를 실시하면서 아래로 잠수, 익수자의 몸이 등쪽을 보이도록 하면서 팔을 꺾은 뒤 손과 팔을 잡고 익수자를 위쪽으로 밀어낸다.(기출)
- 모터보트로 익수자를 구조할 경우 선수방향으로부터 풍파를 받으며 익수자에게 현측으로 접근한다(모터보트의 조종이 쉬움).(기출)
- 풍파가 높을 때에는 풍하쪽에서 익수자에게 접근한다.
- 익수자를 구조한 후에는 상태에 따라 기도를 유지시키고 인공호흡을 실시한다. 마른수건으로 닦아주고, 수건, 의류, 모포 등으로 감싸서 체온저하를 막는다.

- 동승자의 익수시에는 익수자 쪽으로 키를 돌리면서 기관을 정지하고, 익수자가 선미로부터 멀어지면 원침로에서 230° 회두할 무렵, 익수자가 선수 전방에 보일 때 접근하여 구조한다.(기출)

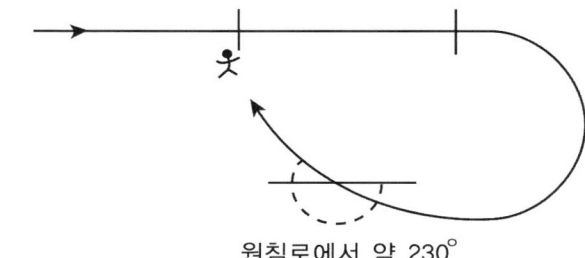

원침로에서 약 230°

② 구명정을 이용한 조난선의 인명구조
- 구조선은 조난선의 풍상쪽에서 접근하되, 바람에 의해 압류될 것을 고려해야 한다.
- 풍하쪽의 구명정을 내려서 조난선의 풍하쪽 선미 또는 선수에 접근하여 충분한 거리를 유지하면서 계선줄을 잡은 다음 구명튜브의 양단에 로프를 연결하여 조난선의 사람을 옮겨 태운다.
- 구조선은 조난선의 풍하쪽에서 대기하다가 구조한 구명정이 풍하쪽에 오면 사람을 옮겨 태운다.

(4) **익수자의 구조 후 조치**

① 구조 후 먼저 호흡과 맥박, 체온상태, 동공의 확장상태를 살펴 심폐소생술 여부를 판단한다.
② 저체온시 젖은 의복을 제거하고 담요 등으로 감싸준 후 따뜻한 장소로 옮겨 기도유지 및 인공호흡을 실시한다.(기출)
③ 호흡의 곤란·정지 또는 맥박이 희미하거나 중지되었을 때는 즉시 심폐소생술을 실시하고 의료기관에 신속히 이송한다.

조종면허시험 수상레저안전 총정리문제

수상레저안전

1. 수상레저활동시 안전상식

01 수상안전상식으로 맞지 않는 것은?
갑. 모터보트 조종자는 라이프자켓을 입지 않아도 된다.
을. 출항시 운행구역을 주위 사람에게 알린다.
병. 운항수역을 파악하고 위험수역은 피한다.
정. 음주조종을 하지 않는다.

02 수상레저활동시 지켜야 할 기초상식이다. 틀린 것은?
갑. 쓰레기나 오물을 버린다.
을. 기상이 나쁠 때에는 무리한 항해를 하지 않는다.
병. 소화기를 준비한다.
정. 승선인원을 지킨다.

03 수상레저활동자의 준수사항으로 틀린 것은?
갑. 라이프자켓을 착용한다.
을. 음주운전을 하지 않는다.
병. 철저한 견시를 한다.
정. 일기예보는 무시한다.

04 수상레저활동시 안전의 기본규칙이 아닌 것은?
갑. 당황하지 않는다.
을. 신중히 생각한다.
병. 체력소모를 줄인다.
정. 일단 행동하고 본다.

05 안전한 수상레저활동을 위한 조종자의 자세로서 적당하지 않은 것은?
갑. 출항하기 전 항해계획은 가족 등에 알려둔다.
을. 선박과 장비는 점검을 철저히 하여야 한다.
병. 어로중인 선박 근처에서는 전속력으로 운항하여 조업구역을 빨리 벗어나야 한다.
정. 동승자에 대하여는 조종자가 책임을 져야 한다.

> 해설
> 어로중인 선박이 있는 경우 충분한 거리를 두고 우회 항행하여야 한다.

06 보트 조종자가 지켜야 할 사항 중 틀린 것은?
갑. 운항일지를 기록한다.
을. 기상상태가 나쁠 때 무리한 계획을 세우지 않는다.
병. 수역의 환경보존을 위해 오물을 수역에 버리지 않는다.
정. 동승자는 구명조끼를 착용시키지 않아도 된다.

07 고무보트의 운항 전 확인할 사항이 아닌 것은?
갑. 공기압을 점검한다.
을. 엔진부착 정도를 확인한다.
병. 흔들림을 방지하기 위해 중량물을 싣는다.
정. 연료를 점검한다.

08 수상오토바이 운행시 준수사항 중 맞는 것은?
갑. 항내에서 고속으로 운행한다.
을. 해수욕객이 있는 수면 위를 운행한다.
병. 잠수를 하고 있는 수면 위를 운행한다.
정. 상대방의 진로를 방해하지 않는다.

09 수상오토바이 조종시 준수해야 할 사항이 아닌 것은?
갑. 라이프자켓 착용   을. 운항수칙
병. 승선인원 초과   정. 안전스위치 착용

10 모터보트 조종자의 준수사항으로 가장 적당한 것은?
갑. 비품을 양호하게 보존하기 위해 계류장에 보관한다.
을. 출항 전 점검은 단시간 항해일 경우에는 하지 않아도 된다.
병. 여분의 구명조끼를 보유하고 있어도 정원을 초과해서 승선시키면 안 된다.
정. 기상관측은 신뢰할 수 없으므로 기상예보에 의지하지 않는다.

11 모터보트 조종시 주의해야 할 사항이 아닌 것은?
갑. 잠수활동을 하는가를 관찰하여야 한다.
을. 출·입항시 천천히 다녀야 한다.
병. 해수욕객이 있는 곳은 운항하지 않아야 한다.
정. 해면의 상태는 고려하지 않아도 된다.

Answer 01 갑 02 갑 03 정 04 정 05 병 06 정 07 병 08 정 09 병 10 병 11 정

12 모터보트를 조종할 때 주의할 사항이 아닌 것은?

갑. 운행시 좌우를 살피며 안전속력을 유지한다.
을. 운행시 이동할 수 있는 물건은 고정한다.
병. 안전스위치는 항상 몸에 부착한다.
정. 연료 절약을 위해 항상 전속으로 운행하고 교통량이 많은 해역은 신속하게 이탈하기 위해 고속으로 운행한다.

13 모터보트를 운항할 때 안전조치에 대한 설명으로 적당한 것은?

갑. 조종자의 부상 등에 대비하여 동승자에게 보트의 기존 조종법을 알려준다.
을. 여러 사람이 조종법을 알고 있으면 위험하다.
병. 모터보트는 조종시 위험이 전혀 없다.
정. 모터보트는 고속엔진이기 때문에 저속으로 운행하면 위험하다.

14 동력수상레저기구를 이용 원거리 운항시 조종자가 지키거나 유의할 사항이다. 적합하지 않은 것은?

갑. 항해계획은 세울 필요 없다.
을. 출발 전에는 예정 운항계획을 가족과 관계기관에 알린다.
병. 출발 전 점검 및 시운전은 자신이 직접 한다.
정. 같은 보트에 승선자 중 면허취득자가 많을 때에는 조종자는 1인만 선택하여 조종하게 하고 다른 사람은 조종자의 지시에 따른다.

15 원거리 수상레저활동시 주의해야 할 사항으로 적당한 것은?

갑. 원거리 운행시 연료의 잔량과 운행거리를 반드시 확인하여야 한다.
을. 원거리 운행시 반드시 낚시도구를 지참해야 한다.
병. 원거리 운행시 선체의 복원력을 위해 중량물을 많이 실어야 한다.
정. 원거리 운행시 추위를 견디기 위해 반드시 알코올을 지참하여야 한다.

16 모터보트에 승선할 때 미끄럼을 방지하는 신발은?

갑. 장 화   을. 고무신
병. 구 두   정. 데크 슈즈(deck shoes)

17 모터보트를 조종할 때 조종자가 주의해야 할 사항으로 틀린 것은?

갑. 조종자의 시선이 한 곳에 고정되어서는 안 된다.
을. 비상정지스위치는 항상 신체에 부착되어 있어야 한다.
병. 연료 절약을 위해 반활주 상태를 유지한다.
정. 조종핸들은 정면으로 향하도록 하고 두 손으로 조종한다.

18 고무보트에 2명이 탑승하여 위치를 이동하려고 할 때 적당하지 않은 것은?

갑. 한 명은 좌현 쪽, 다른 한 명은 우현 쪽으로 돌면서 빠르게 이동
을. 한 명은 보트 중앙에 위치하고 한 명은 보트 중앙 가깝게 이동
병. 한 명은 보트 중심을 잡고 다리를 벌리면 그 사이로 이동
정. 자세를 낮추고 중앙선을 따라 이동

19 모터보트가 항내를 출·입항시 주의할 사항이 아닌 것은?

갑. 출·입항시 안전속력으로 운항한다.
을. 항 주변 상황을 주시한다.
병. 입항시 출항하는 보트의 유무를 확인한다.
정. 출항시 타선박 운항에 관계없이 신속히 빠져 나간다.

20 보트 조종자가 알아야 할 해상기상의 내용이 아닌 것은?

갑. 안 개   을. 바 람
병. 조 류   정. 플랑크톤 수

2 수상환경(조석, 조류, 해류)

01 수상의 특수한 환경을 나열하였다. 적당하지 않은 것은?

갑. 이동 및 접근성 곤란으로 신속한 구조가 곤란하다.
을. 수면 및 기상상태의 변화가 심하다.
병. 태풍 등 불가항력적 현상이 일어나기도 한다.
정. 등대, 부표 등 신호체제가 육상에 못지않게 잘 갖추어져 있다.

02 다음과 같은 경우에는 해상의 기상이 나빠진다는 징조이다. 틀린 것은?

갑. 뭉게구름이 나타난다.
을. 기압이 내려간다.
병. 바람 방향이 변한다.
정. 소나기가 때때로 닥쳐온다.

03 해상에서 보트를 조종할 때 선체에 영향을 미치는 요소가 아닌 것은?

갑. 바 람   을. 수 온
병. 파 도   정. 조 류

12 정 13 갑 14 갑 15 갑 16 정 17 병 18 갑 19 정 20 정 / 01 정 02 갑 03 을

04 상어가 모이는 요건이 아닌 것은?

갑. 물이 많은 수역과 하구
을. 수온이 낮은 곳
병. 물고기를 잡고 있는 곳
정. 반짝이는 것과 백색천이 보이는 곳

05 수심의 측정 기준이 되는 것은?

갑. 밀물 때의 수면
을. 썰물 때의 수면
병. 약최고고조면
정. 약최저저조면

06 해안선을 나타내는 경계선의 기준은?

갑. 최저저조면
을. 기본수준면
병. 평균수면
정. 최고고조면

07 해면이 낮아져도 항상 수면하에서 나타나지 않고, 수심이 1m 내외의 바위여서 매우 위험한 것은?

갑. 암 암
을. 수심암
병. 간출암
정. 세 암

08 해상 또는 해저의 바위를 부르는 말들이다. 저조시에도 잘 보이지 않는 것으로 짝지어 진 것은?

갑. 노출암, 암암
을. 간출암, 세암
병. 노출암, 간출암
정. 세암, 암암

> 해설
- 노출암 : 조석에 의한 만조나 간조에 관계 없이 항시 노출되어 있는 바위. 따라서 이 곳에 등표를 설치하기도 한다.
- 간출암 : 저조시에는 수면 위에 나타났다가 고조시에는 수중에 잠겨있는 바위
- 세암 : 바위의 정상부가 저조시에는 수면 가까이에 있어 해수에 씻기는 바위
- 암암 : 저조시에는 수면 위에 나타나지 않는, 수심이 1m 내외의 바위. 선박 운항시 매우 위험한 바위이다.

09 다음 중 해상에서 파도를 일으키는 가장 큰 원인으로 맞는 것은?

갑. 달과 태양의 인력
을. 조류와 해류
병. 바람
정. 구름의 높이

10 바다에서 바람이 일정한 방향과 속력으로 불게 되면 무엇이 형성되는가?

갑. 안 개
을. 파 도
병. 구 름
정. 바 람

11 진행방향이 서로 다른 파가 부딪혀서 생성되는 파도를 ( )이라 하며 매우 위험하다. ( )에 들어가는 단어는?

갑. 삼각파
을. 기 파
병. 풍 랑
정. 추 파

12 기조력에 의한 조석은 하루에 몇 회 일어나는가?

갑. 1회
을. 2회
병. 3회
정. 4회

13 기조력에 의해 일어나는 해수의 수직운동을 무엇이라고 하는가?

갑. 조 류
을. 조 석
병. 파 도
정. 풍 랑

14 조석이 일어나는 가장 큰 원인은?

갑. 지구의 자전
을. 지구의 공전
병. 달의 인력
정. 바람의 영향

15 조석이란 기조력에 의하여 일어나는 해수의 ( ) 방향의 운동이다.

갑. 수 직
을. 자 전
병. 공 전
정. 흑 점

16 바다에서 대체로 일정한 방향으로 계속 흐르는 것은?

갑. 해 류
을. 조 석
병. 조 류
정. 대 류

17 조석에 의하여 해면의 승강시 일어나는 해수의 수평이동을 무엇이라고 하는가?

갑. 조 류
을. 해 류
병. 난 류
정. 한 류

18 조류와 해류의 다른 점을 틀리게 설명한 것은?

갑. 해류는 만(灣)에서 현저하다.
을. 수평운동은 공통점이다.
병. 생성원인이 전혀 다르다.
정. 조류는 연안에서 현저하다.

> 해설
수평운동은 공통점이나, 조류는 조석에 의해 일어나고 해류는 공기와 해수의 마찰, 수온, 염분 등 해수의 성질에 의해 일어난다. 해류는 연안 밖에서 나타난다.

04 을 05 정 06 정 07 갑 08 정 09 병 10 을 11 갑 12 을 13 을 14 병 15 갑 16 갑 17 갑 18 갑

19 다음 중 해수의 밀도차로 생기는 해류는?

갑. 취송류   을. 밀도류
병. 경사류   정. 조 류

◆ 해설
- 취송류 : 지속적으로 부는 바람에 의한 해류
- 경사류 : 기압의 차이, 강물의 유입에 의한 해류
- 밀도류 : 해수 각층의 밀도(염분과 수온) 분포 차이에 의한 해류

20 저조(低潮)에서 고조(高潮) 사이의 해면이 높아지고 있는 상태를?

갑. 고 조   을. 낙 조
병. 창 조   정. 간 조

21 조류의 유속은 ( )의 모양에 따라 예측이 가능하다.

갑. 북두칠성   을. 달
병. 태 양   정. 뭉게구름

22 대조가 일어나는 때를 정확히 표시한 것은?

갑. 매월 보름시
을. 상현 1~2일 후
병. 하현 1~2일 전
정. 보름 또는 그믐 1~2일 후

23 고조에서 다음의 고조까지는 평균 얼마정도 시간이 소요되는가?

갑. 12시간 25분   을. 12시간 50분
병. 13시간 10분   정. 14시간 40분

24 하루에 일어나는 만조의 횟수는 평균 몇 번인가?

갑. 1회   을. 2회
병. 3회   정. 4회

25 조석에 대한 설명으로 옳지 않은 것은?

갑. 달과 태양이 지구에 미치는 기조력에 의하여 주기적으로 해면이 상승하거나 낮아지는 수직 방향의 운동이다.
을. 저조에서 고조로 해면이 상승하는 동안을 '창조류', 고조에서 저조로 수위가 하강하는 동안을 '낙조류'라고 한다.
병. 해수면이 가장 낮은 시기를 '간조'라 하며, 가장 높은 시기를 '만조'라 한다.
정. 만조와 간조는 평균적으로 24시간 50분마다 반복되며, 지역에 따라 보통 하루에 1~2회 정도 조석이 생긴다.

◆ 해설
평균적으로 12시간 25분마다 만조와 간조가 반복되며, 지역에 따라 보통 하루에 1~2회 정도 조석이 생긴다.

26 조석이 선박 운항에 미치는 영향으로 옳지 않은 것은?

갑. 지구와 태양과 달이 일직선상에 놓이는 그믐과 보름 직후 '대조'가 나타나며, 유속이 빨라 선박 운항에 주의가 요구된다.
을. 태양과 달이 지구에 대하여 직각으로 놓이는 상현과 하현 직후 '조금'이 나타나며, 수심이 낮아 좌초 등에 유의해야 한다.
병. 우리나라에서 조차가 가장 큰 곳은 인천과 서해안이며, 이 지역에서 선박 운항 시 암초에 유의해야 한다.
정. 우리나라는 '만조'와 '간조'가 하루에 2회씩 반복되며, 선박 운항에 큰 영향을 미치지는 않는다.

27 조류의 힘이 가장 강한 시기는 언제인가?

갑. 만조와 간조 사이   을. 고조와 저조 사이
병. 사리 때   정. 조류가 역류할 때

28 파도를 뜻하는 용어 설명 중 가장 옳지 않은 것은?

갑. 바람이 해면이나 수면 위에서 불 때 생기는 파도가 '풍랑'이다.
을. 파랑은 현재의 해역에 바람이 불지 않더라도 생길 수 있다.
병. 너울은 풍랑에서 전파되어 온 파도로 바람의 직접적인 영향을 받지 않는다.
정. 어느 해역에서 발생한 풍랑이 바람이 없는 다른 해역까지 진행 후 감쇠하여 생긴 것이 '너울'이다.

29 조석과 조류에 관한 설명 중 옳지 않은 것은?

갑. 조석으로 인하여 해면이 높아진 상태를 고조라고 한다.
을. 조류가 창조류에서 낙조류로, 또는 낙조류에서 창조류로 변할 때 흐름이 잠시 정지하는 현상을 게류라고 한다.
병. 저조에서 고조까지 해면이 점차 상승하는 사이를 낙조라 하고, 조차가 가장 크게 되는 조석을 대조라 한다.
정. 연이어 일어나는 고조와 저조 때의 해면 높이의 차를 조차라 한다.

30 한 달에 조석이 가장 강하게 발생하는 시기는?

갑. 상현과 하현   을. 보름과 그믐
병. 봄철과 가을철   정. 여름과 겨울철

Answer
19 을 20 병 21 을 22 정 23 갑 24 을 25 정 26 정 27 병 28 을 29 병 30 을

3 기상학 기초

01 기상에 영향을 주는 대기의 성분이 아닌 것은?

갑. 수증기 을. 탄산가스
병. 오 존 정. 기 압

02 다음 중 기상변화에 가장 큰 영향을 미치는 요소는 어느 것인가?

갑. 수증기 을. 이산화탄소
병. 오 존 정. 편서풍

◆ 해설
기상에 영향을 미치는 성분은 수증기, 탄산가스, 산소, 오존 등이며 그 중에서도 수증기는 기상 현상에 중요한 영향을 끼친다.
대기중에 수증기 양이 많을수록 습도가 높아지고 구름 생성과 강우 현상에 중요한 역할을 하며, 기온의 일교차를 작게 하며 응결시 잠열과 폭풍을 일으키는 에너지원이 된다.

03 기상의 요소가 아닌 것은?

갑. 기 압 을. 습 도
병. 수 온 정. 안 개

04 대기의 순환이 일어나는 원인 중 맞는 것은?

갑. 고기압과 저기압의 빈번한 변화
을. 해류의 운동에 의하여
병. 파도의 높고 낮음에 의해
정. 조류의 왕복운동에 의하여

05 대류권은 지상에서 몇 km까지인가?

갑. 5 km 을. 7 km
병. 10 km 정. 12 km

06 오존층은 지상 약 몇 km에 존재하는가?

갑. 5 km 을. 10 km
병. 15 km 정. 30 km

07 편서풍이 불고 제트기류가 존재하는 대기권은?

갑. 열 권 을. 중간권
병. 권계면 정. 성층권

08 기온이란 지상 약 몇 미터(m)의 대기온도를 말하는가?

갑. 약 1미터 을. 약 1.5미터
병. 약 2미터 정. 약 5미터

09 기온에 관한 설명 중 틀린 것은?

갑. 일반적으로 기온이란 지상에서 1.5 m 높이의 온도이다.
을. 해상의 기온은 해면상에서 약 10 m 높이의 온도이다.
병. 온도 측정에서는 섭씨온도, 화씨온도, 절대온도, 추측 온도가 있다.
정. 1일 중 최저기온과 최고기온의 차를 일교차라 한다.

◆ 해설
온도 측정은 섭씨온도, 화씨온도로 측정한다.

10 섭씨 5℃는 화씨로는 몇 도인가?

갑. 25°F 을. 32°F
병. 41°F 정. 52°F

◆ 해설
$°C = \frac{5}{9}(°F - 32)$ $°F = \frac{9}{5}°C + 32$

11 단위 면적($1cm^2$)에 누르는 대기 압력을 무엇이라고 하는가?

갑. 기 온 을. 기 압
병. 수 압 정. 습 도

12 기상요소 중 기압의 단위는?

갑. 헥토파스칼(hPa) 을. 섭씨(℃)
병. 킬로왓트(Kw) 정. 마력(Hp)

13 기압에 관계되는 설명 중 맞지 않는 것은?

갑. 대기의 압력을 기압이라 한다.
을. 1기압은 760mmHg 또는 약 1,013hPa(1013.25mb)이다.
병. 오전 9시경에 가장 높고 오후 3시경에 낮다.
정. 선박에서는 기압이 필요하지 않다.

14 천기도상에 기입되는 기압의 변화량은 몇 시간 동안의 것인가?

갑. 이전 1시간 을. 이전 3시간
병. 이전 4시간 정. 이전 6시간

15 기압의 설명 중 틀린 것은?

갑. 북반구에서 고기압은 바람이 중심부에서 시계방향으로 불어간다.
을. 북반구에서 저기압은 바람이 중심부를 향하여 반시계방향으로 불어온다.
병. 고기압 중심은 H로 표시하고, 저기압의 중심은 L로 표시한다.
정. 기압은 대체로 조류의 흐름과 깊은 관계가 있다.

◆ 해설
기압은 바람의 흐름, 바람의 세기와 관계가 있다.

Answer 01 정 02 갑 03 병 04 갑 05 정 06 정 07 병 08 을 09 병 10 병 11 을 12 갑 13 정 14 을 15 정

16 기압이 같은 곳을 연결한 선을 무엇이라 하는가?
갑. 등심선
을. 등고선
병. 등온선
정. 등압선

17 등압선의 설명 중 틀린 것은?
갑. 기압이 같은 곳을 연결한 선이다.
을. 기압치가 다른 두 등압선은 서로 교차하지 않는다.
병. 특별히 풍속차가 없을 때 등압선의 간격은 일정하게 그려진다.
정. 등압선은 산악지역의 높이를 나타낸다.

18 저기압을 바르게 설명한 것은?
갑. 주위의 기압보다 높은 상태
을. 주위의 기압보다 낮은 상태
병. 하늘이 청명한 상태
정. 해면이 잔잔한 상태

19 저기압에 관한 설명이다. 틀린 것은?
갑. 주위보다 상대적으로 낮은 기압을 말한다.
을. 일반적으로 저기압은 열대 저기압을 말한다.
병. 일기도에 나타나는 저기압은 대부분 온대 저기압이다.
정. 열대 저기압의 중심부근의 풍속이 64노트 이상일 때를 태풍이라 한다.

◆해설
일반적으로 저기압은 온대 저기압과 열대 저기압으로 구분한다. 열대 저기압의 중심부로의 풍속이 64노트(1노트=1.852km) 이상 또는 30m/s 이상(108km/h)일 때를 태풍이라 한다.

20 고기압을 바르게 설명한 것은?
갑. 표준기압보다 높은 기압
을. 1기압보다 높은 기압
병. 주위 기압보다 높은 기압
정. 저기압 위에 있는 기압

21 저기압의 특징이 아닌 것은?
갑. 중심으로 갈수록 기압이 낮아진다.
을. 일반적으로 날씨가 나쁘다.
병. 북반구에서는 반시계 방향으로 불어 들어간다.
정. 중심에서 하강기류가 생긴다.

◆해설
〈저기압의 특징〉
• 주위보다 상대적으로 낮은 상태의 기압
• 북반구에서는 바람이 시계 반대 방향으로 불어 들어간다.
• 상승기류가 생겨 구름과 비를 내리게 하는 악천후의 원인
• 저기압은 중심부근으로 갈수록 기압경도가 커져 중심에 가까울수록 바람이 강하다.
• 저기압은 대부분 2개 또는 그 이상의 기단이 모여서 이루어진 것이므로 온난전선과 한랭전선. 때로는 폐색전선을 동반한다.

22 저기압의 이동에 관하여 잘못된 것은?
갑. 전선대를 타면 속도가 현저히 늦어진다.
을. 강우역이 길게 뻗친 방향으로 진행한다.
병. 이동속도는 난역의 풍속에 거의 비례한다.
정. 진로를 바꿀 때는 감속한다.

◆해설
저기압은 전선대를 타면 속도가 현저하게 빨라진다.

23 여름철 우리나라의 전형적인 기압배치는?
갑. 동고 서저형
을. 서고 동저형
병. 남고 북저형
정. 북고 남저형

24 공기 중에 포함된 수증기의 양을 무엇이라 하는가?
갑. 기 압
을. 습 도
병. 기 온
정. 운 량

25 단위 용적($1m^3$)의 대기 중에 섞여 있는 수증기의 양을 g으로 나타낸 것을 무엇이라 하는가?
갑. 절대습도
을. 상대습도
병. 노점온도
정. 혼합비

◆해설
상대습도는 현재 공기가 포함한 수증기량과 공기가 최대로 포함할 수 있는 수증기량의 비를 퍼센트(%)로 나타낸 것

26 기압이 높은 곳에서 기압이 낮은 곳으로 흐르는 공기의 이동을 무엇이라 하는가?
갑. 바 람
을. 기 압
병. 수 온
정. 습 도

27 보통 풍향은 바람이 불어오는 몇 방위로 표시하나?
갑. 2방위
을. 4방위
병. 16방위
정. 42방위

16 정 17 정 18 을 19 을 20 병 21 정 22 갑 23 병 24 을 25 갑 26 갑 27 병

28 다음 설명 중 틀린 것은?

갑. 풍향이란 정시관측 1분 전에서 정시까지 평균적인 방향을 말한다.
을. 풍향은 바람이 불어가는 방향이다.
병. 평균 풍속은 10분간의 평균 풍속을 말한다.
정. 풍향이 N-NE-E-SE이면 순전이라 한다.

해설
풍향은 바람이 불어오는 방향이고, 기류는 수직방향으로 움직이는 바람을 말한다. 순전은 시계바늘 방향을 의미한다.

29 지상풍의 풍향은 몇 방위로 나누는가?

갑. 4방위   을. 8방위
병. 16방위   정. 32방위

해설
지상풍은 16방위, 해상풍은 32방위로 표시한다.

30 기상청 풍력 계급표에 관한 설명이다. 바른 것은?

갑. 풍력계급은 대체로 해면의 상태를 나타낸다.
을. 풍력계급은 대체로 유속을 측정하는 계급표이다.
병. 풍력계급은 0~12의 단계를 표시한다.
정. 풍력계급은 전체적으로 396단계를 표시하고, 0~3까지만 사용한다.

해설
풍력계급은 바람의 강도를 표시하는 계급으로, 계급이 클수록 풍속이 강함을 표시한다. 0~12까지 13개의 풍력계급이 있다.

31 돌풍이 잘 일어나는 경우가 아닌 것은?

갑. 북서 계절풍이 강할 때
을. 저기압이 급속히 발달할 때
병. 고기압의 가장자리에 있을 때
정. 뇌우의 하강기류 내에 있을 때

32 하절기와 동절기를 주기로 해양과 대륙으로 그 방향을 바꾸어 부는 바람은?

갑. 해륙풍   을. 지상풍
병. 편서풍   정. 계절풍

33 해륙풍에 대한 설명 중 틀린 것은?

갑. 해안지방에서는 계절과 관계 없이 해륙풍이 존재한다.
을. 낮에는 바다에서 육지로 분다.
병. 밤에는 육지에서 바다로 분다.
정. 해상의 바람은 육상의 바람보다 풍속이 작다.

34 구름은 높이에 따라 상층운, 중층운, 하층운으로 분류하는데 하층운에 해당하는 구름은?

갑. 적운   을. 고층운
병. 권운   정. 층운

해설
• 상층운 : 권운, 권적운, 권층운
• 중층운 : 고적운, 고층운
• 하층운 : 층적운, 층운, 난층운
• 수직운 : 적운, 적란운

35 햇무리와 달무리를 빈번히 동반하는 구름은?

갑. 층운   을. 고적운
병. 권층운 정. 고층운

36 웅대한 진한 구름으로서 돌풍이나 우박, 뇌우 등을 동반하는 구름의 명칭은?

갑. 고적운 을. 고층운
병. 층운   정. 적란운

37 구름에 대한 설명 중 옳지 않은 것은?

갑. 운량의 표시는 0~10까지 표시
을. 운량은 전 하늘을 10으로 본다.
병. 비를 내리게 하는 구름은 적란운, 층운, 난층운, 고층운 등이다.
정. 운량 10은 구름이 전혀 없는 상태이다.

해설
운량 10은 하늘 전체가 구름일 때이다.

38 저기압이 접근하여 올 때 제일 먼저 나타나는 구름은?

갑. 상층운 을. 중층운
병. 하층운 정. 적란운

39 바다에서 많이 볼 수 있는 안개는?

갑. 복사안개 을. 이류안개
병. 증발안개 정. 전선안개

해설
• 복사안개 : 냉각된 지표면에 접한 공기가 냉각되어 노점온도가 되면 생기는 안개(육상안개)
• 전선안개 : 전선상의 전선을 따라 나타나는 안개

40 해상 시정에 가장 큰 영향을 미치는 것은?

갑. 비   을. 눈
병. 안개 정. 바람

Answer 28 을 29 병 30 병 31 병 32 정 33 정 34 정 35 병 36 정 37 정 38 갑 39 을 40 병

41 전선의 종류가 아닌 것은?

갑. 한랭전선　　을. 온난전선
병. 폐색전선　　정. 난류전선

> 해설
> 전선의 종류 : 한랭전선·온난전선·폐색전선·정체전선

42 성질이 다른 2종류의 기단이 만나서 이루는 경계면을 무엇이라 하는가?

갑. 전 선　　을. 바 람
병. 강 우　　정. 단 열

43 따뜻한 공기가 찬 공기의 위에 들어가서 발생하는 전선은?

갑. 서해전선　　을. 온난전선
병. 남해전선　　정. 정체전선

44 일반적으로 장마전선이라 불리는 전선은?

갑. 폐색전선　　을. 한랭전선
병. 정체전선　　정. 온난전선

45 우리나라 초여름에 장마전선을 형성하는 기단은?

갑. 온난전선　　을. 한랭전선
병. 폐색전선　　정. 정체전선

46 돌풍을 많이 동반하는 전선은?

갑. 온난전선　　을. 한랭전선
병. 남해전선　　정. 서해전선

47 우리나라 겨울철을 지배하는 기단은?

갑. 북태평양 기단　　을. 오호츠크해 기단
병. 시베리아 기단　　정. 양자강 기단

48 여름철 우리나라를 지배하는 기단은?

갑. 북태평양 기단　　을. 오호츠크해 기단
병. 시베리아 기단　　정. 양자강 기단

49 천기도상 전선의 표시 방식이 틀린 것은?

갑. 한랭전선은 청색으로 표시한다.
을. 온난전선은 적색으로 표시한다.
병. 폐색전선은 자색으로 표시한다.
정. 정체전선은 청색-자색-적색 순으로 표시한다.

> 해설
> 정체전선은 적-청-적-청으로 표시

50 황천(기상이 나빠짐)을 미리 알 수 있는 방법에 해당되지 않는 것은?

갑. 뭉개구름이 나타날 때
을. 기온이 낮아질 때
병. 기압이 내려갈 때
정. 급히 소나기가 때때로 닥쳐올 때

51 최대 풍속이 몇 m/sec 이상을 태풍이라 부르는가?

갑. 1~2m　　을. 5~7m
병. 17m　　정. 30m

52 우리나라에서 태풍이 가장 많은 계절은?

갑. 초겨울에서 이른 봄까지
을. 이른 봄에서 초여름까지
병. 초여름에서 초가을까지
정. 초가을에서 이른 봄까지

53 열대성 저기압을 동북 아시아에서 부르는 명칭은?

갑. 허리케인　　을. 사이클론
병. 윌리윌리　　정. 태 풍

> 해설
> • 태풍(Typhoon) : 우리나라, 일본, 중국 등의 북동아시아 지역
> • 허리케인(Hurricane) : 미국 남동부, 북대서양 카리브해, 서인도제도, 멕시코
> • 사이클론(Cyclone) : 북인도양, 뱅골만, 아라비아해
> • 윌리윌리(Willy Willy) : 호주, 뉴질랜드, 피지, 사모아제도

54 태풍 접근을 예측할 수 있는 요소가 아닌 것은?

갑. 너울(swell)　　을. 안개(fog)
병. 풍속(wind speed)　　정. 기압(air pressure)

55 태풍의 구조에 대한 설명으로 틀린 것은?

갑. 열대 해역에서 발생한다.
을. 등압선은 원대칭이다.
병. 중심에 눈을 동반한다.
정. 태풍은 4계절 항상 발생한다.

Answer 41 정 42 갑 43 을 44 병 45 정 46 을 47 병 48 갑 49 정 50 갑 51 병 52 병 53 정 54 을 55 정

56 태풍의 구조에 대한 설명으로 틀린 것은?
갑. 반지름이 300~400km 정도이다.
을. 태풍의 눈을 가지고 있다.
병. 등압선이 거의 원형이다.
정. 중심으로 갈수록 등압선의 간격이 넓어진다.

57 태풍의 눈의 특징은?
갑. 비바람이 상당히 강하다.
을. 비바람이 약하고 푸른 하늘을 볼 수 있다.
병. 주위의 기압보다 상당히 높다.
정. 주위보다 기온이 대단히 낮다.

58 태풍권 내에서 가장 위험한 곳은?
갑. 좌측 반원 전반부   을. 좌측 반원 후반부
병. 우측 반원의 전반부   정. 우측 반원의 후반부

59 태풍의 진로에 관한 설명이다. 틀린 것은?
갑. 전방에 저기압이 있는 쪽으로 접근한다.
을. 등압선의 장축 방향으로 진행하는 경향이 있다.
병. 기압 하강이 가장 심한 지역으로 진행하는 경향이 있다.
정. 전선대나 기압골을 피하여 진행한다.

60 매년 주기적으로 다가오는 태풍이나 저기압이 육상에 상륙하면 급속히 쇠약하는 이유는?
갑. 대기가 급속히 냉각되기 때문이다.
을. 수증기의 공급이 해상보다 적기 때문이다.
병. 바람의 영향이 장애물로 차단되기 때문이다.
정. 이동속도가 너무 빠르기 때문이다.

61 다음 중 일기예보를 접할 수 없는 것은?
갑. 조간신문   을. 텔레비전
병. 위성팩스   정. 월간 정기간행물

62 경험을 근거로 일기를 예상하는 방법이다. 틀린 것은?
갑. 햇무리와 달무리는 비
을. 유난히 반짝거리는 별빛은 맑음
병. 아침무지개는 비, 저녁무지개는 맑음
정. 물고기가 물밖으로 입을 내어 호흡하면 비

◆ 해설
밤하늘에 별들이 유난히 반짝이는 것은 대기권에 기압차가 발생되어 공기의 흔들림 현상이 심해지기 때문이며, 바람이 불어올 징조로 나쁜 날씨를 예상할 수 있다.

63 기상예보 중 단기예보란?
갑. 6시간~12시간   을. 24시간 또는 48시간
병. 1주 또는 1달   정. 한계절 또는 1년 앞

◆ 해설
을 : 초단기예보는 6시간 이내, 중기예보는 10일 이내, 장기예보는 11일 이상의 일기예보

64 기상예보 중 장기예보는 얼마 동안의 기간을 말하는가?
갑. 5일 이상   을. 7일 이상
병. 9일 이상   정. 11일 이상

65 다음 중 기상법상의 기상특보의 종류가 아닌 것은?
갑. 대 설   을. 해 일
병. 파 랑   정. 풍 랑

66 기상법에 정해진 기상특보의 종류가 아닌 것은?
갑. 강 풍   을. 폭 풍
병. 풍 랑   정. 호 우

◆ 해설
기상법에 의한 기상특보는 강풍, 풍랑, 폭풍해일, 태풍, 호우, 대설, 한파, 폭염, 건조, 황사 등 10가지이다.

67 해상에서 풍속 14m/s 이상이 3시간 이상 지속되거나 유의파고가 3m을 초과할 것이 예상될 때 발표하는 기상특보는?
갑. 폭풍주의보
을. 파랑주의보
병. 풍랑주의보
정. 태풍주의보

68 해상에서 풍속 21m/s 이상이 3시간 이상 지속되거나 유의파고가 5m를 초과할 것이 예상될 때 발표하는 기상특보는?
갑. 파랑주의보
을. 폭풍경보
병. 풍랑경보
정. 태풍주의보

69 태풍으로 인하여 ( )m/sec 미만의 강풍이 예상될 때는 태풍주의보, ( )m/sec 이상의 강풍이 예상될 때는 태풍경보를 발표한다. ( ) 속의 숫자는?
갑. 10   을. 17
병. 30   정. 50

Answer | 56 정 57 을 58 병 59 정 60 을 61 정 62 을 63 을 64 정 65 병 66 을 67 병 68 병 69 을

70 지상 일기도에 숫자로 기입되는 것은?

갑. 풍 속
을. 풍 향
병. 기 압
정. 운 량

해설
숫자로 기입되는 것 : 기압, 기압변화량, 기온, 노점온도, 운고, 강수량, 시정

4 구급법(생존술, 응급처치, 심폐소생술)

01 우리나라에서 식중독이 가장 많은 계절은?

갑. 봄
을. 여름
병. 가을
정. 겨울

02 식품이 조금 부패하여도 변하지 않는 것은?

갑. 색
을. 맛
병. 형태
정. 냄새

03 신체에 두드러기가 발생하는 중요한 원인은?

갑. 음식물이나 약물 섭취시
을. 비타민 결핍시
병. 화학적 요인
정. 신경의 긴장시

04 자외선의 작용이 아닌 것은?

갑. 관절염 유발
을. 살균작용
병. 비타민 D 형성
정. 피부암 유발

05 다음 설명 중 연결이 적합하지 않는 것은?

갑. 소독 : 병원세균을 없애거나 감염력을 없애는 것
을. 살균 : 모든 병균을 죽이는 것
병. 방부 : 병원세균을 완전히 죽여서 부패를 억제하는 것
정. 자외선 : 투과력은 약하나 살균력이 강하므로 실내공기를 살균

해설
방부 : 미생물의 생육활동을 막고 부패를 못하게 하는 것

06 체온 저하는 ( )에서 ( )부터 차가워진다. ( )에 들어갈 단어는?

갑. 머리, 먼 부위
을. 머리, 가까운 부위
병. 심장, 먼 부위
정. 심장, 가까운 부위

07 신체의 정상 체온은 몇 도를 유지해야 하나?

갑. 20°
을. 36°
병. 39°
정. 40°

08 체온 저하의 지연조치로 맞는 것은?

갑. 적당한 의복을 착용한다.
을. 혈액순환을 위해 알코올을 마신다.
병. 체력훈련을 위해 수영을 한다.
정. 햇빛을 많이 받기 위해 옷을 벗는다.

09 저체온시 응급처치로 적절치 못한 것은?

갑. 젖은 의복을 제거하고 따뜻한 장소로 옮긴다.
을. 실온의 산소를 투여한다.
병. 심폐소생술을 시행할 준비를 한다.
정. 갑자기 열을 가한다.

10 다음 중 응급환자로 판단해야 할 환자는?

갑. 호흡이 정상인 자
을. 체온이 40℃ 이상인 자
병. 분당 맥박수가 90회인 자
정. 의식이 비교적 명료한 자

11 다발성 손상을 입은 환자에게 가장 먼저 처치해야 할 것은?

갑. 기도유지
을. 출 혈
병. 골 절
정. 수 혈

12 호흡곤란 환자를 응급처치할 때 실시해야 할 사항이 아닌 것은?

갑. 환자를 편안한 자세로 쉬게 한다.
을. 의료기관에 구조를 요청한다.
병. 인공호흡을 시작한다.
정. 음료수를 섭취하도록 유도한다.

13 응급처치시 우선적 처치 순위가 맞는 것은?

갑. 호흡정지자 → 대출혈환자 → 격심한 쇼크 환자
을. 대출혈 환자 → 호흡정지자 → 중독자
병. 격심한 쇼크 환자 → 호흡정지자 → 대출혈 환자
정. 중독자 → 대출혈 환자 → 호흡정지자

70 병 / 01 을 02 병 03 갑 04 갑 05 병 06 병 07 을 08 갑 09 정 10 을 11 갑 12 정 13 을

14 환자 후송요령 중 틀린 것은?

갑. 환자의 움직임을 최소화한다.
을. 후송 전에 필요한 응급처치를 한다.
병. 운반도구는 가능한 가까이에 위치시켜 후송거리를 짧게 한다.
정. 어떠한 경우라도 환자 후송은 계획을 세워 통계처리 후 후송해야 한다.

15 신체절단 부위의 후송 처리방법으로 가장 적합한 것은?

갑. 거즈로 싸서 생리식염수를 붓고 주머니에 싸서 봉한다.
을. 수돗물로 깨끗이 씻어 마른 거즈에 싸서 이송한다.
병. 드라이 아이스를 사용하는 것이 좋다.
정. 오염과 손상이 심한 절단부는 재접합 가능성이 없기 때문에 가져올 필요가 없다.

16 조난시 생존을 위한 체온유지 방법이 잘못된 것은?

갑. 가능하면 퇴선시 옷을 많이 입는다.
을. 반드시 라이프자켓을 착용한다.
병. 추위를 느끼면 수영을 한다.
정. 수중에 있는 시간을 될 수 있는 한 줄인다.

17 바닷물을 많이 마시게 되면 나타나는 증상이 아닌 것은?

갑. 저체온 현상이 발생한다.
을. 갈증이 더욱 심해진다.
병. 구토 및 설사를 일으킨다.
정. 정신착란증이 올 수 있다.

18 수상사고시 물 속에서의 유의사항 중 잘못된 것은?

갑. 체온유지를 위해서 옷을 벗어서는 안 된다.
을. 수영이나 불필요한 동작은 금지
병. 체온유지를 위해 여러 명일 경우 서로 밀착
정. 팔을 계속 흔들어 구조요청

19 응급환자에게 심폐소생법을 하는 목적은?

갑. 응급환자의 주요 장기에 풍부한 산소를 공급한다.
을. 응급환자 동공을 확대하기 위해 한다.
병. 응급환자의 출혈을 막는다.
정. 응급환자의 골절을 접합하기 위해 한다.

20 심폐소생법이 필요한 경우가 아닌 것은?

갑. 환자가 숨을 쉬지 않을 때
을. 환자의 심방박동이 멎었을 때
병. 모든 심장발작 환자
정. 심장발작 환자가 의식이 없을 때

21 심폐소생술에서 흉부 압박에 관한 내용이다. 옳지 않은 것은?

갑. 강도는 흉골에 4~5cm 정도로 압박
을. 횟수는 분당 80회 정도
병. 플라스틱 망치로 가볍게 두드림
정. 압박과 이완은 50 : 50

22 맥박과 호흡이 멈춘 익수자에게 심폐소생법 및 심장마사지를 하는 구조요원은 익수자의 신체 부위를 분당 80~100회 정도 압박을 가해야 되는데 신체 어느 부위를 압박하는가?

갑. 등 뒤 목 부위
을. 흉골 부위
병. 복부 부위
정. 왼쪽 목 부위

◆ 해설
심장박동이 약해지거나 정지되었을 때 인위적으로 흉부를 압박하여 혈액순환을 유지시키는 것이 심장마사지(심장 압박)이다. 심장마사지는 분당 80~100회 정도의 흉부 압박을 맥박이 있을 때까지 반복해야 한다.

23 익수자를 구조하여 소생 가능성을 확인하고자 한다. 적당하지 않은 것은?

갑. 체온상태
을. 항문의 수축
병. 복부 팽창 정도
정. 동공의 확장상태

24 의식은 없으나 호흡과 맥박이 있는 환자에게 구토시 흡인(aspiratio)을 방지하기 위한 가장 적절한 자세는?

갑. 얼굴을 위쪽으로 들어 올린다.
을. 얼굴을 바닥으로 향하도록 눌러준다.
병. 얼굴이 측면을 향하도록 옆으로 눕힌다.
정. 환자의 상체가 높아지도록 눕힌다.

25 무의식 때의 기도폐쇄 원인 중 가장 흔한 사례는?

갑. 정상적 맥박수
을. 외부의 충격
병. 이완된 혀
정. 관절의 골절

26 인공호흡을 실시하기 전에 가장 먼저 해야 할 것은?

갑. 물을 마시게 한다.
을. 기도유지
병. 혈액형 확인
정. 채혈을 한다.

Answer 14 정 15 갑 16 병 17 갑 18 정 19 갑 20 병 21 병 22 을 23 병 24 병 25 병 26 을

27 기도 개방의 방법으로 가장 적당한 것은?

갑. 머리를 젖히고 턱을 끌어올린다.
을. 환자의 콧속으로 공기를 불어 넣는다.
병. 턱을 내린다.
정. 발가락을 구부린다.

28 구강 대 구강법으로 인공호흡시 환자의 머리를 뒤로 젖히는 이유는?

갑. 인공호흡시 가장 편안한 자세이므로
을. 숨을 불어넣는 응급처치가 환자의 몸을 더 쉽게 관찰할 수 있으므로
병. 목을 확장시키고 혀가 목구멍을 막지 않도록 하기 위해
정. 응급처치자가 충분한 공기를 전달하는데 피곤하므로

29 성인의 경우 인공호흡은 몇 초마다 한 번 실시하는가?

갑. 매초마다 한 번   을. 5초마다 한 번
병. 30초마다 한 번   정. 1분마다 한 번

30 1분 동안 성인의 정상적인 호흡 횟수로 가장 적당한 것은?

갑. 7~10회   을. 12~16회
병. 17~21회   정. 25~30회

31 인공호흡의 설명으로 틀린 것은?

갑. 인공호흡은 생명 유지에 필요한 산소를 공급한다.
을. 구강 내 이물질을 제거한다.
병. 인공호흡은 숨은 쉬지 않지만 맥박이 있는 환자에게 실시한다.
정. 계속 등치기 방법으로 실시한다.

32 인공호흡이 필요한 경우가 아닌 것은?

갑. 머리부상으로 호흡이 중지되고 중추신경 마비
을. 물에 빠졌으나 호흡과 맥박이 정상인 사람
병. 목 졸림 현상으로 호흡이 곤란시
정. 가스 중독 및 약물 중독시

33 인공호흡을 하여도 효과가 나타나지 않는 경우는?

갑. 물에 빠져 호흡이 멈추었을 때
을. 가스 중독에 의해 호흡이 멈추었을 때
병. 쇼크 상태에서 호흡이 멈추었을 때
정. 심한 출혈로 인해 호흡이 멈추었을 때

▶ 해설
과다 출혈로 호흡이 멈추었을 때는 매우 위험한 상태이므로 우선 지혈을 한 뒤 소생 여부를 확인해야 한다.

34 호흡이 정지되고 나면 뇌가 영구적인 손상을 입는 데 걸리는 시간은?

갑. 약 5분   을. 약 15분
병. 약 30분   정. 약 60분

35 외상에 의한 출혈시 응급조치 방법이 아닌 것은?

갑. 탈지면으로 지혈한다.
을. 출혈부위를 심장보다 높게 한다.
병. 지혈제를 바른다.
정. 심장부를 압박한다.

36 다음 중 정상적인 사람의 소량 출혈시 자동 지혈되는 시간은?

갑. 1~2분   을. 6~10분
병. 30~60분   정. 60~100분

37 외부 출혈을 지혈시키는 방법들 중 가장 좋은 방법은?

갑. 직접 압박   을. 간접 압박
병. 지혈대 이용   정. 부목 고정

38 혈액의 색깔이 선홍색이고 분출성인 출혈은?

갑. 모세혈관 출혈   을. 대정맥 출혈
병. 정맥 출혈   정. 동맥 출혈

39 혈액의 색깔이 암적색이고 유출성인 출혈은?

갑. 모세혈관성 출혈   을. 자연 출혈
병. 정맥성 출혈   정. 동맥성 출혈

40 수상레저활동 중 안전사고로 출혈이 심한 환자가 발생하였다. 응급처치 방법으로 적절치 못한 것은?

갑. 출혈이 멎기 전에 음료수를 먹이지 않는다.
을. 손상된 곳과 심장 사이에 동맥이 뼈 가까이 지나가는 곳에서 동맥을 뼈에 압박하는 동맥압박을 한다.
병. 출혈 부위를 지혈시키고 출혈 부위를 높여준다.
정. 지혈대 폭은 5cm 이상 넓이를 사용하고 지혈대를 보이지 않게 고정시킨다.

27 갑 28 병 29 을 30 을 31 정 32 을 33 정 34 갑 35 정 36 갑 37 갑 38 정 39 병 40 정

> **해설**
> 지혈대 사용방법은 최소 5cm 이상 되는 폭의 삼각건(혹은 손수건)을 출혈 부위보다 심장 쪽으로 3cm 정도 되는 곳에 2번 이상 감은 뒤 한 번 묶은 매듭 위에 나무막대나 볼펜 등을 넣고 다시 묶은 후에 나무막대를 돌리면서 출혈이 멈출 때까지 지혈대를 조이는 방법이다. 따라서 지혈대를 보이지 않게 고정시킨다는 것은 틀린 내용이다.

41 순간적인 혈액순환의 감퇴로 인하여 몸의 전 기능이 부진되고 허탈된 상태를 무엇이라 하는가?
갑. 중 독
을. 충격(쇼크)
병. 골 절
정. 심장마비

42 쇼크는 신체의 어느 계통에 영향을 주는가?
갑. 순환 및 호흡계통
을. 순환, 호흡 및 신경계통
병. 전체 신체계통
정. 호흡 및 신경계통

43 다음 중 쇼크의 효과적인 처치로 가장 적당하지 않은 것은?
갑. 정상 체온을 유지한다.
을. 기도, 호흡, 순환을 살펴본다.
병. 환자를 편안하게 쉬도록 돕는다.
정. 의식회복을 위해 배를 세게 눌러준다.

44 근육 골격계 손상은 반드시 고정해야 하는 이유는?
갑. 통증을 줄이고 더 이상 손상되는 것을 방지하기 위해
을. 손상된 부위의 감염을 줄이기 위해
병. 응급환자의 표시를 위해
정. 환자의 요청에 의해

45 다음 중 손상된 관절의 응급처치 방법 중 맞는 것은?
갑. 외부출혈을 지혈한다.
을. 부목 사용 전에 골절이나 탈구된 부위를 잡아당긴다.
병. 골절이나 탈구된 부위를 바닷물로 씻는다.
정. 수혈을 실시한다.

46 열사병의 응급처치 방법 중 틀린 것은?
갑. 환자를 신속히 서늘한 장소로 옮긴다.
을. 기도를 확보한다.
병. 체온을 식힌다.
정. 환자 후송시 창문을 닫아둔다.

47 열사병에 대한 치료법 중 옳은 것은?
갑. 환자를 담요로 싸서 체온을 높인다.
을. 따뜻한 물이나 연유 등을 복용시켜 체온을 높인다.
병. 피부를 건조하게 하기 위해 난로 곁으로 간다.
정. 호흡곤란시 냉수마찰과 인공호흡을 한다.

48 피부 표면에 발작과 작열감을 나타내는 정도의 화상은?
갑. 제1도 화상
을. 제2도 화상
병. 제3도 화상
정. 제4도 화상

49 화상에 대한 응급처치법이 아닌 것은?
갑. 냉수를 전혀 먹여서는 안 된다.
을. 세균감염을 방지한다.
병. 바셀린이나 붕산연고를 바른다.
정. 쇼크를 방지한다.

50 화상에 대한 응급처치 방법으로 옳지 않은 것은?
갑. 뜨거운 물에 젖었거나 불에 탄 의복은 가위를 이용하여 제거한다.
을. 화상 부위를 소독된 거즈로 두툼하게 덮는다.
병. 화상시 온도를 보존하기 위해 화상 주위에 열을 가한다.
정. 수포는 터뜨리지 않는다.

5 각종 사고시 대처방법 및 예방

01 모터보트 운행 중 사고원인이 아닌 것은?
갑. 과 속
을. 급회전
병. 안전규칙 준수
정. 승선인원 초과

02 해상사고의 발생원인과 거리가 먼 것은?
갑. 항해계기의 정비불량
을. 잘못된 선위 결정
병. 공선으로 항해
정. 과실, 태만, 부적절한 운용술

03 모터보트 등 수상레저기구 사고의 가장 큰 원인으로 적당한 것은?
갑. 과승, 과적 등 지정 중량의 초과
을. 조종자의 조종미숙과 부주의
병. 기상상태 등을 무시한 무리한 운항
정. 기관정비 등의 불량

 41 을 42 병 43 정 44 갑 45 갑 46 정 47 정 48 갑 49 갑 50 병 / 01 병 02 병 03 을

04 선박에 위험이 생겼을 때 구조해야 할 순서는?

갑. 선박, 인명, 화물
을. 화물, 선박, 인명
병. 인명, 선박, 화물
정. 인명, 화물, 선박

05 보트의 충돌시 조치 사항으로 좋지 못한 것은?

갑. 양 보트의 인명구조에 최선을 다한다.
을. 침수량이 배수량보다 많으면 배수를 중단한다.
병. 침몰할 염려가 있을 때에는 임의좌초시킨다.
정. 퇴선시에는 라이프자켓은 반드시 착용한다.

06 다른 보트와 충돌하여 침몰시 제일 먼저 해야 하는 행동은?

갑. 보트 종류 확인
을. 관계기관에 신고
병. 익수자의 신원확인
정. 인명의 구조

07 모터보트의 전복사고 방지법으로 틀린 것은?

갑. 무거운 중량물은 선저에 적재한다.
을. 급회전을 하지 않는다.
병. 해면상태가 나쁠 때 안전운항을 한다.
정. 빠른 속력으로 귀항한다.

08 운행 중 보트의 전복을 예방하기 위한 방법 중 적절하지 못한 것은?

갑. 승선자를 적절히 분산시켜 앉힌다.
을. 전후 좌우 균형을 유지하도록 낮은 자세를 취한다.
병. 정원을 초과하지 않는다.
정. 승선자 전원은 선수(船首)쪽에 앉는다.

09 모터보트의 전복사고 방지를 위한 주의사항으로서 적당하지 않은 것은?

갑. 무거운 화물을 선저에 적재한다.
을. 사람이나 화물을 많이 실은 경우 급선회를 하지 않는다.
병. 파랑이 높은 때에는 옆 파도를 받지 않도록 조종한다.
정. 배의 동요 주기와 파도의 주기를 일치시키도록 침로와 속력을 조정한다.

10 모터보트 운항 중 전복방지를 위한 조치로 적당하지 않은 것은?

갑. 파도는 현측에서 받도록 한다.
을. 해치와 창문은 닫는다.
병. 탑승자는 자세를 낮게 한다.
정. 무거운 짐은 고정한다.

11 다음 중 보트가 전복될 위험이 가장 큰 경우는?

갑. 기관 공회전이 생길 때
을. 조류가 빠른 수역을 항해할 때
병. 선수동요를 일으킬 때
정. 횡요 주기와 파의 주기가 일치할 때

12 모터보트의 전복사고 예방법으로 틀린 것은?

갑. 무거운 중량물은 선미 상부에 적재한다.
을. 급회전을 하지 않는다.
병. 기상악화시 안전속력으로 운항한다.
정. 파도를 선측에서 받지 않도록 한다.

13 모터보트 조종 중 암초에 얹히는 것을 무엇이라 하는가?

갑. 충 돌
을. 좌 초
병. 침 몰
정. 전 복

14 운항 중 보트가 얕은 모래톱에 올라앉은 경우 제일 먼저 취해야 하는 조치는?

갑. 선체의 파손 확인
을. 조수간만 확인
병. 배의 위치를 확인
정. 엔진정지

15 모터보트의 사고발생시 처리로서 적당하지 않은 것은?

갑. 간조시 올라앉아 자력으로 빠져 나올 수 없을 때 만조를 기다린다.
을. 항행 중 화재가 발생한 경우에는 소화하기 쉽도록 화원을 바람이 불어가는 쪽으로 향한다.
병. 다른 배와 충돌했을 때는 인명구조를 우선적으로 행한다.
정. 다른 배와 충돌했을 때는 양선을 즉시 떼어내면 안된다.

> **해설**
> 항행 중 화재 발생시에는 즉시 엔진을 정지시키고 연료공급을 차단시키되 소화기로 불을 끈다. 소화기가 없을 경우에는 물로 대처한다. 단, 화원을 바람이 불어오는 쪽으로 향하여 소화하는 것이 화재의 확산을 막을 수 있다.

16 수밀격벽의 잇점이 아닌 것은?

갑. 충돌 좌초시 침수를 한 구역에 한정시킨다.
을. 화재 발생시 확대를 방지한다.
병. 밸러스트 탱크로 사용할 수 있다.
정. 선체의 횡강력을 보강시킨다.

04 병 05 을 06 정 07 정 08 정 09 정 10 갑 11 정 12 갑 13 을 14 정 15 을 16 병

17 모터보트의 선수쪽에서 화재가 발생했을 때 가장 적당한 조종법은?

갑. 선수우현에서 바람을 받도록 조종한다.
을. 선수에서 바람을 받도록 조종한다.
병. 선수좌현에서 바람을 받도록 조종한다.
정. 선미에서 바람을 받도록 조종한다.

18 모터보트의 화재를 예방하는 사항 중 틀린 것은?

갑. 전기제품 및 배선은 양호한 상태를 유지한다.
을. 스위치나 스파크를 일으키는 물건을 연료탱크에 놓지 않는다.
병. 배터리 주위는 항상 충분한 환기를 시킨다.
정. 승선자 전원이 방탄복을 착용한다.

19 모터보트에 비치된 소화기의 설명 중 틀린 것은?

갑. 소화기는 항상 사용이 가능한 장소에 보관한다.
을. 소화기 사용법은 승선자 전원이 숙지하여야 한다.
병. 소화기는 사용가능 기간이 초과되지 않아야 한다.
정. 소화기의 점검은 조금씩 품어보는 식으로 점검한다.

20 화재 발생시 조치 사항이 잘못된 것은?

갑. 화재 구역의 통풍을 차단하고 전원으로 조명
을. 타고 있는 물질이 무엇인가 알아내어 소화방법 강구
병. 소화작업자의 안전과 구출할 기구를 준비
정. 화재의 확산 방지에 노력

21 보트 운행시 화재가 발생하였을 때, 화재현장을 밀폐하는 소화방법은?

갑. 산소공급을 차단한다.
을. 산소를 공급한다.
병. 현장출입을 제한한다.
정. 화재현장을 보존한다.

22 선실이나 기관실 등 밀폐된 장소에서 화재가 발생한 경우 소화방법 중 가장 적당하지 않은 것은?

갑. 해수에 의한 소화
을. 거품소화기에 의한 소화
병. 탄산가스 소화기에 의한 소화
정. 의류나 모포로 불을 덮어 소화

23 다음 중 연결이 잘못된 것은?

갑. A급 화재 – 재가 남는 고체물질 화재
을. B급 화재 – 재가 남지 않는 가연성 액체 화재
병. C급 화재 – 전기에 의한 화재
정. D급 화재 – 아세틸렌 등의 가스 화재

> **해설**
> D급 화재는 가연성 금속물질의 화재(나트륨·마그네슘·알루미늄 등)

24 소화시 보트조종에 관한 설명 중 틀린 것은?

갑. 상대 풍속이 "0"이 되도록 조종한다.
을. 선수(船首) 화재시는 선미(船尾)쪽에 바람을 받는다.
병. 선미(船尾) 화재시는 후진을 한다.
정. 중앙부 화재시는 정횡에서 바람을 받는다.

25 모터보트와 어구 등에 관한 내용 중에 적당한 것은?

갑. 수중에 설치되어 있는 어구의 표식은 눈으로 확인하기 어려운 경우가 많다.
을. 단독으로 설치되어 있는 어구를 발견한 때에는 선수(船首)의 파도로 밀어낸다.
병. 프로펠러에 어망이 감겼을 때에는 즉시 프로펠러를 반대 방향으로 회전시킨다.
정. 주낙이나 자망 등의 어구는 항상 같은 위치에 설치되어 있다.

26 소형 선외기선이 전진 항행 중 어망이 프로펠러에 감겨 기관이 정지한 경우 가장 먼저 하는 처치로서 가장 적당한 것은?

갑. 기관을 후진에 걸고 프로펠러를 역회전시킨다.
을. 드라이브 유니트를 들어올린다.
병. 기관을 시동하여 미속전진, 미속후진을 반복한다.
정. 프로펠러를 역회전하면서 어망을 잘라낸다.

27 모터보트 운항 중 부유물이 프로펠러에 감겨 엔진이 정지되었을 때 가장 적절한 조치는?

갑. 기관을 후진에 걸고 프로펠러를 역회전한다.
을. 엔진하부를 들어올려 부유물을 제거한다.
병. 엔진을 재시동하여 전진후진을 반복한다.
정. 프로펠러를 고속으로 회전하여 부유물을 잘라낸다.

17 정 18 정 19 정 20 갑 21 갑 22 병 23 정 24 병 25 갑 26 을 27 을

28 모터보트가 운항 중에 부유물이 프로펠러에 부딪혀 날개가 변형된 경우 나타나는 현상이 아닌 것은?

갑. 선체에 진동이 발생한다.
을. 직진성이 좋아진다.
병. 엔진의 회전수가 올라간다.
정. 계기류에 변화가 나타난다.

29 보트 운행 중 갑자기 선체가 심하게 떨림 현상이 나타날 때 점검해야 하는 곳이 아닌 것은?

갑. 프로펠러에 로프가 감겼는지를 확인한다.
을. 프로펠러의 파손상태를 점검한다.
병. 냉각수(over heating)를 확인한다.
정. 엔진의 종류를 확인한다.

30 부유물이 많은 수역을 통과할 때 반드시 확인해야 하는 게이지(gauge)는?

갑. 온도게이지
을. 연료게이지
병. 압력게이지
정. 배터리 게이지

31 항해 중에 심한 파도의 충격이나 해상 부유물과의 충돌로 키가 손상되어 선박의 조종이 불가능할 경우 비상수단으로 응급키를 제작한다면 그 요건이 아닌 것은?

갑. 보침성 및 선회성이 유지되어야 한다.
을. 수중에 얕게 잠기도록 사용한다.
병. 견고하여 풍랑에 견디어야 한다.
정. 조종이 간편하고 쉬워야 한다.

32 조난시 대처방법으로 적절한 것은?

갑. 활동에 불편한 라이프자켓은 벗어버린다.
을. 체온보존을 위해 수영을 실시한다.
병. 갈증 해소를 위해 알코올을 마신다.
정. 조난신호탄을 발사한다.

33 다음 중 조난신호가 아닌 것은?

갑. 국제신호기 NC의 게양
을. 타르, 기름통 등의 연소로 생기는 선상에서의 발연신호
병. 오렌지색의 연기를 발하는 발연신호
정. 보트에서 팔을 위로 향한다.

> **해설**
> 팔을 수평으로 벌려서 아래 위로 천천히 올렸다 내렸다 하는 신호여야 조난신호이다.

34 국제 조난신호기는?

갑. NC기(旗)
을. 숫자기(旗)
병. 대표기(旗)
정. 해답기(旗)

35 무선전화의 음성 조난신호는?

갑. MDC
을. MAY DAY
병. XXX XXX
정. TTT TTT

36 조난통보의 내용 중 필수 정보에 해당되지 않는 것은?

갑. 선종 또는 선명
을. 조종자의 성명, 기관의 종류
병. 조난 위치
정. 침로와 속력

37 다음 중 조난 예방법으로 적절하지 못한 자세는?

갑. 출항 전 이웃이나 관계자에게 귀항시간, 보트 형태 등을 알려준다.
을. 출항 전 엔진의 계기류를 철저히 점검한다.
병. 출항 전 연료탱크의 연료 잔량을 확인한다.
정. 출항 전 승선인원의 경력사항을 점검한다.

38 다음 중 조난시 대처 요령으로 가장 적당하지 않은 것은?

갑. 노도 등을 이용한 표류
을. 좌우로 벌린 팔을 반복하여 올렸다 내렸다 하는 신호
병. 조난사실 등을 알리고 정박
정. 오렌지색의 발연신호

39 주간에 조난자의 위치를 알기 위하여 구명튜브과 연결하여 사용하는 것은?

갑. 낙하산신호
을. 신호홍염
병. 자기점화등
정. 자기발연신호

40 모터보트에서 사용할 수 있는 법규상 가장 적절한 조난 수(手)신호는?

갑. 옷을 벗어 흔든다.
을. 소리를 지른다.
병. 양쪽 팔을 펴고 상하로 흔든다.
정. 손바닥을 보이며 흔든다.

Answer 28 을 29 정 30 갑 31 을 32 정 33 정 34 갑 35 을 36 을 37 정 38 갑 39 정 40 병

41 조난시 선위(선박의 위치)를 자동으로 알려주는 통신 구명장비는?

갑. EPIRB 을. SSB
병. VHF 정. UHF

42 퇴선신호를 듣고 취해야 할 동작이 아닌 것은?

갑. 따뜻한 의복을 되도록 많이 껴입는다.
을. 구명조끼를 반드시 착용할 것
병. 각자의 지정된 위치로 간다.
정. 퇴선신호가 울리면 지체 없이 탈출할 것

43 조난시 알코올을 마시면 안 되는 이유 중 틀린 것은?

갑. 체열 발산을 증가시킨다.
을. 주의력을 감퇴시킨다.
병. 갈증이 해소된다.
정. 판단력을 흐리게 한다.

44 홍염신호에 관한 내용 중 적당하지 않은 것은?

갑. 발광시간은 수분간으로 생각하고 사용한다.
을. 홍염신호를 점화하여 수면으로 던진다.
병. 직사광선이 닿지 않는 서늘한 장소에 보관한다.
정. 제조일로부터 3년 이상 된 것은 교환한다.

◉ 해설
홍염신호는 조난신호의 장비로 손잡이에 불을 붙이면 붉은색 불꽃을 내며, 자체 점화장치를 보유하고 있다. 1분 이상의 연소와 함께 발광을 하며, 10cm 깊이의 수중에서 10초 동안 잠긴 후에도 계속 타야 한다. 점화하여 수면 위로 던져 연기를 내게 하는 것은 주간용 발연부신호이다.

45 조난을 당했을 때 위치 표시를 위한 신호용구가 아닌 것은?

갑. 로켓신호 을. 발연부신호
병. 자기점화등 정. 구명튜브

46 표류 중 조종자가 조치 및 확인해야 할 사항이 아닌 것은?

갑. 조난 통신이 보내졌으며, 그것이 수신되었는가?
을. 현재 조난의 위치는 어딘가?
병. 음료수 식량 등은 어느 정도 유지될까?
정. 승선사의 가족사항을 파악한다.

47 모터보트로 원거리 수상레저활동 중 조난을 당했을 경우 대처방법으로 틀린 것은?

갑. 규정에 의한 조난신호를 한다.
을. 활동이 불편하여도 구명조끼는 반드시 착용하여야 한다.
병. 체온을 유지하기 위하여 옷을 충분히 입어야 한다.
정. 수온이 기온보다 따뜻할 경우 타 선박을 향해 계속 수영한다.

48 조난 통보를 수신한 보트가 취할 조치 사항이 아닌 것은?

갑. 수신했음을 조난선에 알릴 필요는 없다.
을. 상황에 따라서는 조난 통보를 재송한다.
병. 레이더를 계속하여 작동한다.
정. 조난장소 부근에 접근하면 견시원을 추가 배치한다.

49 모터보트의 연료 계통에서 화재가 발생하였다. 가장 우선해야 할 대처 방법은?

갑. 엔진을 끄고 연료 밸브를 차단 후 소화기를 분사한다.
을. 소화기를 분사한 후 엔진을 끄고 연료 밸브를 차단한다.
병. 구명장비를 즉시 착용하고 보트에서 벗어난다.
정. 모터보트를 빠르게 조종하여 넓은 바다로 이동시킨다.

50 보트가 전복되어 물에 빠졌을 경우 대처법으로 가장 옳지 않은 것은?

갑. 구명조끼를 착용하고 주변을 살핀다.
을. 전복이 진행 중이라면 보트로부터 떨어진다.
병. 가능하다면 부유물 위로 올라가 구조를 기다린다.
정. 체온 유지를 위하여 물속에서 구조를 기다린다.

6 안전장비 및 인명구조

01 모터보트 운항 중 익수자에게 던지기 좋은 안전장비는?

갑. 보트훅크 을. 예인로프
병. 앵커 체인 정. 구명튜브

02 수상레저활동시 안전장비가 아닌 것은?

갑. 구명튜브 을. 소화기
병. 구명조끼 정. 예인로프

03 안전장비는 어디에 비치해야 하는가?

갑. 보트 내 구석진 장소
을. 긴급시 즉시 사용할 장소
병. 보트 내 물품보관함
정. 조종석 밑에

Answer 41 갑 42 정 43 병 44 을 45 정 46 정 47 정 48 갑 49 갑 50 정 / 01 정 02 정 03 을

04 라이프자켓의 사용방법 중 틀린 것은?

갑. 승선자 전원 라이프자켓을 착용한다.
을. 날씨가 나쁠 때라도 착용해야 한다.
병. 보호자가 있는 어린이도 착용하여야 한다.
정. 모터보트 조종자만 라이프자켓을 착용한다.

05 다음 중 구명장비가 아닌 것은?

갑. 라이프자켓
을. 구명튜브
병. 자기점화등
정. 앵커 및 체인

06 다음 구명장비 중 가장 멀리 던질 수 있는 것은?

갑. 구명부기
을. 구명튜브
병. 구명조끼
정. 구명볼

07 모터보트에서 사용하는 안전비품이 아닌 것은?

갑. 소화기
을. 구명조끼
병. 신호탄
정. 부탄가스

08 구명정의 승선정원은 무엇으로 결정되는가?

갑. 구명정의 용적
을. 구명정의 길이
병. 구명정의 넓이
정. 구명정의 중량

09 바다에서의 인명구조 조치로 가장 적절한 것은?

갑. 구명튜브을 던진다.
을. 관찰하며 기다린다.
병. 자력으로 나올 것으로 믿는다.
정. 손을 흔들어 준다.

10 모터보트 운항 중 사람이 물에 빠졌을 경우 조치사항으로 적당하지 않는 것은?

갑. 큰 소리로 물에 빠진 현쪽을 외친다.
을. 구명튜브을 던진다.
병. 고속으로 신속히 빠진 쪽을 향해 전진한다.
정. 즉시 구조작업을 한다.

11 모터보트로 익수자를 구조할 경우 선수 방향으로부터 풍파를 받으며 익수자에게 접근하는 이유로써 가장 적당한 것은?

갑. 익수자가 수영하기 쉽다.
을. 익수자를 발견하기 쉽다.
병. 모터보트의 조종이 쉽다.
정. 구명튜브를 던지기가 쉽다.

12 야간에 수상레저기구 운항 중 물에 사람이 빠진 경우 제일 먼저 조치해야 할 사항으로 맞는 것은?

갑. 수상레저기구를 후진하여 익수자에게 접근한다.
을. 부상전등이 달린 구명환을 익수자 가까이 던져준다.
병. 사고발생 위치를 정확하게 산출한다.
정. 로켓신호 등 야간에 사용할 수 있는 조난신호를 보낸다.

13 모터보트 운항 중 승선자 한 명이 선회 도중 물에 빠진 경우, 조종자가 취한 조치 중 옳게 나열된 것은?

갑. 추락한 현쪽으로 전타 – 기관정지 – 구명튜브 투하
을. 구명튜브 투하 – 전속 후진 – 신호기 게양
병. 신호기 게양 – 정선 – 구명정 강하
정. 구명볼 투하 – 기관정지 – 추락한 반대 현으로 전타

14 모터보트에서 탑승자가 물에 빠진 경우 물에 빠진 사람 쪽으로 선회하는 이유로 가장 적당한 것은?

갑. 물에 빠진 사람과 스크루를 멀리 하기 위해
을. 물에 빠진 사람을 쉽게 잡기 위해
병. 물에 빠진 사람을 시야에서 놓치지 않기 위해
정. 물에 빠진 사람에게 빠르게 접근하기 위해

15 물에 빠진 사람에게 보트로 접근할 때 가장 적당한 접근 방향은?

갑. 현측으로 접근한다.
을. 선수로 접근한다.
병. 선미로 접근한다.
정. 가장 용이한 방향으로 접근한다.

16 모터보트 운항 중 익수자 발생시 처치요령으로 틀린 것은?

갑. 익수자 발생 즉시 엔진레버를 중립에 둔다.
을. 즉시 후진 전속하여 익수자 쪽으로 접근하여 구조한다.
병. 선미를 익수자로부터 멀어지게 한다.
정. 익수자 발생 즉시 익수자 방향으로 키를 돌린다.

17 익수자를 수영으로 구조할 때 전방 목 잡힘을 당하는 경우 대처 방법 중 틀린 것은?

갑. 익수자의 몸이 등쪽을 보이도록 하면서 팔을 꺾는다.
을. 발부터 입수를 실시하면서 아래로 잠수한다.
병. 손과 팔을 잡고 익수자를 위쪽으로 밀어낸다.
정. 구명도구를 이용해 기절을 시킨다.

04 정 05 정 06 정 07 정 08 갑 09 갑 10 병 11 병 12 을 13 갑 14 갑 15 갑 16 을 17 정

18 익수자를 구조 후 적절한 조치가 아닌 것은?

갑. 담요로 감싸준다.
을. 기도 유지를 한다.
병. 체온보존을 위하여 알코올을 먹인다.
정. 인공호흡을 실시한다.

19 구명뗏목이 바람에 떠내려가지 않도록 바닷속의 저항체 역할과 전복방지에 유용한 것은?

갑. 해묘
을. 안전변
병. 구명줄
정. 바다기실

20 수동 팽창식 구명조끼에 대한 설명 중 옳지 않은 설명은?

갑. 부피가 작아서 관리, 취급, 운반이 간편하다.
을. CO_2 팽창기를 이용하여 부력을 얻는 구명조끼이다.
병. 협소한 장소나 더운 곳에서 착용 및 활동이 편리하다.
정. CO_2 팽창 후 부력 유지를 위한 공기 보충은 필요 없다.

Answer | 18 병 19 갑 20 정

조종면허시험 운항 및 운용 요점정리

운항 및 운용

1 운항

1 운항의 기초

(1) 항법의 종류
① 지문항법
  ㉠ 연안항법 : 연안의 물표를 관측하여 선위(선박의 위치)를 구하는 항법
  ㉡ 추측항법 : 지구의 모양, 크기 및 선내에서 구하는 항정과 침로를 기초로 선위를 계산하는 항법 → 대양 항해 시 사용
② 천문항법 : 천체를 관측하여 선위를 구하는 항법
③ 전파항법 : 전파의 특성(직진성, 반사성, 등속성)을 응용한 전파계기를 이용하여 선위를 구하는 항법(기출)

> **참고**
> **선박의 항해구역**(기출)
> 선박의 항해구역은 평수, 연해, 근해 및 원양구역으로 구분되며 선박소유자의 요청, 선박의 구조 및 선박시설기준 등을 고려하여 지정하고 있다.
> ㉠ 평수구역 : 호수, 하천 및 항내의 수역(항만구역이 지정된 항만 포함)과 연안의 특정구역을 말함(18개 수역)
> ㉡ 연해구역 : 한반도와 제주도 해안에서 20마일 내의 수역과 그 이외의 특정구역(5개 수역)을 말함(내수면 포함)
> ㉢ 근해구역 : 동경 94도~175도, 남위 11도~북위 63도 사이의 수역을 말하며, 제1급선과 제2급선만이 항해 가능함
> ㉣ 원양구역 : 근해구역을 벗어난 모든 수역을 말함

(2) 지구상 위치에 관한 용어
① 대권 : 지구의 중심을 지나는 평면으로 구를 자를 때 구면 위에 생기는 원(지구상 최단거리)(기출)
② 소권 : 지구의 중심을 지나지 않는 평면으로 구를 자를 때 구면 위에 생기는 원
③ 지축 : 지구 자전의 가상 축
④ 지극 : 지구의 양쪽 끝(북극과 남극)
⑤ 적도 : 지축에 직교하는 대권 → 위도의 기준(위도 0°)
⑥ 거등권 : 적도에 평행한 소권 또는 지축에 직교하는 소권 (평행권·위도권이라고도 함)
⑦ 자오선 : 양극을 지나는 대권
⑧ 본초자오선 : 영국의 그리니치 천문대를 지나는 자오선 → 경도의 기준(경도 0°)
⑨ 위도 : 어느 지점을 지나는 거등권과 적도 사이의 자오선상의 호의 길이, 또는 지구 중심에서 이루는 각. 적도를 0°로 남북으로 90°까지 측정한다.
  • 북쪽으로 잰 것을 '북위'라 하고 N부호를 붙임
  • 남쪽으로 잰 것을 '남위'라 하고 S부호를 붙임
⑩ 출발위도 : 선박이 출발한 지점의 위도
⑪ 도착위도 : 선박이 도착한 지점의 위도
⑫ 변위 : 두 지점을 지나는 거등권 사이의 자오선상의 호의 길이. 위도의 변화량
⑬ 여위도 : 어느 지점을 지나는 거등권과 극 사이의 자오선의 길이(여위도 = 9°− 위도)
⑭ 경도 : 어느 지점의 자오선과 본초자오선 사이의 적도의 호의 길이 또는 지구 중심(극)에서 이루는 각. 본초자오선을 0°로 동쪽 또는 서쪽 180°까지 측정한다.
  • 동쪽으로 잰 것을 '동경'이라 하고 E부호를 붙임(기출)
  • 서쪽으로 잰 것을 '서경'이라 하고 W부호를 붙임
⑮ 항정선 : 지구 위의 모든 자오선과 같은 각으로 만나는 곡선. 선박이 일정한 침로를 유지하면서 항행할 때 지구 표면에 그리는 항적이다.
⑯ 항정 : 출발지에서 도착지에 이르는 항정선상의 거리 또는 양 지점을 잇는 대권상의 호의 길이를 마일로 표시한 것
⑰ 동서지 : 항정선 사이에 무수한 자오선을 그었을 때 그 자오선과 만나는 점을 통하는 거등권의 총합

(3) 방위와 침로에 관한 용어
① 편차 : 진자오선(진북)과 자기자오선(자북)이 일치하지 않아서 생긴 교각. 장소와 시간의 경과에 따라 변하게 된다.
② 자차 : 자기자오선과 선내 나침의 남북선(나북)이 이루는 교각
③ 자차가 변화하는 경우
  ㉠ 선수방위가 바뀔 때 가장 영향이 크다.
  ㉡ 지구상의 위치가 변화할 때(특히 위도가 크게 변화할 때)
  ㉢ 선체의 경사(경선차)
  ㉣ 적화물의 이동
  ㉤ 선수를 동일한 방향으로 장시간 두었을 때
  ㉥ 선체가 심한 충격을 받았을 때
  ㉦ 선내의 철기를 이동하거나 수리, 개조를 하였을 때
  ㉧ 나침의 부근의 구조 변경, 나침의의 위치 변경시
  ㉨ 낙뢰, 발포 기뢰의 폭격을 받았을 때
  ㉩ 지방 자기의 영향을 받았을 때
④ 방위 : 북쪽을 기준으로 하여 시계방향으로 360°까지 측정한 것
⑤ 방위각 : 북 또는 남을 기준으로 동 또는 서로 180° 또는 90°까지 측정한 것
⑥ 침로 : 선수미선과 선박을 지나는 자오선이 이루는 각
⑦ 진침로 : 진자오선과 항적이 이루는 각
⑧ 시침로 : 풍압차(바람의 영향)나 유압차(조류의 영향)가 있을 때의 진자오선과 선수미선이 이루는 각
⑨ 자침로 : 자기자오선(자북)과 선수미선의 교각
⑩ 나침로 : 나침의 남북선(나북)과 선수미선의 교각

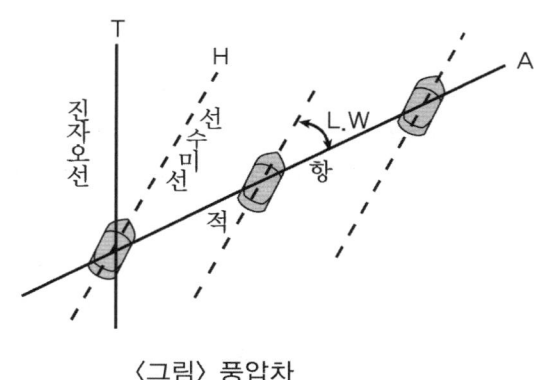

〈그림〉 풍압차

2 운항계기

① 자기나침의(자기컴퍼스 : 마그네틱 컴퍼스) : 물표의 방위를 측정하는 계기로, 침로를 유지하는 데에 사용. 선체의 중앙부에 설치함(기출)

㉠ 컴퍼스액 : 알코올과 증류수의 비율을 4:6으로 혼합. 비중이 약 0.95인 액으로 +60℃~ -20℃에 걸쳐 점성 및 팽창계수의 변화가 작아야 한다.(기출)

㉡ 컴퍼스카드 : 알루미늄, 운모, 황동제 등으로 되어 있으며, 위쪽에는 눈금이 새겨져 있고 하부에는 자석이 0°와 180°를 연결한 선과 평행하게 부착되어 있음

  ✓ 컴퍼스카드의 눈금으로 N, NE, S, E 등과 같이 표시하는 것을 '포인트식'이라 한다.(기출)

㉢ 방위환 : 컴퍼스 볼 위에 끼워서 물표의 방위와 태양의 방위를 측정하는 기구

  ✓ 취급상 주의점 : ㉠ 볼에 충격을 주지 않아야 한다. ㉡ 더운 여름철에는 볼을 장시간 햇볕에 노출시키지 않아야 한다. ㉢ 볼에 큰 경사를 주어서는 안 된다.(기출)

㉣ 섀도 핀(Shadow pin) : 놋쇠로 된 가는 막대로 사용시에는 한 쪽 눈을 감고 목표물을 핀을 통하여 보고, 관측선의 아래쪽의 카드의 눈금을 읽는다. 가장 간단하게 방위를 측정할 수 있으나 오차가 생기기 쉽다.

㉤ 자차수정

  • 자차를 수정한다는 것은 자차계수를 거의 0으로 하는 것
  • 선수 방향이 바뀌면 마그네틱 컴퍼스의 자차의 변화가 가장 크게 나타난다.(기출)
  • 자차계수 중 A, E 또는 마그네틱 컴퍼스를 선체 중앙에 설치하면 자차량이 적기 때문에 B, C, D 계수만 수정한다.(기출)
  ✓ 자기컴퍼스는 전류가 흐르는 물체가 가까이 있게 되면 자차에 영향을 미치게 되므로 전류가 흐르는 물체나 금속 따위를 멀리 해야 한다.(기출)

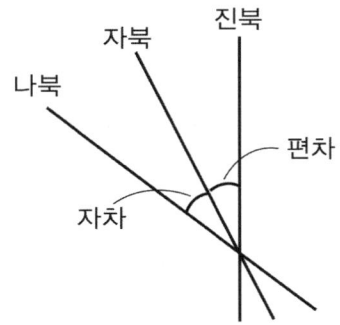

> **참고**
> 편차 : 진자오선과 자기자오선과의 차
> 자차 : 자기자오선과 나침의의 남북선과의 차

② 선속계(속도계) : 선박의 속력과 항주거리를 측정하는 계기(측정의 log라고도 함)

㉠ 전자석 선속계 : 검출부(전압을 검출)·증폭부(전압을 증폭하여 지시기로 보냄)·지시기(속력 및 항정을 나타냄)

㉡ 도플러 선속계
  • 접·이안할 때처럼 선속의 변화가 심한 곳에 사용
  • 항해중일 때처럼 선속의 변화가 심하지 않는 곳에 사용
  • 항해중 조류의 영향을 쉽게 파악하는데 사용
  ✓ 선박의 속력을 알기 위한 항해계기 : 레이더, 로란C, GPS (기출)

③ 측심의 : 수심을 측정하고 해저의 저질, 어군의 존재를 파악하기 위한 장치. 연안항해를 할 때, 또는 수로 측량이 부정확한 곳을 항해할 때, 여울·암초 등에 접근할 때 안전 항해를 위하여 사용된다.(기출)

㉠ 핸드 레드 : 수심이 얕은 곳에서 수심과 저질을 측정

㉡ 음향 측심기 : 선저에서 해저로 발사한 초음파가 해저에서 반사되어 되돌아오는 시간을 측정하여 수심을 측정

④ 육분의 : 천체의 고도를 측정하거나 두 물표의 수평 협각을 측정하여 선위(배의 위치)를 결정하는데 사용

⑤ 레이더 : 전파(마이크로파)를 발사하여 그 반사파를 측정함으로써 물표까지의 거리 및 방향을 파악하는 계기

  ✓ 전파를 사용하는 항해계기 : 레이더, 로란C, GPS, 자이로 컴퍼스, Log(기출)

㉠ 짧은 마이크로파를 사용하는 이유
  • 회절이 적고 직진 양호 → 정확한 거리 측정
  • 강한 반사파 → 물체 탐지 및 측정 수월
  • 지향성 양호 → 방위 분해능 높음
  • 최소탐지거리를 짧게 함
  단점 : 내부 잡음이 많고 눈·비 등이 올 때 불리함

㉡ 레이더의 장점 및 단점
〈장점〉(기출)
  • 밤·낮, 안개·눈·비 등의 날씨에 관계 없이 이용 가능하다.
  • 360° 전 주위의 물표 및 지형을 지시기에 표시한다.
    → 시계 불량이나 협수로 항해시 특히 편리
  • 타선박의 상대 위치의 변화표시 → 충돌예방에 유리
  • 한 물표로 선위 측정 가능 → 방위거리법
  • 육상 송신국이 필요 없음
  • 태풍의 중심, 진로파악 → 피항
〈단점〉
  • 전기적·기계적 고장이 발생하기 쉽다.
  • 다른 계기보다 비용거리가 짧다.
  • 선박에 송신장치가 필요하다.
  • 영상 판독에 기술 필요
  • 컴퍼스 방위보다 정확도가 떨어진다.
  • 소형선, 부표, 통나무 등이 탐지되지 않는 경우도 있다.

> **참고**
> IMO 주요 레이더 성능에 대한 최소한의 성능 규정
> ① 최대탐지거리
>   ㉠ 해안선 영상 : 육지 높이가 60m일 때 20마일, 육지높이가 6m일 때 7마일
>   ㉡ 수면 위 물체의 영상
>   • 총톤수 5,000톤의 선박은 7마일
>   • 길이 10m 소형선은 3마일까지 측정할 수 있어야 한다.
> ② 최소탐지거리
>   각종 조정기를 조종함이 없이 50m에서 1마일까지 명확히 표시할 수 있어야 한다.
> ③ 분해능
>   ㉠ 방위분해능 : 2.5°
>   ㉡ 거리분해능 : 40m
> ④ 선박이 10°까지 경사해도 최대 및 최소탐지거리의 요건을 충족해야 한다.
> ⑤ 방위측정
>   화면 외주 가까이에 나타나는 영상의 방위를 ±1° 이내의 정확도로 측정할 수 있어야 한다.

　　㉢ 최대탐지거리 및 최소탐지거리에 영향을 미치는 요소(기출)
　　　• 주파수, 안테나 회전수, 수직 빔 폭이 작을수록 멀리 가고, 안테나 높이, 펄스 폭, 파장이 클수록 멀리 간다.
　　　• 그 외에 CRT의 크기, 스폿의 크기, 해면반사 및 사이드로브는 최소탐지거리에 영향을 미친다.
　⑥ 무선방위측정기 : 무선방향탐지기
　⑦ 쌍곡선항법장치
　　㉠ 전파의 도달 시간차를 측정하는 방식 → 펄스파 이용 : 로란C
　　㉡ 전파의 위상차를 이용하여 측정하는 방식 → 지속파 이용 : 데카, 오메가
　⑧ 위성항해장비
　⑨ 관성항법장비
　　✓ 전파의 성질 : 직진성, 등속성, 반사성(기출)

> **참고**
> 레이더로 위치를 결정할 때 고려할 사항(기출)
> ㉠ 방위거리법보다 두 물표에 의한 거리로 위치를 구한다.
> ㉡ 날씨가 좋을 때는 나침의로 방위를 관측하고 거리는 레이더로 잰다.
> ㉢ 가변거리 눈금보다 고정거리 눈금이 더 정확하다.

3 위치산출

(1) 연안항법

선박이 육지와 해안에 근접하여 운항할 때 육상의 물표, 항로표지를 측정하여 구한 위치선을 이용하거나 레이더 또는 측심 등에 의해 선박의 위치(선위)를 결정하면서 안전하고 경제적으로 항해하는 항법

(2) 선위의 종류
① 실측위치 : 실제로 관측하여 구한 선위
② 추측위치 : 최근의 실측위치를 기준으로 진침로와 선속계 또는 기관의 회전수로 구한 항정에 의하여 산출한 선위
③ 추정위치 : 추측위치에 외력(바람, 해조류 등)의 영향을 가감하여 구한 선위(기출)

> **참고**
> 외력은 선박의 크기 흘수, 트림, 해역, 계절 등에 따라 변하며, 수로지, 항로지, 조석표, 해류도, 파일럿차트 등을 참고한다.

(3) 위치선

선박이 그 자취 위에 존재한다고 생각되는 특정한 선으로, 동시에 두 개의 위치선을 결정하면 그 교점이 선위가 된다.
① 방위에 의한 위치선(방위선) : 컴퍼스로 구한 물표의 방위선 → 직선으로 표시된다.
② 중시선에 의한 위치선(중시선)
　㉠ 두 물표가 일직선상에 겹쳐 보일 때 관측자와 가까운 물표 사이의 거리가 두 물표 사이의 거리의 3배 이내이면 매우 정확한 위치선이 된다.
　㉡ 중시선은 선위 측정, 피험선, 컴퍼스 오차(자차)의 측정, 변침점, 선속 측정에 이용된다.(기출)
③ 수평거리에 의한 위치선
　㉠ 물표까지의 거리를 반지름으로 원을 그리면 선박은 그 원주 위에 존재한다.
　㉡ 주로 레이더로 물표까지의 거리를 측정
④ 전위선 : 위치선을 그동안 항주한 거리만큼 침로방향으로 평행이동시킨 것
⑤ 그 밖에 수평협각에 의한 위치선, 수심에 의한 위치선, 전파항법에 의한 위치선, 천체의 고도 측정에 의한 위치선 등이 있다.

(4) 선위측정법
① 교차방위법
　㉠ 2개 이상의 뚜렷한 물표를 선정하여 거의 동시에 각각의 방위를 재어 해도상에 방위선을 긋고 이들의 교차점을 선위로 측정하는 방법
　㉡ 장 점
　　• 간편하다.
　　• 외력을 받지 않는다.
　　• 측정 당시의 선위를 즉시 알 수 있다.
　㉢ 물표 선정에 있어서의 주의사항(기출)
　　• 해도상의 위치가 정확하고 잘 보이는 목표를 선정
　　• 먼 물표보다는 적당히 가까운 물표를 선택
　　• 2개의 물표 선정시에는 상호간의 각도는 30° 미만인 것은 피하고 30°~150°인 것을 선정
　　• 2개의 물표일 때는 90°, 3개의 물표일 때는 60° 정도가 가장 좋다.
　　• 물표가 많을 때는 2개보다 3개 이상을 선정
　　• 측정자와 3개의 물표가 동일 원상에 있는 것은 피한다.
　㉣ 방위측정시 주의사항
　　• 물표의 방위측정은 신속하고 정확해야 한다. 또 해도상에 방위선을 작도할 때에도 신속히 해야 한다.
　　• 방위변화가 적은 물표부터 먼저 측정하고 방위변화가 많은 물표는 나중에 측정한다.
　　• 선수미 방향이나 먼 물표를 먼저 측정하고 정횡방향이나 가까운 물표는 나중에 측정한다.
　　• 물표가 선수미 어느 한쪽에만 있는 경우, 뒤에서 앞으로 차례로 측정하면 위험하다.

- 주기가 긴 등광을 두 개 이상 관측할 때는 오차가 크므로 주의해야 한다.
- 위치선을 기입할 때에는 전위할 때를 고려하여 관측 시각과 방위를 기입해두도록 하며, 선위에도 그 관측 시각을 항상 기입해야 한다.

ⓒ 오차 삼각형이 생기는 이유(기출)
- 나침의 오차가 있을 때
- 해도상의 물표의 위치가 실제와 차이가 있을 때
- 물표의 방위를 거의 동시에 관측하지 못하여 시간차가 많이 생겼을 때
- 관측이 부정확했을 때
- 해도상에 위치선을 작도시 오차가 개입되었을 때

> **참고**
> 실제로 오차 삼각형이 생기는 원인은 대부분의 경우 자차, 편차 등과 같은 계통의 오차 때문이며, 3 목가가 이루는 각이 180° 미만이면 선위는 삼각형 밖에 있고, 180° 이상이면 선위는 삼각형 안에 있게 된다.

② 수평협각법
ㄱ. 뚜렷한 3개의 물표를 육분의로 수평협각을 측정, 3간분도기(투사지)를 사용하여 그들 협각을 각각의 원주각으로 하는 원의 교점을 구하는 방법
ㄴ. 장 점
- 측정위치가 정확하다.
- 물표가 선박의 연돌, 마스트 등의 장애물에 가리지 않는다.
- 자차의 영향과 무관하다(컴퍼스 고장시에 이용).
- 자주 변침하는 복잡한 수로에서 사용하기 좋다.
ㄷ. 단 점
- 반드시 3개의 물표가 있어야 한다.
- 수평협각의 측정 및 선위의 결정에 다소 시간이 걸린다.
- 물표의 위치가 부정확할 경우 선위의 정밀도를 파악하기 곤란하다.

③ 방위거리법
ㄱ. 한 물표의 방위와 거리를 동시에 측정하여, 그 방위에 의한 위치선과 수평거리에 의한 위치선의 교점을 선위로 정하는 방법
ㄴ. 물표가 하나밖에 없을 때 사용한다.

④ 수평거리에 의한 방법
ㄱ. 2개 이상의 물표를 레이더로 동시에 수평거리를 측정하여, 각각의 위치권의 교점을 선위로 결정하는 방법
ㄴ. 3개의 물표의 위치권을 이용하면 확실한 선위를 얻을 수 있다.
ㄷ. 물표가 가깝고 위치권의 교각이 90°에 가까울수록 선위의 정밀도가 높다.

⑤ 양측방위법
ㄱ. 물표의 방위를 시간차를 두고 두 번 이상 측정하여 선위를 구하는 방법
ㄴ. 측정시 주의사항
- 본선의 정확한 침로와 항정을 알아야 한다.
- 첫번째 관측점에서 다음 관측점까지 침로를 정확히 유지해야 한다.
- 방위의 변화는 30° 이상을 두어 측정해야 한다.

⑥ 4점(45°)방위법
ㄱ. 침로와 속력을 일정하게 유지한 상태에서 물표의 첫 관측시 상대방위 45°로 측정하고, 다음 관측시 동일 물표가 정횡을 통과하는 시간을 측정, 이동거리를 계산하여 선위를 구하는 방법
ㄴ. 정횡거리 = 항정

⑦ 선수배각법 : 후 관측시 선수각이 전 관측시의 두 배가 되게 하여 선위를 구하는 측정법

(5) 속 력

노트 = 거리(해리)/시간, 동력수상레저기구의 속도계의 단위 = MPH(기출)

> **참고(기출)**
> - 1해리 : 위도 45°에서의 지리위도 1'에 대한 자오선의 호의 길이(1,852m), 해상에서 사용하는 1마일이다.
> - 1노트 : 1시간에 1해리를 항주하는 선박의 속력(1,852m)
> - 위도 1°의 거리 = 60해리

4 해 도

(1) 용어해설

① 수심 : 기본수준면(약최저저조면)을 기준으로 하며 소숫점 1자리까지 표기
② 해안선 : 약최고고조면을 기준으로 한 바다와 육지의 경계선
③ 등심선 : 해저의 기복상태를 알기 위해 수심이 같은 장소를 연결한 선(통상 2m, 10m, 40m, 200m의 선이 그려지고 있다) (기출)
④ 조류화살표 : 조류의 방향과 대조기의 최강 유속을 표시 (낙조류·창조류·해조류)
⑤ 물표의 높이 : 평균수면을 기준으로 물표의 높이를 나타냄. 그러나 항행에 위험한 간출암의 높이는 약최저저조면을 기준으로 표시한다.

> **참고**
> 〈우리나라 해도에서 수심의 기준〉
> ㄱ. 해도의 수심 : 기본수준면(약최저저조면)을 기준
> ㄴ. 물표(산, 등대 등)의 높이 : 평균수면을 기준
> ㄷ. 간출암, 암암, 수심, 조고, 조승, 평균수면의 높이 : 기본수준면(약최저저조면)을 기준
> ㄹ. 해안선 : 약최고고저면을 기준(기출)

(2) 해도의 도법에 의한 분류

① 평면도법
ㄱ. 지구표면의 좁은 구역을 평면으로 간주하고 그린 축적이 큰 해도
ㄴ. 항박도와 같이 항만, 어항, 좁은 구역의 협수로 등을 표시

② 점장도법
ㄱ. 항정선을 직선으로 나타내기 위하여 고안된 도법
ㄴ. 자오선은 남북으로, 거등권은 동서의 평행선으로 서로 직선으로 교차
ㄷ. 거리를 측정할 때에는 위도 눈금으로 알 수 있다.

③ 그 밖에 대권도법(투영도법), 방위등거극도법(극지방의 총도로 유리), 다원추도법 등이 있다.

(3) 해도의 사용목적에 따른 분류
  ① 총도 : 400만분의 1 이하로, 넓은 구역을 나타내어 항해계획, 긴 항해에 사용할 수 있는 해도
  ② 항양도 : 100만분의 1 이하로, 긴 항해에 쓰이며 해안에서 떨어진 바다의 수심, 주요한 등대, 먼 거리에서 보이는 육상의 물표 등이 그려진 해도 → 1°마다 점장
  ③ 항해도 : 30만분의 1 이하로, 육지를 바라보면서 항해할 때 사용하는 해도. 육상의 물표를 측정하여 선박의 위치를 직접 해도상에서 구한다. → 30'마다 점장
  ④ 해안도 : 5만분의 1 이하로, 연안의 상황을 상세하게 그린 해도. 연안항해에 사용된다.
  ⑤ 항박도 : 5만분의 1 이상으로 항만, 정박지, 협수로 등 좁은 구역을 상세하게 그린 해도(평면도법으로 그려짐)

(4) 전자해도
  ① 장 점
    • GPS, Loran C, Gyro compass, Log 등 각종 항법장치를 접속하여, 정확한 자선의 위치를 해도 화면상에 자동적으로 표시할 수 있다.
    • 레이더 영상을 해도 화면상에 중첩시킬 수 있다.
    • 선박의 움직임에 따라서 화상의 표시범위를 자동적으로 변경하며 표시할 수 있다.
    • 축척을 변경하여 화상의 표시범위를 임의로 바꿀 수 있다.
    • 항해계획을 설정, 침로를 기억시키고 예정침로에 따른 자선의 항행이 가능하다.
    • 얕은 수심 등의 해역에 가까웠을 때 정보를 보낼 수 있다.
    • 항행통보 등에 의한 소개정 대신 데이터 통신을 통하여 실시간으로 데이터의 바꾸기, 쓰기가 가능하므로 항상 최신화된 내용을 확보할 수 있다.
    • 측지계의 변환이 가능하다.
  ② 단 점
    • 종이 해도와 같이 아무나 취급할 수 없다.
    • 넓은 범위 전체를 화면상에 볼 수 없다.
    • 가격이 비싸다.
    • 전원이 차단 혹은 전자해도표시장치(ECDIS)가 고장났을 때는 안전 항해를 유지하기 곤란하다.

(5) 해도상의 정보
  ① 해도의 축척
    ㉠ 축척(Scale) : 두 지점 사이의 실제 거리와 해도에서 두 지점 사이의 길이의 비
    ㉡ 대축척 해도 : 작은 구역을 상세하게 표시한 해도 → 항박도
    ㉢ 소축척 해도 : 넓은 지역을 작게 나타낸 해도 → 총도, 항양도
    ㉣ 축적이 1:30,000이라 함은 해도상에 1cm는 실제로는 30,000cm로 나타난다.
  ② 해도의 표제기사
    ㉠ 해도의 명칭, 축척, 측량연도 및 자료의 출처, 수심 및 높이의 단위와 기준면, 조석에 관한 사항 등이 표시되어 있다.
    ㉡ 해도번호(Catalogue Number) : 참조번호는 상부 왼쪽 및 하부 오른쪽에 표시

  • 100단위 : 한국 동해안
  • 200단위 : 남해안
  • 300단위 : 서해안
  • 400단위 : 참고 용도 및 특수도
  • 700 ~ 800단위 : 동남아, 외국해도
  • P : 잠정판 해도로서 번호 앞에 붙임
  • L : 보통 해도에 로란격자가 붙은 로란해도
  • F : 어업용 해도
  • INT : 국제 해도 → 500단위로 시작

  ㉢ 간행 연월일, 소개정
    • 간행 연월일 : 해도의 아랫부분 중앙에 기재되어 있다.
    • 소개정(small correction) : 해도 아랫부분 좌측 부분에 붉은색으로 기재되어 있다.

> 참고
> 수기(手記)에 의한 소개정 방법
> • 개보할 때에는 붉은 잉크를 사용해야 한다.(기출)
> • 기사는 해도의 여백에 간결하고 알기 쉽게 가로로 써야 한다.
> • 해도도식에 기호가 정해지지 않는 지물의 위치는 ◉ 또는 ○표로 표시하고, 그 옆에 명칭을 기입해야 한다.
> • 수심은 수심을 나타내는 숫자의 정수 부분의 중앙이 되도록 기재한다.
> • 침선, 암초 등의 바로 위에 부표를 기입할 때는, 침선이나 암초를 삭제하지 말고 거기에서 가장 가까운 항로 쪽이나 외해 쪽에 기입한다.

  ㉣ 지명 : 위치측정에 필요한 갑, 섬, 산 등의 지명이나 항해에 장애가 되는 암초 등
  ㉤ 나침도(Compass Rose)
    • 바깥쪽 원은 진북을 가리키는 진방위를 표시한다.
    • 안쪽은 자기 컴퍼스가 가리키는 나침방위를 표시하며 중앙에는 자침 편차와 1년간의 변화량인 연차가 기재된다.

(6) 해도의 사용법
  ① 어느 지점의 경·위도를 구하는 방법
    ㉠ 위도 : 그 지점을 지나는 거등권
    ㉡ 경도 : 그 지점을 지나는 자오선
  ② 경·위도를 알고 위치를 기입하는 방법
  ③ 두 지점간의 방위(또는 침로)를 구하는 방법 → 삼각자 이용
  ④ 두 지점간의 거리를 구하는 방법 → 같은 위도척에서 디바이더를 이용
  ⑤ 편차와 연차 → 나침도에서 구함

(7) 해도 사용시 주의할 점(기출)
  ① 해도의 보관
    ㉠ 서랍에 넣을 때에는 반드시 펴서 넣어야 한다.
    ㉡ 서랍에 넣는 매수는 20매 이내로 하여야 한다.
    ㉢ 해도는 항상 번호순서 또는 사용순서로 넣는다.
    ㉣ 서랍의 앞면에는 그 속에 들어있는 해도번호, 구역을 표시해 두어야 한다.
  ② 해도의 운반 및 취급
    ㉠ 운반할 때에는 반드시 말아서 비에 맞지 않도록 풍하측으로 다녀야 한다.
    ㉡ 연필은 2B나 4B를 사용하되 끝이 납작하고 뾰족하게 깎아야 한다.
    ㉢ 해도에는 필요한 선만을 긋도록 한다.

③ 해도의 선택
  ㉠ 최신 해도나 완전히 개정된 것
  ㉡ 연안항해시는 축척이 큰 해도를 사용한다.
  ㉢ 수심이 조밀한 것
  ㉣ 경계선 : 소형선은 수심 10m → 대형선과 기복이 심한 곳의 암초지역은 20m
  ㉤ 오래된 해도는 편차 변화에 유의

(8) 수로서지
  ① 항로지(수로의 지도 및 안내서)
    ㉠ 총기 : 해당 해역의 기상 및 해상 상태, 항로와 항만의 사정, 통신 등을 기술
    ㉡ 연안기 : 연안을 항해하는 필요한 목표물, 위험지역, 투묘지, 양식장, 침선 등을 기술
    ㉢ 항만기 : 항만의 한계, 항로, 도선구간, 검역사항, 항만 시설과 보급, 관광과 교통편 등을 기술
    ㉣ 항로지 : 동해안, 남해안, 서해안, 중국연안, 말라카해협, 근해, 대양별로 기술
  ② 수로특수서지
    ㉠ 등대표 : 항로표지(주간·야간, 음향, 무선) 전반에 관하여 상세히 수록
    ㉡ 조석표 : 각 해역의 조석(조시 및 조고) 및 조류에 대하여 상세히 수록
  ③ 기타 천측력, 천측계산표, 태양방위각표, 색성판, 거리표, 수로연보, 수로도지목록, 국제신호서, 해도도식, 조류도, 속력환산표를 수록

5 항로표지

항로표지란 선박 통항량이 많은 항로, 항만, 항구, 협수로 및 암초가 많은 곳에 등광, 형상, 색깔, 음향, 전파 등의 수단에 의하여 선박의 항해 안전을 돕기 위하여 인위적으로 설치한 모든 시설을 말한다.

(1) 주간 표지
점등장치 없이 형상과 색깔로 주간에 선위를 결정할 때 이용되며, 암초, 침선 등을 표시하여 항로를 유도함(주표=형상표지).
  ① 입표 : 암초, 노출암, 사주(모래톱) 등의 위치를 표시하기 위해 바다 속에 고립시킨 경계표. 등광을 함께 설치하면 등표가 된다.
  ② 부표 : 항행이 곤란한 장소나 항만의 유도표지로서 항로를 따라 설치하며, 변침점에도 설치함. 등광을 함께 설치하여 등부표로 사용한다.
    ㉠ 좌현 부표 : 항로 좌측 끝단에 표시. 부표 우측으로 운항해야 한다.
    ㉡ 우현 부표 : 항로 우측 끝단에 표시. 부표 좌측으로 운항해야 한다.
  ③ 육표 : 입표의 설치가 곤란한 경우에 육상에 설치한 간단한 항로표지. 야간에 이용하도록 만들어진 것은 → 등주
  ④ 도표 : 좁은 수로의 항로를 표시하기 위하여 항로의 연장선 위에 앞뒤 2개 이상의 육표를 설치한 것. 등광이 함께 설치된 것은 → 도등

(2) 야간 표지
  ① 등대 : 야간표지의 대표적인 것으로, 해양으로 돌출한 곳이나 섬 등에 설치된 탑과 같은 구조물(기출)
    ㉠ 육지초인표지 : 광달거리가 크고 구조도 튼튼하며, 먼 거리에서 목표가 되는 것
    ㉡ 연안표지 : 광달거리가 육지초인표지보다 약하며, 다른 등광과 식별하도록 등질을 다르게 함
  ② 등주 : 쇠나 나무 또는 콘크리트 기둥의 꼭대기에 등을 달아 놓은 것. 광달거리가 별로 크지 않아도 되는 항구, 항내에 설치한다.
  ③ 등선 : 육지에서 멀리 떨어진 해양, 항로의 중요한 위치에 있는 사주 등을 알리기 위하여 일정한 지점에 정박하고 있는 특수 구조의 선박
  ④ 등표 : 항로, 암초, 항행금지구역 등을 표시하는 지점에 고정 설치하여, 선박의 좌초를 예방하고 항로의 지도를 위한 항로표지
  ⑤ 등부표 : 암초나 사주가 있는 위험한 장소 또는 항로의 입구, 폭 및 변침점 등을 표시하기 위하여 설치하며, 해저의 일정한 지점에 체인으로 연결되어 떠 있는 구조물
    ㉠ 앵커 체인의 길이 : 항내는 수심의 1.2~1.5배, 항외는 수심의 2~2.5배
    ㉡ 등부표의 유의점
      - 선회 반지름을 가지고 이동하게 되므로 강한 파랑이나 조류에 의해 위치가 이동되거나 유실되는 경우가 있다.
      - 등질이 변하는 경우가 많다.
      - 소등되는 경우가 자주 있다.
      ✔ 주간표지·야간표지는 선박의 위치를 결정할 때 목표물로 삼을 수 있는 표지이다.(기출)

(3) 용도에 따른 등화
  ① 도등 : 통항이 곤란한 좁은 수로, 항만 입구 등에서 항로의 연장선 위에 높고 낮은 2~3개의 등화를 앞뒤로 설치하여 중시선에 의하여 선박을 인도하는 등화
  ② 조사등(부등) : 풍랑이나 조류 때문에 등부표를 설치하거나 관리하기가 어려운 모래 기둥이나 암초 등이 있는 위험한 지점으로부터 가까운 곳에 등대가 있는 경우, 그 등대에 투광기를 설치하여 그 위험구역을 유색등(주로 홍색)으로 위험을 표시하는 등화
  ③ 지향등 : 선박의 통항이 곤란한 좁은 수로, 항구, 만 입구 등에서 선박에서 안전한 항로를 알려주기 위하여 항로연장선상의 육지에 설치한 분호등
  ④ 임시등 : 선박의 출입이 일시적으로 많아질 때 임시로 점등하는 등
  ⑤ 가등 : 등대의 개축공사 중에 임시로 가설하는 등

> **참고**
> - 명호 : 등광이 해면을 비춰주는 부분
> - 암호 : 등광이 비치지 못하는 부분
> - 분호 : 명호 안에 암초, 암암 등이 있는 경우, 그 위험구역을 유색등(주로 홍색등)으로 비춰주는 부분

(4) 등의 등급
  ① 등의 등급을 사용하는 렌즈의 크기로 표시하며, 1등(1840mm)에서 6등까지와 등외(300mm 이하)의 7등급이 있다.

② 육지초인표지는 1·2·3등, 항내나 연안 내에서는 4·5·6등을 사용한다.
③ 안개가 많은 지역에서는 1·2등을 사용한다.

(5) 등대의 등질(기출)
① 부동등 : 등색이나 광력이 바뀌지 않고 일정하게 계속 빛을 내는 등
② 명암등 : 명간≧암간
한 주기 동안에 빛을 비추는 시간(명간)이 꺼져 있는 시간(암간)보다 길거나 같다.
③ 섬광등 : 명간<암간
빛을 비추는 시간이 꺼져 있는 시간보다 짧은 것으로 섬광을 내는 등
㉠ 군섬광등 : 1주기 동안에 2회 이상의 섬광을 내는 등
㉡ 급섬광등 : 1분 동안에 50회 이상 80회 이하의 일정한 간격으로 섬광을 내는 등
㉢ 초급섬광등 : 1분 동안에 100~120회의 일정한 간격으로 섬광을 내는 등
㉣ 급초급섬광등 : 1분 동안에 120회 이상의 일정한 간격으로 섬광을 내는 등
㉤ 그 외에 단섬광등·장섬광등(2초 이상의 섬광을 내는 등)이 있다.
④ 호광등 : 색깔이 다른 종류의 빛을 교대로 내며, 그 사이에 등광은 꺼지는 일이 없이 계속 빛을 낸다.
⑤ 모스 부호등 : 모스(Morse) 부호를 빛으로 발하는 것으로, 어떤 부호를 발하느냐에 따라 그 등질이 달라진다.

(6) 주기, 등색, 등고 및 점등시간(기출)
① 주기 : 정해진 등질이 반복되는 시간(초 단위로 표시), 섬광등의 경우에는 1섬광이 최초에 시작되는 시각부터 그 다음 섬광등이 시작될 때까지의 시간(기출)
② 등색 : 등화에 이용되는 색깔은 흰색, 붉은색, 황색, 녹색 등이 있다.(기출)
③ 등고 : 등고(등대의 높이)는 평균수면에서 등화의 중심까지이며 m로 표시한다.(기출)
④ 등선 : 수면상의 높이로 표시한다.
⑤ 등부표 : 등고를 기재하지 않는다.
⑥ 점등시간 : ㉠ 일몰시부터 일출시까지, ㉡ 날씨에 따라 점등시간 외에도 점등, ㉢ 무인 등대는 거의 항시 점등된다.
  ✓ 야간 운행중 등대 불빛을 식별하는 요소 : 등광의 색, 등광의 주기, 등질의 종류(기출)

(7) 광달거리
① 광달거리 : 등광을 알아 볼 수 있는 최대거리를 말함. 등대표에는 지리학적 광달거리와 광학적 광달거리 중 작은 값을 표시한다.
② 광달거리에 관한 주의사항
• 등화의 높이가 높다고 반드시 광달거리가 긴 것은 아니다.
• 광력이 약한 등광일수록 광달거리가 불규칙하다.
• 시계가 나쁘면 광달거리는 현저히 감소한다.
• 일출 때나 비가 온 후 광달거리가 커지는 경우가 있다.
• 등고가 너무 높은 등광은 구름에 가려서 보이지 않는 수가 있다.
• 겨울철에는 등기에 얼음이 붙어서 광달거리가 감소한다.
• 수온이 기온보다 높으면 광달거리는 감소한다(수온>기온 ➡ 감소).

> 참고
> 해도에 기재되는 등약기 및 기재순서
> 등질-등색-군수-주기-등고-광달거리

(8) 음향표지
① 안개가 끼거나 눈·비 등으로 시계가 나쁠 때에 사용한다(=무중신호).
② 음향표지의 종류
호종, 피리, 사이렌, 경적, 종, 징 등(에어 사이렌, 다이어폰, 다이어프램폰, 취명부표, 무종, 타종부표 등)

(9) 특수 신호표지
① 조류신호소 : 전광판 등을 이용하여 조류의 방향과 유속을 실시간 조류신호소에서 알려준다.
② 선박통항신호소 : 문자를 이용한 전광판을 통해 부근수역을 항해하는 선박에서 항행관련 정보를 제공한다.

(10) 국제해상부표방식(IALA ; 국제항로표지협회)
① 측방표지
선박이 항행하는 수로의 좌·우측 한계를 표시한다.
㉠ 좌현 표지 : 녹색 표지, 녹색 원통형, 녹색등
㉡ 우현 표지 : 붉은색 표지, 붉은색 원추형, 붉은색등
㉢ 좌현항로 우선표지 : 붉은색 바탕 녹색띠 1개, 붉은색 원추형, 붉은색등
㉣ 우현항로 우선표지 : 녹색 바탕 붉은색띠 1개, 녹색 원통형, 녹색등
② 방위표지
장애물을 중심으로 주위를 4개 상한으로 나누어 설치한다. 두표는 원추형 2개를 사용하여 각 방위에 따라 모양이 다르다.
㉠ 동방위표지 : 흑색 바탕 황색띠 1개, 흑색정면대향, 흰색등
㉡ 서방위표지 : 황색 바탕 흑색띠 1개, 흑색정점대향, 흰색등
㉢ 남방위표지 : 상부는 황, 하부는 흑, 흑색정점하향, 흰색등
㉣ 북방위표지 : 상부는 흑, 하부는 황, 흑색정점하향, 흰색등
③ 고립장해표지
㉠ 전 주위가 가항수역인 암초나 침선 등 고립된 장애물의 위에 설치한다.
㉡ 표지의 색상 : 흑색 바탕에 붉은색띠
㉢ 두표 : 흑색구 2개를 수직으로 부착
④ 안전수역표지
㉠ 모든 주위가 가항수역임을 알려 주는 표지이다.
㉡ 중앙선이나 수로의 중앙을 나타낸다.
㉢ 표지의 색상 : 붉은색과 흰색의 세로방향 줄무늬
㉣ 두표 : 붉은색구 1개
⑤ 특수표지
㉠ 공사구역 등 특별한 시설이 있음을 나타내는 표지이다.
㉡ 표지색상 및 등화 : 황색
㉢ 두표 : 황색으로 된 ×모양의 형상물

(11) 무선표지
① 무선방향탐지국
② 무선표지국
　㉠ 중파표지국 : 무지향식 무선표지국, 회전식 무선표지국, 지향식 무선표지국
　㉡ 마이크로파표지국 : 파장이 짧은 전파를 발사하는 표지로, 오차가 적고 정확한 방위를 구할 수 있으며, 수신기 취급도 간편하나 이용범위가 좁다.
　　• 유도비전 : 좁은 수로 또는 항만에서 선박을 안전하게 유도할 목적의 표지국
　　• 레이더 반사기 : 부표, 등표 등에 설치
　　• 레이더 마크(레이더 등대) : 레이더파를 발사, 유효거리 약 20마일
　　• 레이콘 : 표준신호와 모스부호 이용, 유효거리 약 10마일
　　• 토킹 비콘 : 음성신호를 003, 006과 같이 방송. 방위와 거리측정
　　• 소다비전 : 주요한 항만이나 수로의 교통량이 많은 해역의 육안에 레이더를 설치하여, 항로표지를 감시함과 동시에 통항하는 선박의 상황을 레이더로 포착하여 그 영상을 텔레비전으로 방영한다.

> **참고**
> 소다비전의 장점
> ① 레이더가 없는 선박(소형선)에서도 이용할 수 있다.
> ② 자기 선박의 움직이는 모양을 직접 볼 수 있으므로 조선하기 쉽다.
> ③ 자기 선박에 아주 접근한 물체도 알 수 있다.
> ④ 지도를 직접 영상으로 보내 주기 때문에 정확한 해안의 지형을 알 수 있다.
> ⑤ 항법에 관한 주의사항은 문자로 나타난다.
> ⑥ 항로표지에 이상이 있으면 보정하여 표시를 붙여 방송하므로 해도와 정확하게 비교를 할 수 있다.
> ⑦ 시계가 나쁠 때에도 계획대로 운항을 할 수 있다.
> ⑧ 시계불량으로 인한 항만출입의 제한이 해제될 수 있다.
> ⑨ 하역 등의 계획이 쉬워진다.
> ⑩ 선박의 운항비가 절약된다.
> ⑪ 선박용 레이더보다 뚜렷한 영상을 얻는다.

2 운 용

1 선박의 개요

(1) 선박의 정의
사람이나 물건을 싣고 물에서 항해하는 구조물 → 배

(2) 선박의 특징
　㉠ 부양성, ㉡ 적재성, ㉢ 이동성

(3) 조선재료에 의한 발달
① 목선 : 목재사용(소형어선, 범선 등에 사용). 수분 흡수가 잘 되고 건조는 쉬우나 재료 부식 심하고 결합부 약함(기출)
② 철선
③ 강선 : 강재를 선체 재료로 사용. 강도, 수리 내구성 양호함
④ 강화유리섬유선 : 모터보트에 FRP를 주요 재료로 사용. 무게 가볍고 강도가 좋으며, 부식에도 강함(기출)
⑤ 경합금속선 : 알루미늄 합금을 주요 재료로 사용. 전식작용이 쉽게 발생함. 무게 가볍고 부식에 강하며, 가공하기 쉬워 소형선에 이용(기출)

(4) 선박의 치수(기출)
① 선박의 길이, 폭, 깊이 등을 선박의 주요 치수라 한다.
② 적재량의 측정, 선박의 등록, 만재 흘수선의 결정 및 수밀구획의 결정 등에 사용

(5) 선박의 크기와 톤수
① 용적으로 나타냄(1톤 : $2.832m^3$)
　㉠ 총톤수 : 선박의 밀폐된 용적에서 제외적량을 제외한 총용적
　　* 제외적량 : 선박의 안전, 위생, 항해 등에 필요한 장소
　㉡ 순톤수 : 화물이나 여객의 운송에 이용되는 실제용적. 화물창의 용적 및 여객의 정원 등을 산출
② 중량으로 나타냄
　㉠ 배수톤수 : 배수량에 톤수를 붙인 것(군함의 크기를 나타내는데 사용)
　㉡ 재화 중량톤수 : 선박이 적재할 수 있는 최대 무게를 나타내는 톤수

(6) 선체의 구조와 명칭
① 선체 : 연돌, 마스트, 키 추진기 등을 제외한 선박의 주된 부분
② 선수 : 선체의 앞쪽 부분(선수방향=어헤드〈ahead〉)
③ 선미 : 선체의 뒤쪽 부분(선미방향=어스턴〈astern〉)
④ 우현·좌현 : 선수를 향하여 오른쪽을 우현, 왼쪽을 좌현이라 한다.
⑤ 선미돌출부 : 러더스톡의 후방으로 돌출된 선미부분
⑥ 현호 : 건현 갑판의 현측선의 휘어진 것을 말함. 예비부력과 능파성을 향상시키고, 선체를 미관상 좋게 한다.
⑦ 캠버(Camber) : 갑판상의 배수와 횡강력을 위해 선체중심선 부근이 높도록 된 원호(선폭의 1/50이 표준)
⑧ 빌지(Bilge) : 선저와 선측을 연결하는 만곡부
⑨ 용골 : 선체의 최하부의 중앙에 선체의 중심선을 따라 선수에서 선미까지 종방향으로 설치된 구성재로, 선체를 구성하는 기초가 되는 부분
⑩ 외판 : 선체의 외곽을 이루는 강판으로 종강력을 구성하는 요소
⑪ 선수재 : 용골의 전단과 양현의 외판이 모여 선수를 구성하는 골재
　✓ 선수재(스템)가 강한 구조로 되어 있는 이유는 파도 및 외력의 충격으로부터 선체를 보호하기 위해서이다.(기출)
⑫ 선미골재 : 선미 형상을 이루고 키와 프로펠러를 지지하는 역할
⑬ 늑골 : 용골과 수직되게 연결되어 선체의 좌우 선측을 구성하는 뼈대로, 선체의 횡강도를 구성한다.(기출)
⑭ 보(Beam) : 횡방향의 수압과 갑판 위의 무게를 지탱한다(선체의 횡강력을 형성).
⑮ 기둥 : 보를 지지하여 갑판의 하중을 분담하는 부재이다(선체의 횡강력 및 진동을 억제).
⑯ 갑판 : 갑판보 위에 설치하여 선체의 수밀을 유지하는 종강력재

⑰ 격벽 : 상갑판하의 공간을 선저에서 상갑판까지 종방향 또는 횡방향으로 나누는 벽으로, 선미격벽, 기관실격벽, 선수격벽 등이 있다.

> **참고**
> 수밀격벽(Watertight Bulkhead)의 역할
> ① 충돌 좌초로 침수될 경우 그 구역에 한정시켜 침몰을 방지할 수 있다.
> ② 화재 발생시 방화벽 역할을 한다.
> ③ 선체의 횡강력, 종강력을 강화한다.
> ④ 화물을 성질에 따라 분산, 적재하여 트림을 조정할 수 있다.
> ⑤ 화물의 특성에 따라 구별하여 적재할 수 있다.

⑱ 선창 : 화물적재에 이용되는 공간
⑲ 해치(Hatch) : 선창에 화물을 적재하거나 양하하기 위한 갑판구
⑳ 빌지웨이(Bilge way) : 선창 내의 물을 배수시키기 위한 통로

2 모터보트의 운용

(1) 모터보트의 구조와 명칭

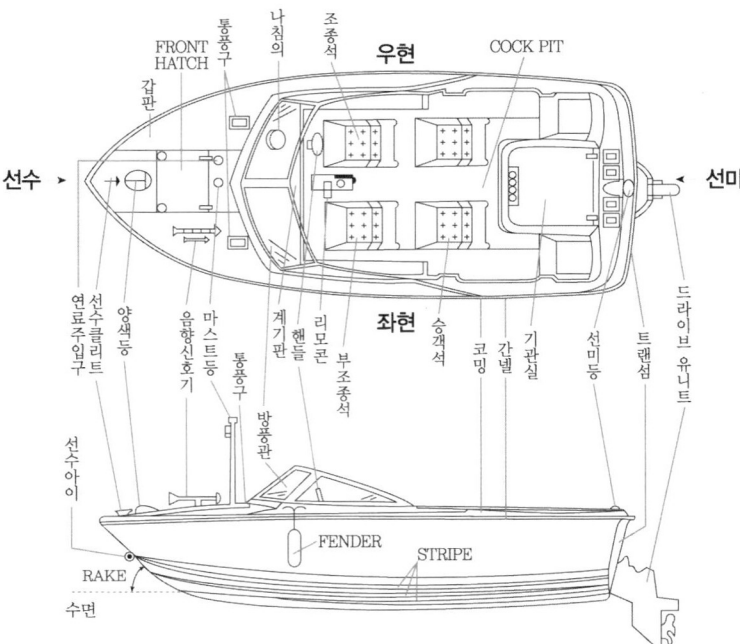

✓ 모터보트의 구조 : 통상적인 FRP 모터보트는 선수부(Bow)와 방풍막, 선체 내부(Cock Pit), 좌석, 조종장치(핸들, Remotecontrollever), 엔진부 등으로 되어 있다.

(2) 모터보트(선박)의 분류

① 항주상태에 따른 분류 : 배수형, 활주형, 반활주형
② 선형에 따른 분류
  ㉠ 단동체형 : 물밑으로 침수되는 부분인 선저가 V자형으로 된 선박. 단동체형은 물의 저항이 많아 중·저속 용도로 사용하며, 쾌속선 이하에서 주로 사용
  ㉡ 쌍동체형(캐터머랜) : 선체가 두 개로 이루어진 형태의 선박으로, 해수 표면의 저항을 줄이기 위해 선저를 V형태로 만들어 선박의 속력을 높인 선박. 선회시 선회성능을 저하시키는 단점이 있다.(기출)
  ㉢ 삼동체형(트리머랜 ; 다동체형) : 선체가 세 개로 이루어진 형태의 선박으로, 폭이 넓은 선형으로 인해 내파성이 월등히 증가하고 흘수선이 줄어들어 적은 출력으로 고속항해가 가능하다.

③ 선저형태에 따른 분류(기출)
  ㉠ 평면선저(flat bottom) : 선저가 평면으로 되어 있어 해수 표면과의 저항이 큼. 그로 인해 저속 운항에 사용됨
  ㉡ V형선저(vee vottom) : 해수 표면의 저항을 줄이기 위해 선저를 V자형으로 만들어 속력을 높임
  ㉢ 터널선저(tunnel bottom) : 쌍동선에 있어서 단면으로 나타내면 2개의 활주면 중앙이 터널과 같이 되어 있다고 해서 붙여진 이름. 수면에 대한 저항이 작아 비교적 빠르다.
  ㉣ 팬텀선저(pantom bottom)
  ㉤ 차인선저(chine bottom)
  ㉥ 아크선저(arc bottom)
④ 기관설치에 따른 분류
  ㉠ 선외기 : 원동기와 추진계통이 일체형으로 되어 있고, 선미의 트랜섬에 장착(선미재 밖)(기출)
  ㉡ 선내외기 : 원동기는 선내의 선미에, 스크루 및 동력전달장치와 드라이브 유니트는 Double universal joint 와 함께 선미재 밖에 장착
  ㉢ 선내기

(3) 모터보트의 선체 재료

① FRP선(강화유리섬유선) : 강도가 좋고 무게가 가벼우며 부식에도 강함(파도 및 외력의 충격으로부터 선체를 보호하기 위해 모터보트의 선수재에 쓰임)(기출)
② 경합금속선 : 알루미늄 합금 사용. 무게 가볍고 부식에 강하나 전식작용이 쉽게 발생(기출)

(4) 모터보트의 페인트 도장(기출)

① 얇게 여러 번 칠하는 것이 좋다.
② 페인트를 충분히 저어 농도를 고르게 해야 한다.
③ 바람이 약하고 날씨가 화창하며 건조할 때 도장하는 것이 좋다.(기출)
④ 선저에 A/F페인트를 도장하는 이유는 패류의 부착을 방지하기 위해서이다.(기출)

(5) 모터보트의 운항 전 점검 및 운행시 유의사항

① 운항 전 점검사항(기출)
  • 승선인원의 정원초과 여부 확인
  • 엔진부착 정도 확인(고무보트인 경우 공기압 점검)
  • 연료 및 오일 잔량 확인
  • 연료탱크의 환기구가 열려 있는지 확인
  • 배터리 점검
  • 선체의 파손 및 누수 여부 확인
  • 선저, 프로펠러의 이상 유무 확인
  • 엔진과 드라이브 유니트 오일 점검
  • 각종 계기(게이지) 작동 확인(RPM게이지, TEMP게이지, PSI게이지 등)
  • 시동 전 기관실의 빌지의 완전 배수 점검
  • 비상정지스위치 확인
    ✓ 비상정지스위치의 사용목적 : ㉠ 보트 운항중에 조종자가 넘어지거나 물에 빠졌을 때 ㉡ 긴급할 때 엔진 정지를 위해서이다.(기출)
  • 정박설비 확인

- 소화설비 확인
- 구명장비 및 신호장비 확인

② 운행시 유의사항(기출)
- 엔진시동 후 계기판이 제대로 작동되는지 확인한다.
- 엔진이 시동되지 않을 때는 배터리, 연료, 안전스위치 등을 점검한다.
- 시동모터는 20초 이상 계속 돌려서는 안 된다.
- 속도는 서서히 증감시킨다.
- 침로를 변경할 때는 급선회가 아닌 조종핸들을 조금씩 자주 쓰면서 변침한다.
- 시계상태가 제한되어 있을 때나, 좁은 수로, 장애물이 근접해 있을 때는 안전속력으로 운항하거나 정지해야 한다.
- 출·입항시에는 저속으로 운행하면서 수로의 상황을 주시한다.
- 운항 중에는 RPM, 온도게이지 등 계기 상태를 늘 확인한다.
- 고속 항해 후 정박시에는 1~2분 동안 저속으로 엔진을 걸어둔다.
- 운행 중 엔진이 정지된 경우라면, 연료잔량, 연료필터, 연료탱크 내의 이물질 혼합 등을 점검하거나 스크루 프로펠러에 부유물 등이 감겼는지 확인한다.
- 부유물이 많은 수역을 운행할 때는 온도게이지를 확인한다.
- 의심스러운 수역은 우회 운항한다.

3 선박의 설비

(1) 조타설비(조종설비)

① 키의 역할 : 선박을 임의의 방향으로 회전시키고 일정한 침로를 유지하는 역할

② 타각제한장치 : 대략 40° 정도로 타각을 제한하는 장치. 보통 최대타각은 35° 정도가 가장 유효하다(타각 : 선박을 회전시키는 회전능률).

③ 키의 종류
- ㉠ 평형키 : 타의 선회력을 주는 지점이 타면의 거의 중앙에 위치해 있는 키. 타면에 가하는 압력의 중심이 타의 지점에 가까우므로 타를 회전하는 데 큰 힘이 필요하지 않고 조종이 쉬우며, 타의 유효면적이 크고 타효가 좋다.
- ㉡ 비평형키 : 타에 선회력을 주는 지점이 타면의 전단에 있는 키
- ㉢ 반평형키 : 평형키의 장점을 살린 형으로 키의 상부는 비평형키, 하부는 평형키로 되어 있음

④ 조타장치의 역할 : 키를 회전하거나 타각을 유지하는 데 필요한 장치

⑤ 조타장치의 종류
- ㉠ 수동식 조타장치 : 직접 인력에 의하여 키가 회전하는 방식(소형선·범선)
- ㉡ 동력식 조타장치 : 중·대형 선박에서 이용

> **참고**
> SOLAS 협약에서 규정하고 있는 조타장치
> ㉠ 조타장치의 동작속도를 최대흘수 및 최대항해전진속력에서 한쪽 현 35°에서 다른쪽 현 30°까지를 28초 이내에 회전시킬 수 있어야 함.
> ㉡ 수동식 조타장치를 상용하는 선박은 보조조타장치로 조타수 1조를 비치해야 한다.
> ㉢ 동력식 조타장치를 상용하는 선박에서는 보조용으로 수동식이나 동력식 조타장치를 비치해야 한다.

(2) 계선·정박 설비(기출)

① 계선설비 : 선박이 부두에 접안하거나 묘박 혹은 부표에 계류하기 위한 모든 설비

② 닻의 종류
- ㉠ 스톡 앵커(Stock Anchor) : 스톡이 있는 앵커로 파주력은 크나 격납이 불편하여 소형선에 이용
- ㉡ 스톡리스 앵커(stockless Anchor) : 스톡이 없는 앵커로 투묘 양묘시 취급이 쉽고 앵커 체인이 엉키지 않아 대형선에 이용
- ㉢ 선수묘 : 선수 양현에 비치하는 대형의 앵커
- ㉣ 선미앵커 : 주로 강이나 협수로에서 운항하는 선박에 설치. 조류에 의한 선체의 선회를 방지하는 데 사용
- ㉤ 그래프널 앵커(Grapnel Anchor) : 4개의 암을 가진 소형 닻. 해저에 떨어진 닻줄, 로프 등을 건지는데 사용됨
- ㉥ 머시룸 앵커(Mushroom Anchor) : 버섯모양의 앵커로 주로 경흘수선, 운하 바지, 계류 부표의 영구적인 묘박용으로 사용

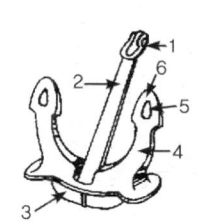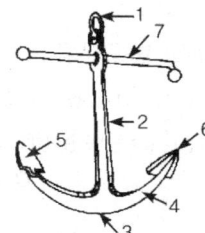

(a) 스톡리스 앵커 (b) 스톡 앵커 (c) 그래프널 앵커 (d) 한국형 앵커
① 앵커 링 ② 생크 ③ 크라운 ④ 암 ⑤ 플루크 ⑥ 빌 ⑦ 스톡
〈그림〉 앵커의 종류와 각 부 명칭

③ 닻과 앵커 체인(묘쇄=닻줄)의 관리
- ㉠ 평균 지름의 10% 이상 마멸되면 교환
- ㉡ 닻이 움직이는 부분은 그리스를 주입
- ㉢ 입거시는 전체적인 손상 및 마모를 확인하고 섀클(1섀클=25cm) 표시를 다시 한다.

④ 양묘기
- ㉠ 닻을 감아올릴 때
- ㉡ 투묘 작업할 때
- ㉢ 선박을 부두에 접안시킬 때
- ㉣ 계선줄을 감는데 사용한다.

⑤ 기타 계류설비
- ㉠ 비트(Bitt) : 계선줄을 매기 위한 기둥 1개인 것
- ㉡ 볼라드(Bollard) : 계선줄을 매기 위한 기둥 2개인 것
- ㉢ 스토퍼(stopper) : 계선줄을 일시적으로 붙잡아 두는 장치
- ㉣ 히빙라인(Heaving Line) : 계선줄을 부두에 내보내기 위해 줄잡이에게 던져주는 줄

ⓑ 펜더(Fender) : 선체가 외부와 접촉하게 될 때 충격을 완화시켜 주는 방현재(기출)

(3) 방수·배수 설비
① 방수설비 : ㉠ 해치 커버, ㉡ 수밀격벽, ㉢ 수밀문, ㉣ 2중 선저
② 배수설비 : ㉠ 배수구(캠버·스톰 밸브), ㉡ 방수구, ㉢ 빌지 웰(Bilge well), ㉣ 밸러스트 펌프(기출)
③ 펌프설비 : ㉠ 빌지펌프, ㉡ 밸러스트 펌프(급수 및 배수용. 소형선은 GS펌프를 겸용함), ㉢ GS펌프(다목적용), ㉣ 위생 펌프, ㉤ 기타 소방 펌프, 냉각수 펌프, 윤활유 펌프

4 조종술

(1) 선박의 조종원리
① 조타(key)의 역할
㉠ 추종성, ㉡ 침로안정성, ㉢ 선회성
② 조타(key)의 작용
㉠ 운항 중 선박(모터보트)은 키를 돌리는 쪽으로 회전한다 (내측경사).
  • 반활주형·활주형 선박 : 키를 돌리는 쪽으로 기운다 (내측경사).
  • 배수형 선박 : 처음에는 키를 돌리는 쪽으로 기울다가 (내측경사) 다음 단계에서는 반대측으로 기운다(외측 경사).
㉡ 이와 같은 작용은 키를 돌리는 각도에 따라 비례한다.
㉢ 키와 스크루가 하나로 연결된 선외기(아웃보트) 쪽이 키와 샤프트가 별도로 설치되어 있는 선내기보다 회전력이 더 양호하다.
㉣ 동일한 보트라도 타효(키가 작용하는 효과)는 속력이 높을수록 더 크고 후진 중에는 전진 때보다 효과가 낮다.
㉤ KICK 현상 : 키를 돌리면 초기에 선미는 키를 작동한 반대방향으로 밀려난다. 질주 중에 모터보트는 물에 닿는 면적이 적기 때문에 스크루 자체가 방향이 변하여 크게 나타난다.(기출)
③ 조타의 원칙 및 유의사항
㉠ 키는 위급한 상황이 아니면 가급적 많이 사용하지 않는다.

> **참고**
> 키는 필요 최소 각도를 사용하는 것이 원칙이며, 보통 최대타각은 35° 정도가 가장 유효하다.

㉡ 파도가 높을 때, 고속으로 질주 중에는 갑자기 키를 돌려 큰 각도로 변침시켜서는 안 된다.
㉢ 소형의 선외기 모터보트는 고속 질주 중에 갑자기 키를 예각으로 돌리면 전복할 가능성이 높다.

> **참고**
> 모터보트가 V 내측으로 기우는 이유(내측경사)
> ㉠ 스크루가 보트 밑에서 그 무게만큼 선미를 옆으로 누르기 때문이다.
> ㉡ 보트 중심이 밑에 있어 선회 중에는 원심력이 작용하여 흡수선 부근에 미치기 때문이다.
> ㉢ 보트 밑바닥의 낮은 각 때문에 측면에서 발생하는 힘의 작용 방향이 위로 향하기 때문이다.

④ 엔진의 트림(trim)(기출)
㉠ 모터보트 엔진의 트림을 상향조종하면 보트는 좌회전하려는 힘을 갖는다.
㉡ 모터보트 엔진의 트림을 하향조종하면 보트는 우회전하려는 힘을 갖는다.
⑤ 스크루 프로펠러
㉠ 장착 형태에 따른 스크루 프로펠러
  • 싱글 스크루 : 보트의 뒤쪽에서 보아 우회전(시계바늘 방향)하는 스크루(대부분의 선박)
  • 투윈 스크루 : 스크루 중 하나는 우회전, 또 하나는 좌회전하는 두 기능을 가짐
㉡ 보트의 추진성능
  • 스크루 날개의 깃의 수, 깃의 면적·직경, 피치, 깃의 단면, 형태에 의해 보트의 추진성이 결정된다.
  • 저속 고하중용 스크루 : 스크루의 직경이 커서 피치는 약함
  • 고속 저하중용 스크루 : 스크루의 직경이 작아도 피치는 강함
  • 레저활동용 모터보트(선내기·선외기) : 고속 저하중용 스크루가 사용된다.
⑥ 스크루의 작용
㉠ 스크루의 회전작용에 의해 흡입류와 방출류가 발생하여 추진력이 생긴다(추진기류).
㉡ 스크루의 회전방향에 따라 방출류의 힘의 작용이 달라지며, 선미가 우로 밀리거나 좌로 밀린다.
  • 전진시 : 물을 시계방향으로 회전시키면서 뒤쪽으로 배출하므로, 키에 직접적으로 부딪쳐 키의 상부보다 하부에 작용하는 수류의 힘이 강하며 선미를 좌현쪽으로 밀게 된다(선수는 우현쪽으로 회두).(기출)
  • 후진시 : 프로펠러를 반시계 방향으로 회전하여 우현으로 흘러가는 방출류는 우현의 선미벽에 부딪치면서 측압을 형성(방출류의 측압작용)하여 선미를 좌현쪽으로 밀게 된다(선수는 우현쪽으로 회두).(기출)

> **참고**
> 스크루가 회전 중에는 물을 후방으로 밀어내는 한편, 전방에서는 물을 빨아들인다.
> • 흡입류 : 앞쪽에서 프로펠러에 빨려들어오는 물
> • 방출류 : 프로펠러의 뒤쪽으로 밀어내는 물

㉢ 횡압력 : 스크루(추진기)가 회전할 때 스크루의 아래·위 날개깃이 받는 물의 저항 차에 의해 선미를 한쪽 방향으로 편향시키는 작용(기출)
  • 전진시 : 선미를 오른쪽으로 밀어 선수를 좌편향시킴
  • 후진시 : 선미를 왼쪽으로 밀어 선수를 우편향시킴
  • 위와 같은 경우는 빈 보트나 정지한 상태에서 스크루를 회전시킨 초기에 나타나고, 다음에는 어느 정도 속력이 나게 되면 추적류에 의해 점차 횡압력은 감소한다.
㉣ 추적류(반류) : 보트가 앞으로 전진하면 보트 선체와 물의 마찰에 의해 보트가 전진하는 방향으로 따라 흐르는 표면류가 생기는데, 이와 같이 보트가 이동한 빈 공간을 채우려는 수류를 일컫는다.

⑦ 선회운동
  ㉠ 선회권 : 어느 속력으로 직진 중 타각을 사용했을 때의 선체가 그리는 선회 궤적
    • 속력이 빠를 때는 선회반경이 크고, 느릴 때는 선회반경이 작다.
    • 타각이 클 때보다 작을 때 선회반경이 크다.
    • 좌우의 선회권은 스크루의 회전방향에 따라 차이가 있다. 같은 타각일 때 좌선회가 그리는 선회권이 우선회보다 크다.
  ㉡ 선회 중의 선체 경사
    • 모터보트와 같이 활주형 선박의 선회시 선체는 선회하는 쪽으로 기운다.(기출)
    • 내측경사 : 조타 직후에는 선체는 타각을 준 쪽(선회권의 안쪽)으로 기울어짐.
    • 외측경사 : 정상적으로 스크루가 회전할 때에는 반대쪽인 바깥쪽으로 기울어짐.
  ㉢ 선회권에 영향을 주는 요소(기출)
    • **방형비척계수**(선체 길이에 대한 선폭의 비) : 선폭에 비하여 선체 길이가 짧고 풍풍할수록 선회권이 짧다.
    • **타각** : 타각이 크면 키에 작용하는 압력이 크므로 선회권이 작아진다.
    • **트림** : 선수 트림은 선회권이 작아지고, 선미 트림은 커진다.
    • **흘수** : 만재 상태에서는 키 면적에 대한 선체 질량이 증가되어 선회권이 커진다.
    • **수심** : 수심이 얕은 수역에서는 키 효과가 나빠져 선회권이 커진다.
⑧ 타력 : 주행 중에 엔진을 정지하여도 주행을 계속하여 진행하는 것(기출)
  ㉠ 발동타력 : 정지된 배에 주기관을 발동하여 출력에 해당하는 속력이 나올 때까지의 타력
  ㉡ 정지타력 : 전진 중인 선박을 기관정지하여 선체가 정지할 때까지의 타력
  ㉢ 반전타력 : 전진 중에 기관을 후진 전속으로 걸어서 선체가 정지할 때까지의 타력(기출)
  ㉣ 회두타력 : 전타 선회 중에 키를 중앙으로 한 때부터 선체의 회두운동이 멈출 때까지의 타력
    ✓ 모터보트의 최단 정지거리는 일반적으로 선체 길이의 4~6배 정도이다.(기출)
⑨ 선박의 속력
  ㉠ 항해속력 : 만재 상태에서 기관의 상용출력을 사용하여 나오는 속력(대양 항해시)
  ㉡ 조종속력 : 주기관이 언제라도 발동, 가속, 정지 등을 쓸 수 있도록 준비된 상태로 운항할 때의 속력
  ㉢ 상대속력 : 본선에서 본 타선의 속력
  ㉣ 대지속력 : 목적지로 가기 위한 절대속력(기출)
  ㉤ 대수속력 : 추진장치의 작용에 의한 타력으로 인해 생기는 선박의 물에 대한 속력
⑩ 선체에 미치는 저항
  ㉠ 마찰저항 : 선체와 물이 부딪쳐(물의 점성 마찰) 선체 진행을 방해하여 생기는 저항(저속 운항시 가장 큰 비중 차지)(기출)
  ㉡ 조파저항 : 선체가 진행하면 선수와 선미 부근은 수압이 높아져 수면이 높아지고, 선체 중앙부는 수압이 낮아져서 수면이 낮아짐에 의해 생기는 저항. 고속운항일 때 가장 크게 받는 저항이다.(기출)
  ㉢ 조와저항 : 선체가 진행함으로써 선미 부근에서 와류가 생겨, 선체는 전방으로부터 후방으로 힘을 받게 되는 저항
  ㉣ 공기저항 : 선체가 진행함에 따라 수면 위의 선체 및 구조물이 바람과 부딪쳐서 생기는 저항
    ✓ 모터보트가 기관 회전수를 증가시켜 활주상태가 되면 선체저항이 감소한다.(기출)
⑪ 선체의 안정 및 트림
  ㉠ 선체의 안정
    • **중심** : 선박의 무게중심점
    • **부심** : 선저에서의 수압이 부력이 되어 위로 작용하는 중심점
    • **복원력** : 무게중심의 위치가 낮을수록 복원력은 증대된다. 따라서 무거운 짐을 아래에 적재하면 복원력을 좋게 한다.(기출)
    ✓ 복원성 : 선박이 외력의 영향으로 기울었다가 다시 제자리로 돌아오려는 성질(기출)

> **참고**
> 복원력의 요소 : 선폭, 건현, 무게중심, 배수량, 현호. 그 가운데 선박의 무게중심의 높이가 가장 영향이 크다.

  ㉡ 트림(기출)
    • **선수트림** : 물의 저항 작용점이 배의 무게 중심보다 전방에 있어 선수흘수선이 선미흘수선보다 더 깊이 물에 잠긴 상태 ➡ 추진력과 타효가 저하되고 침로유지가 어렵다.
    • **선미트림** : 선미흘수선이 선수흘수선보다 더 깊이 물에 잠긴 상태 ➡ 추진력이 증가하고 타효가 좋으며 침로유지가 쉽다.
    • **선수미 등흘수** : 선수흘수와 선미흘수가 같은 상태에서는 수심이 얕은 수로 운항시 수심의 영향을 덜 받는다.

(2) 조종에 영향을 주는 요소(기출)
① 바 람
  ㉠ 선수 쪽에서 부는 바람(역풍) : 속력저하, 선수의 편향(기울어짐) 없음
  ㉡ 강하게 부는 바람 : 파랑 또는 파도로 인하여 보트가 상·하 피칭을 일으킴. 키의 효과 저하됨
  ㉢ 바람을 횡방향(옆)에서 받는 경우 : 선수가 바람이 불어오는 쪽으로 편향
② 조 류
  ㉠ 조류가 빠른 수역에서는 선수방향에서 조류를 받게 되면 조종이 잘 되지만, 선미쪽에서 조류를 받게 되면 선박의 조종 성능이 떨어진다.
  ㉡ 조류는 선수의 편향에 영향을 주지 않지만 속력에는 영향을 준다.
  ㉢ 급한 와류가 있는 곳에서는 보트가 일정 방향으로의 침로유지가 어렵고, 경우에 따라서는 보트 뒤쪽을 조류가 흘러가는 쪽으로 돌리기도 한다.

③ 파 도
  ㉠ 파도가 거칠면 롤링, 피칭, 요우잉(선수가 좌우로 흔들리는 것) 등의 현상이 나타나 전진저항(마찰저항)이 커지고 엔진의 공회전이 발생한다.(기출)
  ㉡ 그로 인하여 속력 저하, 조종 곤란이 생기고 일정방향으로 침로유지가 어렵다.
  ㉢ 횡요의 주기와 파도의 주기가 일치하면 전복될 위험이 있다.(기출)

> 참고
> 운항 중 파도를 넘어가는 요령
> ㉠ 파도가 거칠 때는 보통 때보다 감속 운항한다.
> ㉡ 파도를 오를 때는 증속하고 넘기 직전 감속한다.
> ㉢ 파도를 선수 20°~30° 방향으로 받도록 침로를 잡는다.

④ 수심이 얕은 수역 : 선체 침하(흘수 증가), 속력 감소, 조종성이 저하됨.
⑤ 수로 둑 : 전진 중 선수는 반발하고, 선미는 안벽 쪽으로 붙으려는 경향이 있다.
⑥ 보트 상호근접 조종시
  • 선수나 선미끼리 마주치면 서로 반발하고, 선수·선미가 선체 중앙부와 마주치면 중앙부로 끌린다.
  • 두 대가 근접하여 나란히 고속운항을 하게 되면 흡인작용에 의해 충돌위험이 있다.(기출)

(3) 출·입항과 정박법
① 출·입항시의 확인 및 유의점
  ㉠ 출·입항 계획
    • 조선목표 : 물표의 중시선, 변침점, 정횡 부근의 확실한 물표
    • 항로선정 : 본선의 조종 성능, 기상, 항법 규정
    • 정박지 : 기상이변에도 안전한 곳, 수심이 적당하고 저질이 좋으며, 부근에 장애물이 없는 곳
  ㉡ 출항준비
    • 정원승선, 동승자 좌우 균등배치
    • 엔진 및 계기판 점검
    • 수리장비 및 연료 점검
    • 구명장비, 소화기, 조명판, 국제신호기, 혼, 무선전화기 준비
  ㉢ 입항준비
    • 접안이나 투묘에 필요한 준비(닻·홋줄·보트훅 등)
    • 측심연 사용 준비
    • 조류나 파도가 심한 수역을 통과하여 입항할 때는 안전확인 후 진입
    • 해상계류장 및 항내에서는 감속운항(3노트)(기출)
    ✓ 항내 속력을 결정할 때 고려할 점 : 항내의 넓이, 수로의 상황, 외력의 영향, 승선인원과 흘수(기출)
② 정박법
  ㉠ 계류 : 조류의 방향 및 풍향, 계류공간, 계류시간 등을 고려하여 타 선박(보트)에 방해되지 않고, 가장 안전한 상태로 계류한다.
  ㉡ 안벽이나 방파제 등의 정박 : 선미에서 닻을 내리고 선수 홋줄을 건 뒤, 펜더를 사용하여 선체를 보호하며 계류한다. 바람의 세기, 파도, 조석간만의 차를 고려하여 닻과 연결된 로프(홋줄)의 길이도 조정한다.(기출)
  ㉢ 야간에 정박할 때 : 어떠한 기상변화에도 견딜 수 있는 강한 닻을 사용하고, 닻과 연결된 로프의 길이도 충분히 확보해 둔다.
  ㉣ 정박지의 선정
    • 수심이 적당하고 조류가 없거나 심하지 않는 곳
    • 진흙이나 펄이 있는 곳
    • 교통량이 적은 곳

> 참고
> 닻이 해저에 박혀서 선박을 붙들어 주는 힘에 영향을 미치는 것으로는 ㉠ 닻의 크기, ㉡ 지질의 상태, ㉢ 닻줄의 길이·굵기, ㉣ 선체의 크기 등이 있으나 ㉣은 가장 영향을 적게 미친다.

(4) 작은 선박(모터보트)의 접·이안법
① 접 안
  ㉠ 계류장에 근접하면 속력을 줄이고, 계류장의 상황을 살핀다.
  ㉡ 접안하기 전에 계선줄을 미리 준비하고, 충격을 완화하기 위해 고무펜더를 준비한다.
  ㉢ 계류지점과 선박간의 거리 및 전후의 다른 선박과의 안전거리를 확인해둔다.
  ㉣ 계류시 풍향·풍속, 조류방향, 타 선박의 진행방향, 정박되어 있는 선박의 닻 등을 고려하면서 속도를 가감한다.(기출)
  ㉤ 계류지점에 접근할 때는 엔진을 끄고 저속의 전진 타력을 이용한다.
  ㉥ 접근시 선수를 계류지점과의 20~30° 정도의 좁은 각도로 진입하여 접안을 시도한다.
  ㉦ 계류장 앞에서는 1m 정도의 간격으로, 선박이 부두와 평행되도록 한다.
  ㉧ 계류시 펜더를 내리고, 신속히 선박을 폰텀에 묶어둔다.
    ✓ 계류할 때 계류줄의 길이를 결정하는 요소 : ㉠ 다른 선박과의 거리, ㉡ 바람·너울의 정도, ㉢ 조수간만의 차
② 이 안
  ㉠ 선박의 현측 바깥으로 나가 있는 돌출물은 거두어 들인다.
  ㉡ 엔진시동 후 홋줄을 풀고 보트훅으로 밀어 선박을 계류지에서 떼어낸다.
  ㉢ 가능하면 선미를 먼저 계류지에서 이탈시킨 후, 후진으로 이안을 시도하면 효과적이다.
  ㉣ 다른 선박들이 가까이 있어서 조종 수역이 좁으면 기관을 적절히 저속으로 사용하여 이안한다.

(5) 묘박법
① 단묘박
  ㉠ 한쪽 현의 선수 닻으로 정박하는 방법
  ㉡ 닻을 올리고 내리는 작업이 쉬워 널리 이용되나, 선체가 돌기 때문에 닻이 끌릴 수 있다.
    ✓ 앵커링 후 닻이 끌릴 때는 앵커로프를 늘려 주어야 한다.(기출)
② 쌍묘박
  ㉠ 양쪽 현의 선수 닻을 앞 뒤 쪽으로 먼 거리에 투묘하여 선박을 그 중간에 위치시키는 정박법
  ㉡ 선체의 선회 면적이 작아 좁은 구역, 선박의 교통량이 많은 곳에서 자주 이용됨

③ 이묘박
  ㉠ 양현 앵커를 나란히 사용하는 방법
  ㉡ 한쪽 현의 앵커 체인은 길게 내어주어 강한 파주력을 갖게 하고, 다른 쪽 현의 앵커 체인은 수심의 1.5~2배 정도 내어 주는 방법
  ㉢ 강풍, 파랑 등이 심한 수역에서 강한 파주력이 필요할 때 사용

(6) 특수상황에서의 조종
① 협수로에서의 운항
  ㉠ 조류의 유속은 수로의 중앙부가 빠르고, 육안에 가까울수록 느리며, 만곡부에서는 외측이 빠르고 내측이 느림.
  ㉡ 운항시기는 낙조류가 강할 때는 피하고 창조류가 거의 끝나갈 즈음을 택한다.
  ㉢ 선수미선과 조류의 유선이 일치되도록 운항한다.
  ㉣ 수로의 우측을 따라 운항한다.
  ㉤ 목표물을 선정하여 그것을 기준으로 삼아 운항한다.
  ㉥ 한번에 큰 각도의 변침을 피하고 여러 번 소각도로 변침한다.
  ㉦ 타효가 잘 나타나는 안전한 속력을 유지한다.
  ㉧ 추월은 가능하면 피하고, 추월시에는 추월신호를 이행한다.

② 시계 불량시의 운항(기출)
  ㉠ 반드시 해상충돌예방법에 규정된 음향신호에 따르고, 주위의 견시를 강화하며 안전속력으로 운항한다.(기출)
  ㉡ 주위의 다른 선박의 음향신호에 주의를 기울인다.(기출)
  ㉢ 시계가 크게 불량하여 다른 선박의 위치가 불확실할 때는 투묘한 뒤 지속적으로 음향신호를 발하고 시계가 회복될 때를 기다린다.(기출)
  ㉣ 해안선 가까이를 운항할 때는 수시로 수심을 측정하면서 운항한다.

③ 악천후(황천)시의 운항(기출)
  ㉠ 악천후가 예상되는 때(주위보·경보)에는 운항하지 않는다.
  ㉡ 예상치 못한 악천후라면 구명장비·해상 신호장비 및 비상식량·식수·구급용품을 재점검하고, 파도에 쓸려가기 쉬운 것들을 낮은 곳에 고정시키고, 가까운 항·포구로 피항한다.(기출)
  ㉢ 해수의 침수에 대비해 양동이·쓰레받이 등을 준비하고 배수펌프의 작동을 확인한다.
  ㉣ 정박 중 악천후를 맞게 되면 풍향·풍속의 변화상태를 예의주시하고 현재의 정박상태를 점검한다.(기출)
  ㉤ 풍랑을 선수로부터 좌우현 25~35° 방향으로 받아 조타가 가능한 최소의 속력으로 운항한다.
  ㉥ 황천시 기관을 정지하여 선체를 풍하 쪽으로 표류하도록 한다.
  ㉦ 풍랑을 선미 쿼터에서 받으며 파도에 쫓기는 자세로 항주한다.
  ㉧ 모터보트 운항 중 높은 파도를 만나면 파도를 선수 20°~30° 방향에서 받도록 하면서, 파도를 오를 때는 증속하고 넘기 직전 감속하여 파도를 넘는다.(기출)
  ㉨ 모터보트가 강한 삼각파도에 휩싸이면 위험하므로 가급적 우회해야 하나, 불가피한 경우에는 삼각파도의 가장 높은 파도를 선택하여 그 봉우리를 넘는 것이 좋다.
  ㉩ 모터보트는 강풍이 불고 파도가 높을 때 무리한 속도를 감행하면 선미쪽에서 침수의 우려가 있고, 기울어진 상태로 파도와 접촉하면 전복되기 쉬우므로 속력을 가감하면서 조종해야 한다.

④ 하천·하구에서의 운항
  ㉠ 바다에서 하구로 진입하면 물의 비중이 낮아져서 선박의 흘수가 깊어진다.
  ㉡ 넓은 하구는 평탄하여 물표 확인이 어려우므로 등선이나 부표가 있으면 이것으로 확인한다.
  ㉢ 강에는 사주, 퇴적물로 인한 얕은 지역이 수시로 생기므로 고조시를 이용하고 또 선수 및 선미를 등흘수로 조정하여 운항한다.
  ㉣ 강의 얕은 곳을 통과할 때는 상류 쪽이 얕은 곳 근처로 운항한다.
  ㉤ 가능하면 강의 중앙부근을 운항하고, 중앙에서 벗어나면 선체 회두에 대한 조타를 고려한다.

⑤ 수심이 낮은 장소의 운항(기출)
  ㉠ 암초 등의 충돌에 주의한다.
  ㉡ 속력을 줄여 조심스럽게 운항한다.
  ㉢ 의심스러운 장소는 우회 운항한다.

⑥ 예인운항
  ㉠ 예인시 충분한 강도를 유지할 수 있는 예인로프(예인색) 사용
  ㉡ 예인로프의 길이 : 예인선과 피예인선 길이의 합의 3배 이상, 단 풍파가 있을 때는 그보다 더 길게 한다.
  ㉢ 예인로프를 비트에 묶을 때는 풀리지 않도록 견고히 묶되, 비상시를 위해 쉽게 풀 수 있도록 묶는다.(기출)
  ㉣ 예인로프는 양 선박의 용골 연장선상에 위치토록 한다.
  ㉤ 예인 초기에는 똑바로 천천히 출발하여 점차 증속시키고, 가능하면 저속으로 예인한다.(기출)
  ㉥ 무중 또는 시계가 나쁠 때나 항내에서는 예인로프를 짧게 한다.(기출)
  ㉦ 변침은 좁은 각도로 한다.
  ㉧ 피예인선에는 조타수만 남기고 예인선으로 옮겨 탄다. 화물도 옮긴다.

⑦ 화재시의 조종법
  ㉠ 선수쪽에서 화재가 발생했을 경우에는 선미쪽에서 바람을 받도록 조종한다.(기출)
  ㉡ 선미쪽에서 화재가 발생했을 경우에는 선수쪽에 바람을 받도록 조종한다.
  ㉢ 좌·우현 그 어느 쪽에서 화재가 발생했을 경우에는 화재가 난 반대쪽 현에 바람을 받도록 조종한다.

5 로프 취급

(1) 로프의 종류
① 섬유 로프 : 주로 Z 꼬임
  ㉠ 호저(hawser) : 지름이 40mm 이상인 것
  ㉡ 세삭(small stuff) : 지름이 10mm 이하인 것
  ㉢ 로프(rope) : 호저와 세삭의 중간 것
  ㉣ 특징 : 다루기는 쉽지만 잘 늘어난다. 그렇다고 와이어로프와의 혼용은 피하여야 한다.

② 와이어 로프
  ㉠ 아연이나 알루미늄으로 도금한 소선을 여러 가닥으로 합하여 스트랜드를 만들고, 스트랜드 여섯 가닥을 다시 합하여 만든 로프
  ㉡ 1호부터 6호 및 21호의 7종으로 구분
  ㉢ 특징 : 강성이 크고 튼튼하지만 다루기 힘듦.

(2) 로프의 치수
  ✔ 로프의 규격은 로프의 직경으로 표시한다.(기출)
  ① 굵기 : 로프의 외접원의 지름을 mm, 또는 원주를 인치로 표시
  ② 길이 : 1코일(200m) 1사리
  ③ 무게 : 섬유 로프는 1코일의 무게를, 와이어 로프는 1m의 무게를 기준으로 함.
  ④ 강도
    ㉠ 절단하중(파단하중) : 로프를 잡아당겨 장력에 의해 로프가 절단되는 순간의 힘 또는 무게
    ㉡ 시험하중 : 절단하중의 약 1/2 정도
    ㉢ 안전하중 : 파단하중의 약 1/6 정도

(3) 로프의 결색법(표지 그림 참조)
  ① 클러브(clove) 묶기 : 로프를 말뚝(비트나 볼라드)에 묶을 때
  ② 바우라인(bowline) 묶기 : 고정매듭이라고도 하며, 올가미가 조여지지 않는 매듭
  ③ 클리트(cleat) 묶기 : 쐐기모양의 말뚝에 묶을 때
  ④ 피셔맨(Fisherman) 묶기 : 닻줄을 닻에 연결할 때의 매듭(장구매듭)
  ⑤ 스퀘어(square) 묶기 : 굵기가 같은 로프를 연결할 때의 매듭(바른 매듭)
  ⑥ 그 외에 토틀라인 히치 매듭(당김매듭), 감아매기, 나비매듭, 8자 되감기매듭 등이 있다.

6 각종 신호(음향신호·발광신호·조난신호 p.49~50 참조)

(1) 국제신호기
  ① 국제통신서에 기의 종류, 사용법, 신호문 등이 규정되어 있다.
  ② 기의 종류
    ㉠ 영어의 알파벳기 A~Z까지 26개(문자기)
    ㉡ 0~9까지 숫자기 10개(숫자기)
    ㉢ 제1~3의 대표기 3개
    ㉣ 회답기 1개로 모두 40개이다.
  ③ 대표기 : 다른 기를 대표하는 것으로 제1대표기는 일련의 신호기의 첫 번째기, 제2·3 대표기는 각각 둘째·셋째번 기를 대표
  ④ 회답기 : 응답용 수신기이다. 상대방의 신호를 보았을 때는 반만 올리고 신호를 알아차렸을 때는 전부 게양
  ⑤ 1969년(처음 1934년) 대폭 개정되어 중요한 신호는 거의 1·2기의 특정신호 속에 포함되고, 의료용 신호만이 M으로 시작되는 3기 신호로 되었으며, 선박명을 나타내는 4기의 선박명 부호는 그대로 사용케 했으나 기타 일반용 신호문은 폐지되었다.
    * 국제신호기의 문자기·숫자기·대표기·회답기의 칼라그림 사진은 표지 참조

(2) 국제신호기의 의미

기호	깃발	의미
A		잠수부를 내리고 있습니다. 미속으로 충분히 피해 주세요.
B		위험물을 하역중 또는 운송중입니다.
C		예스(긍정 또는 "직전의 부저는 긍정의 의미로 이해해 주세요")
D		피해 주세요. 조종 곤란합니다.
E		진로를 오른쪽으로 바꾸고 있습니다.
F		조종할 수 없습니다. 통신해 주세요.
G		수로 안내인이 필요합니다. 또는 어망중입니다.
H		수로 안내인이 타고 있습니다.
I		진로를 왼쪽으로 바꾸고 있습니다.
J		화재 중이며 위험 화물을 싣고 있습니다. 충분히 피해 주세요. 비와코 주니어 항해술 스쿨의 교기로 하고 있습니다.
K		당신과 통신하고 싶습니다.
L		귀선은 곧 정선해 주었으면 합니다.
M		본선은 정선하고 있으며, 대수속력이 없습니다.
N		노우(부정 또는 "직전의 부저는 부정의 의미로 이해해 주세요")
O		사람이 바다 속에 떨어졌습니다.
P		(항내에서) 본선은 출항하려고 하고 있으므로 전원 귀선해 주세요. (해상으로) 본선의 어망이 장애물에 걸리고 있습니다.
Q		본선의 건강상태는 양호합니다. 검역·교통 허가서를 교부해 주세요.
R		수신했습니다.
S		본선의 기관은 후진중입니다.
T		본선을 피해 주세요. 본선은 트롤에 종사중입니다.
U		당신은 위험물로 향하고 있습니다.
V		원조를 바랍니다.

W		의료의 원조를 바랍니다.
X		일을 멈추고 본선의 신호에 주의해 주세요.
Y		본선은 닻을 내리고 있습니다.
Z		예인선을 주세요. 또는 투망중입니다. Z기를 내걸어라!(으)로 유명한 기입니다.

0기	
1기	
2기	
3기	
4기	
5기	
6기	
7기	
8기	
9기	
제1 대표기	
제2 대표기	
제3 대표기	
회답기	

조종면허시험 운항 및 운용 총정리문제

운항 및 운용

1 운항의 기초

01 수상에서 모터보트를 안전하게 경제적으로 이동하는 과정을 무엇이라 하는가?
  갑. 해 류   을. 항 해
  병. 조 류   정. 침 로

02 지구의 중심을 지나는 원으로 지구상 최단 거리는?
  갑. 적 도   을. 거등권
  병. 지 축   정. 대 권

03 동경 135°를 나타낸 것은?
  갑. 135° E   을. 135° W
  병. 135° N   정. 135° S

04 해상에서 사용하는 속력 단위는?
  갑. 킬로미터   을. 마 일
  병. 노 트   정. 마 하

05 1해리는 몇 미터(m)인가?
  갑. 910m   을. 1,128m
  병. 1,600m   정. 1,852m

06 침로에 대한 설명 중 옳은 것은?
  갑. 선수미선과 선박을 지나는 자오선이 이루는 각이다.
  을. 진침로와 자침로 사이에는 자차만큼의 차이가 있다.
  병. 자침로와 나침로 사이에는 편차만큼의 차이가 있다.
  정. 보통 북을 000°로 하여 반시계 방향으로 360°까지 측정한다.

07 1노트(knot)는 1시간에 몇 미터(m)를 항주하는 속력을 말하는가?
  갑. 910m   을. 1,609m
  병. 1,800m   정. 1,852m

08 1노트(knot)를 바르게 설명한 것은?
  갑. 한시간에 1,852m를 진행한 속력을 1노트라 한다.
  을. 한시간에 1,600m를 진행한 속력을 1노트라 한다.
  병. 하루에 1,852m를 진행하는 속력을 1노트라 한다.
  정. 하루에 1,600m를 진행하는 속력을 1노트라 한다.

09 10노트의 속력을 시간당 킬로미터(km/h) 단위로 환산하면 얼마가 되는가?
  갑. 약 5.5km/h   을. 약 10 km/h
  병. 약 18.5km/h   정. 약 25.5 km/h

10 동력수상레저기구에서 일반적으로 사용하는 속도계의 단위로 가장 적당한 것은?
  갑. RPM   을. MPH
  병. km/h   정. PSI

2 운항계기 및 위치산출

01 보트 조종시 필요하지 않은 것은?
  갑. 나침반   을. 해 도
  병. 라이프자켓   정. 알코올

02 다음 중 항해장비가 아닌 것은?
  갑. 마그네틱 컴퍼스   을. 로 란
  병. 라이프 레프트   정. GPS

03 다음 중 항해에 필요한 장비가 아닌 것은?
  갑. 나침반   을. 고무펜더
  병. 해 도   정. 레이더

04 나침반을 바르게 설명한 것은?
  갑. 방위를 측정한다.
  을. 높이를 측정한다.
  병. 거리를 측정한다.
  정. 조류를 측정한다.

Answer 01 을 02 정 03 갑 04 병 05 정 06 갑 07 정 08 갑 09 병 10 을 / 01 정 02 병 03 을 04 갑

05 다음 중 전파의 성질이 아닌 것은?
   갑. 등속성   을. 직진성
   병. 반사성   정. 굴진성

06 항해계기 중 전파를 사용하지 않는 것은?
   갑. 레이더   을. 나침반
   병. 로 란   정. GPS

07 목표물의 방위를 측정하는 계기는?
   갑. 트림(trim) 게이지
   을. 연료(fuel) 게이지
   병. 컴퍼스(compass)
   정. 배터리(volt) 게이지

08 보트의 속력을 알기 위한 항해계기가 아닌 것은?
   갑. 레이더   을. 로 란
   병. 나침반   정. GPS

09 모터보트의 현 위치 측정방법으로 가장 적당한 것은?
   갑. GPS   을. 어군탐지기
   병. 평소 경험   정. 수심 측정기

10 보트의 현재 위치를 구할 때 필요 없는 것은?
   갑. 컴퍼스   을. 삼각자
   병. 해 도   정. 기상도

11 다음 중 수심을 측정하고 해저의 저질을 파악하며 여울·암초 등에 접근할 때 사용되는 항해계기는?
   갑. 측심의   을. 육분의
   병. VHF   정. 자기나침의

12 마그네틱 컴퍼스의 용도로서 적당한 것은?
   갑. 선박속력 측정
   을. 물표의 거리 측정
   병. 수심 및 저질의 측정
   정. 물표의 방위 측정

13 다음 중 침로를 일정하게 유지하는데 사용되는 장비로 가장 적당한 것은?
   갑. 음향측심기   을. 육분의
   병. VHF   정. 자기나침의

14 항해 중에 위치를 결정할 때 사용하는 목표물로서 가장 적당하지 않은 표지는?
   갑. 등 대   을. 등 주
   병. 등입표   정. 어망부이

15 다음 중 위치측정 또는 확인과 직접적인 관련이 없는 것은?
   갑. GPS   을. 마그네틱 컴퍼스
   병. 로 란   정. VHF

> **해설**
> VHF는 초단파 무선장비이다.

16 자기컴퍼스의 설치 장소로 좋은 것은?
   갑. 선체의 중앙부
   을. 선수부
   병. 선미부
   정. 선수미선의 좌, 우측

17 자기컴퍼스를 설치할 때 가장 멀리 떨어져 있어야 할 것은?
   갑. 고정 철재   을. 이동 철재
   병. 수직 철재   정. 발전기

18 자기컴퍼스의 근처에 놓아 두어도 자차에 영향을 끼치지 않는 것은?
   갑. 금붙이   을. 발전기
   병. 고무판   정. 라디오

19 마그네틱 컴퍼스의 자차가 변하는 경우, 가장 크게 나타나는 것은?
   갑. 선수(船首) 방향이 바뀌어 졌을 때
   을. 선박이 위치를 옮겼을 때
   병. 보트가 경사로 기울었을 때
   정. 선적된 화물을 이동했을 때

05 정 06 을 07 병 08 병 09 갑 10 정 11 갑 12 정 13 정 14 정 15 정 16 갑 17 정 18 병 19 갑

20 근래에 선박에서 주로 사용되는 자기컴퍼스는?

갑. 건 식
을. 액체식
병. 기계식
정. 진동식

21 컴퍼스 액에 사용되는 알코올과 증류수의 비율은?

갑. 1 : 1
을. 20 : 80
병. 40 : 60
정. 70 : 30

22 자기컴퍼스 취급상 주의사항으로 틀린 것은?

갑. 볼에 충격을 주지 않도록 한다.
을. 유리 덮개는 특별한 경우 외에는 열어 둔다.
병. 더운 여름철에는 볼을 장시간 햇볕에 노출시키지 않는다.
정. 볼에 큰 경사를 주어서는 안 된다.

23 컴퍼스카드의 눈금으로 N, NE 등과 같이 표시하는 것을 나타내는 것으로 맞는 것은?

갑. 360°
을. 90°식
병. 포인트식
정. 도수식

24 레이더의 우수성과 관계없는 것은?

갑. 타선과 육상의 교신에 활용할 수 있다.
을. 주간 및 야간에도 사용이 가능하다.
병. 타선의 거리 및 침로를 알 수 있다.
정. 무중 항해시 충돌 예방에 도움이 된다.

25 레이더에 대한 설명 중 맞지 않는 것은?

갑. 안개 속을 항해시 효과적이다.
을. 좁은 수로나 항내의 항해시에도 사용할 수 있다.
병. 야간에 주변 보트나 선박의 동정을 파악할 때 좋다.
정. 레이더의 가용 한계거리는 무한대이다.

26 레이더로 위치를 결정할 때 고려할 사항 중 틀린 것은?

갑. 가변거리 눈금보다 고정거리 눈금이 더 정확하다.
을. 레이더에서 나타나지 않을 때 평소 생각대로 해야 한다.
병. 방위거리법보다 두 물표에 의한 거리로 위치를 구한다.
정. 날씨가 좋을 때는 나침의로 방위를 관측하고 거리를 레이더로 잰다.

27 레이더의 최대 탐지거리가 길어지는 경우가 아닌 것은?

갑. 안테나를 높인다.
을. 송신전력을 크게 한다.
병. 펄스 폭을 넓힌다.
정. 속력을 증대한다.

28 교차방위법을 실시할 때 물표 선정상 주의사항이 아닌 것은?

갑. 위치가 정확하고 잘 보이는 목표
을. 교차방위법은 물표를 조종자의 추측으로 해야 한다.
병. 먼 목표보다 가까운 목표일 것
정. 두 물표 선정시에는 교각이 30° 미만인 것을 피할 것

29 교차방위법에서 오차 삼각형이 생기는 이유가 아닌 것은?

갑. 해도상 물표 위치의 부정확
을. 방위측정에 시간이 오래 소용되었을 때
병. 방위변화가 빠른 물표를 뒤에 재었을 때
정. 위치선 기입시 오차가 개입되었을 때

30 연안항해 중 선위 측정 및 자차 측정이 용이한 방법은?

갑. 교차방위법
을. 중시선사용법
병. 선수배각법
정. 4점 방위법

| 20 을 | 21 병 | 22 을 | 23 병 | 24 갑 | 25 정 | 26 을 | 27 정 | 28 을 | 29 병 | 30 을 |

3 해도 및 항로표지

01 해안선을 나타내는 경계선의 기준은?
갑. 최저저조면   을. 기본수준면
병. 평균수면   정. 최고고조면

02 다음 중 육지로부터 가장 가까운 곳은?
갑. 원양구역   을. 근해구역
병. 연해구역   정. 평수구역

03 하천, 호소 등 내수면은 다음 항해구역 중 어디에 포함되는가?
갑. 평수구역   을. 연해구역
병. 근해구역   정. 원양구역

04 다음 중 해도에서 수심이 같은 장소를 연결한 선을 무엇이라 하는가?
갑. 등심선   을. 등고선
병. 등압선   정. 경계선

05 다음 중 해도에 나타나지 않는 것은?
갑. 조류속도   을. 조류방향
병. 수 심   정. 풍 향

06 해도를 사용할 때 주의 사항으로 가장 적절한 것은?
갑. 서랍에 넣을 때 둥글게 말아 넣는다.
을. 접어서 보관한다.
병. 해도의 번호나 사용 순서대로 정리한다.
정. 보관함에 구입처·가격 등을 표시한다.

07 해도를 소개정할 때는 반드시 ( )의 잉크를 사용한다.
갑. 붉은색   을. 파란색
병. 노란색   정. 검정색

08 항해시 위치를 결정할 때 목표물로서 좋지 않은 야간표지는?
갑. 등 대   을. 등 주
병. 등입표   정. 어 망

09 항로표지 전반에 관하여 상세히 수록하고 있는 것은?
갑. 항로지   을. 해도도식
병. 수로특수서지 정. 수로도지목록

10 모터보트 등의 야간 항해에 유용한 항로표식은?
갑. 등고선   을. 해류분석도
병. 조류분석도 정. 등 대

11 다음 등대의 주기에 관한 설명 중 맞지 않는 것은?
갑. 주기는 등질이 반복되는 시간이다.
을. 한 주기 내 2회 이상 등이 켜질 수 없다.
병. 부동등은 주기가 없다.
정. 주기는 초(Sec)로 표시한다.

12 기적이나 종 기타 유사한 소리로 위치를 알리거나 경고하는 항로표지를 무엇이라 하는가?
갑. 주간표지   을. 야간표지
병. 음향표지   정. 무선표지

13 등색이나 광력이 바뀌지 않고 일정하게 계속 빛을 내는 등대를 말하는 것은?
갑. 호광등   을. 섬광등
병. 명암등   정. 부호등

14 야간운행시 등대의 등광을 식별하는 요소로서 적당하지 않은 것은?
갑. 불빛의 종류   을. 불빛의 주기
병. 등대의 높이   정. 불빛의 색

15 야간운행 중 등대 불빛을 식별하는 요소가 아닌 것은?
갑. 등광의 색   을. 등광의 주기
병. 등질의 종류 정. 등광의 밝기

16 등색, 주기, 점등시간에 관한 설명 중 맞지 않는 것은?
갑. 주기란 등질이 반복되는 시간으로 초(sec)로 나타낸다.
을. 등색은 흰색, 붉은색, 녹색이 주로 쓰인다.
병. 등대 높이는 선박에서 바라보는 높이이다.
정. 점등시간은 해지는 시각부터 해뜨는 시각까지이다.

◆ 해설
등대 높이(등고)는 평균수면에서 등화의 중심까지이며 m로 표시한다.

17 등색이 붉은색 등을 나타내는 기호는?
갑. W   을. B
병. R   정. G

Answer   01 정 02 정 03 을 04 갑 05 정 06 병 07 갑 08 정 09 병 10 정 11 을 12 병 13 정 14 병 15 정 16 병 17 병

18 해도에서 "RK"라 표시되는 저질은?

갑. 펄   을. 자갈
병. 모래   정. 바위

19 등대의 광달거리의 설명으로 가장 옳지 않은 것은?

갑. 관측안고가 높을수록 길어진다.
을. 등고가 높을수록 길어진다.
병. 광력이 클수록 길어진다.
정. 날씨와는 관계없다.

20 기상, 해류, 조류 등의 자연 환경과 도선사, 검역, 항로의 상황, 연안의 지형, 항만의 시설 등이 수록되어 있는 수로서지는?

갑. 조석표   을. 천측력
병. 등대표   정. 항로지

4 선박의 개요 및 모터보트의 운용

01 보트의 주요 치수에 해당되지 않는 것은?

갑. 길이   을. 트림
병. 깊이   정. 폭

02 선체용골과 수직되게 연결되는 선체의 골격으로 외판을 부착하는 뼈대가 되는 것은?

갑. 측판용골   을. 선미재
병. 선수재   정. 늑골

03 모터보트의 선저 형태 중 직진성이 가장 좋은 것은?

갑. 평면선저   을. V형선저
병. 캐터머랜   정. 트리머랜

04 모터보트의 외력을 고려하지 않았을 때 가장 빠른 속도를 낼 수 있는 선저(船底)의 형태는?

갑. 평면선저(flat bottom)
을. V형선저(vee bottom)
병. 터널선저(tunnel bottom)
정. 펜텀선저(pantom bottom)

05 모터보트 선저 형태 중 선체저항을 줄일 수 있는 장점이 있는 반면, 선회시 선회성능을 저하시키는 선저(船底)의 형태는 무엇인가?

갑. 단동체형   을. 환저형
병. 쌍동체형   정. 각저형

06 모터보트에 가장 많이 사용하는 선체 재료는?

갑. 콘크리드   을. 주철
병. FRP   정. 고무합성

07 다음 중 선체 재질별 특징에 대한 설명으로 적당하지 않은 것은?

갑. 목선은 수분 흡수가 잘된다.
을. 철제선은 녹이 쉽게 슨다.
병. 경합금선은 전식작용이 쉽게 발생한다.
정. FRP선은 내식성이 뛰어나다.

08 모터보트를 구성하고 있는 선수재(스템)가 강한 구조로 되어 있는 이유는?

갑. 파도 및 외력의 충격으로부터 선체를 보호하기 위해
을. 조류의 영향을 받지 않기 위해
병. 선측외판의 전단을 선수부에 접합하기 위해
정. 선수에 걸리는 물의 마찰 저항을 작게 하기 위해

09 모터보트의 선저에 A/F페인트를 도장하는 가장 큰 목적은?

갑. 엔진의 출력을 증가시키기 위해
을. 패류의 부착을 방지하기 위해
병. 선체의 미관을 좋게 하기 위해
정. 화재를 방지하기 위해

10 모터보트의 A/F페인트의 적절한 도장시기가 아닌 것은?

갑. 습도가 낮은 계절
을. 해뜨기 전후
병. 비가 오지 않을 때
정. 바람이 없을 때

11 페인트 작업시 주의사항 중 틀린 것은?

갑. 바람이 불 때 풍하쪽에서 칠한다.
을. 얇게 여러 번 바르는 것이 좋다.
병. 충분히 저어서 농도를 고르게 한다.
정. 솔에 붙어있는 페인트는 청수에 담가둔다.

18 정 19 정 20 정 / 01 을 02 정 03 을 04 을 05 병 06 병 07 정 08 갑 09 을 10 을 11 갑

12 모터보트 선체 중 선외기를 장착하는 곳의 명칭으로 맞는 것은?

갑. 콕 핏 을. 트랜섬
병. 바 우 정. 데 크

13 다음은 선외기를 장착한 모터보트의 스크루 프로펠러에 대한 설명이다. 적당하지 않은 것은?

갑. 고속저하중용 프로펠러는 직경이 작고 피치가 크다.
을. 선체의 후방에서 볼 때 시계방향으로 회전하는 것이 보편적이다.
병. 활주형 모터보트에는 직경이 큰 것이 사용된다.
정. 보트의 추진뿐만 아니라 조종에도 매우 중요한 역할을 한다.

14 다음 중 보트의 속력에 관한 설명으로 가장 맞지 않은 것은?

갑. 항내에서는 경제속력이 좋다.
을. 10노트란 1시간에 10해리를 운항하는 속력이다.
병. 같은 출력에서 후진 속력은 전진속력의 50~60%이다.
정. 속력게이지는 주로 MPH 단위를 사용한다.

◈ 해설
항계 안에서는 감속하여 안전속력으로 운행하여야 한다.

15 동력 고무보트의 운행 전 확인할 사항이 아닌 것은?

갑. 고무보트의 공기압을 점검한다.
을. 선체에 엔진부착 정도를 확인한다.
병. 승선인원을 기준치보다 적게 승선시킨다.
정. 복원력을 위해 중량물을 가능한 많이 싣는다.

16 모터보트 운행 전 점검사항이 아닌 것은?

갑. 선체의 누수를 점검한다.
을. 연료잔량을 확인한다.
병. 안전스위치 부착 여부를 확인한다.
정. 기어비율을 확인한다.

17 수상오토바이 조종 전 점검사항이 아닌 것은?

갑. 오일의 잔량을 확인한다.
을. 배터리를 점검한다.
병. 선체파손을 확인한다.
정. 낚시도구를 확인한다.

18 엔진시동 전 점검사항으로 틀린 것은?

갑. 선저, 프로펠러의 이상 유무를 확인한다.
을. 기관실의 빌지를 완전히 배수시킨다.
병. 엔진과 드라이브 유니트 오일을 점검한다.
정. 축전지액을 교환한다.

19 다음 중 모터보트 운행 중에 발생하는 안전사고의 원인으로 적당하지 않은 것은?

갑. 정원초과 을. 급선회
병. 저수심 정. 안전수칙 미준수

20 모터보트 속도 변환에 관한 설명 중 맞는 것은?

갑. 속도를 서서히 증감시킨다.
을. 속도를 갑자기 증감시킨다.
병. 속도를 갑자기 낮춘다.
정. 속도의 증감은 조종자가 하지 않는다.

21 보트의 안전속력을 유지할 때 고려해야 할 요소가 아닌 것은?

갑. 시정의 상태 을. 보트의 조종성능
병. 조종자의 면허종류 정. 운행상 장애물의 근접상태

22 모터보트의 운용에 관한 설명 중 맞는 것은?

갑. 고속 항해 후 정박시 약 1~2분 동안 저속으로 엔진을 걸어둔다.
을. 고속 항해 후 즉시 엔진을 정지한다.
병. 고속, 저속 관계없이 엔진을 즉시 정지한다.
정. 모터보트는 운용술에 따르지 않아도 된다.

23 다음 중 보트를 운항할 때 속력을 낮추거나 정지해야 할 경우가 아닌 것은?

갑. 안개로 인해 시정이 제한될 때
을. 다른 보트가 좌현으로 앞지르기할 때
병. 좁은 수로에서 침로만을 변경하기 어려운 경우
정. 진행침로 방향에 장애물이 의심될 때

24 다음 중 모터보트 운항 중에 침로를 변경할 때 유의사항으로 맞는 것은?

갑. 한번에 조종핸들을 크게 돌린다.
을. 선회 각을 크게 하여 변침한다.
병. 조종핸들을 조금씩 자주 쓰면서 변침한다.
정. 변침 후에는 한번에 조종핸들을 원위치한다.

Answer 12 을 13 병 14 갑 15 정 16 정 17 정 18 정 19 병 20 갑 21 병 22 갑 23 을 24 병

25 모터보트의 조종시 비상안전조치의 설명 중 맞는 것은?

갑. 조종자가 부상을 입거나 낙수에 대비하여 동승자에게 보트의 기본조종법을 알려준다.
을. 여러 사람이 조종법을 알고 있으면 위험하다.
병. 모터보트는 조종시 위험이 전혀 없다.
정. 모터보트는 고속엔진이기 때문에 저속으로 운행하면 위험하다.

26 엔진의 하부(drive unit)의 트림을 낮추었을 때 나타나는 현상으로 틀린 것은?

갑. 엔진출력은 기존상태보다 좋아진다.
을. 조타성능이 좋아진다.
병. 보트의 속력이 늦어진다.
정. 일반적으로 거친 해면상태에 유리하다.

27 모터보트 엔진의 트림(trim)을 기준치 이상으로 올렸을 때 나타나는 현상은?

갑. 엔진 RPM이 증가한다.
을. 출발시 보트의 선수(船首)가 내려간다.
병. 조류가 발생한다.
정. 해류가 발생한다.

28 모터보트 운항 중 스크루가 부유물에 부딪쳐 날개가 변형되었다. 나타나는 현상이 아닌 것은?

갑. 저속운항이 불가능하다.
을. 연료소모량이 많아진다.
병. 선체 진동이 발생한다.
정. 직진성이 나빠진다.

29 모터보트 운항 중에 기상특보가 발효되었다면 우선하여 취해야 할 조치로 옳은 것은?

갑. 최대 속도로 항해하여 구역을 빨리 벗어난다.
을. 파도의 크기에 따라 항로를 조정하며 속도를 낮춘다.
병. 원래 항로에서 벗어나지 않도록 유의하여 이동한다.
정. 승객과 화물을 최대한 빠르게 이동시킨다.

30 물때 변화에 따라 모터보트 운항 경로를 조정하는 가장 중요한 이유는?

갑. 파도의 크기 변화에 대비하기 위해
을. 수온 변화에 적응하기 위해
병. 얕은 수심으로 인한 사고를 예방하기 위해
정. 항로 내 물고기의 활동을 피하기 위해

5 선박의 설비

01 다음 중 모터보트의 조종설비에 대한 설명으로 맞는 것은?

갑. 모터보트의 운동방향을 제어하는 설비
을. 선체의 크기를 측정하기 위한 설비
병. 선체의 무게를 측정하기 위한 설비
정. 선체의 강도를 측정하기 위한 설비

02 다음 중 온도(TEMP) 게이지를 바르게 설명한 것은?

갑. 엔진의 과열상태를 알려준다.
을. 해수의 온도를 알려준다.
병. 대기의 온도를 알려준다.
정. 사람의 체온을 알려준다.

03 다음 중 모터보트 조종시 확인해야 할 계기가 아닌 것은?

갑. RPM 게이지
을. TEMP 게이지
병. PSI 게이지
정. SHIFT 게이지

04 모터보트, 수상오토바이 등에 장치되어 있는 비상정지스위치의 주된 목적으로 맞는 것은?

갑. 보트 조종자가 물에 빠졌을 때 엔진정지
을. 과부하로 인한 엔진 화재시 연료차단장치
병. 스크루 프로펠러에 이물질이 감겼을 때 엔진장치
정. 시동키로 엔진이 정지되지 않을 때 엔진장치

05 비상정지스위치의 사용목적으로 맞지 않는 것은?

갑. 보트 운항중에 조종자가 넘어질 때
을. 보트 밖으로 사람이 떨어졌을 때
병. 긴급할 때 엔진 정지를 위하여
정. 엔진 시동을 원활하게 하기 위하여

06 펜더(Fender)를 사용하는 목적으로 맞는 것은?

갑. 선체를 고정한다.
을. 계류줄을 묶는다.
병. 선체를 보호한다.
정. 추진기를 보호한다.

07 보트의 정박 설비에 해당되지 않는 것은?

갑. 레이더
을. 앵커 및 체인
병. 양묘기
정. 캡스틴

25 갑 26 갑 27 갑 28 갑 29 을 30 병 / 01 갑 02 갑 03 정 04 갑 05 정 06 병 07 갑

08 모터보트 접안시 충격을 완화하기 위한 장비는?
   갑. 고무펜더　　　　을. 앵커
   병. 구명조끼　　　　정. 국제신호기

09 다음 중 배수설비가 아닌 것은?
   갑. 배수구　　　　　을. 빌지펌프
   병. 수밀격벽　　　　정. 밸러스트펌프

10 모터보트의 조타설비에 대한 설명으로 맞는 것은?
   갑. 무게를 측정하기 위한 설비
   을. 크기를 측정하기 위한 설비
   병. 운항 방향을 제어하는 설비
   정. 강도를 측정하기 위한 설비

6 수상레저기구 조종술

01 활주형 보트에서 발생하는 킥(kick) 현상에 대한 설명으로 맞는 것은?
   갑. 보트가 선회하는 경우 선회하는 반대방향으로 선미가 밀리는 현상
   을. 보트가 선회하는 경우 선회하는 방향으로 선미가 밀리는 현상
   병. 보트가 선회하는 경우 선회하는 반대방향으로 선수가 밀리는 현상
   정. 보트가 선회하는 경우 선회하는 방향으로 선수가 밀리는 현상

02 보트의 스크루가 회전할 때 각 날개가 받는 물의 저항은 하부(깊은 곳)를 회전할 때가 상부(낮은 곳)를 회전할 때 보다 크므로 그 힘의 차이가 선미를 한쪽 방향으로 편향시키는데 이러한 힘을 무엇이라 하는가?
   갑. 추진력　　　　　을. 견인력
   병. 종압력　　　　　정. 횡압력

03 모터보트에 엔진이 정상적으로 장착되었을 때 보트의 조종성능을 틀리게 설명한 것은?
   갑. 엔진의 트림(trim)을 상향 조정했을 때 보트는 좌회전하려는 힘을 가진다.
   을. 엔진의 트림(trim)을 하향 조정했을 때 보트는 우회전하려는 힘을 가진다.
   병. 프로펠러가 시계방향(RH rotation)으로 회전할 때 보트는 우회전하려는 힘을 가진다.
   정. 프로펠러가 반시계방향(LH rotation)으로 회전할 때 보트는 우회전하려는 힘을 가진다.

04 선회 초기에 선미가 선회권 바깥쪽으로 밀리는 현상은?
   갑. 타 효　　　　　을. 슬 립
   병. 종 거　　　　　정. 킥 크

05 보트선회시 선회권의 크기에 영향을 주는 요소가 아닌 것은?
   갑. 선체의 길이　　　을. 선체의 건현
   병. 선체의 폭　　　　정. 선체의 흘수

06 모터보트와 같은 활주형 선박이 선회할 때 선체는 어느 쪽으로 기우는가?
   갑. 선회하는 쪽
   을. 선회하는 반대 쪽
   병. 어느 쪽도 기울지 않는다.
   정. 초기는 선회방향, 나중에는 반대 방향

07 선외기 등을 장착한 활주형 선박에서 운항 중 선회하는 경우 선체경사는?
   갑. 외측경사
   을. 내측경사
   병. 외측경사 후 내측경사
   정. 내측경사 후 외측경사

08 다음 중 선체저항의 종류에 속하지 않는 것은?
   갑. 공기저항　　　　을. 진동저항
   병. 마찰저항　　　　정. 조와저항

09 고속운항 중일 때 선체에 받는 저항 중 가장 큰 것은?
   갑. 마찰저항　　　　을. 조와저항
   병. 조파저항　　　　정. 공기저항

10 모터보트가 반활주 상태에서 활주상태가 되면 선체저항이 감소되어 기관회전수는 어떻게 변하는가?
   갑. 감소한다.　　　　을. 증가한다.
   병. 공회전한다.　　　정. 변화가 없다.

Answer　08 갑　09 병　10 병 / 01 갑　02 정　03 정　04 정　05 을　06 갑　07 을　08 을　09 병　10 을

11 다음 중 모터보트가 저속으로 운항할 때 선체에 미치는 영향이 가장 큰 것은?

갑. 조파저항
을. 조와저항
병. 마찰저항
정. 공기저항

12 선체의 저항 중 물의 점성 마찰로 인해 생기는 것은?

갑. 마찰저항
을. 공기저항
병. 조와저항
정. 조파저항

13 모터보트가 외력의 영향으로 기울었다가 다시 원위치로 돌아오려는 성질을 무엇이라 하는가?

갑. 복원성
을. 선회성
병. 이동성
정. 보침성

14 선체의 복원력을 좋게 하기 위한 방법으로 적당한 것은?

갑. 무거운 짐을 아래쪽에 적재
을. 가벼운 물건은 아래쪽에 적재
병. 선수(船首)에 많이 적재
정. 밸러스트 탱크를 비움

15 모터보트가 얕은 수로를 항행하기에 적절한 상태는?

갑. 선수트림
을. 선미트림
병. 약간의 선수트림
정. 선수미 등흘수

16 선박속력에 대한 설명 중 틀린 것은?

갑. 1노트의 속력은 한시간에 1,852m를 갈 수 있다.
을. 선박속력에는 대수속력과 대지속력이 있다.
병. 선박추진기가 정지 중일 때는 속력이 표시되지 않는다.
정. 선박속력은 흘수변화에 차이가 있다.

17 다음 중 대지속력에 대한 설명으로 가장 적당한 것은?

갑. 선박이 항해 중 수면과 이루는 속력이다.
을. 상대속력이라고 한다.
병. 조류의 영향을 별로 받지 않는다.
정. 목적지로 가기 위한 절대속력이다.

18 다음 중 보트가 주행 중에 엔진을 정지하여도 주행을 계속하여 진행하는 것을 무엇이라 하는가?

갑. 저 항
을. 타 력
병. 타 각
정. 침 로

19 다음 중 선박이 전진 중에 전속 후진을 하여 실제로 선박이 정지할 때까지의 타력을 나타낸 것으로 가장 적당한 것은?

갑. 반전타력
을. 정지타력
병. 회두타력
정. 발동타력

20 모터보트의 최단 정지거리는 일반적으로 선체 길이의 어느 정도인가?

갑. 2~3배
을. 4~6배
병. 5~8배
정. 6~10배

21 모터보트의 선체에 가장 적게 영향을 미치는 요소는?

갑. 대기의 온도
을. 바 람
병. 파 도
정. 조 류

22 보트 조종시 직접받는 자연환경의 영향이 아닌 것은?

갑. 조 류
을. 파 도
병. 물의 온도
정. 바 람

23 모터보트를 조종할 때 영향을 미치는 요소가 아닌 것은?

갑. 해수의 온도
을. 바람의 방향
병. 파고의 높이
정. 조류의 속도

24 모터보트가 파도로부터 받는 영향이 아닌 것은?

갑. 롤 링
을. 전 파
병. 피 칭
정. 마찰저항

25 동력수상레저기구인 모터보트 두 대가 근접하여 나란히 고속 운항시 어떠한 현상이 일어나는가?

갑. 상대속도가 0에 가까우므로 안전하다.
을. 평행하게 항주를 계속하면 안전하다.
병. 수류의 배출작용 때문에 멀어진다.
정. 흡인작용에 의해 두 척이 서로 충돌할 위험이 있다.

26 보트의 출·입항시 주의할 사항이 아닌 것은?

갑. 수로의 상황을 주시한다.
을. 출항시 고속으로 빨리 빠져나간다.
병. 입항시 출항하는 보트의 유무를 확인한다.
정. 출·입항시 저속으로 운항한다.

11 병 12 갑 13 갑 14 갑 15 정 16 병 17 정 18 을 19 갑 20 을 21 갑 22 병 23 갑 24 을 25 정 26 을

27 항내 속력을 결정할 때 고려할 사항이 아닌 것은?

갑. 상대선의 조종성능 을. 항내의 넓이
병. 외력의 영향 정. 승선인원과 흘수

28 모터보트를 계류장에 접안할 때 주의사항으로 적당하지 않은 것은?

갑. 타선의 닻줄방향에 유의한다.
을. 선측 돌출물을 걷어 들인다.
병. 외력의 영향이 작을 때 접안이 쉽다.
정. 선미접안을 먼저 한다.

29 모터보트 등을 계류할 때 선체의 외형을 보호하기 위해 사용하는 것으로 맞는 것은?

갑. 클리트 을. 비트
병. 펜더 정. 핸드레일

30 수상레저기구를 계류할 때 계류줄의 길이를 결정하는 요소로 가장 적당하지 않은 것은?

갑. 기구의 흘수 을. 다른 선박과의 거리
병. 바람, 너울의 정도 정. 조수간만의 차

31 육지에 계류줄을 연결하여 모터보트를 계류할 경우, 계류줄 길이를 결정하는 데 우선 고려하여야 할 사항으로 가장 적당한 것은?

갑. 수심 을. 조수간만의 차
병. 흘수 정. 선체트림

32 앵커링(anchoring)의 선정법이 잘못된 것은?

갑. 닻이 끌리더라도 여유가 있는 만의 앞부분
을. 수심이 적당하고 조류가 없는 곳
병. 진흙이나 펄이 좋고 자갈·암초 등을 피한다.
정. 교통량이 적은 섬의 뒷부분이 좋다.

33 보트를 앵커링(anchoring) 후 보트가 끌릴 때 적절한 조치법은?

갑. 앵커로프의 길이를 늘인다.
을. 앵커로프의 길이를 작게 한다.
병. 앵커의 크기를 적게 한다.
정. 앵커는 보트가 끌리는 것과는 관계없다.

34 닻이 해저에 박혀서 선박을 붙들어 주는 힘에 가장 영향을 적게 미치는 것은?

갑. 닻의 크기 을. 선체의 크기
병. 지질의 상태 정. 닻줄의 길이

35 모터보트 엔진에 이상이 생겨서 닻을 투묘하였으나 닻이 끌릴 경우 가장 적절한 조치방법은?

갑. 앵커로프(체인)의 길이를 늘린다.
을. 앵커로프(체인)의 길이를 작게 한다.
병. 앵카의 크기를 적게 한다.
정. 앵카 끌림은 보트와 관계없다.

36 "상호 시계(視界) 내에 있다."라고 함은?

갑. 시각에 의하여 알 수 있는 상태
을. 레이더에 의하여 알 수 있는 상태
병. 청각에 의하여 알 수 있을 때
정. 육감으로 판단할 수 있을 때

37 안개로 인하여 해면상태의 시계(視界)가 불량할 때 조종방법은?

갑. 안전운항을 한다. 을. 고속으로 귀항한다.
병. 조난신호기를 게양한다. 정. 신호탄을 쏘아 올린다.

38 제한된 시정에서의 운항방법 중 적절하지 못한 것은?

갑. 안전한 속력으로 운항할 것
을. 경계를 철저히 할 것
병. 주의환기 신호를 하여야 한다.
정. 주간에는 등화를 표시하지 않아야 한다.

39 황천 운행시 점검사항이 아닌 것은?

갑. 라이프자켓 착용을 확인한다.
을. 비상 구급용품이 잘 준비되어 있는지를 점검한다.
병. 해상신호 장구를 점검한다.
정. 두려움을 없애기 위해 알코올을 복용한다.

40 기상이 불량한 상태에서 운항할 때 고려해야 할 사항이 아닌 것은?

갑. 저기압 이동에 따른 풍향
을. 풍력의 변화 상태
병. 현재의 정박상태의 점검
정. 충분한 휴식과 수면

27 갑 28 정 29 병 30 갑 31 을 32 갑 33 갑 34 을 35 갑 36 갑 37 갑 38 정 39 정 40 정

41 황천시 모터보트를 운항할 때 가장 위험한 파도의 방향은?

갑. 정횡(橫)쪽
을. 정선미(尾)쪽
병. 정선수(首)쪽
정. 선수의 약간옆

42 기상이 악화된 상황에서 모터보트 운항방법으로 바람직하지 않은 것은?

갑. 가능한 최저 속력으로 운항한다.
을. 변침은 한번에 큰 각도로 한다.
병. 파도는 비스듬하게 넘는다.
정. 시야는 가능한 멀리까지 둔다.

43 수심이 낮은 장소를 운항할 때 주의 사항이 아닌 것은?

갑. 암초 등의 충돌을 주의한다.
을. 보트의 속력을 줄여 천천히 운항한다.
병. 엔진냉각수의 원활한 공급을 확인한다.
정. 승선인원을 확인한다.

44 수상레저기구를 운항할 때 기구의 속력에 미치는 영향이 가장 적은 것은?

갑. 해수의 염도와 온도
을. 바람의 세기와 방향
병. 파고의 높이와 형태
정. 조류의 속도와 방향

45 다음 중 모터보트 운항 중에 높은 파도를 넘는 방법으로 가장 적당한 것은?

갑. 파도 방향과 직각이 되도록 한다.
을. 파도를 선수 20°~30° 방향에서 받도록 한다.
병. 파도 방향과 선체가 평행이 되도록 한다.
정. 파도와 관계 없이 정면에서 바람을 받도록 한다.

46 모터보트 운항 중에 파도를 넘어가는 요령으로 적당하지 않은 것은?

갑. 파도가 있을 때는 보통 때보다 속력을 낮추어서 운항한다.
을. 파도를 오를 때는 증속하고 넘기 직전 감속한다.
병. 파도를 넘고 난 후에는 속도레버를 중립으로 하는 것이 좋다.
정. 파도를 선수 20°~30° 방향으로 받도록 침로를 잡는 것이 좋다.

47 모터보트의 선수쪽에서 화재가 발생했을 때 가장 적당한 조종법은?

갑. 선수 우현에서 바람을 받도록 조종한다.
을. 선수에서 바람을 받도록 조종한다.
병. 선수 좌현에서 바람을 받도록 조종한다.
정. 선미에서 바람을 받도록 조종한다.

48 모터보트 예인시 주의할 사항 중 틀린 것은?

갑. 전진 초기에는 미속 전진
을. 예인 초기에는 똑바로 전진
병. 파도가 높으면 예인로프를 줄인다.
정. 마찰부에는 기름을 쳐 준다.

49 로프의 규격은 보통 무엇으로 표시하는가?

갑. 로프의 길이
을. 로프의 직경
병. 로프의 무게
정. 로프의 꼬임수

50 모터보트를 조종할 때 주의할 사항으로 적당하지 않은 것은?

갑. 좌우를 살피며 안전속력을 유지한다.
을. 움직일 수 있는 물건은 고정한다.
병. 자동 정지줄은 항상 몸에 부착한다.
정. 교통량이 많은 해역은 최대한 신속하게 이탈한다.

7 각종 신호

*음향신호・발광신호・조난신호는 p. 88~93 참조

01 잠수부가 수중작업 중임을 알리는 국제신호기는?

갑. A
을. B
병. C
정. D

02 익수자가 발생하였을 경우 게양하는 국제신호기는?

갑. 국제신호기 V기(旗)
을. 국제신호기 E기(旗)
병. 국제신호기 I기(旗)
정. 국제신호기 O기(旗)

41 갑 42 을 43 정 44 갑 45 을 46 병 47 정 48 병 49 을 50 정 / 01 갑 02 정

03 보트나 부이에서 적백색 사선이 있는 깃발을 흔들고 있을 때, 그것이 뜻하는 의미는?

갑. 스쿠버 다이빙을 하고 있다.
을. 낚시를 하고 있다.
병. 수상스키를 타고 있다.
정. 모터보트 경기를 하고 있다.

04 "나는 의료의 원조를 바란다"는 뜻을 가진 국제신호기는?

갑. A   을. C
병. N   정. W

05 "본선은 조난 중이다. 즉시 지원을 바란다."의 기류신호 방법으로 옳은 것은?

갑. AC   을. DC
병. NC   정. UC

06 "피하라 : 본선은 조종이 자유롭지 않다."의 기류신호 방법으로 옳은 것은?

갑. D   을. E
병. F   정. G

07 "본선에 불이 나고, 위험 화물을 적재하고 있다. 본선을 충분히 피하라."의 기류신호 방법으로 옳은 것은?

갑. J   을. K
병. L   정. M

08 "본선의 기관은 후진중이다."의 기류신호 방법으로 옳은 것은?

갑. T   을. S
병. V   정. W

09 동력수상레저기구는 위험물 운반선 부근을 통항 시 멀리 떨어져서 운항하여야 한다. 위험물 운반선의 국제 문자 신호기로 옳은 것은?

갑. A기   을. B기
병. Q기   정. H기

10 바다에 사람이 빠져 수색 중인 선박을 발견하였다. 이 선박에 게양되어 있는 국제 기류 신호는 무엇인가?

갑. F기   을. H기
병. L기   정. O기

03 갑 04 정 05 병 06 갑 07 갑 08 을 09 을 10 정

조종면허시험 기관 요점정리

기 관

1 내연기관

1 기관의 종류

(1) 점화 방식에 의한 분류
① 불꽃점화식 기관
전기 불꽃 점화장치에 의하여 연료에 점화하는 형식의 기관 ➡ 가솔린기관(기출)
② 압축점화식 기관
실린더 내에 압축된 공기의 고열을 이용하여 연료에 점화하는 형식의 기관 ➡ 디젤기관(기출)

(2) 행정(Cycle)에 의한 분류
① 4행정 기관
② 2행정 기관

(3) 기관탑재 형식에 의한 분류(기출)
① 선외기 : 원동기(Power Unit)와 추진계통이 일체형으로 되어 있으며, 선미의 트랜섬(선미재 밖)에 장착됨
② 선내외기 : 원동기는 선내의 선미에, 스크루 및 동력전달장치와 드라이브 유니트는 Double Universal Joint와 함께 선미재 밖에 장착됨
③ 선내기 : 원동기와 추진계통이 선내의 선미에 장착됨

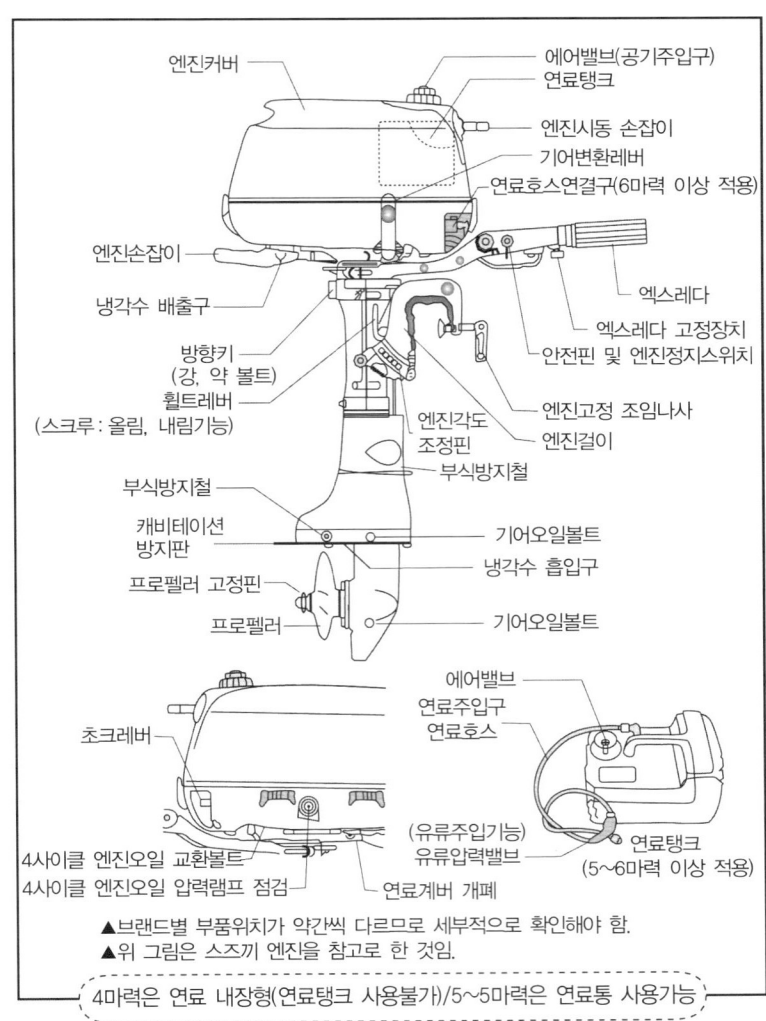

▲브랜드별 부품위치가 약간씩 다르므로 세부적으로 확인해야 함.
▲위 그림은 스즈끼 엔진을 참고로 한 것임.
4마력은 연료 내장형(연료탱크 사용불가)/5~5마력은 연료통 사용가능

* 위 그림은 cafe.naver.com/Articleprint.nhm의 그림 바탕에 추가 수정을 하여 완성한 것임

2 내연기관의 4행정

(1) 내연기관이란?
연료가 직접 기관 내부에서 연소되고, 연소가스와 작동물질이 동일한 열기관이다.

(2) 내연기관의 4행정
흡입 → 압축 → 연소(폭발) → 배기 행정의 4가지 동작이 순차적으로 반복된다. 이 4행정을 1조로 하는 것을 1사이클이라 한다.
① 흡입작용 : 공기 또는 혼합기를 실린더 내부로 주입시키는 것
② 압축작용 : 실린더 내부로 넣은 흡기(공기 또는 공기와 연료의 혼합기)를 축소시켜 압력과 온도를 높이고 연소하기 쉽게 하거나 열량발생을 많게 하는 것
③ 연소작용 : 적당한 시기에 연료를 실린더 내부로 넣고 이것을 점화, 연소시켜서 동력을 발생하게 하는 것
④ 배기작용 : 연소가스가 피스톤을 밀고 팽창하면서 압력과 온도가 낮아진 배기를 실린더로부터 내보내고 실린더 내부를 깨끗이 청소하며 신선한 흡기를 받아들일 준비를 하는 것

3 내연기관의 장·단점

(1) 내연기관의 장점
㉠ 소형이고 운반이 편리하다.
㉡ 기관의 중량과 부피가 작다.
㉢ 열효율이 높고 연료 소비율이 적다.
㉣ 기관의 시동 준비가 간단하다.

(2) 내연기관의 단점
㉠ 사용 연료에 큰 제한이 있다.
㉡ 기관의 진동과 소음이 크다.
㉢ 자력으로 운전할 수 없으며 저속운전이 곤란하다.

4 4행정(사이클) 기관과 2행정(사이클) 기관

(1) 4행정 기관
① 1사이클이 흡입행정 → 압축행정 → 연소(폭발)행정 → 배기행정 순(4작용)(기출)
② 1사이클을 마치는데 크랭크축은 2회전, 캠축은 1회전한다.
③ 피스톤이 2회 왕복하는 동안 1회의 연소과정을 갖는다.(기출)
④ 특징(기출)
㉠ 중·소형선에서 중속 디젤 사용
㉡ 연소효율(열효율)이 높아 연료소비량이 적다.
㉢ 시동이 용이하고 저속운전이 용이하다.
㉣ 실린더가 받는 열 응력이 적다.

(2) 2행정 기관
① 1사이클이 흡입·압축 → 연소(폭발)·배기 행정이 동시에 일어나는 2작용이다.
② 1사이클을 마치는데 크랭크축과 캠축이 각각 1회전한다.
③ 피스톤이 1회 왕복하는 동안 1회의 연소과정을 갖는다.
✓ 2행정 선외기 엔진은 가솔린엔진으로 불꽃점화식이고, 윤활방식은 연료와 윤활유의 순간혼합형, 냉각방식은 수냉식이다.(기출)

④ 특징
  ㉠ 마력당 기관의 부피가 작고, 구조가 간단하여 고장률이 적다.
  ㉡ 4행정 기관보다 연료 소비량이 많고, 효율이 나쁘다.
  ㉢ 대형선에서 저속 디젤 사용

> **참고**
> 2행정 기관(선외기 포함)의 윤활방식(기출)
> ㉠ 가솔린과 윤활유의 혼합유는 기화기에서 분무상태로 된다.
> ㉡ 기화기에서 분무상태로 된 혼합유는 크랭크실을 거쳐 실린더로 유입된다.
> ㉢ 실린더 내로 흡입된 혼합유 중 가솔린은 기화되어 연소되고, 분무상태의 윤활유는 각 부위에 부착되어 윤활 역할을 한다.

5 디젤기관과 가솔린기관

(1) 디젤기관

실린더 내부를 고온, 고압 상태로 만들어 연료를 분사하여 폭발시키는 방식이다.(기출)

① 디젤기관의 장점
  ㉠ 큰 출력의 기관을 만들 수 있다.
  ㉡ 사용 연료(중유·경유 등)의 범위가 넓고, 값이 싼 연료를 사용할 수 있다.
  ㉢ 열효율이 높고 연료 소비율을 적게 할 수 있으므로, 대형 선박의 기관으로 적당하다.
  ㉣ 화재에 대하여 대체로 안전하다.
  ㉤ 연료기화기나 전기점화장치가 필요 없으므로 신뢰성이 크고 내구성도 좋다. 그 대신 연료분사 펌프와 연료분사 노즐이 필요하다.
  ㉥ 최고 회전속도가 낮기 때문에 실린더 부피에 대한 출력은 작으나, 회전속도에 대한 토크 변화가 적어 비교적 큰 토크를 얻을 수 있다.

② 디젤기관의 단점
  ㉠ 실린더 용적이 커야 하며, 압축비가 높기 때문에 폭발 압력이 높아 실린더 부품의 강도를 높여야 한다.
  ㉡ 압축비가 가솔린기관보다 높기 때문에 시동하기 어려워 보조장치가 필요하다.
  ㉢ 같은 출력의 기관인 경우 중량이 무겁고 제작비가 비싸다.
  ㉣ 소리가 크며, 진동이 심하다.
  ㉤ 연소에 시간을 필요로 하므로 소형, 고속회전 기관에는 적당하지 않다.

③ 디젤기관의 배기상태에 따른 기관의 이상 유무
  ㉠ 배기색이 무색 또는 남색일 때 ➡ 정상
  ㉡ 배기색이 흑색일 때 ➡ 과부하, 불완전연소, 실린더 과열, 소음기 오손
  ㉢ 배기색이 백색일 때 ➡ 실린더 냉각수 누설, 연료 중 수분의 함유, 한 곳의 실린더가 폭발하지 않음
  ㉣ 배기색이 청색일 때 ➡ 윤활유와 연료유가 함께 연소

(2) 가솔린기관

실린더에 공기와 적당한 비율로 혼합된 연료를 주입한 후 전기 불꽃으로 폭발시킬 때 발생하는 가스 에너지를 이용하는 방식이다. 기본 사이클은 오토사이클이다.(기출)

① 가솔린기관의 장점
  ㉠ 실린더 용적이 작아도 된다.
  ㉡ 압축비가 작으므로 최고 폭발압력은 낮다.
  ㉢ 연료의 기화가 좋고, 압축비가 낮아 시동이 용이하다.
  ㉣ 고속회전을 얻기 쉽다.

② 가솔린기관의 단점
  ㉠ 고급 연료를 필요로 하고, 연료비가 비싸다.
  ㉡ 압축비를 높일 수 없으므로 열효율이 낮다.
  ㉢ 화재의 위험이 많다.
  ㉣ 전기 착화 계통에 고장을 일으키기 쉽다.

6 기관본체와 부속장치

(1) 기관본체의 구성

기관본체는 동력을 발생시키는 부분으로 ㉠ 실린더 헤드, ㉡ 실린더 블록, ㉢ 크랭크 케이스 3부분과 밸브기구 등으로 구성됨

(2) 기관본체의 구조·역할

① 실린더 헤드 : 실린더 블록 상부를 씌우는 덮개 부분. 가스나 물이 새는 것을 방지하기 위해 헤드 개스킷을 사이에 두고 여러 개의 볼트로 실린더 블록에 결합되어 있으며, 실린더, 피스톤과 함께 연소실을 형성한다.

> **참고**
> 사용재질 : 고온·고압에 견딜 수 있도록 주철이나 알루미늄 합금 주물이 사용됨(기출)

② 연소실 : 실린더 헤드와 피스톤 및 실린더 사이에 형성되는 공간. 연소실의 체적이나 형상은 열효율, 체적효율, 가스유동, 유해배출물 생성 등에 큰 영향을 미친다(현재는 체적효율이 좋은 오버헤드 밸브식을 사용).

③ 실린더 블록 : 기관의 기초 구조물로 기관의 수명을 결정한다. 실린더 블록 내부에는 실린더, 오일통로가 있으며, 그 둘레에는 물 재킷(Water jacket)이 설치되어 기관이 항상 일정한 온도가 유지되도록 냉각시키고 있다.

> **참고**
> 사용재질 : 내마모성과 내부식성이 좋고 구조나 가공이 용이한 주철이 주로 사용되며, 그 외에 알루미늄 합금, 특수주철 등도 사용됨

④ 실린더 : 피스톤 행정의 약 2배의 길이를 갖는 진원형의 통으로서 피스톤의 움직임을 안내하는 가이드 역할을 함

> **참고**
> 피스톤 간극(실린더 간극)
> 실린더와 피스톤 사이에 일정한 틈새를 두어 피스톤의 열팽창에 대비함. 이 간극은 실린더의 안지름과 피스톤의 바깥지름과의 차이로 나타난다.
> ① 보통경합금 피스톤의 간극 : 실린더 내경의 0.05% 정도
> ② 피스톤 간극의 이상현상
>   ㉠ 간극이 큰 경우
>   • 압력의 저하
>   • 오일의 연소실 유입
>   • 엔진출력 저하
>   • 오일 소비 증대
>   • 피스톤 슬랩현상 발생
>   • 블로바이(Blow-by)가스
>   ㉡ 간극이 작은 경우
>   • 마찰저항이 커져서 피스톤과 실린더가 눌러붙는 스틱(Stick)현상 발생
>   • 마멸의 증대

⑤ **크랭크 케이스(오일팬)** : 크랭크축이 설치되는 실린더 블록의 하부와 오일팬으로 구성됨. 크랭크 케이스 앞면은 크랭크축과 연결하여 캠축을 구동하는 타이밍기어나 또는 체인 스프로킷을 설치하는 구조로 됨
⑥ **피스톤** : 실린더 안을 왕복운동하며 폭발행정에서 순간적으로 발생하는 고온·고압가스로부터 받은 압력(2000℃ 이상, 최대 3~4톤의 힘)으로 커넥팅로드를 통해 크랭크축에 회전력을 발생시키는 일을 한다.

> **참고**
> 사용재질 : 가솔린기관과 같은 소형, 고속기관에서는 무게가 가볍고 강도가 크며, 열전도성이 좋은 알루미늄 합금이 주로 사용된다.(기출) 그러나 열팽창이 일어나기 쉬우므로 변형을 고려해야 한다(저·중속 디젤기관에서는 주철, 니켈·망간을 함유한 특수주철이 사용됨).

⑦ **피스톤 링** : 피스톤 링은 안쪽 원과 바깥 원이 동심원으로 되어 있으며, 혼합기의 누출을 막기 위하여 링의 일부를 잘라 적당한 탄성을 주어 피스톤의 홈에 2~5개를 끼운다.
   ✓ 피스톤 링의 기능 : 밀봉작용, 오일제어작용, 열전도작용(기출)

> **참고**
> 사용재질 : 피스톤 링은 고온, 고압, 고속으로 윤활유가 적은 조건에서 빠른 속도로 압착하면서 미끄럼운동을 하며, 또 피스톤 링 홈의 아래·윗면과도 빈번히 접착하므로, 내연성·내구성·탄성이 큰 재질을 사용하게 된다.(기출) 피스톤 링의 재료는 실린더벽의 재질보다 다소 경도가 낮은 특수주철을 사용한다. 또 피스톤 링의 면은 내마멸성을 증가시키기 위해 크롬 도금을 한다. 그러나 크롬 도금한 실린더에는 크롬 도금 링을 사용하지 않는다.(기출)

⑧ **피스톤 스커트** : 피스톤의 아랫부분으로 피스톤의 왕복운동을 안정시키는 운동을 한다.
⑨ **커넥팅로드** : 피스톤의 왕복운동을 크랭크축에 전달하여 회전운동으로 바꿔주는 연결막대이다.
⑩ **크랭크축** : 피스톤의 왕복운동을 커넥팅로드를 통하여 회전운동으로 바꿔 준다. 또 역으로 피스톤을 움직여서 혼합기의 흡입, 압축 및 연소가스의 분출 등을 하는 기관의 주축이다. 메인(베어링) 저널, 크랭크핀 저널, 크랭크 암, 평형추, 오일홀, 오일실링거, 플렌지로 구성됨

> **참고**
> 사용재질 : 크랭크축은 기관이 작동되는 동안 굽힘, 전단(Shearing) 및 비틀림 등의 큰 하중을 받으면서 고속으로 회전하게 되므로 이와 같은 하중을 견딜 수 있는 강도와 강성을 가진 일반적 재료로 고탄소강, 니켈-크롬강, 크롬-몰리브덴강을 사용한다. 최근에는 기관의 고속화와 더불어 피스톤의 행정이 짧아져 미하나이트 주철이나 구상·흑연·주철 등의 주철제 크랭크축을 사용한다.

⑪ **크랭크 실** : 윤활유를 기관 각 부위에 공급하며 저장되는 곳
⑫ **플라이 휠** : 기관의 맥동운동을 원활하게 하는 역할을 하는 것으로, 뒷면은 클러치 마찰면으로 활용되고 주위에 기관시동을 위한 링기어를 부착한다.
⑬ **캠축(캠 샤프트)** : 크랭크축으로부터 동력을 전달받아 캠을 구동하며, 배전기 및 연료펌프, 오일펌프 등을 구동시킨다.

> **참고**
> 사용재질 : 캠 표면의 마모나 캠축이 휘는 것을 적게 하기 위해 주철을 사용한다. 또, 저탄소강을 침탄한 것이나 중탄소강을 사용하여 캠면만을 불꽃 또는 고주파 담금질을 하여 사용하는 경우도 있다.

(3) 부속장치
① **카뷰레터(Carburetor : 기화기)** : 흡기 매니폴드(흡기 다기관) 위에 설치되어 연료펌프에서 오는 연료를 운전상태에 알맞도록 공기와 혼합, 미립화하여(분무상태) 흡기 다기관으로 보내주어 흡입밸브가 열리면 실린더로 혼합기체가 공급되도록 하는 장치이다.(기출)
   ㉠ **스로틀 밸브** : 벤투리 아랫부분에 부착되어 밸브가 열리는 정도에 따라 벤투리 안의 부압을 변화시켜 실린더로 나가는 혼합기체의 양을 조절, 기관회전수를 조정한다.
   ㉡ **초크 밸브** : 벤투리 윗부분에 부착되어 벤투리로 흐르는 공기의 양을 조절한다. 즉, 기관 시동시에는 적게 열어주고 운전중에는 완전히 열어주어 혼합기체의 농도를 조절한다.(기출)
② **축전지** : 정전기 유도현상을 이용하여 전하를 모아 두는 장치
③ **교류발전기** : 기관이 시동되면 벨트에 의해 구동되며 정류기를 통해 직류로 전환시켜 축전기를 충전한다.
④ **점화코일** : 점화플러그의 불꽃(스파크) 틈새에 강한 불꽃을 일으킬 수 있도록, 축전지 및 발전기의 1차 전압을 고전압으로 바꾸는 유도코일이다.(기출)
⑤ **배전기** : 점화코일에서 발생한 고전압을 점화순서에 따라 각 점화플러그에 배전하는 장치이다.
⑥ **점화플러그** : 점화코일로 유도된 전류로 불꽃(스파크)을 발생시켜 실린더 내의 압축된 혼합기체를 점화시킨다. 실린더 헤드에 장착되어 있다.(기출)

> **참고**
> ① 점화플러그의 절연체
>   절연체로는 자기, 알루미늄규산염, 산화알루미늄, 운모 등이 사용된다.
> ② 점화플러그의 간극(불꽃 틈새)(기출)
>   ㉠ 축전지 점화식 : 0.6~1.0mm 정도
>   ㉡ 자석식 점화방법 : 0.6~0.7mm 정도

⑦ **오일펌프** : 오일팬 내의 오일을 흡입 및 가압하여 각 윤활부에 보낸다.
⑧ **유압조절 밸브** : 감압밸브라고도 하며, 윤활 회로 내의 유압이 과도하게 올라가는 것을 방지하여 유압을 일정하게 유지시키는 기능을 한다.
⑨ **오일 필터** : 윤활 회로 내에 설치되어 오일에 혼입된 먼지, 카본, 금속분말, 산화 생성물 등을 제거하는 역할을 한다.
⑩ **물 재킷(Water jacket)** : 연소에 의하여 발생한 열 때문에 일어나는 기관의 과열 및 열변형을 방지하기 위하여 실린더 블록과 실린더 헤드에 설치된 냉각수의 순환통로이며, 이곳을 통과하는 냉각수가 실린더 벽, 밸브시트, 밸브가이드, 연소실과 접촉하여 열을 흡수한 후 수온조절기 쪽으로 흐르게 된다.
⑪ **수온조절기(Thermostat)** : 써모스타트는 물 재킷과 라디에이터 사이에 설치되어 있으며, 냉각수 온도변화에 따라 밸브가 자동적으로 개폐하여 라디에이터로 흐르는 양을 조절함으로써 냉각수의 적정 온도를 유지시키는 역할을 함 (65℃에서 열기 시작하여 85℃에서 완전히 열림).(기출)
⑫ **라디에이터(Radiator)** : 엔진에서 가열된 냉각수를 냉각하는 열교환장치이며, 큰 방열 면적을 가지고 있고 대량의 물을 받아들이는 일종의 탱크이다.

⑬ 전환레버 : 전진, 중립, 후진을 조정하는 역할을 한다.
⑭ 스로틀 조정레버 : 기관 회전수를 가감하는 역할을 한다.

7 기관의 출력

(1) 출력의 단위(기출)
① 단위시간당 엔진이 수행한 일의 양으로, 단위는 미터법으로 KW가 쓰이며, 이밖에 동력, 마력(PS·HP)으로 나타낸다.
② 1마력 : 1초 동안에 75Kg의 무게를 1m 이동하는 데 필요한 동력이다. 1PS(독일마력) → 0.7355KW, 1HP(영국마력) → 0.746KW(기출)

> **참고**
> 〈마력의 종류〉
> ㉠ 지시마력 : 실린더 내의 연소압력이 피스톤에 실제로 작용하는 동력
> ㉡ 축마력 : 증기 터빈이나 가스 터빈의 축단에서 발생하는 동력으로 디젤기관의 제동마력에 해당된다.
> ㉢ 제동마력 : 기관의 마찰 등으로 손실된 마력을 공제한 기관이 실제로 내보내는 마력
> ㉣ 유효마력 : 실제로 항진하는 속력을 내는 데 필요한 마력
> ㉤ 추진마력 : 배를 전진시키기 위하여 프로펠러가 일하는 동력
> ※ 추진효율 : 유효마력을 지시마력으로 나눈 값(60% 정도가 표준)

(2) 출력의 종류
① 최대출력 : 자동차용 기관에서 이용되는 출력이며, 기관이 낼 수 있는 최대출력
② 연속최대출력 : 선박용 기관에서 사용되는 출력이며, 안전하게 연속해서 운전할 수 있는 최대출력(연속최대출력의 80% 정도의 출력이 안전하고 가장 좋은 상태를 유지)
③ 정격출력 : 정하여진 정격회전속도로 연속해서 운전 가능한 출력
④ 상용출력 : 선박용 기관에서 사용되는 출력이며, 선박이 정해진 순항속도로 항해하는데 필요한 출력

8 각종 계기

① 속도계(MPH게이지) : 선체의 속도를 나타낸다(단위는 Km/h 또는 MPH).
② 연료계 : 연료의 유량을 나타낸다.
③ 오일레벨게이지(유량 게이지)
  ㉠ 오일팬 내의 오일량의 상태를 나타낸다.
  ㉡ 오일레벨게이지의 L자와 F자 중간 이상 묻어 나오면 적합하다.
  ㉢ 오일의 질 상태는 색깔로 구분한다.(예 검정색 : 심하게 오염)
④ 유압계(오일압력계) : 기관 내의 윤활유의 압력을 나타낸다. 압력이 떨어지는 상태는 윤활작용이 원활하지 못하는 것으로 기관고장의 원인이 된다. 선외기 엔진에서는 사용되지 않는다.(기출)
  ✓ 오일압력 경고등은 오일스트레이너가 막혀 오일회로 내 오일 압력이 0.2~0.4Kg/cm² 정도로 떨어졌을 때 경고등이 켜지게 되어 있다.
⑤ 전압계
⑥ 엔진회전계(RPM) : 크랭크축이 1분 동안 회전하는 수를 나타낸다. 엔진의 적정 RPM보다 증가하는 것은 엔진의 트림(trim)을 기준치 이상으로 올렸을 때와 부유물에 의한 프로펠러의 손상시에 나타난다.(기출)
⑦ 기압계 : 모터보트에서 주로 사용하는 기압계는 아네로이드 기압계이다.(기출)
⑧ 냉각수 온도계(TEMP 게이지) : 눈금이 C와 H 사이에 위치해야 함. H 이상 적색에 눈금이 가 있는 경우는 엔진과열 상태이다. 부유물이 많은 수역을 통과한 후 확인해야 할 계기이다.(기출)

2 추진장치

1 축계장치

① 축계 : 주기관에서 발생된 동력을 회전운동으로 선미 외부에 있는 프로펠러(추진기)로 전달하고, 프로펠러의 회전에 의해 생긴 추력을 선체에 전달하는 일련의 전달계통의 총칭
② 추진축 : 크랭크축(주기관) → 중간축 → 선미재를 통과 → 드라이브 유니트로 연결됨

> **참고**
> 선미관 : 선미재를 관통하는 부분으로, 물이 통로로 들어오는 것을 방지하기 위한 수밀장치를 가진다.

③ 축계의 구성요소
  ㉠ 스러스트축(추력축)
  ㉡ 중간축
  ㉢ 프로펠러축(추진기 축) : 축계의 끝 부분이 선체의 선미재를 관통하여 프로펠러에 연결되는 부분
  ㉣ 프로펠러(축으로부터 마찰저항으로 회전 토크 전달)

2 추진기의 구조와 작동

(1) 추진기의 종류
① 분사 프로펠러 : 물분사 원동기에 의한 분사추진, 펌프에 의한 분사추진
  ✓ 수상오토바이의 추진방식은 임펠러 회전에 의한 물제트 분사식이다.(기출)
② 외차 프로펠러 : 고정 날개형, 가동 날개형
③ 스크루 프로펠러 : 보스(Boss)에 3~5매의 스크루 날개깃(Blade)이 부착되어, 수중에서 회전함으로써 날개면이 물을 밀고 그의 반동으로 추진되는 스크루 추진방식(선외기 모터보트를 포함하여 현재 모든 선박에서 사용)(기출)

(2) 프로펠러와 관련한 용어
① 피치(Pitch) : 프로펠러가 1회전할 때 블레이드(날개) 위의 어느 한 점이 축 방향으로 진행한 거리(기출)
② 피치 비(Pitch ratio) : 피치를 프로펠러 지름으로 나눈 값
③ 다이어미터(Diameter) : 프로펠러 크기를 지름으로 나타낸 것(기출)
④ 전진면(압력면) : 프로펠러가 전진 회전할 때 물을 미는 쪽의 면(선미에서 보았을 때 보이는 면)
⑤ 후진면(흡입면) : 전진면의 반대면
⑥ 보스(Boss) : 프로펠러가 부착된 중심부로 둥글게 생김
⑦ 블레이드(Blade) : 스크루의 날개깃
⑧ 날개 두께 비(Blade Thickness Ratio) : 스크루 날개의 단면에 있어서 가장 두꺼운 부분을 프로펠러 직경으로 나눈 값. 프로펠러 직경의 일정 값에 대하여 날개 두께 비가 클수록 프로펠러 효율은 저하됨

⑨ 프로펠러의 회전방향 : 선미에서 선수쪽을 볼 때 시계방향으로 회전하는 것을 우회전(전진 회전), 그 반대 회전을 좌회전 프로펠러라고 함. 시계방향으로 회전하는 것이 보편적이다.
  - ✓ 2개의 엔진을 장착하였을 때 우현쪽 프로펠러는 시계방향, 좌현쪽 프로펠러는 반시계방향으로 회전하는 것이 가장 효율이 높은 회전방향이다.(기출)

> **참고**
> 〈선외기를 장착한 스크루 프로펠러〉
> ㉠ 고속 저하중용 프로펠러는 직경이 작고 피치가 크다.
> ㉡ 스크루 프로펠러는 보트의 추진 뿐만 아니라 조종에도 중요한 역할을 한다.
> ㉢ 선미쪽에서 볼 때 시계방향으로 회전하는 것이 일반적이다.

(3) 프로펠러의 재료로서 필요한 성질과 재료의 종류
① 프로펠러가 받는 영향
  ㉠ 주기관의 변동하중이나 수류에 의한 영향
  ㉡ 주기적 변동하중이나 되풀이 응력
  ㉢ 해수에 의한 부식
② 재료로서 필요한 성질
  ㉠ 강도
  ㉡ 내식성
  ㉢ 가공성 용이
  ㉣ 보수의 용이성
  ㉤ 가격 조건
③ 재료의 종류 : 초기에는 주철, 주강, 포금이 사용되었으나, 최근에는 망간 청동이 사용됨

(4) 프로펠러 손상의 원인
① 유목에 부딪히거나 와이어 로프를 감아들인 경우
② 좌초했을 경우
③ 주조 홈 또는 재질 분균일 등의 재질 불량
④ 날개 두께가 얇은 경우
⑤ 캐비테이션이 발생하여 침식을 일으켰을 경우
⑥ 산화·전식 작용에 의한 부식 발생
⑦ 키 부분에 크랙이 생기는 경우(키 홈의 날카로운 모서리, 날개의 충격·진동 등으로 발생)

> **참고**
> 〈프로펠러에 발생하는 이상침식 원인〉
> ㉠ 캐비테이션 발생뿐만 아닌 미주전류, 기타의 전기·화학적인 부식이 동시에 병발하여 발생(예 금속과 해수의 이온화 현상에 의한 화학적 부식)
> ㉡ 수질이나 프로펠러 재질에 따른 것은 2차적인 것

(5) 프로펠러의 손상시(부유물에 의한) 나타나는 현상
① 선체에 진동 발생
② 엔진의 회전수 증가
③ 계기류에 변화가 나타남

(6) 프로펠러 부식방지법
① 재질은 균일하며 주조 홈이 없는 적당한 재료 사용
② 망간 황동이나 특수 알루미늄 청동 재료일 것
③ 전식작용에 의한 부식방지를 위해 보호 아연을 사용
④ 산화작용을 받지 않도록 주의
⑤ 프로펠러 샤프트 스프라인에 부식방지용 그리스를 충분히 바름

> **참고**
> ① 캐비테이션 현상이란?
> 프로펠러가 수중에서 회전할 때 프로펠러 날개의 주 속도가 어떤 한도(임계치 이상)를 넘으면 날개 뒷면의 압력이 낮아져 물이 날개 뒷면을 따라 흐를 수 없게 되어 기포가 생기는 현상으로, 이 기포가 날개를 따라 움직일 때 날개와 보스 표면을 큰 충격으로 때려 표면층이 곰보 모양으로 패이게 된다.(기출)
> ② 캐비테이션 현상의 주원인
>   ㉠ 프로펠러의 주 속도가 클 때
>   ㉡ 프로펠러의 심도가 낮을 때
>   ㉢ 추진력이 과도할 때
>   ㉣ 슬립이 클 때
> ③ 캐비테이션이 증대하는 이유
>   ㉠ 프로펠러 표면의 오손 또는 요철이 있을 경우
>   ㉡ 프로펠러의 전연이 휠 경우
>   ㉢ 프로펠러 수면하의 깊이가 얕게 된 경우
> ④ 환류(Ventilation) 현상이란?
> 프로펠러 주변으로 수면상의 공기나 배기가스가 빨려 들어와 엔진의 냉각수 흡입구로 흡입되어 냉각효율을 떨어지게 하는 현상

(7) 선체가 프로펠러에 미치는 영향
① 반류 : 배를 따라서 나아가는 수류. 따라서 프로펠러는 반류가 가장 현저한 선미에서 회전하기 때문에, 프로펠러의 전진속도는 배의 속도와 달라지게 된다.
  - 예 배가 10노트 속력으로 달리고 있을 때, 반류가 3노트였다면 추진기의 전진속도는 7노트가 된다.
② 반류의 종류
  ㉠ 유선반류(배수반류) : 선체 주위에서 일어나는 유선류에 의함. 배의 모양(선형)과 관계됨
  ㉡ 마찰반류 : 배의 길이, 침수면적, 외판면의 거칠음 정도 등에 관계됨(마찰반류의 값이 가장 큼)
  ㉢ 파반류(Wave wake) : 선미파 중의 유체입자가 갖는 절대속도에 의함. 배의 속도에 관계됨

(8) 프로펠러가 선체에 미치는 영향
① 선미에서 작용하는 프로펠러는 선체와의 사이에 저압부분을 형성함
② 프로펠러의 흡입작용에 의하여 선체의 형상 저항을 증가시킴
③ 프로펠러 부근의 물의 가속에 의한 마찰저항을 증가시킴

> **참고**
> 〈프로펠러 선정과 설치〉
> ㉠ 모터보트의 작동 특성에 가장 적합한 선외기에 프로펠러를 사용하는 것이 무엇보다 중요하다.
> ㉡ 엔진의 속도는 프로펠러에 따라 다르며, 너무 크거나 적은 피치를 가진 프로펠러를 설치하면 영역에 맞지 않는 RPM으로 선외기에 심각한 손상을 일으킨다.

(9) 프로펠러의 슬립이 크게 되는 경우
  ㉠ 선체의 저항이 증가할 경우
    - 예 선체 침수면의 오손, 파랑이 크거나 역풍, 역조시 등
  ㉡ 주기의 회전수가 증가하였을 때
  ㉢ 프로펠러 날개의 변형이나 절손을 일으키는 경우
    - 예 외력의 작용, 침식, 날개 두께의 과소 등
  ㉣ 프로펠러의 피치를 증가하였을 때
  ㉤ 중앙 절단면적과 원판면적의 비가 증가하거나 프로펠러의 면적 또는 날개의 길이가 감소하였을 경우

ⓑ 경 흘수 때문에 프로펠러의 심도가 심히 얕을 경우
- ✓ 프로펠러 재질 중 스테인리스로 만든 프로펠러가 가장 슬립이 적다.(기출)

(10) 프로펠러 설치시 유의점(기출)
  ㉠ 엔진이 우발적으로 작동하는 사고를 막기 위해 점화플러그의 코드를 제거한다.
  ㉡ 보트에 중량이 실리는 경우나 수상스키를 끌 때 피치가 기준치보다 한 치수 낮은 것을 사용한다.
  ㉢ 프로펠러축에 충분한 윤활유를 바른다.

3 선내외기·선외기의 구성 및 추진장치

(1) 선내외기
원동기는 선내의 선미에 설치되고, 스크루를 포함한 동력전달장치인 클러치와 드라이브 유니트는 더블 유니버샬 조인트(Double Universal Joint : 축이음 종류의 한 가지)는 선미재 밖으로 연결된다.

> 참고
> 드라이브 유니트(Drive unit)
> ㉠ 드라이브 유니트 내에는 기어오일이 주입되어 있으며 기어오일 펌프가 있다.(기출)
> ㉡ 드라이브 유니트 전체가 위·아래로 움직일 수 있도록 되어 있다.

(2) 선외기
① 선외기의 구성
  ㉠ 엔진부 : 엔진, 플라이 휠, 연료펌프, 시동장치, 기화기(가솔린엔진의 경우) 등
  ㉡ 동력전달부 : 수동구동축, 클러치 등
  ㉢ 추진기부 : 프로펠러축, 프로펠러 등
② 선외기의 장착
원동기와 추진기, 추진축, 조향타가 일체형으로 결합되어 선체 내부를 개조할 필요 없이 보트의 후미부(선미재)에 장착된다.
③ 추진기관의 연료 : 가솔린 또는 경유
  ✓ 고마력의 선외기 : 300마력까지 있음
④ 선외기의 연료공급 계통
연료탱크(선체) 및 연료보조탱크 ➡ 유수분리 필터 ➡ 프라이머 밸브 ➡ 연료펌프 ➡ 기화기
  ✓ 프라이머 밸브 : 내부에 체크밸브가 있어서 연료가 다시 탱크로 돌아가는 것을 방지하여 선외기 시동시 프라이밍 역할을 한다.
⑤ 선외기의 냉각계통
  ㉠ 냉각방식 : 수냉각방식(현재 일반적으로 사용됨.)
  냉각수는 냉각수 펌프에 의해 선외기로 흡입되어 냉각관을 통해 실린더헤드로 보내지고 배기관을 냉각한 뒤 선외로 배출된다.
  ㉡ 냉각수의 흐름
  냉각수 흡입구 ➡ 냉각수 펌프(임펠러) ➡ 실린더 주위 ➡ 배기가스관 또는 냉각수 안전배출구(일부) ➡ 배기가스 배출구(배기가스와 함께 배출됨)
⑥ 선외기의 동력전달계통(기출)
피스톤 ➡ 크랭크축 ➡ 드라이브 축 ➡ 기어 ➡ 클러치 ➡ 프로펠러축 ➡ 프로펠러

> 참고
> 〈선외기의 동력전달〉
> 엔진과 프로펠러에는 각각 금속제의 축이 붙어 있으며, 엔진의 축(드라이브축)은 수직으로 아래쪽을 향하고 있고 프로펠러축은 전·후로 수평방향이므로 서로 직각방향으로 교차되고 각각의 축 끝단에 기어를 붙여 동력을 전달하도록 되어 있다.

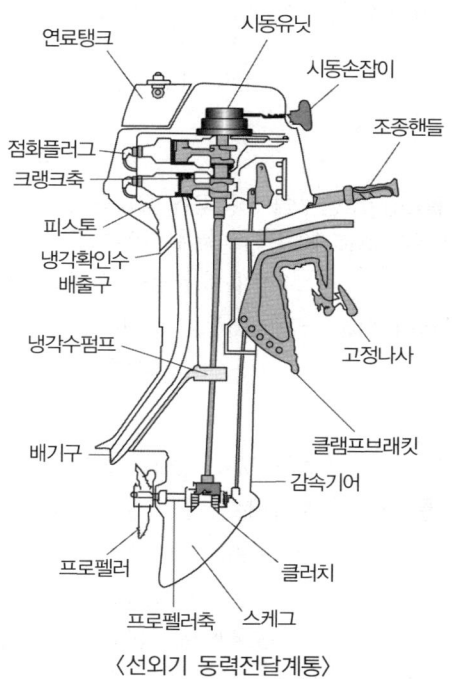
〈선외기 동력전달계통〉

⑦ 선외기의 추진기부
  ㉠ 캐비테이션 방지 플레이트 : 프로펠러가 공기를 끌어들이지 못하게 해서 캐비테이션으로 인한 프로펠러의 손상을 방지하는 기능을 한다.
  ㉡ 기어박스 : 드라이브축과 프로펠러축의 기어가 서로 맞물려 동력을 전달하는 부분. 윤활을 위해 기어오일이 채워져 있고, 프로펠러축을 통하여 물이 들어오지 못하도록 설계됨(기출)
  ㉢ 냉각수 흡입구 : 냉각수를 흡입하는 부분으로, 이물질 등이 흡입구를 막아 엔진이 과열되어 손상될 수 있다.
  ㉣ 스케그 : 프로펠러가 해저나 유목 등에 직접 충돌되는 것을 방지하는 기능을 함
  ㉤ 프로펠러 : 프로펠러축이 회전하면서 날개의 배면으로 물을 차내어 보트를 밀어내는 기능을 한다.

(3) 선외기 설치상 유의점(cafe.nater.com/AticlePrint.nhn 참조함.)
① 보트의 최대마력을 초과하여 선외기를 무리하게 설치하지 말 것
② 트랜섬(캐비테이션과 엔진 거치대의 끝점) 높이에 따라 선외기의 성능이 다르므로 적절한 높이어야 한다.
  ㉠ 트랜섬에 탑재된 선외기가 너무 높으면 엔진이 힘을 잃거나 과열의 원인이 되고, 너무 낮으면 제 스피드를 낼 수 없다.
  ㉡ 캐비테이션 플레이트와 선저가 평행이 되도록 설치해야 한다.(기출)
③ 모터가 내려 있을 때는 캐비테이션 방지판을 보트의 바닥 1~25mm 아래에 위치되도록 하여야 한다.

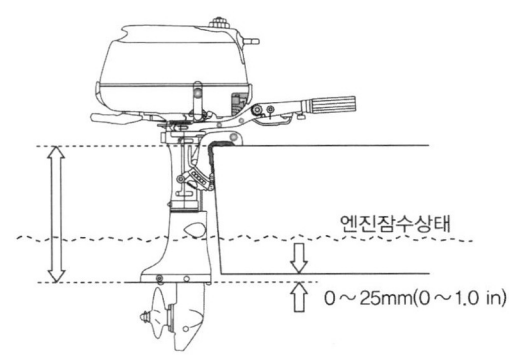

④ 캐비테이션 방지판이 물 위로 나올 경우 과열이 되어 선외기에 손상을 입히게 된다.
⑤ 선외기를 정확하게 트랜섬의 중심에 설치해야 한다. 그렇지 않을 경우 보트 운행 중 한쪽으로 기울게 된다.
⑥ 선외기를 설치한 후에는 누수를 방지하기 위해 보트·와셔·너트를 볼트로 조인 구멍을 막아야 한다.
⑦ 선외기를 설치한 후 스티어링이나 틸트 움직임이 다른 부품으로 인해 방해가 되지 않은지 확인해야 한다.
⑧ 저마력인 40마력 이하는 크립볼트 조임으로 가능하나 40마력 이상은 볼트로 고정조임해야 한다.
⑨ 가끔 클램프 스크루가 단단히 죄어 있는지 확인해야 한다.

4 연료계통

(1) 연료의 종류
① 석유·석탄계의 연료 : 가솔린, 등유, 경유, 중유, 벤젠, 석탄액화 가솔린 등
② 식물성 연료 : 에틸 알코올, 메틸 알코올
③ 동물성 연료 : 어유
④ 가스 연료 : 액화천연가스(LNG), 액화석유가스(LPG), 프로판가스, 부탄가스

(2) 각 엔진(기관)의 연료조건
① 가솔린엔진의 연료(휘발유)(기출)
  ㉠ 발열량이 클 것(휘발유가 발열량이 가장 많음)(기출)
  ㉡ 유동성이 좋고 기화가 용이할 것
  ㉢ 연소가 빠르고 이상 연소를 일으키지 않을 것(노크현상 방지)
  ㉣ 부식성이 없을 것(알코올 성분이 포함된 경우 금속부분이 부식)(기출)
  ㉤ 연소 퇴적물(유해물질)이 적을 것
  ㉥ 배기 정화장치에 악영향이 적을 것
  ㉦ 옥탄가는 기관(엔진)의 압축비에 따라 고옥탄 가솔린(97~100 옥탄가)과 레귤러 가솔린(87~88 옥탄가)을 선택할 것

> **참고**
> ㉠ 휘발성
> • 낮을 때 : 윤활유를 희석하기 쉽고, 오일의 소비량이 증가하여 기관의 출력을 저하시킴
> • 높을 때 : 한랭시 시동이 잘 되나 증발하기 쉬우므로 베이퍼록(연료가 연료라인에서 증발하여 그대신 증기가 발생 : 연료수송이 차단되는 현상)을 일으키기 쉬움
> ㉡ 옥탄가
> • 옥탄가가 낮으면 엔진에 손상을 가져온다.(기출)
> • 옥탄가는 최소한 85 이상이 되어야 한다.(기출)

② 디젤엔진의 연료(경유)(기출)
  ㉠ 적당한 점도를 유지할 것(분사 펌프의 플린저 및 노즐의 윤활을 위해)
    • 탄소가 많으면 점도가 커짐
    • 점도가 클 경우 : 연금 유관 내의 이동이 어렵고, 분무상태에 악영향을 미쳐 착화가 지연되고, 불완전연소를 일으킨다.
    • 점도가 낮을 경우 : 연료분사 펌프의 누설이 증가하고, 연료 분사량이 줄어 출력이 떨어진다. 또한, 윤활기능이 저하되고 디젤 노크와 후연소의 원인이 된다. (기출)
  ㉡ 기화가 용이하고 착화성이 좋을 것(착화성은 세탄가로 나타냄)
  ㉢ 연료유 중에 수분 및 불순물이 적을 것
  ㉣ 유황분이 적어야 할 것

> **참고**
> 〈경유의 특징〉
> ㉠ 경유의 비중 : 약 0.86
> ㉡ 경유의 발화점 : 200~350℃
> ㉢ 고급일수록 담황색, 저급일수록 황색에 가깝다.

(3) 연료의 주성분과 불순물(기출)
① 주성분 : 탄소와 수소
② 불순물 : 잔류탄소, 수분, 회분, 유황분

(4) 연료의 인화점·발화점·연소점(기출)
① 인화점 : 표면에 불꽃을 갖다 대면 인화하는 최저온도
  • 휘발유 : 21℃ 미만
  • 경유 : 50~70℃
② 발화점(착화온도) : 불꽃을 가까이 하지 않아도 자연히 착화(불꽃이 발생)하는 최저온도
  • 휘발유 : 약 257℃
  • 경유 : 약 300℃(200~350℃)
③ 연소점 : 연소상태가 중단되지 않고 유지될 수 있는 최저온도. 인화점보다 대략 10℃ 높다.

(5) 연료장치
① 연료장치의 구성(기출)
연료탱크, 연료여과기, 연료밸브, 연료펌프, 기화기(또는 전자제어분사장치), 공기청정기
  ✓ 기계식 연료펌프는 캠축 편심캠에 의해 작동되고, 전기식 연료펌프는 전동기를 사용하여 흡입용 임펠러를 회전시켜 송출한다.(기출)

> **참고**
> 연료탱크의 재질 : 스텐레스 또는 합금
> 연료 여과기의 재질 : 여과지, 금속망, 소결합금
> 연료 파이프의 재질 : 구리파이프, 일부분은 비닐파이프 또는 내유성 고무파이프

② 연료의 이동경로(4행정 전기점화기관)(기출)

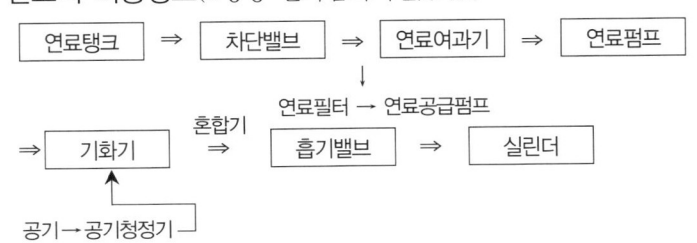

> **참고**
> ㉠ 연료탱크에 물이 섞이면 시동률이 떨어진다.
> ㉡ 알코올이 함유된 휘발유는 내부 엔진부품의 마모와 손상을 초래하고, 금속부품을 부식시키며, 탄성 종합제 및 플라스틱 부품의 기능을 저하시킨다.(기출)

(6) 연료의 계산
① **연료소비율** : 기관이 단위시간(1시간)에 1마력을 발생시키는 데 드는 연료량
② **연료소비량** : 연료소비량은 속도의 제곱에 비례한다.
③ **연료소모량** : 일정시간 중의 연료소모량은 속도의 3승에 비례하고, 일정 항정을 항해하는데 필요한 연료소모량은 속도의 제곱에 비례한다.

(7) 연료주유시 주의사항
① 선체 내장형 연료탱크인 경우 더운 날에는 팽창을 고려하여 덜 채운다.(기출)
② 연료를 혼합 사용하거나 불량연료 및 알코올성분이 섞인 연료를 사용해서는 안 된다.
③ 연료탱크에 물이 섞여 들어가지 않도록 한다.
④ 2행정 선외기 엔진의 경우는 가솔린과 윤활유의 혼합비율을 40~50 : 1로 혼합해야 한다.
⑤ 연료주유시 기관은 반드시 정지시킨다.

5 윤활계통

(1) 윤활유의 작용(기출)
① **감마작용** : 마찰의 감소, 마모방지
② **밀봉작용** : 실린더와 피스톤링 사이에 유막을 형성하여 압축·폭발과정에서의 가스누출을 방지
③ **냉각작용** : 마찰부분의 열을 흡수·냉각시켜 과열을 방지
④ **응력분산작용** : 형성된 유막은 회전운동 부분이나 미끄럼 운동 부분에 집중된 압력을 흡수하여 분산시킴으로써 운동부분의 충격을 방지
⑤ **방청·방부작용** : 금속 표면에 유막을 형성하여 외부의 공기나 습기로부터 보호하고 부식을 방지
⑥ **청정작용** : 기관 내부를 순환하여 마찰에 의한 미세한 금속분말과 이물질을 씻어내는 작용

(2) 내연기관의 윤활계통
① 4행정 기관의 윤활계통
오일팬 → 오일펌프 → 오일여과기 → 오일냉각기 → 기관 각부 → 오일팬
② 2행정 기관의 윤활계통(기출)
㉠ 가솔린과 윤활유의 혼합유가 기화기에서 분무상태로 되어 크랭크실로 흡입된 뒤, 소기상태에서 실린더로 유입된다.
㉡ 실린더 내로 흡입된 혼합기체 중 가솔린은 기화되어 연소되고, 분무상태의 윤활유는 각 부위에 부착되어 윤활 역할을 한다.
  ✓ 선외기 엔진의 윤활방식은 연료와 윤활유의 순간혼합형이다.(기출)

(3) 내연기관의 윤활유
① 윤활유의 구비조건
㉠ 윤활 목적을 효과적으로 달성할 수 있고, 각 기관에 적합한 윤활유여야 할 것(광물유를 가장 많이 사용)
㉡ 내부 윤활유 : 고온, 고압에서 점도를 유지하고, 인화점이 높으며 내열성이 좋을 것
㉢ 외부 윤활유 : 유지력이 강하고 중성으로 축이나 베어링을 부식하는 일이 없으며, 유화하기 어려울 것
② 윤활유에 필요한 성상
㉠ 유성이 커야 한다.
㉡ 점도가 적당해야 하고, 온도변화에 따른 점도변화가 적어야 한다.
• **점도와 온도** : 온도에 따라 점도가 크게 변하지 않을 것
• **점도와 압력** : 압력을 받으면 모든 기름의 점도는 크게 된다.
• **점도와 비중** : 파라핀계의 기름은 비중이 작고, 나프텐계의 기름은 비중이 크다(0.86~0.91 정도의 비중이어야 함).
㉢ 인화점, 발화점이 높아야 한다.
㉣ 응고점이 낮아야 한다.
㉤ 산화 안정성과 탄화항력이 커야 한다.
㉥ 항유화성이 커야 한다.

(4) 윤활유의 종류 및 첨가제
① 기관 윤활유
㉠ 오일의 점도에 의한 분류 : 싱글급, 멀티급(4계절용)
㉡ 엔진의 사용조건에 의한 분류
• 가솔린엔진 : 좋은 조건은 SA, 중간조건은 SB, 가혹한 조건은 SC·SD 등
• 디젤엔진 : 좋은 조건은 CA, 중간조건은 CB·CC, 가혹한 조건은 CD·CE
② 기어오일 : GL-1에서 GL-6까지 6등급, GL-6에 가까울수록 성능 우수
③ 그리스 : 정지한 상태에서는 반고체 상태, 강하게 휘저으면 연화하여 액체상태에 가까워지는 윤활유. 이러한 성질을 살려 베어링, 섀시 등에 사용됨.
④ 고체 윤활유 : 상시 급유할 수 없는 부분, 반 고형 그리스가 열로 인하여 녹아 떨어지기 쉬운 부분
⑤ 작동유 : 유압을 이용하여 유압기기를 작동시키는데 사용됨.
⑥ 윤활유의 첨가제(윤활유의 성질을 개선·향상시킬 목적)
㉠ 산화방지제
㉡ 청정분산제
㉢ 유성 향상제
㉣ 유동점 강하제
㉤ 점도지수 향상제
㉥ 소포제

(5) 윤활유 열화의 원인
① 공기 중 산소에 의한 산화작용
② 연소 생성물이 혼입되는 경우
③ 물이 혼입되는 경우

(6) 윤활장치

① 오일펌프 : 오일팬 내의 오일을 흡입 및 가압하여, 각 윤활부에 보내는 일을 한다.

② 오일스크린 : 오일 가운데 큰 입자의 불순물을 제거하기 위해 스크린(스트레이너)이 설치되어 있으며, 여과제로는 철망을 사용한다.

③ 유압조절 밸브(감압 밸브) : 윤활 회로 내의 유압이 과도하게 올라가는 것을 방지하여, 유압을 일정하게 유지시키는 기능을 한다.

④ 오일 필터(오일 여과기) : 윤활 회로 내에 설치되어 오일에 혼입된 먼지, 카본, 금속분말, 산화 생성물 등을 제거하는 역할을 한다.

⑤ 오일레벨게이지(유량게이지) : 오일량을 점검한다. 오일레벨게이지의 L자와 F자 중간 이상 묻어 나오면 적합하다. 묻어 있는 오일의 상태를 점검한다.

⑥ 유압계 및 유압경고등 : 엔진오일 압력의 정상 여부를 확인할 수 있는 계기판. 유압경고등은 오일스트레이너가 막혀 오일회로 내 오일 압력이 어느 이상 떨어졌을 때 경고등이 켜지도록 되어 있다.

> **참고**
> 〈오일의 색깔과 원인〉
> 검정색 : 심하게 오염, 교환시기가 경과되었을 때
> 붉은색 : 가솔린이 유입되었을 때
> 우유색 : 냉각수가 섞여 있을 때
> 회 색 : 4H 납의 연소생성물이 유입되었을 때

6 냉각계통 · 배기계통

1 냉각계통

(1) 냉각의 필요성과 고온에 의한 문제점

① 냉각의 필요성
기관의 양호한 작동을 위하여 실린더 내의 연소에 의하여 발생한 열을 냉각시켜 적정온도를 유지시키는 데 있다.

② 고온에 의한 문제점
㉠ 열 응력의 증대
㉡ 재료 강도의 저하
㉢ 열 팽창(피스톤과 실린더의 고착 우려)
㉣ 윤활유의 열화
㉤ 이상 연소의 발생
  ✓ 엔진이 과열되는 원인 : 윤활유 부족, 냉각수 부족, 냉각수 취입구 및 통로 막힘, 방열기 코어 막힘(기출)

(2) 냉각방법

① 수냉식 : 물 재킷을 설치하여 냉각수를 순환시키는 방법
 • 방류식 : 한번 사용한 물을 순환시키지 않고 방류(소·중형기관에서 이용)(기출)
 • 순환식 : 한번 사용한 물을 냉각기나 방열기로 식히고 순환시켜 사용(중·대형기관에서 이용)

② 공냉식 : 실린더와 실린더 헤드에 냉각 핀을 설치하여 직접 공기의 흐름에 의해 냉각하는 방법(소형 2행정 기관에서 일부 사용)

(3) 냉각장치

① 냉각수 온도계 눈금이 C와 H 사이에 위치해야 함

② H 이상 적색 부분에 눈금이 가 있는 경우에는 엔진과열 상태

③ 엔진과열 상태시에는 즉시 기관을 정지한 후 원인을 파악한 뒤 조치해야 함
  ✓ 엔진이 과냉되었을 때는 출력이 저하되어 연료소비가 증대되고, 실린더 마멸이 촉진된다.(기출)

2 배기계통

(1) 의의 및 역할

① 의의 : 실린더 내에서 연소한 가스를 배기파이프로 모아서 외부로 배출하는 장치

② 역할
㉠ 배기의 소음을 없앤다.
㉡ 배기가스로부터 불꽃, 기타 고형물을 제거한다.
㉢ 배기가스를 이용한 과급기를 구동한다.
㉣ 배기가스 보일러를 가열한다.

(2) 배기장치

① 배기다기관(배기매니폴드) : 2실린더 이상의 다실린더기관에 설치되어 배기가스를 모아서 배기파이프로 배출
 ※ 그러나 단실린더기관에서는 배기다기관이 없이 실린더 헤드에 직접 배기파이프가 부착됨

② 배기파이프 : 배기가스를 외부로 방출하는 강관

③ 소음기(Muffler) : 내부에 몇 개의 칸막이를 하여 배기가스가 이 칸막이의 장벽을 지날 때 음파의 간섭 및 압력 변동의 감소, 배기온도의 저하로 점차 소음이 된다.

(3) 배기색과 연소상태

① 흑색 : 혼합가스가 농후하여 불완전연소할 때(기출)

② 백색 : 오일 및 수분이 연소실에 들어와 함께 연소할 때(기출)

③ 무색 또는 담청색 : 완전연소할 때
  ✓ 가솔린을 완전연소시키면 이산화탄소와 물이 배출된다.(기출)

(4) 혼합비와 배출가스

① 일산화탄소(CO) : 혼합비가 농후할수록 많이 발생

② 탄화수소(HC) : 혼합비가 17 : 1 부근에서 가장 적게 발생하고 더 농후하거나 옅을수록 증가

③ 질소산화물(NOx) : 혼합비가 15 : 1 부근에서 가장 많이 발생하고 더 농후하거나 옅을수록 감소

(5) 기타 조건과 배출가스(기출)

① 기관의 부하 여부에 따라 완전연소, 불완전연소에 미치는 영향이 크며, 기관의 부하가 없을수록 완전연소하여 CO_2(이산화탄소)와 물이 배출된다. 반대로 과부하일 때는 불완전연소하여 혼합가스가 농후하다.(기출)

② 기관의 압축비가 낮으면 NOx와 HC의 발생농도가 적다.

③ 냉각수의 온도가 높으면 HC의 발생농도는 낮고 NOx의 발생농도는 높다.

④ 점화시기가 빠르면 CO의 발생농도는 낮고 HC와 NOx의 발생농도는 높다.

⑤ 공회전(공연비)시나 고속운전시에는 CO, NOx의 발생농도가 낮다.

7 전기계통

(1) 축전지

① 양과 음의 전극판과 전해액(묽은 황산)으로 구성되어 있어,(기출) 화학작용에 의해 직류기전력을 생기에 하여 전원으로 사용할 수 있는 장치

② 축전지의 구조
  ㉠ 극판 : 양극판(재질은 과산화납 : PbO_2), 음극판(재질은 해면상납 : Pb)
  ㉡ 격리판 : 양(+)극판과 음(-)극판 사이에 끼워져 두 극판이 서로 단락하는 것을 방지
  ㉢ 유리매트 : 양극판의 작용물질이 진동에 떨어져 나가는 것을 방지하여 축전지의 수명을 길게 할 목적으로 양극판의 양쪽에서 작용물질을 누르듯이 끼워 넣는다.
  ㉣ 케이스 : 축전지의 몸체를 이루는 부분으로 합성수지로 되어 있다.
  ㉤ 극판조(단전지) : 몇 장의 극판을 단자기둥과 함께 접속시켜 만든 것. 완전충전시 약 2.1V의 전압이 발생한다.

> **참고**
> ㉠ 6V 축전지 : 단전지 3개로 구성
> ㉡ 12V 축전지 : 단전지 6개로 구성(모터보트 등에 사용되는 일반 축전지)(기출)

  ㉥ 커넥터(Connector) : 단전지와 단전지를 직렬로 연결하는 것을 말하며, 납합금으로 되어 있다.
  ㉦ 단자기둥(Terminal) : 외부회로와 접속할 수 있도록 한 것으로, 양극이 음극보다 조금 더 굵게 되어 있다.
  ㉧ 전해액 : 증류수에 순도 높은 무색무취의 황산을 혼합한 묽은 황산으로, 축전지 내부의 전류 생성·저장을 돕고 각 극판 사이의 전류전도의 일을 한다.

> **참고**
> 〈전해액의 비중〉
> ㉠ 축전지에 어느 정도의 전기가 축전되어 있는가를 아는 방법으로, 축전지가 완전충전상태일 때 20~25℃에서 1,240, 1,260, 1,280, 1,300 비중을 사용한다.
> ㉡ 전해액이 동결하면 축전지는 사용할 수 없게 된다. 완전 충전상태의 비중일 때는 동결할 염려가 없으나, 방전된 축전지는 -10℃ 정도에서는 동결하는 경우가 있다.
> ㉢ 따라서 겨울철에는 비중이 1,200 이하의 방전상태로 방치하여서는 안 된다.

③ 축전지의 방전
  ㉠ 의 의
    • 충전된 상태 : 양극은 이산화납, 음극은 납
    • 방전된 상태 : 양극과 음극 다같이 황산납으로 되며, 동시에 물이 생겨 전해액의 비중은 저하되고 축전지의 내부저항은 증가하여 전류는 차츰 흐르지 않게 된다.
      ✔ 축전지의 과방전은 전극판을 손상시킨다.(기출)
  ㉡ 방전 종지전압
    • 방전시 더 이상 방전되지 않을 때의 전압
    • 일반적으로 1단전지에 대한 단자전압이 1.75V, 12V 축전지에서는 10.5V가 방전 종지전압이다.
  ㉢ 자기방전(자연방전)
    • 사용하지 않고 방치해 두어도 조금씩 자연히 방전을 일으키는 현상이다.
    • 자기방전으로 전해액의 비중이 높을수록, 주위의 온도와 습도가 높을수록 커진다.

④ 축전지의 충전
  ㉠ 일정한 전류로 충전하기 위하여 단자에 가하는 전압은, 처음에는 서서히 상승하다가 충전이 끝날 무렵이 가까우면 급격히 상승하여 1단전지에 대해 2.7V가 되고, 12V 축전지에서는 16V 정도가 되면 전압은 일정한 값을 나타내게 된다.
  ㉡ 충전이 진행되면서 전해액의 비중은 높아진다(완전 충전된 전해액의 비중 : 20℃에서 1.28임).(기출)
  ㉢ 충전이 끝날 시기에는 양(+)극판에서는 산소가 발생하고 음(-)극판에서는 수소가스가 대량으로 발생하여, 이것이 극판을 감싸서 내부저항이 증가하기 때문에 단자전압을 높여 일정한 전류가 계속해서 흐르게 한다(폭발·화기 주의 필요).(기출)
  ㉣ 충전이 완료되면 물의 전기분해만을 하기 때문에, 가스 발생량도 안정되어 전압은 일정하게 된다.(기출)

⑤ 충전의 유형
  ㉠ 초충전 : 충전되지 않은 새 축전지에 최초로 행하는 충전
  ㉡ 보충전 : 보통충전과 급속충전이 있다.
  ㉢ 회복충전 : 방전상태가 계속되어 극판 표면에 약간의 황화현상이 일어났을 때, 이것을 원상으로 회복하기 위한 충전

> **참고**
> 〈급속충전시 주의할 점〉
> ㉠ 통풍이 잘되는 곳에서 충전할 것(충전시 수소가스 발생)
> ㉡ 선박에 설치한 상태에서 충전하지 말 것(실리콘 다이오드 파손)
> ㉢ 충전 중 축전지에 충격을 가하지 말 것
> ㉣ 전해액의 온도가 45℃가 넘지 않도록 할 것
> ㉤ 충전시간을 가능한 짧게 할 것
> ㉥ 화기엄금

⑥ 방전율과 축전지 용량
  축전지 용량(Ah)은 방전하는 전류와 방전시간의 곱으로 나타냄(Ah = A × h).
  ㉠ 20시간율 : 일정한 방전 전류로 20시간 동안 방전하였을 경우, 방전 종지전압(1.75V)이 될 때까지 방전할 수 있는 전류의 총량(24시간율의 주장도 있음)(기출)
  ㉡ 25A율 : 80°F에서 25A의 전류를 방전하여 셀당 전압이 1.75V에 이를 때까지 방전하는 것(용량표시 : 소요시간)
  ㉢ 냉각률 : 0°F에서 300A로 방전하여 셀당 전압이 1V 강하하기까지 몇 분 소요되는가로 표시함(용량표시 : 초, 분)

(2) 발전기

① 발전기의 발전량은 기관의 회전수에 따라 다르고, 발전량이 부하량보다 적은 경우에는 발전기만으로 모든 전기장치에 전력을 공급한다.
② 축전지도 발전기에 의해 충전된다.
③ 발전기는 자석과 코일로 구성되며, 다음과 같이 분류된다.
  ㉠ 직류발전기(DC발전기) : 자석 안에 코일이 있으며, 정류자 정류방식이다.

ⓒ 교류발전기(AC발전기) : 자석 밖에 코일이 있으며, 반도체 정류방식이다.
　④ 전력(W)은 전류와 전압의 곱으로 나타낸다(W=A×V).

> 참고
> 〈교류발전기의 특징〉
> ㉠ 크기가 작고 가볍다.
> ㉡ 내구성이 있고, 공회전이나 저속시에 충전이 가능하며 출력이 크다.
> ㉢ 출력 전류의 제어작용을 하고, 조정기의 구조가 간단하다.
> ㉣ 브러시의 수명이 길고 불꽃발생이 적다.
> ㉤ 반도체 정류기를 사용하므로 전기적 용량이 크다.

(3) 전압조정기
　① 발전기의 로터(Rotor) 코일에 흐르는 전류를 조정하여 발전기의 출력 전압을 조절한다.
　② 각 전기장치에 알맞은 전력을 공급한다.
　③ 축전지에 규정 용량으로 충전하는 기능을 가지고 있다.

(4) 시동전동기
　① 회전력을 발생하는 전동기 부분 : 전기자 코일, 전기자 철심, 전기자 축, 정류자로 구성됨
　② 회전력을 기관에 전달하는 동력전달 부분 : 전동기에서 발생한 토크를 기관의 플라이휠에 전달하여 기관을 회전시키는 기구(오버런닝 클러치식이 현재 많이 사용됨)
　③ 전자 스위치 : 축전지에서 시동전동기로 흐르는 큰 전류를 단속하는 작용과 피니언과 링기어가 물리게 하는 작용을 한다.

8 일상 정비 및 관리요령

(1) 2행정 기관의 실린더 라이너 부식·마모의 방지
　㉠ 유황분이 적은 연료를 사용할 것
　㉡ 윤활유 중에 중화제를 가하여 유황분의 해를 없앨 것
　㉢ 2행정 기관에서는 기관정지 후에도 얼마 동안 바람을 보내어 수분이 많은 연소가스를 내쫓도록 할 것
　㉣ 기관정지 중에 염분과 습기가 많은 공기가 실린더 내에서 이슬을 맺지 않도록 할 것
　㉤ 기관정지 후 터닝기어에 의하여 실린더 내면 등에서 기름이 없어져서 직접 염분과 접촉하는 면이 없도록 윤활유막을 만들도록 할 것

(2) 라이너 외부 부식의 원인과 대책
　① 라이너 외부 부식의 원인
　　㉠ 라이너 진동에 의한 캐비테이션으로 인한 침식
　　㉡ 전위차 부식
　　　• 부식의 감소를 위해서는 해수 냉각보다 청수 냉각이 훨씬 유리
　　　• 최근에는 부식의 감소를 위해 냉각에 청수를 사용하여 냉각수 온도를 높임
　　　• 해수 냉각의 경우에는 부식 감소를 위해 보호아연을 부착
　　㉢ 수류에 의한 캐비테이션으로 인해 실린더의 고온으로 촉진되고, 기포가 수류에 의하여 순간적으로 소멸되고 물로 환원될 때 충격으로 인하여 침식을 일으킴

　② 라이너 외부 부식의 방지 대책
　　㉠ 냉각수가 와류, 침체, 급류 및 공기체류 등을 일으키지 않도록 순환을 균일하게 한다.
　　㉡ 냉각수 중의 공기량은 되도록 감소시킨다. 따라서 왕복펌프보다 원심펌프를 사용한다.
　　㉢ 냉각수 중에 불순물이 있으면 부식이 크게 된다. 특히 인, 유황은 적을수록 좋다.
　　㉣ 이종 금속은 부식이 크므로 보호아연을 부친다.
　　㉤ 도료는 효과가 있으나 장기간의 내력(耐力)은 없다.
　　㉥ 실린더 내 최고압력, 평균유효압력, 매분 회전수, 라이너 온도, 냉각수 온도는 높을수록 침식이 크다. 따라서 라이너 재질로서 치밀한 조직의 고급주철을 선정하여 사용되어야 한다(퍼어라이트 주철, 특수주철, 질화철, 크롬도금 등).

(3) 선외기 엔진의 관리요령
　① 사용 후에는 선외기의 하부를 큰 물통이나 수조에 넣어 담수로 세척한다.
　② 외부의 소제
　　㉠ 모래나 이물질 등은 그리스로 닦아낸다.
　　㉡ 그리스·오일 등 오염물질을 닦아낸다.
　　㉢ 물기를 닦아내고 건조시킨다.
　　㉣ 도료로 보수할 부분은 기존 도료 및 오염물질을 제거한 후 보수한다.
　③ 내부의 소제
　　㉠ 엔진 커버를 벗긴 후 소금기나 오염물질을 씻어낸다.
　　㉡ 냉각수 통로를 세척한다.
　　㉢ 냉각수 흡입구의 위까지 청수를 채운 뒤 엔진을 기동하여 냉각수 분출상태 및 순환상태를 확인한다.
　　㉣ 엔진시동 전 프로펠러가 회전하지 않도록 기어를 중립에 놓는다.
　④ 커버를 씌워 보관한다.
　⑤ 장기간 사용하지 않을 때의 관리(기출)
　　㉠ 연료 공급선을 떼어 놓는다.
　　㉡ 축전지의 양극(+)선을 분리하여 둔다(우발적 시동이나 방전방지).
　　㉢ 엔진을 정지할 때까지 지속으로 운전하여 카뷰레터를 완전히 건조시킨다.
　　㉣ 그리스와 윤활유를 주입해 둔다.
　　㉤ 엔진 내부의 냉각수나 혼합연료를 제거한다.

(4) 엔진(선외기 포함)의 시동 전 점검사항(기출)
　① 기관실 환기상태를 확인한다.
　② 기관실의 빌지를 완전히 배수시킨다.
　③ 선저 및 프로펠러의 이상 유무를 확인한다.
　④ 엔진오일의 윤활방식이 자동혼합장치일 경우 잔량을 확인한다.
　⑤ 드라이브 유니트 오일을 점검한다.
　⑥ 연료탱크의 환기구가 열려 있는가를 확인한다.
　⑦ 연료계통의 누유 여부를 점검한다.
　⑧ 전기계통의 이상 유무를 점검한다.
　⑨ 비상정지스위치가 RUN에 있는가를 확인한다.
　⑩ 엔진의 고정상태를 확인한다.
　✔ 엔진의 기어오일에 물이 섞이면 오일의 색은 회색으로 변한다.(기출)

(5) 엔진(선외기 포함)이 시동되지 않을 때 점검사항(기출)
  ① 축전지를 확인한다(방전 여부).
  ② 연료탱크의 연료잔량을 확인한다.
  ③ 연료탱크의 환기구멍이 막혔는지 점검한다.
  ④ 연료콕크가 닫혀 있는지 확인한다.
  ⑤ 연료탱크 안에 물이 혼합되었는가 확인한다(물이 혼합시 시동률 저하됨).(기출)
  ⑥ 점화플러그가 빠졌는가 확인한다.
  ⑦ 연료펌프 작동상태를 확인한다.
  ⑧ 안전스위치를 점검한다.

(6) 엔진(선외기 포함) 시동 후 점검사항(기출)
  ① 연료, 오일 등의 누출 여부를 점검한다.
  ② 엔진에 냉각수가 원활이 공급되는가를 확인한다(냉각수 온도 확인).
  ③ 윤활유의 압력상태를 확인한다.
  ④ 모든 계기를 면밀히 관찰한다.
  ⑤ 각 마찰부의 발열 등 이상 유무를 확인한다.
  ⑥ 변환과 스로틀의 작동 및 조절상태를 점검한다.

(7) 운항 중 엔진(선외기 포함) 정지시 점검사항(기출)
  ① 연료의 잔량을 확인한다(연료공급의 차단).
  ② 연료탱크 내의 물 또는 이물질 혼합을 점검한다.
  ③ 연료필터를 점검한다.
  ④ 몸에 부착한 비상정지스위치(스톱스위치)를 확인한다.
  ⑤ 프로펠러에 이물질이 걸렸는지 점검한다.

> **참고**
> 〈부유물에 의한 프로펠러 손상시 나타나는 현상〉(기출)
> ㉠ 선체에 진동 발생
> ㉡ 엔진의 회전수 증가(RPM 상승)
> ㉢ 계기류의 변화
> 〈운항 중 엔진에서 이상한 소음이 났을 때〉(기출)
> ㉠ 우선, 기관의 회전수를 내린다.
> ㉡ 계기류의 변화를 확인한다.
> ㉢ 이상한 소음이 계속될 때는 엔진의 작동을 멈춘다.
> 〈수상오토바이 운행중 갑자기 출력이 떨어질 경우〉(기출)
> 물 흡입구에 이물질 부착 여부를 확인해야 한다.

(8) 선외기 엔진의 경보장치(부저가 울리는 이유)(기출)
  ① 잠시울림(시운전시) – 경보장치 회로의 이상
  ② 계속적으로 울림 – 엔진오일의 압력이 낮을 때(엔진의 과열)
  ③ 단속적으로 울림 – 엔진 하부(drive unit) 오일레벨이 낮을 때(엔진오일 부족)
  ✔ 선외기 보터 운항 중 엔진에서 경보음이 울릴 때에는 즉시, 엔진의 작동을 멈추고 냉각계통을 점검해야 한다.(기출)

(9) 급유시 주의사항(기출)
  ① 급유시 이물질이 흡입되지 않도록 주의한다(2년마다 연료탱크를 소제).
  ② 연료와 오일의 규정된 혼합비율을 지키되,(기출) 연료탱크 내 연료가 적으면 보트가 흔들렸을 때 탱크 내의 공기를 빨아들여 엔진이 멈추는 경우가 있다.
  ③ 주행속도, 파도의 높낮이와 조류상태, 바람의 방향과 속도, 선저의 오염 정도, 화물의 중량에 따라 연료의 증감이 필요하므로 필요한 양의 2배 이상을 준비한다.
  ④ 연료주입시 축전지 교체작업을 하지 않아야 한다.(기출)

조종면허시험 기관 총정리문제

기관

1 내연기관

01 가솔린기관의 기본 사이클은?

갑. 복합사이클
을. 정압사이클
병. 오토사이클
정. 브레이턴 사이클

02 디젤기관에서 실린더 내에 공기를 강하게 압축하는 이유는?

갑. 고열을 발생시키기 위해
을. 공기를 냉각하기 위해
병. 피스톤 내부 청소
정. 공기를 깨끗하게 하기 위해

> **해설**
> 디젤기관은 실린더 내에 압축된 공기의 고열을 이용하여 연료에 점화하는 형식의 기관이기 때문이다.

03 가솔린엔진의 점화방식은?

갑. 불꽃점화식 을. 화학반응식
병. 압축점화식 정. 기계발생식

04 다음 중 디젤엔진의 점화방식으로 맞는 것은?

갑. 불꽃점화식 을. 화학반응식
병. 압축점화식 정. 기계발생식

05 다음 중 2행정 선외기 엔진의 설명으로 틀린 것은?

갑. 불꽃점화방식이다.
을. 냉각방식은 수냉식이다.
병. 윤활방식은 순간혼합형이다.
정. 압축점화방식이다.

> **해설**
> 선외기 엔진은 불꽃점화방식이다(가솔린엔진).

06 다음 중 엔진에 대한 설명으로 맞지 않는 것은?

갑. 선외기 엔진은 불꽃점화방식이다.
을. 선내외기 엔진의 냉각방식은 수냉식이다.
병. 선외기 엔진의 윤활방식은 순간혼합형이다.
정. 선외기 엔진의 추진방식은 물제트 분사식이다.

> **해설**
> 선외기 엔진 추진방식은 스크루 추진방식이고, 물제트 분사식은 수상오토바이의 추진방식이다.

07 4행정 기관은 피스톤이 ( )회 왕복하는 동안 1회의 연소과정을 갖는다.

갑. 1 을. 2
병. 3 정. 4

08 4행정 기관의 장점에 해당되지 않는 것은?

갑. 열효율이 높고 연료소비율이 작다.
을. 큰 플라이휠이 필요없다.
병. 시동이 용이하고 저속운전이 원활하다.
정. 실린더가 받는 열 응력이 적다.

09 4사이클 엔진의 작동순서로 바른 것은?

갑. 압축-폭발-흡입-배기
을. 흡입-압축-배기-폭발
병. 흡입-압축-폭발-배기
정. 폭발-압축-흡입-배기

10 2행정 기관의 윤활방식에 대한 설명 중 틀린 것은?

갑. 가솔린과 윤활유의 혼합유는 기화기에서 분무상태로 된다.
을. 혼합유는 배기상태에서 실린더 내로 흡입된다.
병. 실린더 내로 흡입된 혼합유 중 가솔린은 기화되어 연소되고, 분무상태의 윤활유는 각 부위에 부착되어 윤활역할을 한다.
정. 기화기에서 분무상태로 된 혼합유는 크랭크실을 거쳐 실린더로 유입된다.

Answer 01 병 02 갑 03 갑 04 병 05 정 06 정 07 을 08 을 09 병 10 을

11 다음 중 엔진의 윤활방식이 순간혼합형인 것은?

갑. 2행정 선외기(out board) 엔진
을. 선내외기(stern drive) 엔진
병. 선내기(inboard) 엔진
정. 디젤(diesel)엔진

12 다음 중 엔진의 출력을 나타내는 단위가 아닌 것은?

갑. KW   을. A
병. HP   정. PS

> 해설
> KW : 미터법에 의한 출력 단위, HP : 독·불의 마력, PS : 영미계의 마력

13 선외기(outboard) 엔진의 윤활방식은?

갑. 주입교체형   을. 연료와 윤활유의 혼합형
병. 영구주입형   정. 윤활작용은 없음

14 1마력(hp)이란 1초 동안에 얼마의 일을 하는 것인가?

갑. 30Kg·m   을. 50Kg·m
병. 75Kg·m   정. 100Kg·m

> 해설
> 1마력(HP)은 1초 동안에 75Kg의 무게를 1m 이동하는 데 필요한 동력이다.

15 다음 중 실린더 내의 혼합기체에 스파크를 발생시키는 장치는?

갑. 배전기   을. 점화코일
병. 점화플러그   정. 축전지

16 전기점화기관에서 불꽃을 튀기기 위하여 고전압을 발생시키는 것은?

갑. 점화플러그   을. 카뷰레터
병. 케이블   정. 점화코일

17 다음 중 점화플러그의 간극으로 가장 적당한 것은?

갑. 약 1mm   을. 약 7mm
병. 약 20mm   정. 약 30mm

> 해설
> 축전지 점화식의 점화플러그 간극은 0.6~1.0mm 정도이다(자석식은 0.6~0.7mm 정도).

18 다음 중 4행정 전기점화기관에서 연료유의 경로를 바르게 나타낸 것은?

갑. 연료탱크 → 연료펌프 → 여과기 → 차단밸브 → 기화기 → 흡기밸브
을. 연료탱크 → 기화기 → 차단밸브 → 연료펌프 → 여과기 → 흡기밸브
병. 연료탱크 → 차단밸브 → 여과기 → 연료펌프 → 기화기 → 흡기밸브
정. 연료탱크 → 기화기 → 여과기 → 차단밸브 → 연료펌프 → 흡기밸브

19 가솔린기관에서 기화기로 들어가는 공기의 양을 조절하는 역할을 하는 것은 ( )이다.

갑. 스로틀 밸브   을. 초크 밸브
병. 기화기   정. 공기 필터

20 엔진의 카뷰레터를 바르게 설명한 것은?

갑. 혼합가스를 실린더로 보낸다.
을. 엔진의 과열을 방지한다.
병. 엔진의 냉각수를 원활히 공급한다.
정. 배터리의 충전효과를 높인다.

> 해설
> 카뷰레터(기화기)는 엔진의 흡기통로에 위치하고 있으며, 휘발유를 안개와 같은 상태로 분무하여 공기와 함께 혼합하여(혼기기 또는 혼합가스) 실린더로 들여보내는 장치이다.

21 엔진에 부착된 써모스타트(Thermostat)의 기능은?

갑. 재순환 냉각수(온수)의 양을 조절해 준다.
을. 시동시 플라이휠을 구동시켜 준다.
병. 점화코일의 고전압을 점화플러그에 공급한다.
정. 크랭크 샤프트의 회전운동을 일으킨다.

22 고속기관의 피스톤에 적합한 재료는?

갑. 크롬강   을. 주 강
병. 알루미늄   정. 단 강

23 피스톤 링의 재질로서 필요한 조건이 아닌 것은?

갑. 내연성이 클 것   을. 마모성이 클 것
병. 탄력이 클 것   정. 내구력이 클 것

Answer 11 갑 12 을 13 을 14 병 15 병 16 정 17 갑 18 병 19 을 20 갑 21 갑 22 병 23 을

24 피스톤 링의 기능에 속하지 않는 것은?

갑. 밀봉작용
을. 오일제어작용
병. 열전도작용
정. 청결작용

25 모터보트의 엔진형식에 관계 없이 설치해야 하는 펌프는?

갑. 빌지펌프
을. 오일펌프
병. 냉각펌프
정. 연료펌프

◆해설
빌지펌프는 배수펌프로서, 선박 내에 고인 빌지워터를 유수분리기를 통해 유분을 분리한 후 수분만 선외로 배출하는 펌프이므로 엔진형식과 관계없이 설치한다.

26 엔진의 냉각수 계통에서 수온 조절기(thermostat)의 역할 중 가장 옳지 않은 것은?

갑. 과열 및 과냉각을 방지한다.
을. 오일의 열화방지 및 엔진의 수명을 연장시킨다.
병. 냉각수의 소모를 방지한다.
정. 냉각수의 녹 발생을 방지한다.

27 엔진 시동 중 회전수가 급격하게 높아질 때 점검할 사항으로 옳지 않은 것은?

갑. 거버너 위치 등을 점검
을. 한꺼번에 많은 연료가 공급되는지를 확인
병. 시동 전 가연성 가스를 배제했는지 확인
정. 냉각수 펌프의 정상 작동 여부를 점검

28 기관(엔진) 시동 후 점검사항으로 옳지 않은 것은?

갑. 기관(엔진)의 상태를 점검하기 위해 모든 계기를 관찰한다.
을. 연료, 오일 등의 누출 여부를 점검한다.
병. 기관(엔진)의 시동모터를 점검한다.
정. 클러치 전·후진 및 스로틀레버 작동상태를 점검한다.

29 선외기 가솔린기관(엔진)이 시동되지 않아 연료계통을 점검하고자 한다. 유의사항으로 옳지 않은 것은?

갑. 프라이머 밸브(primer valve)를 제거한다.
을. 연료필터(Fuel filter)에 불순물 또는 물이 차 있지 않은지 확인한다.
병. 연료계통 내에 누설되는 곳이 있는지 확인한다.
정. 연료탱크의 출구밸브 및 공기변(air vent)이 닫혀있는지 확인한다.

30 가솔린 기관에서 윤활유 압력저하가 되는 원인으로 옳지 않은 것은?

갑. 오일팬 내의 오일량 부족
을. 오일여과기 오손
병. 오일에 물이나 가솔린의 유입
정. 오일온도 하강

2 추진장치 및 계기

01 프로펠러가 1회전할 때 배가 진행하는 거리를 무엇이라 하는가?

갑. 추진효율
을. 슬립
병. 추진비
정. 피치

02 다음 프로펠러 중 슬립(slip)이 가장 적은 것은?

갑. 플라스틱 프로펠러
을. 알루미늄 프로펠러
병. 주석 프로펠러
정. 스테인리스 프로펠러

03 스크루가 임계치 이상으로 회전하면 기포가 발생하여 스크류가 곰보 모양으로 패이는 현상을 무엇이라 하는가?

갑. CAVITATION
을. 공회전
병. 임계회전
정. 임계속도

04 선외기(outboard) 엔진의 프로펠러에 관한 설명 중 틀린 것은?

갑. 피치(pitch)란 프로펠러가 1회전할 때 진행하는 거리다.
을. 다이어미터(diameter)란 프로펠러 크기를 지름으로 나타낸 것이다.
병. 프로펠러는 회전할 때 캐비테이션(cavitation)현상이 일어난다.
정. 선외기 엔진의 프로펠러는 영구적으로 사용한다.

05 다음 중 엔진의 프로펠러 교체에 관한 설명으로 가장 부적당한 것은?

갑. 엔진이 우발적으로 작동하는 사고를 막기 위하여 점화플러그의 코드를 제거한다.
을. 프로펠러의 축에 충분한 윤활유를 바른다.
병. 보트에 중량이 실리는 경우나 수상스키를 끌 때 피치(pitch)가 기준치보다 한 치수 낮은 것을 사용한다.
정. 프로펠러는 조금 휘어져 있어도 속도에는 전혀 지장이 없다.

24 정 25 갑 26 정 27 정 28 병 29 갑 30 정 / 01 정 02 정 03 갑 04 정 05 정

06 모터보트에 2개의 엔진을 동시에 장착하였을 때 가장 효율이 높은 프로펠러의 회전 방향은?

갑. 좌현측 프로펠러는 반시계방향, 우현측 프로펠러는 시계방향
을. 좌현측 프로펠러는 시계방향, 우현측 프로펠러는 반시계방향
병. 좌·우현측 모두 시계방향
정. 좌·우현측 모두 반시계방향

07 다음 중 수상오토바이의 추진방식으로 맞는 것은?

갑. 임펠러 회전에 의한 물제트 분사식
을. 프로펠러 회전에 의한 추진방식
병. 임펠러 회전에 의한 공기분사식
정. 프로펠러 회전에 의한 공기분사식

08 수상오토바이의 설명 중 틀린 것은?

갑. 수상오토바이의 추진방식은 물제트 분사식이다.
을. 수상오토바이 엔진의 점화방식은 불꽃점화식이다.
병. 수상오토바이의 냉각방식은 수냉식이다.
정. 수상오토바이는 엔진오일을 사용하지 않는다.

09 수소형 모터보트는 기관의 탑재형식에 따라 선내기, 선외기, ( )로 구분한다.

갑. 분리형   을. 일체형
병. 선내외기   정. MC

10 모터보트 엔진에서 프로펠러에 동력을 전달하는 장치는?

갑. 클러치   을. 연료펌프
병. 오일펌프   정. 임펠러

11 선외기의 부착각도는 일반적으로 어떤 위치가 적당한가?

갑. 캐비테이션 플레이트와 선저가 평행이 되도록 한다.
을. 드라이브 축과 선저가 평행이 되도록 한다.
병. 크램프 스크루와 샤핑이 직각이 되도록 한다.
정. 트랜섬이 트루톱핑과 직각이 되도록 한다.

12 엔진의 RPM 게이지에 관한 설명 중 바른 것은?

갑. 엔진의 회전수를 나타내는 계기
을. 엔진의 냉각속도를 나타내는 계기
병. 엔진의 연료 잔량을 나타내는 계기
정. 엔진의 무게를 나타내는 계기

13 엔진 R.P.M을 바르게 설명한 것은?

갑. 시간당 회전수   을. 매분당 회전수
병. 매초당 회전수   정. 순간 회전수

14 타코미터(RPM 게이지)를 바르게 설명한 것은?

갑. 크랭크축이 1분 동안 회전하는 수
을. 프로펠러가 1시간 동안 회전하는 수
병. 엔진오일의 잔량을 부피로 나타내는 계기
정. 엔진의 크기를 중량으로 나타내는 계기

15 부유물이 많은 수역을 통과한 후 가장 주의해서 확인해야 할 계기는?

갑. 속도계   을. 냉각수온도계
병. 윤활유압력계 정. 엔진회전계

16 엔진의 온도(TEMP) 게이지의 역할은?

갑. 엔진의 과열된 상태를 알려준다.
을. 엔진의 냉각 효율을 높여준다.
병. 엔진의 출력을 높여준다.
정. 엔진의 RPM을 증가 시켜준다.

17 모터보트 조종시 확인해야 할 계기가 아닌 것은?

갑. RPM 게이지   을. TEMP 게이지
병. PSI 게이지   정. SHIFT 게이지

18 모터보트의 속도를 나타내는 계기판(gauge)은?

갑. FUEL 게이지   을. MPH 게이지
병. VOLT 게이지   정. OIL 게이지

19 모터보트에서 주로 사용하는 기압계는?

갑. 수은기압계   을. 아네로이드기압계
병. 자기기압계   정. 증류기압계

20 선외기 엔진의 RPM이 증가하는 이유로 가장 타당한 것은?

갑. 엔진의 트림(trim)을 기준치 이상으로 올렸을 때
을. 보트의 선수(船首)에 중량물을 적재하였을 때
병. 담수에서 운항할 때
정. 해수에서 운항할 때

Answer 06 갑 07 갑 08 정 09 병 10 갑 11 갑 12 갑 13 을 14 갑 15 을 16 갑 17 정 18 을 19 을 20 갑

3 연료계통

01 다음 중 인화점이 가장 낮은 것은?
갑. 휘발유　　을. 등 유
병. 경 유　　정. 중 유

02 다음 중 발열량이 가장 많은 것은?
갑. 휘발유　　을. 경 유
병. 등 유　　정. 중 유

03 기름의 인화점에 대한 설명으로 옳은 것은?
갑. 표면에서 자연 발화하는 온도
을. 표면에 불을 갖다 대면 인화하는 온도
병. 표면에서 자연 발화하여 계속 연소하는 온도
정. 표면에 불을 갖다 대면 인화하여 계속 연소하는 온도

04 외부에서 열원을 가까이 하지 않아도 자연히 연소하게 되는 온도는?
갑. 인화점　　을. 발화점
병. 착화점　　정. 유동점

05 기름에 열을 가할 때 불꽃을 가까이 하지 않아도 자연히 착화하는 온도를 무엇이라 하는가?
갑. 인화점　　을. 발화점
병. 연소점　　정. 폭발점

06 가솔린엔진의 연료에 관한 설명 중 틀린 것은?
갑. 옥탄가(octane)가 낮으면 엔진의 손상을 가져온다.
을. 휘발유에 알코올 성분이 포함되어 있으면 금속부분의 부식을 가져온다.
병. 옥탄가(octane)는 최소한 85 이상이 되어야 한다.
정. 휘발유에 알코올이 다량 포함되어 있으면 출력이 향상된다.

07 다음 중 가솔린기관에서 사용하는 연료로 맞는 것은?
갑. 휘발유　　을. 경 유
병. 윤활유　　정. 기어오일

08 다음 중 디젤기관에 사용하는 연료로 맞는 것은?
갑. 휘발유　　을. 경 유
병. 윤활유　　정. 알코올

09 연료유의 주성분은?
갑. 탄소와 수소　　을. 탄소와 산소
병. 산소와 질소　　정. 질소와 수소

10 알코올이 함유된 가솔린에서 나타나는 현상이 아닌 것은?
갑. 금속 부품을 부식시킨다.
을. 탄성 종합제 및 플라스틱 부품의 기능을 저하시킨다.
병. 내부 엔진부품의 마모와 손상을 초래한다.
정. 알코올은 휘발성이 높음으로 시동률이 좋아진다.

4 윤활계통

01 윤활유의 역할이 아닌 것은?
갑. 녹의 방지　　을. 밀봉작용
병. 마모 감소　　정. 수분제거

02 윤활유의 역할이 아닌 것은?
갑. 냉각작용　　을. 기밀작용
병. 마모감소　　정. 출력증가

03 윤활유의 성질 중 가장 중요한 것은?
갑. 비 중　　을. 습 도
병. 온 도　　정. 점 도

04 윤활유의 작용에 해당되지 않는 것은?
갑. 응력집중작용　　을. 냉각작용
병. 밀봉작용　　정. 방청작용

05 내연기관에서 가장 많이 쓰이는 윤활유는?
갑. 광물유　　을. 식물유
병. 동물유　　정. 지방섬유

06 선내외기선에 있어서 드라이브 유니트 내의 톱니바퀴 부분에 정량 가득 차 있는 것은?
갑. 경 유　　을. 중 유
병. 기어오일　　정. 증류수

01 갑　02 갑　03 을　04 을　05 을　06 정　07 갑　08 을　09 갑　10 정 / 01 정　02 정　03 정　04 갑　05 갑　06 병

07 점도의 설명 중 옳지 않은 것은?
  갑. 액체의 유동을 방해하려는 작용이다.
  을. 점도가 크면 연금유관 내의 이동이 어렵다.
  병. 점도가 낮으면 연료펌프의 마멸이 촉진된다.
  정. 점도가 낮으면 관통력이 좋아진다.

08 다음 중 축심연의 밑바닥에 그리스를 채우는 곳은?
  갑. 오일홈   을. 아밍홀
  병. 롱 아이   정. 그라멧

09 다음 중 기관이 과냉되었을 때 기관의 안전성에 미치는 영향은?
  갑. 출력저하로 연료소비 증대
  을. 연료 및 공기흡입 과잉
  병. 점화불량과 압축과대
  정. 냉각수 비등과 조절기의 열림

10 가솔린엔진이 과열되는 원인으로서 적당하지 않은 것은?
  갑. 냉각수 취입구 막힘
  을. V벨트 절단
  병. 윤활유 부족
  정. 점화시기가 너무 빠름

5 배기계통

01 오일이 연소실에 들어와 함께 연소할 때의 배기 색깔은?
  갑. 흑 색   을. 백 색
  병. 무 색   정. 담청색

  ◆ 해설
  〈배기색과 연소상태〉
  흑색 - 혼합가스가 농후하여 불완전연소일 때
  백색 - 오일이 연소실에 들어와 함께 연소할 때
  무색 또는 담청색 : 완전연소할 때

02 가솔린을 완전 연소시키면 발생되는 화합물은?
  갑. 이산화탄소와 아황산
  을. 이산화탄소와 물
  병. 일산화탄소와 이산화탄소
  정. 일산화탄소와 물

03 배기가스의 색이 백색일 때의 원인으로 맞는 것은?
  갑. 점화코일이 손상되었을 때
  을. 연료에 수분이 혼입되었을 때
  병. 실린더가 폭발하지 않는 것이 있을 때
  정. 연료분사가 늦을 때

04 다음 중 배기가스 CO_2의 배출량과 가장 관계가 깊은 것은?
  갑. 부 하   을. 공연비
  병. 점화시기   정. 압축비

05 배기가스의 색이 흑색일 때의 원인으로 맞는 것은?
  갑. 완전연소일 때
  을. 오일이 연소실에 들어와 함께 연소할 때
  병. 혼합가스가 농후하여 불완전연소할 때
  정. 이산화탄소가 많이 섞여 배출될 때

06 다음 중 가솔린기관에서 배기가스 정화 장치의 종류로 가장 옳지 않은 것은?
  갑. 블로바이 가스 환원 장치
  을. 연료 증발 가스 처리 장치
  병. 서지 탱크 장치
  정. 배기가스 재순환 장치

07 가솔린 기관에서 노크와 같이 연소화염이 매우 고속으로 전파하는 현상을 무엇이라 하는가?
  갑. 데토네이션(Detonation)   을. 와일드 핑(Wild ping)
  병. 럼블(Rumble)   정. 케비테이션(Cavitation)

08 연료유 연소성을 향상시키는 방법으로 옳지 않은 것은?
  갑. 연료유를 미립화한다.   을. 연료유를 가열한다.
  병. 연소실을 보온한다.   정. 냉각수 온도를 낮춘다.

09 수상오토바이 배기냉각시스템의 플러싱(관내 청소) 절차로 옳은 것은?
  갑. 냉각수 호스연결 → 냉각수 공급 → 엔진기동 → 엔진운전(약 5분) 후 정지 → 냉각수 차단
  을. 냉각수 호스연결 → 엔진기동 → 냉각수 공급(약 5분) → 냉각수 차단 → 엔진정지
  병. 냉각수 호스연결 → 엔진기동 → 냉각수 공급(약 5분) → 엔진정지 → 냉각수 차단
  정. 엔진기동 → 냉각수 호스연결 → 냉각수 공급 → 엔진기동(약 5분) → 엔진정지 → 냉각수 차단

07 병 08 을 09 갑 10 정 / 01 을 02 을 03 을 04 갑 05 병 06 병 07 갑 08 정 09 을

10 디젤기관에서 짙은 흑색(검정색) 배기색이 나타나는 원인으로 옳지 않은 것은?

갑. 소기(흡기) 압력이 너무 높을 때
을. 분사시기와 분사상태가 불량하여 불안전 연소가 일어날 때
병. 과부하 운전을 하고 있을 때
정. 연소에 필요한 공기량이 부족할 때

6 전기계통

01 배터리 용액의 주성분은 무엇인가?

갑. 염 산 을. 질 산
병. 황 산 정. 암모니아

02 다음 중 모터보트에 사용하는 배터리의 용량으로 가장 적당한 것은?

갑. 12V 을. 24V
병. 110V 정. 220V

03 다음 중 축전지를 과방전시키면 손상되는 것은?

갑. 증류수 을. 전극판
병. 용 기 정. 터미널

04 배터리의 충전시 산소와 함께 많이 발생하는 폭발성 가스는?

갑. 불소가스 을. 수소가스
병. 질소가스 정. 암모니아가스

05 축전지를 방전상태로 몇 시간 이상 방치하면 안 되는가?

갑. 12시간 을. 15시간
병. 24시간 정. 30시간

06 축전지의 충전에 대한 설명이다. 틀린 것은?

갑. 충전 중에는 음극판에서 수소가스가 발생한다.
을. 수소가스가 극판을 감싸면 외부저항이 증가한다.
병. 충전이 진행되면서 전해액의 비중이 높아진다.
정. 충전이 완료하면 물의 전기분해만을 한다.

▶ 해설
충전이 끝날 시기에는 양극(+)판에서 산소가 발생하고, 음극(-)판에서는 수소가스가 대량으로 발생하여 이것이 극판을 감싸므로 내부저항이 증가한다.

07 방전상태가 계속되어 극판 표면에 약간의 황화현상이 일어났을 때의 충전방법은?

갑. 초충전 을. 보충전
병. 회복충전 정. 급속충전

08 다음 중 〈보기〉의 현상에 대한 가솔린기관의 고장원인과 대책으로 가장 옳지 않은 것은?

〈보기〉
(a) 연료가 제대로 공급되지 않는다.
(b) 축전지가 방전되었다.

갑. (a)의 고장원인은 연료 파이프나 연료 여과기의 막힘이며, 대책은 연료 파이프나 연료 여과기를 청소하고 필요시 교환하는 것이다.
을. (a)의 고장원인은 인젝터 작동 불량이며, 대책은 연료 분사 계통을 점검하고 인젝터를 교환하는 것이다.
병. (b)의 고장원인은 축전지 수명이 다했거나 접지 불량이며, 대책은 릴레이를 점검하고 필요시 교환하는 것이다.
정. (b)의 고장원인은 구동 벨트가 느슨하거나 전압 조정기의 결함이며, 대책은 구동 벨트의 장력 점검 및 발전기의 이상 유무를 점검하는 것이다.

09 〈보기〉에 나열된 가솔린기관의 마그네틱 스위치 점검 수행 순서가 가장 옳은 것은?

〈보기〉
① 축전지의 (-)단자를 M단자에, (+)단자를 S단자에 접속하여 풀인 코일을 점검한다.
② 홀딩 코일을 점검한다.
③ 축전지의 (+)단자와 (-)단자를 시동 전동기의 몸체에 접지시켜 플런저의 되돌림을 점검한다.
④ 전동기에 조립한 상태에서 틈새 게이지를 이용하여 피니언 갭을 점검한다.

갑. ④ → ① → ② → ③
을. ② → ③ → ④ → ①
병. ③ → ④ → ① → ②
정. ① → ② → ③ → ④

10 장기 보관에 대비한 가솔린기관 정비에 대한 설명으로 가장 옳지 않은 것은?

갑. 냉각 계통에 청수를 연결하여 세척한다.
을. 엔진 내부의 연료를 완전히 제거한다.
병. 최소한의 전력공급을 위해 축전지를 완충한다.
정. 제작사의 취급설명서에서 요구하는 조치를 정확히 한다.

Answer 10 갑 / 01 병 02 갑 03 을 04 을 05 병 06 을 07 병 08 병 09 정 10 병

7 일상 정비 및 관리요령

01 모터보트 엔진을 관리할 때 주의할 사항이 아닌 것은?

갑. 연료와 오일의 규정된 혼합비율을 지켜야 한다.
을. 연료탱크는 수시로 이물질이 있는가 확인한다.
병. 연료주입시 배터리 교체작업은 하지 않는다.
정. 선저에는 패류가 붙어도 출력에는 관계없다.

◆ 해설
선저에 패류나 이물질 등이 많이 붙어 있으면 출력이 저하되고 RPM이 상승하는 등 엔진에 무리가 온다.

02 2행정 기관의 실린더 라이너 부식·마모의 방지대책으로 틀린 것은?

갑. 유황분이 적은 연료를 사용한다.
을. 기관정지 중에 염분과 습기가 많은 공기가 실린더 내면에서 이슬을 맺지 않도록 한다.
병. 기관정지 후 터닝기어에 의해 실린더 내면 등에서 기름이 없어져 직접 염분과 접촉하는 면이 없도록 윤활유막을 만든다.
정. 라이너 외부 부식의 감소를 위해 해수냉각이 청수냉각보다 훨씬 유리하다.

03 선외기 엔진을 장시간 사용하지 않을 때의 관리방법으로 틀린 것은?

갑. 전식방지용 아연판은 페인트칠을 하여 보관한다.
을. 엔진이 정지할 때까지 저속으로 운전하여 카뷰레터를 완전히 건조시킨다.
병. 배터리의 양극(+)선을 분리하여 우발적 시동이나 방전을 방지한다.
정. 연료공급선을 떼어 놓는다.

04 유압 조타장치의 취급시 유의사항과 거리가 먼 것은?

갑. 전원이 들어오는지 점검한다.
을. 기름이 새는 곳이 없는지 확인한다.
병. 그리스 주입이 주기적으로 되었는가 확인한다.
정. 유압 펌프 등에 예비품이 준비되어 있는지 확인한다.

◆ 해설
유압식 조타장치는 교류 전동기로 유압펌프를 구동하고, 유압펌프에서 발생한 압력유로 유압 모터(또는 실린더)를 구동하여 조타장치를 움직이는 방식이므로, 취급시 기름의 누유 확인, 그리스 주입 확인이 필요하고, 유압펌프 및 전동기의 별도의 예비장치를 갖추어야 한다.

05 모터보트 등을 장기간 육상에 보관해 둘 경우 기관의 해수냉각수 계통에 대한 처치로 가장 적당한 것은?

갑. 그리스를 넣어 둔다.
을. 윤활유를 넣어 둔다.
병. 사용하던 상태에서 건조하여 둔다.
정. 청수로 세정해 둔다.

06 동절기 엔진의 보관방법으로 적절하지 않은 것은?

갑. 엔진에 연결된 배터리선의 분리
을. 엔진 내부에 들어있는 냉각수 제거
병. 엔진의 냉각계통을 담수로 세척
정. 냉각수 계통의 바닷물은 그대로 보관

07 동절기 엔진의 보관방법이 아닌 것은?

갑. 냉각수 계통을 담수로 세척한다.
을. 엔진과 연결된 축전지 단자를 제거한다.
병. 엔진 내부의 혼합연료를 제거한다.
정. 엔진을 분해하여 보관한다.

08 다음 중 선내외기의 출항 전 점검사항으로 틀린 것은?

갑. 연료탱크의 환기구가 열려있는지를 확인한다.
을. 비상스위치가 RUN에 있는지 확인한다.
병. 리모콘레버가 원활하게 작동되는지 확인한다.
정. 엔진 기어비율을 확인한다.

09 기관의 시동 전 점검사항이 아닌 것은?

갑. 기관 내의 온도검사   을. 기관실 환기상태
병. 연료계통의 누유 여부 정. 전기계통의 이상 유무

10 선외기(outboard) 엔진의 시동 전 점검사항이 아닌 것은?

갑. 엔진오일의 윤활방식이 자동혼합장치일 경우 잔량을 확인한다.
을. 연료탱크의 환기구가 열려있는가를 확인한다.
병. 비상정지스위치가 RUN에 있는가 확인한다.
정. 엔진내부의 냉각수를 확인한다.

11 엔진을 시동하기 전에 점검해야 할 사항으로 맞지 않는 것은?

갑. 선저, 프로펠러의 이상 유무를 확인한다.
을. 기관실의 빌지를 완전히 배수시킨다.
병. 엔진과 드라이브 유니트 오일을 점검한다.
정. 축전지액을 교환한다.

01 정 02 정 03 갑 04 갑 05 정 06 정 07 정 08 정 09 갑 10 정 11 정

12 다음 중 선외기 엔진을 시동하기 전에 확인할 사항으로 맞지 않는 것은?

갑. 스크루 주변의 부유물
을. 연료 적재상태
병. 엔진 고정상태
정. 냉각수 순환상태

13 선내외기 엔진 시동시 시동모터가 돌지 않을 때 가장 먼저 점검해야 할 사항은?

갑. 윤활유 오손상태
을. 축전지
병. 빌지의 양
정. 연료상태

14 엔진이 시동되지 않을 때 점검사항이 아닌 것은?

갑. 배터리를 확인한다.
을. 연료를 확인한다.
병. 안전스위치를 점검한다.
정. 항해계기를 점검한다.

15 엔진이 점화되지 않거나 시동이 힘들 때 점검사항이 아닌 것은?

갑. 연료탱크 내의 연료잔량을 확인한다.
을. 연료탱크의 환기구멍이 막혔는지 점검한다.
병. 연료탱크 내의 물이 혼합되었는가 확인한다.
정. 기어오일의 잔량을 확인한다.

16 다음 중 엔진의 시동이 곤란한 원인과 관계가 없는 것은?

갑. 축전지가 방전되었을 때
을. 연료유에 다량의 수분이 혼입되었을 때
병. 조종레버가 중립의 위치에 있을 때
정. 점화플러그가 빠졌을 때

17 엔진이 시동되지 않을 때 점검사항이 아닌 것은?

갑. 연료콕크나 연료탱크 공기변이 열려 있는지 확인
을. 연료필터에 물이나 불순물이 차 있는지 확인
병. 연료펌프 작동상태 확인
정. 스크류에 어망이나 이물질이 걸려 있는지 확인

18 엔진 시동 후 점검사항으로 적절하지 못한 것은?

갑. 엔진의 상태를 점검하기 위해 모든 계기를 관찰한다.
을. 연료, 오일 등의 누출 여부를 점검한다.
병. 엔진의 시동모터를 점검한다.
정. 변환과 스로틀의 작동 및 조절상태를 점검한다.

19 디젤기관을 시동한 직후 관찰하여야 할 사항으로 적당하지 않은 것은?

갑. 윤활유의 압력을 주의깊게 관찰한다.
을. 냉각수의 온도를 확인한다.
병. 연료공급 밸브를 잠가둔다.
정. 각 마찰부의 발열 등 이상 유무를 확인한다.

20 엔진의 관리에 관한 설명 중 틀린 것은?

갑. 엔진에 냉각수가 원활이 공급되는가를 확인한다.
을. 시동모터는 20초 이상 계속해서 돌리면 중대한 손상이 발생한다.
병. 기어 변환은 반드시 저속에서 해야 한다.
정. 시동용 축전지는 AC 110V로 하여야 한다.

> **해설**
> 엔진의 시동 축전지는 DC 12V이다.

21 모터보트 운전 중 주의사항으로 틀리는 것은?

갑. 각종 계기 중 하나라도 비정상이면 기관정지 후 원인을 파악한다.
을. 배수상태나 반활주 상태에서 장시간 고회전 사용은 피한다.
병. 엔진 출력의 90% 정도를 상용지속 속력으로 사용한다.
정. 반활주상태에서 활주상태로 전환되면 필요한 기관회전수로 조정한다.

22 선외기 엔진의 정상적인 RPM이 5600일 때 현재의 RPM이 4600이다. 이 때의 가장 적절한 조치방법은?

갑. 프로펠러의 피치(pitch)를 낮춘다.
을. 프로펠러의 피치(pitch)를 높인다.
병. 프로펠러의 다이어미터(diameter)를 낮춘다.
정. 프로펠러의 다이어미터(diameter)를 높인다.

> **해설**
> 배 작동 특성에 적합한 선외기에 프로펠러를 사용하는 것이 필수적이다. 프로펠러가 너무 크거나 적은 피치를 가진 프로펠러를 설치하면 영역에 맞지 않는 RPM이 된다. 정상적인 RPM보다 낮은 RPM이라면 프로펠러의 피치를 낮추어야 한다.

23 다음 중 캐비테이션(cabitation)이 나타나는 현상이 아닌 것은?

갑. 프로펠러 또는 기어하우징에 해초나 잔해물이 붙어 있을 때
을. 휘어진 프로펠러 날개 또는 파손된 기어하우징의 스케그
병. 프로펠러 또는 기어하우징에 거친 부분이나 날카로운 가장자리가 있을 때
정. 프로펠러가 트랜섬(transom) 높이보다 깊이 잠겼을 때

Answer 12 정 13 을 14 정 15 정 16 병 17 정 18 병 19 병 20 정 21 병 22 갑 23 정

24 엔진의 떨림(vibration) 현상이 가장 적은 것은?

갑. 프로펠러의 날개가 1장일 때(1-blade propeller)
을. 프로펠러의 날개가 2장일 때(2-blade propeller)
병. 프로펠러의 날개가 3장일 때(3-blade propeller)
정. 프로펠러의 날개가 4장일 때(4-blade propeller)

25 모터보트 운행 중 엔진이 스스로 정지할 때 점검사항이 아닌 것은?

갑. 연료잔량을 점검
을. 연료탱크 내의 이물질 혼합을 점검
병. 연료필터의 점검
정. 플라이휠을 점검

26 다음 중 엔진이 갑자기 정지하는 경우와 관계가 적은 것은?

갑. 프로펠러가 그물에 걸렸을 때
을. 연료유에 물이 혼입되었을 때
병. 냉각수 온도가 지나치게 낮을 때
정. 연료유의 공급이 차단된 때

27 수상오토바이 운항 중 엔진정지시 즉시 점검해야 할 사항이 아닌 것은?

갑. 연료의 잔량을 확인한다.
을. 몸에 부착한 스톱위치를 확인한다.
병. 엔진의 노즐 분사량을 확인한다.
정. 임펠러에 로프가 감겼는지 확인한다.

28 수상오토바이 운항 중 갑자기 출력이 떨어질 경우 점검해야 할 곳은?

갑. 물 흡입구에 이물질 부착을 점검한다.
을. 연료혼합비를 점검한다.
병. 프로펠러에 이물질이 걸렸는지 점검한다.
정. 임펠러의 피치를 점검한다.

29 모터보트 운항 중 엔진에서 이상한 소음이 들렸을 때 가장 먼저 조치해야 할 사항으로 적당한 것은?

갑. 기관의 회전수를 최대한 올려 소리를 확인한다.
을. 기관의 회전수를 내린다.
병. 엔진트림을 높게 한다.
정. 냉각수 순환상태를 확인한다.

30 모터보트가 운항하던 중 엔진에서 경보음이 울렸을 때 조치사항은?

갑. 즉시 엔진의 작동을 멈추고 냉각계통을 점검한다.
을. 엔진의 기어비율을 확인한다.
병. 시프트 케이블의 길이를 확인한다.
정. 조류의 방향을 확인한다.

31 내외기(stern drive) 엔진에서 부저(buzzer)가 울렸을 때의 점검사유가 아닌 것은?

갑. 냉각장치의 냉각수의 온도가 높을 때
을. 엔진오일의 압력이 낮을 때
병. 엔진 하부(drive unit) 오일레벨이 낮을 때
정. 여름철 높은 습도로 인해 엔진출력이 떨어질 때

32 선외기(outboard) 엔진의 경보장치의 설명 중 틀린 것은?

갑. 잠시울림(시운전시) - 경보장치 회로점검
을. 계속적으로 울림 - 엔진의 과열
병. 단속적으로 울림 - 엔진오일 부족
정. 선외기 엔진은 경보장치가 없음

33 모터보트 운전 중 기관에서 이상한 소리가 나는 경우 가장 먼저 취해야 할 조치로 알맞은 것은?

갑. 윤활유를 보급한다.
을. 기관의 회전수를 내린다.
병. 윤활유 필터를 교환한다.
정. 연료를 보급한다.

34 모터보트가 운항하던 중에 엔진이 고장 났을 때 적절한 조치는?

갑. 적절한 장소에 앵커를 내리고 구조를 요청한다.
을. 즉석에서 엔진을 보오링한다.
병. 엔진을 바닷물로 식힌다.
정. 카뷰레터에 담수를 주입한다.

35 부유물에 의한 프로펠러의 손상시 나타나는 현상으로 틀린 것은?

갑. 선체에 진동이 발생한다.
을. 열효율이 좋아진다.
병. 엔진의 회전수가 올라간다.
정. 계기류의 변화가 나타난다.

| 24 정 | 25 정 | 26 병 | 27 병 | 28 갑 | 29 을 | 30 갑 | 31 정 | 32 정 | 33 을 | 34 갑 | 35 을 |

36 환류(ventilation) 현상을 바르게 설명한 것은?

갑. 프로펠러 주위로 수면상의 공기나 배기가스가 말려들어 냉각효율이 떨어지는 현상
을. 프로펠러의 회전에 의해 진공상태에서 프로펠러의 주위를 손상시키는 현상
병. 엔진의 하부를 과도하게 하향 조절하였을 때 냉각수가 부족한 현상
정. 휘어진 프로펠러에 의해 RPM이 떨어지는 현상

37 모터보트의 연료탱크에 물이 섞였을 때 나타나는 현상은?

갑. 엔진의 냉각효과로 인해 연료소비율이 감소된다.
을. 엔진의 시동률이 떨어진다.
병. 선체의 밸러스트 역할(균형역할)을 한다.
정. 엔진의 윤활유 역할을 한다.

38 엔진의 기어케이스에 물이 혼합되면 오일의 색깔은?

갑. 붉은색   을. 녹 색
병. 회 색   정. 흑 색

39 선체와 엔진을 보호하기 위하여 사용되는 금속은?

갑. 고무판   을. 철 판
병. 아연판   정. 합금판

40 모터보트의 선미측 프로펠러 부근에 아연판을 붙이는 이유는?

갑. 보트선체의 강도를 증가시킨다.
을. 엔진의 부식을 방지한다.
병. 프로펠러의 진동을 방지한다.
정. 보트의 속력을 증가시킨다.

36 갑 37 을 38 병 39 병 40 을